啟蒙·狂飆·反思——
保釣運動四十年

謝小芩·劉容生·王智明　主編
國立清華大學圖書館特藏組策畫整理

國立清華大學出版社

編者的話

　　國立清華大學圖書館自 2004 年起，在葉芸芸、林孝信等許多朋友的熱心捐贈之下，陸續累積了豐富的 1970 年代保衛釣魚台運動文獻資料，並於 2009 年 5 月 2、3 日在國立清華大學舉辦「一九七○年代保釣運動文獻之編印與解讀」國際論壇，邀集多位當年投身運動的當事人來回顧這一段國際風雲、愛國保土與個人啟蒙交織的青春記事。這次的論壇可說是保釣運動結束近四十年後，第一次的老保釣大會師（劉大任語）。會議籌辦雖然過程複雜，但大會卻在所有與會者的真誠、節制、善意、呵護與熱情參與中，圓滿落幕。本書便是「一九七○年代保釣運動文獻之編印與解讀」國際論壇活動的記錄與延伸。

　　為盡量完整呈現國際論壇活動的「原汁原味」，本書彙整總計將近四十位發表人、主持人、與談人的專文或現場發言逐字稿，並摘錄各場次來賓發言中切合主題或具新觀點的內容，雖然體例不一，但內容充實豐富而多元。

　　1970 年於海外啟動的保釣運動及其後來近四十年的發展，是華人民族自覺與台灣民主發展過程中極為重要的一頁。它既是全球冷戰結構與兩岸分裂體制的一個突破點，亦是全球邁向後冷戰過程中，中美建交與台灣爆發統獨爭議的分水嶺與引爆點。因此，回顧四十年前的保釣運動，對於關心台灣、兩岸，以及海外華人歷史、文化與政治的讀者來說，是深具參考價值與啟發意義的。

　　「一九七○年代保釣運動文獻之編印與解讀」國際論壇活動的議程規畫，係考慮保釣運動發展的脈絡，從 1960 年代台灣學運與留學生刊物談起，續及保釣運動的興起、發展、分裂，呈現不同立場參與者的觀點，最後並探討釣運的後續與相關影響。本書章節安排大致遵循論壇的議程，僅略作調整，並邀請劉大任、王正方、南方朔、李華夏等惠賜專文。為了協助讀者了解本書出版之緣由與論壇的規畫過程，我們增加了一篇「編後語」。附錄「一九七○年代保釣運動文獻之編印與解讀」國際論壇議程表、延伸閱讀、人名與事

件索引，並製作「保釣運動大事年表」彩色拉頁，希望有助於讀者進一步認識保釣運動。

　　此外，本書特別增加編者註解（以＊為標記），提供讀者釣運歷史和政治背景的參考資訊。編註內容包括：

　　1. 重要事件：如五四運動、劉自然事件、台大哲學系事件。
　　2. 相關刊物：如《大學雜誌》等。
　　3. 相關機構或組織：如美援會、美軍顧問團、光啟社等。
　　4. 相關人物：如鄧維楨、高信疆等。

　　另為避免體例過於複雜，部分專文的摘要不再納入。兩岸對外文專有名詞的翻譯多有差異，比如美國第一位訪北京的總統，台灣翻譯為尼克森，中國大陸翻譯為尼克松。我們為尊重作者的翻譯選擇而不強求一致。最後，讀者如果想進一步了解國立清華大學圖書館保釣運動文獻的所有相關資訊，我們將一併在近期公開的「釣運文獻館」網站中提供，屆時可連結清華大學圖書館首頁網址：http://www.lib.nthu.edu.tw/ 即可點選進入「釣運文獻館」網站。

目錄

序

曾經不負少年頭

曾志朗（中央研究院院士）

　　對很多這一代的年輕人而言，最近「釣魚台」的船隻擦撞事件，只是漁民爭海域的一個案例，而這些衝突不過就是地區性經濟利益的爭奪戰而已。但對我們這些在六十、七十年代出國留學，也自動自發參與了 1970 年 4 月在美國華府遊行抗議的台灣留學生來說，釣魚台運動所代表的不只是窄狹的民族意識和領土保衛戰役，更重要的是那次經驗激起了個人對自我歷史的深切檢討，很多當年在美國各大學只知拚命讀書、做實驗的莘莘學子，一下子由乖乖的學生變成具有社會意識的成人了。

　　從四十年前的青壯年，到現在好不容易又聚在一齊的老朋友們，相隔這麼多年，我們確實都老了，但在互相寒暄的陌生氣氛中，卻感到非常親切，而且寫在每一個人臉上的，絕對不是「老」字，而是當年參與釣運的意氣奮發的再次展現。這一代年輕人可能難以體會，當年在台灣戒嚴政治環境中長大的學生，是需要多大的決心和勇氣，才敢在異國的校園，走出心靈的恐慌，去參加一個為自己的歷史（包括家園、故鄉和祖國）尋找「真相」的運動。多少人在那些日子裡，接到家人的來信和電話，聲聲勸導，句句警告，不安之情溢於言表；自己就讀的美國校園裡，也會有某些人士以耳語方式散布嚇阻相關活動的警訊。但儘管如此有形無形的打壓，釣運卻在世界各地的大學校園中漸漸形成聲勢，導致華府的盛大遊行。

　　現在回想起來，有時候也會覺得奇怪，在那個年代，那樣的氛圍之下，我們還那麼年輕，學業未成，在異鄉的前程仍茫茫然之際，為什麼大家會那麼勇敢加入那個有點令人怕怕的「課外活動」？說真的，我現在偶爾會和朋友聊起那一段「心靈突圍」的經歷，對當年所有釣運人士不得不感到由衷的敬佩。

　　那時候我們沒有居留權，很多人也都不是公民，但就在4月中的一個週末，大家不約而同由四面八方而來，齊聚華盛頓D.C.。大家可能都有相同的經驗，去的時候還不知道要住哪裡，只是透過朋友的朋友的朋友安排，就在不認識的人家裡待下來，然後出去買麵，買很多菜、一些肉，就這麼炒煮了起來，就這樣過了好幾天，也不知道華府的櫻花正盛開，應該是非常漂亮的景色，只想等時間一到，就該衝出去做一些「重要」的事。我想當年很多人走在街上時，也不知道會發生什麼事，遊行一開始，人群聚在一齊，才看到久未見面的朋友怎麼從那麼遠的地方也來了，還有人從美西另外一個華盛頓的西雅圖跑到這裡來。很多事情在當時都想像不到。

　　後來的日子裡，我們常常被問到：那時候的熱情和衝動到底為了什麼？事過境遷，回頭看看那一段日子，再看看現在的學生們，總覺得好像欠缺我們年輕時候的那種熱情，所以我們認為應該有這樣一個研討會，蒐集釣運相關文獻，也把保釣運動背後的社會文化脈絡弄清楚，才會了解兩個世代的年輕人到底有哪些社會化的差距！

　　因為保釣，我們在很多地方無意中認識了許多朋友，最重要的是，沉潛的友誼和信任卻長久存在。幾十年之後，當你在從事某一項工作的時候，忽然遇到早年的戰友，事情辦起來就順利多了。像余珍珠，我在香港科技大學遇到她，談起話來感覺很面熟，然後提及保釣，憶起當年事，那份革命情感油然而生，她馬上跟朱經武校長說，我應該是最好的工作夥伴，趕快要讓我去那裡做事。她說因為當時我們那一群人，都是輕私利但重理想，有的是熱情和毅力，努力要把工作做得完美的人。也許她說的就是保釣背後的那份精神。

　　在保釣時候，大部分的人都在學校裡讀書、教學或做研究，拿筆寫想法是生活的習慣，每個人都努力要去寫些東西，這大概也是讀書人唯一能貢獻的，因此紛紛辦小報、編雜誌、寫通訊。成了氣候，西岸有《戰報》，東部有《波士頓通訊》，中部有《芝加哥通訊》及《俄州通訊》，然後林孝信串連各雜

誌，鼓勵各地方的朋友編寫快訊。各個團隊裡，有人畢業離開了，又有新來的人，很快地就又將編務接續下去。除了編寫通訊之外，也開了幾次大型的研討會，先有密西根大學的安娜堡國是論壇，後來有伊利諾大學在香檳校區召開的國是會議。

我沒有去密西根大學的論壇，卻由俄亥俄大學千里迢迢開車到伊利諾去參加國是會議，以為是很單純的有關保釣的學術會議，會中也確實有歷史的探討和社會變遷的論述。但是在加州大學任教的一年後，有天早上來了兩個洋人，穿得很整齊，說他們是 FBI，問我為什麼會去伊利諾大學參加那次會議。我比較好奇的是，他們怎麼知道我在那裡？結果呢，他們告訴我，是從車牌號碼上搜尋到我的行蹤。我好後悔不應該開自己的車子，這些經驗雖然很嚇人，但還好我沒做虧心事，不怕！他們走的時候特別交代，不可以告訴別人。可是他們一出我家大門，我趕快打電話給朋友說：「欸，你們有沒有被問過？」這是當年我們從來不曾想過會發生的事。

當然，數十年來，大家分散各地，為自己的事業打拚，但在這一路上，我們會遇到許多令我們衷心欽佩的人，其中最突出的，就是林孝信。三十年前，他揹著類似現在用的背包，穿著跟目前也差不多一樣的衣服，風塵僕僕跑到加州大學河濱分校(Riverside)，來到我的實驗室裡，他侃侃而談隔了那麼多年由保釣轉向科教的故事，這些日子還在為推展科教到處串連。我看他瘦成那樣，心很痛，知道他還沒有吃飯，我們就去 Riverside 最好吃的中國餐館(Dragon House)大吃一頓，好好替他補充一些營養。那些日子真的令人非常非常懷念，也令人覺得貫穿在當年保釣人之間的友誼，其實是搭建在對社會關懷和提升知識文明的認同上。這樣的故事，在保釣人中，真是不計其數。

我想有一些人還記得，保釣運動期間，如果到了紐約，還沒有找到住的地方，就到喬大姊的家 —— 喬龍慶當年在紐約那間由工廠改建的房子，空空蕩蕩的，什麼都沒有，卻是收容「串連」客的好地方，尤其喬大姊總是把大家招呼得很好。我在那裡住了一個禮拜，省了很多旅館錢。我常常跟她開玩笑，其實當年我們到紐約住在她的家裡，不是去看她，而是去看江青（因為江青帶了一個舞蹈團正在中國城排練）。可惜龍慶不能來，本來她聽說有這個會議，第一個反應就答應要過來談她的經驗，但臨行前得了重感冒，來不了！我特別提龍慶，是因為她也是保釣人中令人敬佩的一位。這些年來，她

和先生呂克群，還有很多在座的人，都參與了大陸偏遠地區的教育工作，為的是要落實鄉村教育的理想，因為只有提高人民的知識水平，兩岸才會真正有很深的了解，她以小額捐款到一個學校又一個學校為窮困的學生建立小而充實的圖書室，到現在擁有大陸將近四千多個中小學的圖書室，每年暑假還辦閱讀教學師資培訓班。這個計畫非常了不起，我認為這就是保釣背後的精神，一種關懷弱勢的具體公益行動。

　　林孝信、喬龍慶，都是保釣精神的縮影，到現在許多保釣人都還是一樣很關心社會正義的維護，所以我們今天談保釣，也許它只是歷史洪流中的一小片段，但所延伸出來的，卻是人類文明最可貴的精神面貌：就是為其他的人服務，把我們的能力做最好的貢獻！

　　最後，讓我為所有參加當年保釣的人下個結語：曾經不負少年頭！

序

還原歷史，挑戰今朝：保釣主權之爭

錢致榕 （美國霍普金斯大學物理及天文教授/國立政治大學講座教授）

保釣運動

　　1969 年，美國欲將二戰後占領的琉球群島交給日本。在美日的談判中，把中國的釣魚台列嶼也包括了進去。由於 1968 年聯合國發展計畫署研究報告中國東海陸架可能有大量石油，這個舉動特別引人注意。加上琉球警察在美軍認可下，驅逐釣魚台附近的台灣漁民，在台灣的媒體不斷報導後，引起了國內學者的關心，紛紛為文論述。美國各校的中國留學生，也開始組織讀書會研究這問題。1970 年 10 月，王曉波在《中華雜誌》上發表一篇〈保衛釣魚台〉的文章。雜誌寄到美國後，普林斯頓大學的中國同學決定發起保衛釣魚台運動，獲得各地留學生熱烈響應，紛紛在各地成立保衛釣魚台行動委員會，激發了自 1970 至 1972 年歷時兩年，在台、港、美、歐華人青年學生學人，為保衛釣魚台主權的一場運動，簡稱「保釣」。

　　習慣上我遇到該做、能做的事時就盡力而為，做完以後放開一邊不再多想，做下一件事。所以當時在美國東岸參與了兩年的保釣活動以後就放下，雖然老友們常常談起，卻很少回顧細想。

　　幾年前清華大學(新竹)的謝小芩教授告訴我，他們正在蒐集保釣文獻以重現歷史，我對他們敬業執著的精神，深為敬佩。去年 5 月他們召開了一個保釣四十年的討論會「一九七〇年代保釣運動文獻之編印與解讀國際論壇」，聚集了四十多位當年的朋友，並且出了一本專書，回憶四十年前全球各地的活動，以及台灣在保釣前後十幾年校園及文教界的演變，呈現了一幅可貴的大拼圖。上個月謝教授請我寫序，限期交卷，並且時間特緊，所以很是猶豫。因為當時保釣運動橫掃五、六十個城市，巴城分會不在幾個爭議的核

心，寫來難免掛一漏萬。但是保釣運動的精神就在每人各盡所能，所以還是義不容辭，匆匆看完這本難得的著作後，發現有些空白之處，就檢視了自己的檔案，補上當時校園情況及在華府所見，寫就此文。

七十年代的留學生

四十年來時空鉅變，今天和局外人談保釣，我想需要釐清當時的時空背景，否則難以了解。

台灣在六十年代，大專院校只有十來所，人才非常集中，研究所寥寥可數，經濟還在克難時期，所以為了深造或機會，有衝勁的年輕人大學畢業後紛紛出國。由於美國獎學金及打工機會較多，所以當時留美成風；從五十年代末開放留學，到六十年代末時，每年留美人數已達三、四千人。筆者自小學至大學的同學，在大學畢業兩、三年之內，七、八成出國留美。到 1971 年時，已有數萬台灣出去的研究生在美國各校念書，少數先去的人已開始在大學教書，彼此原來就相識，所以他們都有自己的網絡。這些年輕人在念書、打工之餘，看《中央日報》，論台灣時事，大部分人都只想念完回國效力。各地都有人討論辦雜誌，記得 1962 年一群朋友在紐約市皇后區談辦雜誌時，有人說：「沒辦過雜誌，就不了解人生。」另有人立刻接著說：「要整一個人，就說服他辦份雜誌！」不少刊物遇難夭折，但是也不乏成功的，如後來最成功的《科學月刊》，這些活動，都為日後的保釣運動提供了聯絡網，使它在短短幾個月中，散布各地。

香港同學的情況略有不同，他們在美的人數比台灣去的少，並且多半是大學生，年紀比較輕，英文比較流利，思想比較開放，有的言論也比較激進。到了六十年代末時，很多學校的香港同學會和中國同學會都已合辦；但是少數的台灣同學還是另組台灣同鄉會分開活動。

那時，電腦還是極少數幾個高科技科系同學的寵物，其他人用不到；同

時長途電話及機票仍極貴（當時加州到紐約的一張來回機票要助理教授一個月的收入），常人不輕易用；所以通訊靠油印，串聯靠灰狗和便車，這些集體活動提供了留學生很多共同討論的機會。

七十年代的美國社會

保釣前後的十多年，美國社會處於高度不安狀態。先是肯尼第總統被暗殺；接著民權運動吸引大量北方各地的學生，到南方參加抗議。1968 年，馬丁路德·金 (Martin Luther King) 被暗殺，當晚引起全國各地人民抗議，十多個城市演變成暴動，電視上放映各地火燒的圖像：紐約、洛杉磯、芝加哥……。巴爾的摩城中心大片被焚毀，十多年後才開始重建。不久羅伯·肯尼第 (Robert Kennedy) 又在競選時在一旅館大廳中被槍殺，那些電視圖像至今仍印烙在很多人腦中。

到了六十年代末期，越戰惡化，大批年輕學生面臨被徵召上戰場的可能，反戰情緒轉劇，深深影響大學師生。校園不斷地有示威抗議的活動，形成串聯和遊行的風氣。我記得 1967、68 年時，幾次訪問柏克萊，都遭遇過直升機噴灑的催淚彈；加大洛杉磯分校的校園中心，也布滿絕食示威學生的帳篷。1970 年 5 月，俄亥俄州肯特州立大學的學生，在校園裡舉行反戰示威，州長下令禁止，並出動國民兵進駐校園，不幸演變成對示威學生開槍的事件，十幾秒中，殺了四人，傷殘九人，全美譁然。每遇校園示威時，青年教師為了了解及保護自己的學生，經常徹夜和示威的學生深談。當時的中國學生及學人，雖然不一定積極參與，但是沒法不受到影響。譬如 70 年秋季我教一班廿多人的研究生課程，到春季開學時只剩七、八人：不見的人有少數去了加拿大，十來人被徵去越南戰場，四、五年後，只有兩、三人回到學校繼續念書。

當時霍普金斯的師生雖然不如柏克萊、波士頓等地激進，但是由於鄰近華盛頓，自然受到各地連續不斷到華府抗議遊行的影響。譬如 1971 年 4 月一個月中，除了保釣遊行外，在華盛頓還有好幾場大規模的反戰遊行。4 月 19 日，兩千多越戰退伍軍人（包括後來競選總統的凱利 John Kerry）在華盛頓紀念碑紮營示威，八百多退伍軍人，在電視機上把他們用血肉贏得的勳章及退伍證，一個個丟向國會台階，表示抗議。4 月 24 日，全國各地五十萬人齊聚華府舉行反戰遊行，我和系中兩位年輕教授，也陪著學生一起去。華府如臨

大敵，賓州大道兩旁站滿上了刺刀的士兵，大道兩旁各聯邦辦公大樓屋頂上，也布滿真槍實彈的國民兵監視著。五十多萬人肩並肩地在大道上邁進，高喊 "Peace Now! Peace Now！" 唱著「我們將克服一切！」(We Shall Overcome！) 悲壯的氣氛非常沉重；那時要有很大的克制，才能不激進。

到了五一勞動節，抗議轉成公民抗命運動 (Civil Disobedience)，三萬五千人在華盛頓紀念塔附近紮營，法院下令禁止，警察出動直升機噴催淚彈驅散，示威群眾升起巨型氦氣氣球阻止。華盛頓中心區完全癱瘓，市政府出動五千警察，並調動兩千國民兵支援，尼克森調動第八十二空降旅四千傘兵馳援。我們緊張地全日注視電視新聞，只怕出事；幾天後，以拘捕七千示威群眾，強行禁閉在羅伯・肯尼第足球場結束。雖然每次遊行都和平進行沒有流血，但是每一步的衝突電視上都全程報導，使得全國民眾氣氛緊繃，注視抗議的問題，達到了示威者的目的。

另外，在地球的那邊中國的文革的景象，也漸漸傳到了美國，直接影響了很多年輕人的思維及語言，這都是當年保釣時代背景的一部分。五四運動的「內除國賊！外抗強權！」的口號連上剛進口的「造反有理！革命無罪！」就真有雷霆萬鈞、無堅不克的氣勢了。

1970 年底我還是助理教授，在霍普金斯大學教物理。除了每星期教課以外，在史坦福大學做實驗，每月去一次加州。當時芝加哥附近費米實驗所的新加速器正在建造，每週還要飛去那邊一、兩次。偶爾在家，就帶著三歲和六歲的兒子在家蒔花種菜，在那緊繃的時代，過著我謔稱的「耕讀」生活。等到保釣運動爆發，頓時改變了田園的寧靜，開始兩年另樣的生活。

關門呼喊

釣運初起時，大部分參與者都沒有明顯的政治立場，但是在不斷地討論中，政府的作為及國共分裂的問題就呈現出來，慢慢地自然就有了取向和立場。但是當時都有一個共同的理念，就是在保衛主權的奮鬥中，個人的政治取向是微不足道的，應該放開一邊，共同為保釣的目標努力，這一點共識，一直維持到 1971 年 9 月安娜堡國是大會，才完全失去。

當時有一個現象，就是活動和刊物的對象都是華人。除了 1971 年 5 月

23 日在《紐約時報》登了全頁廣告之外，面對美國社會的活動（就是黃賢談的「告洋狀」）不多。既然爭主權，照理應該和有關政府交涉，否則豈不成了看法相同的學人學生相互呼喊而已？當時大陸還在鬧文革，就應該和日、美、台大使館不斷交涉，以期有所影響。當時有識之士都看到這點，但是困難很多：對日本，認為不可理喻不會有用，所以不去；對美國，由於絕大部分人都是學生身分，拿台灣護照，不是美國公民，所以覺得「不便」去；並且美國聯邦調查局的詢問也令人謹慎以對。對台灣的大使館就更微妙，左派的不屑去，要「劃清界線」；右派的不願去，怕政府誤解對立，以後不便（「棒打出頭鳥」）；獨派的不敢去（「豈不送上門被抓？」），於是就沒人去。

　　當時決定燃眉之急是團結各地群眾，籌備 4 月 10 日的大遊行，所以對美國政府的活動可以稍緩，但是和台灣大使館的交涉不能避免，就落到住在附近的我的身上。當時給的頭銜不小：「保衛釣魚台運動大華府地區總發言人」，其實是虛張聲勢。工作包括和美國政府及媒體聯絡，但是主要是和當時台灣的大使館交涉，把結果通告各地分會。當時不少學生為美國聯邦調查局的電話詢問恐懼苦惱，後來就告訴同學們有問題就叫調查局找「總發言人」；他們來了幾次，由於我只談理念事件不談人物，後來就不來了。4 月 10 日遊行以後，我參加德拉瓦州（Delaware）吳仙標[1]等人組織的隊伍，到美國國務院及參院去遊說，經歷不少。

　　當時大家對《中央日報》的官腔報導反感很深，厭惡之情延燒到所有官方媒體。譬如，4 月 10 日華盛頓大遊行時，我和費城的程君復及康乃爾的葛時俊代表進大使館向周書楷遞抗議書，程君復認為中央社一定會歪曲報導，堅持不准當時中央社記者在場，那場抗議就沒有媒體報導。

使館職責

　　為什麼一個單純的愛國運動，不久演變出大量年輕人不滿政府？很多人認為這是國府的顢頇無能所致，我認為還有深一層的原因。照理，一個國家花了納稅人的錢，在邦交國設立使領館，目的是派出有能力的官員常駐國外，了解當地社會，對當地政府、社會和僑民的現況及趨勢，詳加研究分析，據實呈報回國，使政府能做出正確的決策。同時使節對國內政府的政策，也應有透澈的了解，可以即時轉告友邦及僑民。不幸當時在華府接觸到的官員，卻看不出有這樣的認知。譬如當我們問政府對某一問題的行動時，

典型的回答是：「這點不用擔心，看某月某日《中央日報》社論就知道了。」談到釣魚台的問題時，常顯出既不了解也沒有興趣的態度，只是關心如何把留學生平息下來。這就造成大家認為政府顢頇無知無能。

等保釣運動在各地如火如荼地展開後，國府派了姚舜和曾廣順到各地安撫學人，他們找我長談了一次，問了很多問題，總歸一句話是：「政府要怎麼做，你們才會放心？」我說上策是把釣魚台主權爭回來，中策是派一架專機請學生自派代表回去討論國是，下策是政府挑選一些人回去。後來國府為了增加國內外溝通，每年暑假召開國建會，邀學人回台灣開會，行之多年。

他們一再強調政府的苦衷，「由於國際局勢艱難，台灣必須依賴盟友邦交」，認為中美數十年的盟友關係，使得美國在聯合國支持台灣二十年，得以保持席位。我當時的回答是，「國際上沒有永久的盟友，只有各自的利益。明天美國利益一變，台灣立刻會失去聯合國席位，那時再後悔當時犧牲主權，討好盟友時，就晚了，你們也成民族罪人。」當時他們覺得這種看法不可思議。可是到了 10 月聯合國易位後，台灣一片悲痛，新任大使突然邀我去，問中美關係是否很快也會變，當初我想，「這等國家大事，你問一個三十出頭的書呆子做什麼？」後來才想通，一定是有人把年初我的謬論報告回去，所以他們認為我在美國可能有內線消息。

這種落差，使得官員們顯得無能，事後他們又把保釣定位為「一群天真的學生受了少數共匪同路人的利用」，很容易就逼反了一代年輕學生。

歷史重演？

無獨有偶，過了十六年，歷史幾乎重演。

1985、86 兩年，大陸在胡耀邦任總書記時，改革開放漸及政治領域，方勵之等名學者不斷在各地演講提倡民主，一時蔚為風氣，大學生關心國家前途，常常探討民主問題。那時台灣經濟已經起飛多年，出國留學人數遞減，代之而起的是數萬由大陸去美國的留學生，他們也積極關心國家，紛紛寫信對國內改革發表意見。那時國外的知名學者寫了好幾封聯名信給鄧小平、胡耀邦，支持國內的改革，並且呼籲加深加快。86 年底，有兩千多留

美的大陸留學生聯名上書做類似的呼籲，一時大有欣欣向榮「情況大好」的氣氛。

　　1987年元旦後，氣氛突然急轉直下。那時連著六、七年，每年年底中共中央的「一號文件」，都是談農業政策，揭示中共次年農業的重大改革措施，所以每年到年底時，大家都關注新的文件的發表。但是到了87年初，「一號文件」還遲遲不見蹤影，開始聞到不尋常的氣息。不久謠傳胡耀邦已下台，並且中央認為兩千人聯名信是「一小撮壞分子」所為，謠傳下令海外使領館徹查，黨員開除黨籍，團員開除團籍，大有山雨欲來風滿樓的味道。使我想到十六年前保釣和政府打交道的經驗。

　　在合肥的中國科技大學，當時是學生民主運動的一個重地，不久傳出消息，正副校長管惟炎、方勵之都已去職。我決定直接打電話給當時北京駐美大使韓敍了解情況。他回答：「不必擔心，只要看一月某日的《人民日報》就知道全部情況。」這真成了十六年前釣魚台事件的翻版。我當即覺得作為一個關心中國前途的知識分子，必須實話實說，以免悲劇重演。

　　所以我向他陳述幾點：那封信反映了當時大部分海外華人對中國的期望，很多學者，包括我自己，都簽了幾封類似的信。那封信簽名的學生，很多我都認得，是當時最用功、最關心國事的菁英學生。使館作為北京在美國的耳目，應該深入了解真相，好好溝通，據實以報，否則會逼反一代年輕學生。最後我告訴韓大使十六年前保釣運動時台灣大使館的做法，使台灣政府損失慘重。我不清楚後來詳情如何，但是他們顯然採取了明智的作法，緊繃的氣氛不久消失，學生又繼續安心學習，關心國是。可見一個政府不一定要和學生對立；駐外使節如果即時發揮應有功能積極溝通，很多悲劇可以避免。

遊行以後

　　在1971年4月10日大遊行之前，各分會都有共識，把個人政治喜惡暫置一邊，為了保釣聲勢，一定要把遊行辦好，在這大前提下，很多分歧都能及時妥協。譬如遊行前，波士頓分會代表美東在草擬一封對政府的公開信，柏克萊分會擬了一封「致中華民國政府最後通牒」，引起一場轟動，反覆辯論後，各地接受了一個綜合十條的「致中華民國政府公開信」，包括要求「在3

月29日前，派兵進駐釣魚台列嶼，並派遣軍艦巡邏其附近海域，以維護漁民作業之安全及領土主權之完整。」德拉瓦州分會傳出因為疑慮左派勢力日增，可能退出；經過討論後體會到右派的退出，只會使整體更偏左，所以決定留下繼續合作。

但是遊行後，大家體會到廢寢忘食一年以後，對主權的決定並不會有影響，失望驟增，個人就順原來的傾向發展。正如任何大型無組織的人群，最激進的意見常常聲音最大，左派的聲音日漸高漲，到9月初安娜堡會議時，白天大會以數票之差，通過建議以北京取代台北在聯合國席次案，晚上營火會扭秧歌。很多與會的人，不論左、中、右，都百感交集，深為震撼。會後開始旗幟鮮明，統、愛、獨等組織先後成立，分道揚鑣，發展各自的政治理想。

德拉瓦和巴爾的摩分會以及其他各地多人，組成一個小組向美國參院進行說服工作。美國國務院聲稱美國根據1951年舊金山對日和約得到「北緯廿九度以南南西諸島的管理權」。和約談判期間，正值國共內戰方酣；兄弟鬩牆，容易敗家，使得對日抗戰十四年的中國不在和約的四十四個簽字盟國之中；到了談判歸還琉球時，美日私相授受，把在中國陸棚上釣魚台也劃了進去。雖然美國聲稱中立，只是把管理權交給日本，實際上他們是偏袒日本，因為通常國際法上主權的爭執中，擁有實際管理權就有助於主權的爭取。美國國務院堅持，如果把釣魚台劃出將對美日關係不利。

由於中國政府不願向美日政府力爭，我們只能動員各方向參院外交委員會強調指出，美國必須保持真正的中立，否則將植下未來東亞疆域衝突的禍因，並且招致未來中國的強烈不滿。

最後外交委員會在1971年10月底，舉行了三天的公聽會，在條約加上一個說明，強調美國的中立。十天後，參院以八十四對六票通過。這是保釣運動兩年中，對保衛釣魚台主權爭取到的實質結果。

致尼克森的公開信

那時有一個共識：除了在華人世界各自活動之外，必須開始影響美國的主流社會；可是由於資源、語言、信心及經驗的限制，一直沒有展開。紐約的王浩、李我焱和袁旂發起，聯名在《紐約時報》上用全版廣告，刊登致美國

總統尼克森的公開信，陳述我們對釣魚台的看法。時間訂為 1971 年 5 月 23 日（星期日），估計費用是美金 9,960 元，那在當時的華人社會，是個首創的天文數字。很快地，當時的知名教授們都簽了名，各地紛紛響應捐款。

回憶四十年前的往事，容易感慨萬千，也容易記憶失真。所以我翻箱倒櫃，理出塵封已久的保釣文件。有當時全美各分會的聯絡人通訊錄、《戰報》及《通訊》、會議記錄、捐款清單，以及來往信件討論估計當時各方情況等等，試著捕捉當時各地協助完成這創舉的鱗爪片段。

為了募款支持在《紐約時報》刊登全頁保釣廣告，巴爾的摩分會舉辦了幾次捐款活動。那時巴城地區華人很少，不到千人；因為只有一個私立霍普金斯大學，學生更少，所以紐約對我們期望不高，希望能湊到 500 元。那天校本部的四位華人教授和廿七位研究生全部到齊。社會系的林南率先捐 20 元，其他三位教員（安仲明、王世儀和我）跟著各捐 20 元；學生每人從 1 元到 5 元一共又捐了 123 元，離 500 元的目標相差很遠，所以必須向社會上發展。當地經營中餐館的龐傑民首先捐一日淨利 50 元，並且又向所有中餐館募捐，收集了 288 元。在工業界服務的馮鑑秋又集了 150 元，大家都很興奮，很快地就寄了 691 元給紐約。這個數目在今天是小事一椿，但在當時相當於一個年輕教授一個月的收入。那時的努力，就是這麼一點一滴地聚積起來的。

反思

保釣衝擊了一代人的思維，改變了很多人的一生，但是留下什麼影響呢？不少人舉出三點失望：釣魚台仍然被日本占領；統運、獨運看不出什麼結果；年輕一代對保釣興趣不大。

我想，自始我們就了解，主權要靠政府去爭，作為知識分子，我們只能喚起民眾監督政府。項武忠、王正方等幾位老友都指出，目前海峽兩岸的政府對釣魚台的看法及作法，基本上是一致的：擱置 —— 釣魚台主權屬於我們，但是目前有更重要的政經考慮，一時還顧不到。但是我們必須指出，在國際上實際的管理權，對主權的爭取絕對是有利的。已經擱了四十年了，還要擱多久呢？國際局勢還允許擱多久呢？兩岸的政府都該對歷史有個交代了。

　　愛國是愛斯土斯民，任何愛國運動，離開了那片土地及人民，就失去了生命力，不可能有太大影響。譬如蘇聯思想家索忍尼辛一旦離開了蘇俄母親，雖然在美寫作不斷，也失去了影響力。統獨是關係海峽兩岸十幾億人民前途的大事，釣運打開了理性探討兩岸關係的風氣，已經是一大貢獻。最後結果，靠國內深耕，由十幾億人民決定；在國外喝牛奶、吃牛排指東畫西，是不切實際的。

　　至於年輕的一代對釣運的了解，我們體會到四十年間時空的鉅變，才能了解保釣運動對他們有多陌生；他們也要了解當年的時空背景，才能體會當年保釣的情況。這本文集，是還原史實的好嘗試。

　　保釣的影響，要宏觀地從當年幾千參與人的改變及他們後來所作所為來看。有一部分當年保釣戰友回到港台以後，年復一年繼續以行動喚起社會及政府的注意，功不可沒。在美國有陳憲中等人組織的保釣會，在台灣有胡卜凱、劉源俊等人呼應黃錫麟正式成立「中華保釣協會」，結合港澳及大陸保釣人士，於是有今年 9 月感恩九十九號漁船去釣魚台島，雖然又因為缺乏政府支援而沒成功，但是他們的行動，使主權問題再度呈現出來，對後來的發展，不無影響。

　　回顧當年在各地為保釣奔走的老友們，後來在各行各業都有突破性的貢獻。如書中提到的科技教育協會，喬龍慶的農村教育計畫，楊貴平的滋根基金會，還有樹華教育基金會等等，帶動了海外知識分子到貧困地區教育扶貧的運動，已經有第二代的華裔跟進，以各種方式推廣。吳仙標競選德拉瓦副州長，掀起在美華人從政的潮流，改變亞裔在美的政治生態。在科學教育方面，林孝信、李怡嚴、劉源俊、劉廣定等一大群朋友，堅持在台灣辦《科學月刊》，深耕科學教育四十年，影響了兩代年輕人。在學術方面，袁旂在台灣推動成立天文研究所，蒲慕明在上海創立神經科學研究所等等，這些事業都影響深遠，比較為人熟知，其他的例子還不勝枚舉。

　　老友劉大任、夏沛然、李雅明等人有幾篇很寶貴的反思性的文章。在安娜堡會議後，對不同的政見，我們的確可以有多一些相互的尊重及容忍；當初的左派，感性是多於理性；但是放在當時美國社會及校園的激進氣氛中看，就比較容易了解了。同時右派也值得反省，當初國府的問題到底在哪

裡？至於廣大的中間分子，也有反思的餘地：這麼大的一場變化，覺悟到什麼？做了什麼？有沒有交白卷？

南方朔說的好，「歷史沒有被浪費掉的熱情。」保釣同志當年付出的激情，照亮了自己，也照亮了一代年輕人。

感想

就我自己而言，從 1961 到 1971 年，是十足的自了漢，日夜一頭栽在實驗室教室及菜園裡，不食人間煙火。保釣一場，雖然只爭到參院條約一個但書，但是卻對自己、對中美局勢和美國制度，多了一層體會。最重要的是，使我了解，雖然能力興趣都有限，但作為一個知識分子，對公共事務都有積極參與的責任及空間。這些體會，影響我一生。

在 4 月 10 日數千同胞並肩遊行時，真是趾高氣昂眾志成城。但是當我們呼喊事先議定的口號時，心中卻問題不斷。第一句是 "Sato, Sato, Must Go!"，有人戲謔成「殺頭，殺頭，滾下台！」當時叫得很過癮，但是立刻自問，「好過癮，有用嗎？」第二句是：「打倒日本軍國主義！」拳頭雄糾糾地舉出去了，可是自問「什麼是軍國主義？和這事有關嗎？是否應該打倒美日私相授受？」下面就喊不出來了。那時我才了解，自己不是搞群眾運動的料，還是老實地經常抽出時間，思考周圍的問題，盡力而為，或更有效些。

保釣期間，發現在巴爾的摩縣的中學，六年裡只有五週教中國史地文化，並且他們用的參考材料不少還是 1930 年代美國在華傳教士寄回給他們的教會，報告他們在華傳教工作的書信；顯然亟需改進，才能糾正下一代的主流社會對亞洲的了解。所以開始積極參與當地家長會一起努力；數年後，改變了縣裡英文、數學、自然、社會、藝術五科的教學。保釣遊說期間，發現美國社會對中國的無知及缺乏興趣，眼見中國日益強大，中美爭執難以避免，台灣及世界都將被波及，所以 1981 至 86 年間，和南京大學及霍普金斯大學共同努力，在南京成立了中美文化研究中心。廿多年下來，已為太平洋兩岸各培養了一千名外交人才，減低了將來誤解衝突的機會。1988 年，香港回歸在即，香港政府邀請吳家瑋和我赴港創立香港科技大學。在仔細研究香港的未來之後，擬定了學校發展計畫，說動了近百位教授赴港去織造一個共同的美夢；1991 年如期開學，創校功臣中，就有一

大群當年的保釣健將。

　　過了四十年，到台灣教了幾年書之後，才知道真正的問題不在個人，而在教育制度。十八歲高中畢業生，在還沒有文理的基礎訓練時，就開始律師、法官、外交官及公務員等行業的專業訓練，而畢業後這些人才的選擇，全由補習後的考試決定。這和當年科舉取士有什麼不同呢？這樣培養選拔出來的人才，能夠應付複雜的廿一世紀社會的需要嗎？值得我們深思。

懷念

　　四十年是段不短的時光，我們這一代大概不容易再有四十年，要感謝清華的朋友們，幫助還原歷史，並且提供當年老友們一個重溫舊夢的機會。連帶地想念在釣魚台島罹難的陳毓祥，仍在病榻的沈君山，和已經去世的老友們：紐約的李我焱、袁旃，費城的程君復，以及十來位其他的朋友們。年輕時我們曾一起辯論、合作、遊行過。雖然我們看法不全一樣，後來四十年努力方向也不盡相同，但是我們都分享過憂國憂民的心情，一起並肩奮鬥，使我們不虛此生。

　　最後要寄語今天年輕的朋友們：世界永遠在變，每一個時代都有它自己的挑戰；社會要進展，需要它的年輕人，勇敢地面臨他們的挑戰。我們面對過我們的挑戰，雖然結果不盡如我們的期望；但是我們盡力而為，沒有缺席。很快地你們將面對你們的挑戰，希望當你們的時刻來臨時，你們也不會缺席，並且比我們更有智慧，更有熱誠地面對它。

結語

　　為了對歷史負責，我翻出當年到參院遊說的記錄，找到了珍藏多年的參院外交委員會對《歸還琉球條約》舉行公聽會 154 頁的全部國會記錄。這些資料，我將送贈清華圖書館保存，供有興趣和有需要的朋友仔細研究。[2]

　　另外，我找到一個早已發黃，貼了八分郵票，發自美國參議院的信封。裡面是參議院外交委員會在 1971 年 11 月初寄給我對《歸還琉球條約》六頁的審查報告[3]（見附圖）報告裡面清楚聲明：

92D CONGRESS 1st Session	SENATE	EXECUTIVE REPT. No. 92–10

OKINAWA REVERSION TREATY

NOVEMBER 2, 1971.—Ordered to be printed

Mr. MANSFIELD for Mr. FULBRIGHT, from the Committee on Foreign Relations, submitted the following

REPORT

[To accompany Ex. J. 92d Cong., first sess.]

The Committee on Foreign Relations, to which was referred the Agreement Between the United States of America and Japan Concerning the Ryukyu Islands and the Daito Islands, signed at Washington and Tokyo on June 17, 1971, having considered the same, reports favorably thereon without reservation and recommends that the Senate give its advice and consent to ratification thereof.

COMMITTEE COMMENTS

In an agreed Minute to Article I, the parties specify the geographical coordinates defining the territory covered by the Treaty. These coordinates make it clear that the Senkaku (Tiao Yu Tai) Islands are included as part of the territory administered. In addition, two of the military facilities listed as being retained by the United States are in the Senkakus. The Republic of China, the People's Republic of China and Japan claim sovereignty over these islands. The Department of State has taken the position that the sole source of rights of the United States in this regard derives from the Peace Treaty under which the United States merely received rights of administration, not sovereignty. Thus, United States action in transferring its rights of administration to Japan does not constitute a transfer of underlying sovereignty (which the United States does not have), nor can it affect the underlying claims of any of the disputants. The Committee reaffirms that the provisions of the Agreement do not affect any claims of sovereignty with respect to the Senkaku or Taio Yu Tai Islands by any state.

Ex. Rept. 92–10

■ 《歸還琉球條約》審查報告。

「委員會聲明」

「在條約第一條的記錄中，雙方同意定義條約涵蓋的疆域的座標。這些座標說明尖閣諸島（釣魚台列嶼）是美國管理疆域的一部分。同時，美國保留的軍事設備中的兩個也在尖閣諸島中。中華民國、中華人民共和國及日本，都聲明對這些島嶼擁有主權。美國國務院認為美國在這方面的權力完全來自對日和約，從這和約美國只接到管理權，沒有主權。所以當美國把管理權轉交給日本時，並不表示主權的轉移（美國沒有主權）也不影響任一方主權的主張。本委員會重申這個條約不影響任何一方對尖閣諸島或釣魚台列嶼主權的主張。」

我想，就以此作為我們對歷史的交代吧。

正是：保釣運動似驚濤，眾志成城是我曹；
　　　四十年來憂國夢，保衛疆土待今朝。

2010 年 918 於木柵隨心廬[4]

註　釋

1. 吳仙標 (1937-)，浙江餘姚人。曾任美國德拉瓦州(Delaware)大學物理學教授、董事會成員，為著名美籍華人政治家。在保釣運動期間，曾赴美國參議院聽證會為釣魚台列嶼爭議問題作證。保釣運動後逐漸投身政治活動，並於 1984 年當選德拉瓦州副州長，為美國史上第一位華裔副州長。

2. 資料名稱和出處是：*Hearings Before The Committee On Foreign Relations*, United States Senate, Ninety-Second Congress, First Session On Ex. J. 92-1, The Agreement Between The United States Of America And Japan Concerning The Ryukyu Islands And The Daito Islands, October 27, 28 And 29, 1971. U.S. Government Printing Office, Washington: 1971

3. 這封信所引用的聲明是根據：92 Congress, 1st Session, *Senate Executive Rept. No. 92-10, Okinawa Reversion Treaty, November 2, 1971* – ordered to be printed. Submitted by Mr. Mansfield for Mr. Fulbright, from the Committee on Foreign Relations, [To accompany Ex. J. 92d Cong., first session.]

4. 本文承蒙沛然、源俊、慶雄、漢嬰與月岑斧正潤色，深為感激。

導言
保釣歷史的淵源跟對海峽兩岸的
社會的意義[1]

林孝信[2]

　　主席、兩位館長[3]、在座的來賓、各位老朋友，大家早安。（早安）今天我站在這裡覺得很榮幸。我了解其實不是我站在這裡，而是我們這一代人共同站在這裡。我們站在這裡，希望能盡量為我們這一代發出我們共同的聲音，能夠把我們共同關心的東西，把我們那一代人所經歷過的，以及所思、所為再現出來。所有的這些，都是我們那一代人共同努力的結果，因此，今天站在台上的榮耀，是一代人共同努力，或是共同生活的自然結果。我能夠站在這裡，為我們這一代人的所思、所為與台灣社會對話，這是我深覺得榮幸的地方。

　　我的報告也同時算是這場保釣論壇的前言。因此，首先我將先簡單回顧保釣運動的歷史。這是因為考慮到在座有一些沒有參加過保釣運動的年輕朋友，這個前言可以幫助她/他們了解保釣運動的背景；但是也同時讓經歷過這段歷史的我們回到當時的情境。然後從保釣運動的歷史回顧，設法歸納出保釣運動的一些可貴的經驗與教訓，歸結出保釣運動的意義。這些經驗教訓，以及這些意義感，應該是台灣社會歷史的一部分，而且是比較特殊，比較值得參考的部分。當然，這些歸納難免摻有我個人主觀的成分。我自覺地力求減低個人的片面性以及成見，但是我也知道不可能做到徹底的客觀與公正。希望以後還有更多人提出各自的歸納與分析。

　　作為前言，在介紹保釣運動之前，我還要先感謝清華大學圖書館的謝館長以及這個收藏計畫的工作人員。收藏保釣史料，在當前台灣的氛圍，需要有些眼光，有些理想性格，甚至需要一點勇氣。因此，作為當年參加保釣運動的我們，要藉此感謝謝館長等人的努力。記得三年前左右，謝小芩館長就來跟我談，希望我把我所收藏的釣魚台運動相關文獻與史料捐贈給清華大學

圖書館。最初，我很猶豫。這批資料隨我經歷了三十多年。三十多年來，我曾經搬了很多次家，每次要保留這幾十箱的資料都要費不少心血與體力。這樣患難相共，我已經跟這批資料有了感情。忽然説要捐出去，就好像嫁女兒一樣的心情。女兒要怎麼嫁出去，如果嫁錯地方的話，女兒或我本人都會覺得遺憾。

當然，猶疑的原因還有更多。對於參與過釣運的人，那是生命的一部分，是嘔心瀝血，全心投入的一番經歷。同時還是內心不斷反思，不斷與自己過去的無知與成見告別的過程。每當有機會翻閱這些文獻，就好像看到過去蒼白的自我如何在不斷的工作、歡笑、吶喊、掙扎中逐漸長大、成熟的痕跡。那真是我們一代人用生命寫的歷史文獻，捐獻出去，有如告別自己的過去，總有幾分難捨，真是猶豫再三啊！當然，最後還是捐了，就好像女兒終究要嫁出去那樣。但是，捐出去之後，我發現我的「親家」—— 清華大學圖書館非常善待她、重視她，並且費盡心力整理她，還舉辦這個論壇。現在我覺得嫁對了。所以各位如果還有女兒要嫁的，趕快嫁啊。總之，我們非常謝謝清華大學，他們這一方面付出了很多很多的心血，真的是很努力在照顧這批資料。

其次，我還想跟大家談一談，近代博物館或圖書館典藏文物或史料的一些新概念。這些概念主張圖書館或博物館有一個重要的功能：收藏書籍或文物，要「再現歷史」，主動把收藏物展現給社會，並且與社會互動，把收藏物化為民眾的共同記憶，最後能夠成為社會的文化滋養；而不是把東西存在那裡，從此藏諸名山，僅供有心人自己去查閱。就這一點來看，這次活動的主要意義不應該在於老保釣朋友們緬懷過去，而是透過這樣的活動與台灣社會對話，從而達到再現歷史的作用。

從另一個角度來看，我有理由相信，大家來這裡都不是為了要緬懷我們自己的事情。因為，很多老保釣在各自領域都很有成就，保釣的「偉大往事」不是老保釣們介意的問題。所以緬懷過去不是大家來這裡的最主要動機，更不在於自我表揚；而是期望保釣歷史的真實面目能夠被台灣社會所了解，終於能夠把保釣的火種延續下去。我相信這段歷史相當重要。不幸由於各種因素，這段歷史以及她呈現的理念與精神，在台灣社會被忽略了。再現這段歷史以及其蘊含的精神，對當今台灣社會應有參考價值，甚至對兩岸社會進一步發展也可能產生一些貢獻。這應該是大家今天來這裡共同的心願。

保釣運動概述

　　回到正題。以下簡單的敍述保釣運動的歷史。事情要從 1970 年的暑假開始。台灣的漁民長年在釣魚台的海域捕魚的地方，當時忽然受到日本軍艦的驅離。漁民回來申訴，引起台灣媒體的注意與報導。最早的報導，是《中國時報》。他們特別派出記者出海到釣魚台實地採訪，然後做出報導。這則最早的報導，主辦本次論壇的清華大學圖書館特別費工夫挖掘出來，並且複印放大陳列在圖書館的保釣特展。清華大學圖書館還特別聯繫並邀請報導的記者專程趕來參加這場盛會。剛才開幕時，謝館長介紹這件事情，但是當時他們還沒到達。現在他們已經趕來了。還有，刊出這個特別報導的《中國時報》，發行人余紀忠先生已經不在了，但是他的大女兒余範英女士現在也來了，大家請給她以及採訪記者鼓掌，表示我們的敬意。余紀忠先生當時敢於派遣記者實地專門採訪，是要擔當相當的風險。他做出這個有擔當的工作，為保釣運動發揮催生作用。所有保釣朋友都不會忘記余先生的貢獻。

　　經由這些報導，日本軍艦驅趕釣魚台事件開始為海內外大家所注意。留美學生開始醞釀保釣運動，先是在普林斯頓、紐約、波士頓、威斯康辛州麥迪遜、加州柏克萊等地大學（差不多同時）分別自發地在少數留學生圈子談論。這種討論很快蔓延開來，並開始成立保釣團體，進行橫向聯繫。保釣運動迅速蔓延開來，得助於當時留學生已經存在的一些跨校組織，包括中國同學會聯合會、大風社、《科學月刊》聯絡網等等。

　　事情發展的很快，不到半年一個全美國的留學生運動已經隱然成形。到了 1970 年年底，就有人提議示威遊行，很快就獲得各地保釣團體的支持。1971 年的 1 月 29 日到 30 日，美國的華人與留學生就在紐約、華盛頓、芝加哥、西雅圖、舊金山、洛杉磯等六個城市，舉行第一次的保釣示威遊行。

　　這對台灣學生是一個巨大的飛躍，因為從前戒嚴時期，民眾自發的政治性遊行是一種巨大的禁忌。這個巨大的禁忌這麼快就被衝破，其原因很值得深入分析。首先，它說明大家對日本企圖占領釣魚台列嶼的憤怒程度是很強大的；其次，大家覺得這不是狹義的、以爭取個人權益或遂行政治鬥爭的政治活動，也不是批評政府的活動，而是一個單純的愛國運動，矛頭向外。因此，大家覺得理直氣壯，甚至認為政府應該褒揚我們；第三，那時期美國的校園常有反越戰遊行，美國學生上街頭示威家常便飯。台灣留學生在此氛圍

中耳濡目染也逐漸解除內心對遊行示威的恐懼。

　　還有一個可能更根本的因素。當時台灣的社會價值觀比較推崇理想主義，比較不那麼現實。如此薰陶出來的留學生，對於大是大非比較重視、比較堅持，比較勇於表達立場。這和今天的社會價值觀差別很大。這個因素的作用是間接的、潛在的，你也許很難找出具體的案例證明它的因果關係，也許很難量化它的影響；但卻是根本的。保釣運動能夠迅速發展，波瀾壯闊，持久存在，我個人認為這是根本的原因。衝破這個禁忌，影響深遠。

　　保釣運動的爆發，引起台灣政府很大的震撼。誠然，我們這些學生在台灣都是只知道讀書的乖學生，怎麼到了美國就變得「不乖」了？要知道台灣當時在戒嚴時期，學生幾乎不曾見到自發性的遊行示威，更不要說參加。社會氛圍無形中都阻礙學生參加政治活動，我們也都識相地躲避政治活動。不錯，當時出來參加示威遊行也受到一些親國民黨學生的規勸或壓力，然而並不管用。這使得台灣當局大為意外。

　　由於參加保釣人數眾多，而且原來多屬於乖學生，很難把這麼多留學生都打為陰謀分子，或是被陰謀分子所利用。於是設法派專人來疏通。最有名的，就是派遣國際文教處長姚舜，可是並不能夠平息保釣的熱潮，因為大家覺得我們並沒有做錯事，我們是愛國啊，這不是我們從前在學校裡被如此教誨的嗎？

　　接著在 3 月間，又發生旅美五百位華裔學人上書蔣總統事件。這封公開信提出四點主張，要求保衛釣魚台，並且強調反對在主權未定前與日本洽商聯合開發附近海域的石油。這個上書的意見正好呼應了留學生保釣運動的主張。這五百位署名的華裔學者很多都是國際級的大師，包括數學家陳省身等多位院士在內，是台灣政府十分重視的知名學者。如果台灣當局懷疑參加保釣運動留學生別具目的或受人利用，那麼這份懷疑就很難加在這些學者身上。事實上，情形正好倒過來：有些留學生本來還有點兒顧忌，如今看到這些著名學者都站出來保釣，原有的一點顧忌也都消失了。因此，這五百學人上書對保釣運動產生了很大的作用。

　　第一次示威遊行當然不可能達到目的。但是大家士氣很高，認為不達到保釣目的決不罷休，於是相約 4 月 10 日再來一次。為了造成較大的聲勢以達

到最大的效果，大家約定美國東岸與美國中西部（其實是在美國的中間偏東各州，從東岸到美國密西西比河）都集中到美國首都華盛頓特區，紐約與中西部的芝加哥便不再舉辦遊行。[4]

　　1971 年 4 月 10 日在華盛頓、西雅圖、舊金山跟洛杉磯等城市舉行第二次大示威，這一次示威的聲勢非常浩大，單單在紐約那一場估計至少有二千五百人，有人估計到四千人。美國西岸的三個城市也各有數百人參加。當時台灣出國留學生每年大約在二千人左右，以平均在學三年計（占多數的碩士生平均兩年畢業），估計每兩位留學生就有一位出來示威遊行。如果考慮到美國南部與中部地區距離東西兩岸太遠的因素，參加的比例應該更高。

　　數量之外，遊行的對象與訴求的主張也有所擴大。1 月底的第一次示威對象主要是日本政府的駐外機構；但是一連串的事件讓留學生擔心台灣政府會不會為了保留聯合國的席次而放棄對釣魚台列嶼主權的堅持。此外，大家也注意到美國政府偏袒日方。因此這次大遊行的對象便包括美國國務院以及中華民國大使館。

　　遊行第一站是美國國務院，他們的回應不僅明顯地偏袒日本，而且態度相當傲慢。面對幾千人的遊行隊伍以及保釣人士用心收集各種證據，並指出之前美國政府過去偏袒日本的錯誤言論，如此精心擬定的抗議信，美國國務院的回覆只是重複事前已經表明過的立場：「美國過去只是暫時管理釣魚台列嶼，將把它連同琉球群島交還給日本。」完全不理會保釣人士在抗議信中陳述的反對理由。遊行隊伍一些人聽到了這樣的回應，忍不住哭了。因為這和以前對美國的理解不同。以前被灌輸美國是最重證據，並且一向在國際上主持正義，因而不少人事前帶有不小期待。這下子落空了，而且發現過去的信念原來很有問題。

　　美國的回應令遊行人深受刺激，但是美國終究不是我們的國家。因此，第二站的中華民國大使館就令許多遊行人滋生出額外的期待，期待自己的政府能夠堅強地保衛國土，也期待政府能夠理解我們受美國欺負的心情，那種心情猶如小孩在外頭被欺負了，回到家尋求母親的理解與安慰。遊行隊伍蜿蜒經過漫長的路途，才從美國國務院走到國府大使館，長途跋涉示威人都有點累了。在心身俱乏下，大家期待自己政府能夠表達振奮人心的作為。結果

完全落空了。國府官員不但沒有表現堅決的保釣立場，沒有理解學生愛國感情受到美國國務院的打擊，連大使本人都沒有出來與遊行隊伍講話。在美國國務院所受到的挫折就轉化為對政府徹底的失望。保釣學生驀然發現，釣魚台事件的根源，不只是外侮，還有內賊。自己政府如果立場不堅定，保釣是很難成功的。

　　隊伍離開了大使館，大家心情都很沉重。經過了那一幕，很多人意識到，保釣的關鍵在於自己政府是否決心保衛釣魚台。從這個過程中，保釣人士感覺到政府並不重視保釣。大家擔心，在聯合國席次風雨飄搖之際，釣魚

■ 保釣運動人士遞交抗議信「中華民國駐美大使館周大使轉呈中華民國政府」。

台主權可能成為犧牲品。體會到這些，對於下一站日本大使館的抗議，示威人士已經不帶任何期望。大家心中在想的是，如果政府不重視保釣，怎麼辦？

　　遊行的各地積極分子，當天晚上在馬里蘭大學召開檢討會。對台灣政府的失望以及對保釣運動的出路成了會議的主軸，批評國民黨政府成了主要內容。這樣的會議自然不可能有具體的結果。由於大家感覺到政府不重視保釣，繼續組織遊行向日本示威已經沒有多大的意義。會議原來想要討論下一個行動步驟也得不到共識。會議草草結束，留下很多人的失望與徬徨。

　　失望與徬徨也不是全然負面。至少大家開始探索：

■ 為什麼國民黨不熱中保釣？甚至有些國民黨忠貞黨員還暗中打擊保釣運動？
■ 台灣教科書告訴我們，日本戰後洗心革面，特別在蔣總統寬大為懷，以德報怨的政策下，聲稱永不對外侵略。怎麼現在又要侵占釣魚台？

■ 台灣學校與社會輿論一再說，美國是我們的友邦，而且是主持正義的世界領袖，怎麼在這次事件偏袒日本？

■ ……等等。

這許多疑問湧上心頭。大家開始懷疑過去在台灣所接受的教育內容，特別是近代史的部分。

記憶拉回來了，許多人回想起在台灣的中學中國近代史課程，內容往往語焉不詳，有些論述明顯不合理。但是好像是禁忌，不能追根究底。然而，心裡總是有些疑問。這些疑問本來深藏內心，而且已經漸漸淡忘了。但是保釣遊行的挫折又喚起內心深處的這些疑問。於是在 4 月 10 日遊行後，許多留學生開始探討近代史。美國一些大學收藏豐富的中文圖書，可以看到許多此前不知道的事情。

此外，以前在台灣的禁忌也不能再限制我們。於是從保釣運動發展出一個近代史的研究運動。不久，5 月 4 日來臨，由於保釣運動有些地方與五四運動相似，於是許多保釣團體辦理五四紀念會，把近代史的研究帶到高潮。在這樣研究活動下，大家才逐步解開埋在心中長期的疑問：為什麼日本又開始來欺負我們，為什麼美國會偏袒日本，為什麼國民政府不願意認真的保釣……等等。保釣運動就因此從本土愛國開始深化到對歷史發展脈絡的認識。

對近代史的研究，回答了疑問。但是，出路何在，卻依然沒有答案。正在這時候，美國總統尼克森宣布他已經派遣特使季辛吉[5]祕密訪問過北京，計畫在次年訪問北京，打開中美兩國敵對二十多年的局面。[6]這個宣布像是一個炸彈，震撼了全世界。二十多年高度敵對，從不公開接觸的兩個大國，忽然要開始來往了。這個宣布開啟了國際局勢的新時代。

這個宣布對保釣運動也產生巨大的衝擊。台灣留學生猛然發現，還有一個中國政府，她已經強大到美國總統都必須登門拜訪的程度。「說不定北京政府能夠保釣？」傍徨中的保釣人士像是在迷霧裡看到一盞燈。

保釣路線的分裂

逐漸地，部分保釣分子把希望寄託在對岸。當時美國社會燃起一陣中國

熱，不少保釣人士也積極去了解中國。因為以前在台灣念書的時候，對中共幾乎是一無所知的。因此從 7 月尼克森宣布將要訪華之後，許多保釣運動人士積極設法了解中國的情形以及社會主義的理念。他們如飢似渴地閱讀有關中國的報導與書籍，逐漸把保釣運動轉化為認識新中國的運動，甚至成為認同新中國的運動。由於中國當時還高舉社會主義的旗幟，這個轉化的運動也常常被看作左派運動。

就在許多保釣積極分子轉向認同新中國之際，一些堅定的國民黨籍保釣分子也在謀求出路。受到大量留學生不滿國民黨政府對保釣態度，以及尼克森宣布後國際局勢大轉型的壓力，這批國民黨堅定分子也積極凝聚起來，逐漸形成保釣運動的右派。

除了這兩個派別之外，還有相當一些保釣分子在這個局勢大動盪的過程，並沒有忘記對台灣的關懷。他們多數也熱中於認識新中國，不少人也開始了解社會主義的思想，但是他們堅持關懷台灣為重點。他們認為，即使中共要統一台灣，也需要台灣人民的認同為前提。因此，如果要促進統一，就應該回台灣，而不是到北京。他們又說，主張社會主義就應該支持台灣勞工、農民以及其他弱勢者的抗爭，才符合馬克思主義的原則。換言之，保釣運動應該以關懷與支援台灣內部人民的奮鬥為方向。

於是從尼克森的宣布開始，保釣運動就逐漸形成三個不同發展方向。這個量變不久就成熟而產生質變，這個質變的契機就發生在密西根州安娜堡舉行的國是大會。1971 年的 9 月，保釣運動人士召開了一個大規模的重要會議，是保釣運動過程中的一個重要里程碑，這就是有名的 Ann Arbor 國是大會。[7] 會議結果，保釣運動分裂。一般說法是左右分裂，其實不止分成兩條路線，應該是分成三條路線：第一條左派路線，或是統一運動路線。很多保釣組織就改名稱叫作中國統一運動組織。第二條右派路線，主要是一些非常支持國民黨、支持國民政府的人組成。他們後來成立了一個反共愛國聯盟。

前兩條路線區分的標準一般採用左與右，但是比較貼切的標準也許應該是對國民黨政府的態度：一者持高度批判乃至否定的態度；一者基本上肯定認同，即使也有些內部的批評。所謂左派或統一派，雖然多數接受社會主義的理念，但是更多的是基於民族主義；而當時的右派多數也是贊同中國統

一，甚至也有人思想上贊同社會主義。因此採用統一派，或是左派右派，並不十分貼切。他們主要的差別，毋寧是對國民黨政府的態度。[8]

第三條路線呢？持這條路線的人，基本上也是高度批評台灣政府，但是他們強調關心台灣，支持台灣內部追求正義的鬥爭。他們認為，即使追求中國的統一，也應該基於台灣人民的利益與認同為基礎，真正的統一運動應該以台灣內部人民的要求為主力。有採用這條路線的人嗎？當然。一些保釣朋友從運動中重新認識了台灣。他們發現台灣還在戒嚴的體制下，還有很多台灣內部的問題。他們認為保釣運動需要去關心台灣社會，去做啟蒙工作，去支持台灣內部的社會運動與民主運動。

第三條路線的保釣人士聲援台灣在戒嚴體制下受到打壓的各方人士，他們或是因為鄉土文學的創作與論述、或者因為政治見解、或者為了追求合理公平的社會體制等等，而受到迫害。譬如說陳明忠[9]、施明德、余登發[10]、許信良等人，以及從事勞工、農民、原住民、環保……等等運動人士。當時我們都在聲援這些受到迫害的事件。

第三條路線過去沒有人提及，主要是因為在當時台灣的氛圍，不允許第三條路線公開自己的活動與主張，否則會危害到台灣的社會運動與民主運動，如此就違背了關懷與支持台灣的初衷。但是，這條路線確實存在，而且有不少人投入。今天，時過境遷，已經沒有造成危害的顧慮。這個論壇有幾位引言人與與談人就是屬於這條路線。這裡，我先藉這個機會，向大家介紹這個被忽略的第三條路線。走第三條路線的人也不在乎他們的奉獻是否得到承認，甚至不在乎是否被知道。我們今天在座有很多是這樣的人。今天公開提出來，也不是走第三條路線者的要求，而是希望還原歷史真相。

再回到歷史發展的脈絡。國是大會以後有一個比較大的事件，就是五位保釣人士訪問中國，並且受到周總理的接見。這是台灣出去美國的留學生，第一次訪問中國大陸。所謂第一次，就等於說 1949 年以後的第一次，我們在座的陳治利[11]先生就是其中的一位，他是親自見到周恩來總理的人。

再下一個重大歷史事件，就是第二年，即 1972 年的 7 月，美國正式把琉球群島主權奉送給日本，並且將釣魚台當作琉球的一部分一起交給日本。日

本當時就借用這個機會說，釣魚台是屬於琉球的一部分，當琉球被日本併吞時，釣魚台就自然屬於日本的了。從這樣的因緣才爆發出來的運動。對於美國把琉球交給日本，保釣運動很多人都覺得也應該要講話，因為正是琉球被美國送給日本，又把釣魚台當作琉球的一部分（這點是日本特別強調的），才有保衛釣魚台的必要。如果琉球獨立了，也就不會有日本企圖占領釣魚台的問題了。因此，運動一開始，就有些保釣人士主張起來反對美國將琉球交給日本，應該支持琉球獨立。

這樣的運動策略，還具有更高的正義性質：我們不只是保土愛國，我們還捍衛國際正義。琉球在日本明治維新之前本來不屬於日本的。戰後根據波茲坦宣言跟開羅會議的精神，應該讓琉球獨立，只是因為當時亞洲形勢一個複雜的狀況，終於沒有辦法獨立，甚至最後被美國送給日本。

但是這種主張並未得到多數保釣人士的重視與採納。這可能由於，這種高調不容易獲得廣泛的響應，不利於保釣運動的發展。此外，還有一種考慮，認為琉球問題應該由琉球人來講話，外人不宜過分越俎代庖。後來，筆者聽說琉球一直有琉球獨立運動，琉球人民不願意當日本人。另外，還有一種擔心的情況：如果琉球人也主張釣魚台屬於琉球，問題就複雜化了。

總之，1972 年 7 月當美國要把釣魚台連同琉球奉送給日本時，留學生又舉行最後一次的保釣示威遊行。這次遊行由前兩種路線分別辦理，第三條路線人士由於不便公開，也不希望產生更多的分裂或混亂，並未單獨舉辦，而是參加其中場次。

保釣運動的歷史淵源

以上簡單回顧釣魚台運動的大致歷程。掛一漏萬是難免的。主要目的是幫助大家拉回到四十年前的情境，也提供未參加過保釣的年輕朋友理解運動脈絡。接著來談一下，談談保釣運動產生歷史的淵源。我把它分為外因跟內因來介紹。

外因方面，首先是美國正在改變亞洲戰略布局。1965 年美國開始打越戰。以美國軍力之強大，美國統治階級以為擊垮北越是輕而易舉的事。沒料到事與願違，越戰不僅未順利結束，反而遭遇巨大的抵抗，迫使美國不斷增

兵，美國政府也就不斷徵兵，最後徵兵到大學生。由於在越戰戰場上，美軍死傷累累，就引起大量美國大學生的反戰示威。同時，為了取勝，美國使用各種新發展的武器，其中有些十分殘忍。這些殘忍的屠殺鏡頭有些被記者捕捉到，經過國際媒體報導，美軍的殘暴受到全世界的批評，反戰運動就此擴展到世界各地，人們甚至開始反省越戰的本質：美國打越戰是在捍衛自由民主呢？或是進行帝國主義侵略？越戰不順利，反越戰運動壓力大，美國被迫考慮從戰爭抽身，但是又不能直接承認失敗。於是，「光榮結束越戰」就成了美國追求的目標。美國深知北越受到中國的支持，因此要「光榮結束越戰」，就必須與中國談判。越戰的發展，促使美國改變孤立中國的政策，需要與中國打交道。

其實，改變孤立中國的政策，已經是不得不做的事了。1949年新中國成立後，美國一直拒絕承認，甚至在國際外交、經濟、軍事……等等方面封鎖中國。為了合理化封鎖中國的政策，美國製造各種不承認中國的藉口，包括說，中共統治不得民心，即將垮台，因此不必給予外交承認……等等。但是這些藉口，經過了一、二十年後，已經站不住腳。因此，美國內部主張與中國建交的要求越來越強。

另外，出於與蘇聯對抗的需要，美國考慮聯華制蘇的策略，與中國建交可以分化中蘇關係。

以上種種因素，使得美國政府要與中共打交道。但是，美國並非真心地與中國友好。在與中國逐步友好的同時，美國更加強扶植日本。前者導致中美兩國最後建交，後者則答應日本的要求，將琉球交給日本，包括釣魚台。

正是在美國國際關係大變動的背景下，爆發了釣魚台風波。日本政府也利用美國在越戰的困境而再度占領了琉球，中共也藉此機會打破了被封鎖、被包圍的孤立局面。只有台灣陷入困境。台灣的漁民被驅趕，台灣政府的外交關係更是急速滑落。留學生聲援漁民，保衛領土主權的完整；國民黨政府則唯恐得罪日本，擔心進一步惡化外交關係，更擔心聯合國席次不保。在此背景下，保釣運動的發生以及與國民政府的衝突，都注定會發生了。

美國扶植日本並非從那時才開始。1949年國共內戰以中共勝利結束，美

國就開始轉向扶植日本，作為美國在亞洲的主要戰略夥伴，並作為遏阻社會主義力量擴散的橋頭堡。在美國的積極扶植下，日本迅速從戰爭破壞中復興，成為資本主義世界的經濟大國。經濟一旦快速復興，日本又要對外擴充，重演明治維新後的路線。正如 1870 年代的歷史顯示，占領琉球是第一步。於是藉著美國受困於越戰，需要日本支持之際，同時看準美國不願意琉球獨立（以免獨立的琉球國外交上傾向北京），但是又不能無限期占領下去的尷尬局面，便向美國索取琉球。於是這個違背《開羅宣言》，違背聯合國處置被法西斯侵占國家原則，更違背琉球人民意願的勾當，就這樣發生了。

但是與明治維新後的日本比較，這次日本的胃口更大。不僅要琉球，還要釣魚台！

釣魚台是無人小島，附近海域雖然有豐富漁場，倒還不是日本如此重視的理由。日本特別指定要把釣魚台當作琉球的一部分，隨同琉球交給日本，主要因為釣魚台附近海底可能蘊藏豐富的石油。

日本太需要石油了。戰後日本與世界各國經濟的成長，主要建築在大量廉價石油的使用。但是，日本卻是唯一不產石油的經濟大國。過去從國外（主要從中東國家）購買石油，倒也沒有問題。但是自從中東以色列─阿拉伯之間衝突加劇，特別在 1967 年第三次中東戰爭後，以阿拉伯國家為主的石油輸出國家組織(OPEC)就威脅說，如果再爆發以色列─阿拉伯戰爭，將實施石油禁運，以制裁在戰爭中支持以色列的國家。支持以色列者當然是以美國為首的西方國家，包括日本在內。日本在外交上一向唯美國馬首是瞻。因此，勢必受到阿拉伯國家的石油禁運的制裁；而所有支持以色列的國家之中，就數日本最缺石油，石油禁運所造成的打擊也會最嚴重。日本人驀然發現，他們雖然是經濟大國，卻是資源小國。後來，阿拉伯國家的威脅果然發生了，1973年第四次以色列─埃及戰爭爆發後，石油禁運也跟著出現。

這些威脅使日本積極尋找油源。根據當時已經相當成熟的石油地質理論，靠近大陸的近海大陸架下很可能蘊藏豐富的石油與天然氣，而當時的科技已經發達到足以開採大陸架下的海底資源。亞洲是世界最大的大陸，太平洋是世界最大的海洋。東亞大陸的長江黃河經年累月攜帶大量泥沙與生物殘骸沉積到海底，產生東亞─太平洋的大陸架，這個巨大的海相沉積很可能蘊

藏異常豐富的石油資源。備受缺油之苦的日本早就想開採這個大陸架下的海底石油。

　　但是還缺臨門一腳。這個大陸架的石油資源主權不屬於日本！根據 1960 年聯合國國際海洋公約法的規定，大陸架的資源屬於與這個大陸架自然相連的陸地國家與大陸架上島嶼國家所擁有。東亞一太平洋大陸架的主要擁有者當然是中國。日本與這個大陸架並不自然相連，甚至琉球也不是（琉球與這個大陸架之間隔著一條很深的琉球海溝）。如果日本想要擁有亞洲一太平洋大陸架的開採權利，至少就得占有大陸架上的一個島嶼。

　　這就是日本要占領釣魚台的主要理由。因為，釣魚台列嶼就在這個大陸架上。日本只要擁有釣魚台，它就可以擁有大陸架下礦產資源的部分主權，就可以開採這裡的海底石油。日本想要開採這裡的石油，而且早就把這層關係搞清楚，因此它要占領釣魚台。

　　總之，東亞的國際局勢在保釣運動發生前，已經處在巨大變動前夕。這是發生保釣運動的歷史背景，這是發生保釣運動外因的第一項。

　　另外一個重要的外因：美國校園的反戰運動幫助台灣留學生克服了對示威遊行的畏懼感，並且促使留學生想法的改變。留學生出國前，台灣處於戒嚴時期，參加自發式的示威遊行是被嚴厲禁止的。台灣學生不僅沒有參加過自發性示威遊行的經驗，甚至帶有恐懼感與排斥感。如果沒有美國校園經常發生的反越戰示威遊行作為榜樣，很難想像台灣留學生有那麼多人敢於出來參加遊行。

　　美國那個時候校園的反戰浪潮不僅幫助台灣留學生克服了對遊行示威的恐懼感，而且還激發了留學生潛藏在內心深處的理想主義。因為當時的反戰運動也引發全世界包括美國在內，對現存資本主義體制的一些反思運動，從而西方的知識分子理想主義盛行。留學生感染到美國校園的理想主義氣氛與思想，不但鼓舞了留學生勇敢站出來，而且促使大家開始反思許多問題，例如：越戰的性質，台灣政府與媒體對越戰報導與詮釋的可靠性，對美國的認識是否片面，甚至資本主義與帝國主義的本質……等等。這些反思是後來保釣運動能夠深化的一個重要因素。

以上這些是發生保釣運動的重要外因。

內在因素呢？也可以分析出不少源頭。時間的限制，我只舉幾個比較重要的。首先，是自覺運動。1962 年台灣發生一個自發性的學生運動——自覺運動。這在戒嚴時期是個意外。也正因為在戒嚴時期，這個學生運動無論就規模、激烈程度、直接影響……等等各方面，與後來美國反戰學生運動比較，都無法相比。雖然如此，卻為參與者埋下了種子。

■ 《科學月刊》第一卷第一期。

其次，是《科學月刊》的創辦。《科學月刊》對保釣運動的作用，可以從幾個方面來考察。首先，創辦《科學月刊》具有一個潛在的理念：留學生應該關心自己的社會。這樣的關心很容易延伸到其他領域，包括關心台灣漁民的權益，關心國家的領土完整……等等。從熱心支持《科學月刊》到投入保釣運動，在理念上是一脈相通的。

其次，《科學月刊》當時在美國建立了一個比較有系統的聯絡網，這個聯絡網對保釣運動的興起與迅速發展，發揮了重大作用。《科學月刊》在創辦時，美國各地留學生都很熱烈的支持，很多人常常來信。大家的支持是《科學月刊》珍貴的資源，需要有效的維護。要維持大家的支持與熱情並不容易，先決條件就得與大家保持經常的聯絡，不然的話，熱心朋友來跟我們談、談了一次，相見甚歡，談完以後幾個月都不跟他回應，當然早就忘掉了，熱忱也就冷卻了。可是，要保持經常聯絡並非易事。那時候沒有 e-mail，沒有傳真機，連複印機都沒有的時代，要跟一群人保持聯繫是很不容易的。怎麼辦？我們就用小時候辦刊物印刷的土方法：刻鋼板！就是在鋼板上，把通訊內容用手寫的方式，刻在蠟紙上，然後用滾筒沾油墨，就可以把通訊印刷出來。這是在當時

條件困難下，為了建立聯絡網，採用的辦法。我們就用這種土法煉鋼的方式，出一份工作通報，就叫作《科學月刊工作通報》。最頻繁的時候，每個禮拜出一期，等於說我們同時辦兩份刊物，一個是《科學月刊》本身，一個月出一期；第二個是《工作通報》，一個禮拜出一期。《科學月刊》就這樣建立一個很有效率的聯絡網，留學生透過這個聯絡網保持密切聯絡。這個很有效率的聯絡網，意外地在一年後的保釣運動發揮重大的作用，這是始所未料及的。

這個《科學月刊》聯絡網，除了迅速傳遞信息與意見討論之外，間接地還為彼此之間建立了信任感。這種信任感在保釣運動時很重要，因為保釣運動含有政治性質，如果彼此缺乏起碼的互信，很容易被中傷、被分化，更多的參與者也會因為擔心受人利用而不願意站出來。如此，運動就不容易蓬勃開展。《科學月刊》聯絡網正好提供這個互信的基礎。沒有人懷疑參加《科學月刊》者的理想性，這無形中增加了對保釣運動的信任。有了這個信任做基礎，保釣運動才容易蔓延開來。

《科學月刊》對保釣運動的影響還有一個層面：《科學月刊》的理念，還影響了日後保釣運動的演變，這就是前面所說第三條路線的產生。屬於第三條路線的人，基本上可以說受到參與《科學月刊》的影響。本來，《科學月刊》的創辦，是以服務自己成長社會為號召。許多《科學月刊》朋友參加保釣運動，並沒有取消大家為自己社會服務的信念，反而更加堅定，更加認識到關懷自己社會的重要性，甚至還要擴大關懷與服務的範圍。

這些內因都屬於形式部分。接著分析內因中的實質部分，這需要考察保釣一代人的思想背景。保釣一代人成長於五、六〇年代，當時台灣社會思潮比較具有理想主義的色彩，剛才曾志朗也提到了一些例子。這當然反映當時台灣社會的情況。當時台灣社會比較樸實，也相對貧窮些，這些都是孕育理想主義的土壤。理想主義是促成轟轟烈烈保釣運動的根本因素。如果留學生缺乏高度的理想性格，很難想像會有那麼多人出錢出力，犧牲學業，不畏被列入黑名單，積極而充滿創意投入與個人功成名就無關的保釣運動。

隨著年歲的長大，年輕時的理想激情難免轉化，因此，常有人反思這樣的理想激情是否必要，是否值得。特別在今日理想主義大退潮時代，常常聽到有人質疑理想主義的價值，並進一步質疑參加保釣運動的意義。

40-1

科學月刊工作通報　40期

討論号之九　　釣魚台事件專号之二
聯絡中心公告:

1. 下期討論号由布朗大學(Brown Univ.)及華社連絡員主編
　鄭永育　Y. Cheng　401-421-6427
　111 Bowen St. Providence, R.I. 02906
　二月八日出刊,請於二月八日前將稿寄去
2. 專号捐款:續收 鄭春石50元,謝克強10元
　　　　　　　藍春臣10元,黃秉乾10元
　　　　　　　劉華夫10元
3. 上期專号20頁,共印500份
　印刷 65.00,郵資 67.12,其他 12.06;共 144.18
　專号費用(包括下期)擬由特別捐款支付,但其他電話為費用,則由科月在美財務支付。

付印時,收到袁旂向紐約連絡中心寄來釣魚台須知一併寄上,並向紐約工作人員致謝意。

釣魚台事件各地工作發展

上期專号發出後,各地反應都非常熱烈,這是十九年來在美留學服務的中國人,對關懷國事第一次團結一致的表現。

先後收到楊紀宗(St. Louis),李德怡(Princeton),李趨聯(MIT),張煦北(Seattle),袁旂(N.Y.),李雅民(College Park),關永弟(Brown),黃衰乾(Hopkins),陳磊(L.A.)及周楚(Stanford)的來信。有的發表意見,有的報導工作,有的發表宣言。為精簡起見,將各地意見綜合報導,附以各地工作簡報,最後附紐約的几項福音=意。

對今後工作建議

1. 全力支持元月卅日在紐約,芝加哥,舊金山及洛杉磯同時舉行之遊行示威。(見工作報告)
2. 速設成立全美工作中心
　可按 Princeton-N.Y. 成立總部,芝加哥,Stanford 或 L.A. 成立支部,做以下工作:
　A. 收集歷史及國際法法理根據,交雜誌發專刊。
　B. 草擬中英文意見請願信,分發各地。
　C. 收集國內外報紙雜誌之有力立場表有議員姓名地址,分發各地。

40-2

D. 統一捐款,聯通訊連絡各工作。
2. 各地成立連絡小組
　A. 接到全美中心英文宣言後,打擊投書當地各報,並投書各校報刊。
　B. 接到全美中心中文宣言,請願信及民意代表等地址後,發動當地國人簽名分別直寄國內民意代表,形成強大民意壓力,促請政府強硬交涉,確保主權。
　C. 鼓勵各人向當地領使館,電話,書信或當面直接連絡,使政府了解各地同胞對此事件之密切注意,不容輕易處置。
3. 這次事件關係中華領土主權,不容事關淡以各地工作,都是中華國民國民族榮辱,赤誠愛國的表現,望大家全力分別爭求領土主權確保而後已。
4. 各地建議之口號標語:
　釣魚台是中國的!　　反對雅尔達陰謀!
　中國領土不可斷送!　八億中國人民不容侮犯!
　打倒日本侵略者!　　打倒日本軍國主義!
　反對美日的陰謀!
　反對美國片面將中國領土送交日本!

各地工作簡報

紐約　(沈平,李德怡怡未佳)
　　　見此上期討論号6-8頁袁旂信)
1. 已成立七人聯絡中心,Columbia, NYU, CCNY, Hunter, Fordham等,已連絡紐約州其他各校連絡中心電話。(212)933-7112, 749-3520
2. 成立遊行募捐,宣言起草,一般工作等小組。
3. 發起宣言簽名運動。(見第九頁宣言)
　至十二月卅一日止,已有四百餘人簽名促請中國政府以強硬態度對付侵略者。
4. 遊行:已向紐約市政府請要遊行釣可託定於 一月三十日,星期六 舉行(原定一月廿九日,現已改為卅日)示威對象是日本駐聯合國代表團及日本領事館。
　遊行標註,將於一月二十日連絡中心開會後決定。以表達四項原則為準:
　A. 堅決反對日本軍國主義之復活
　B. 全力保衛中國釣魚列嶼之主權
　C. 反對美國偏袒佐藤政府之陰謀
　D. 主權未決前,拒絕任何國際,美國間談行動
　為防過激行為,除公定標語外,不准揭帶其他標誌。

■《科學月刊工作通報》「討論號之九」。

要比較深入回應這個問題，需要考察理想主義在人類歷史中的作用。這是一個大問題，不是這個簡短的報告所能涵蓋的。這裡只能扼要敍述總體的看法。我認為，理想與現實都不能偏廢。理想主義常常被人嘲笑為天真，不切實，唐吉訶德……等等，認為只是少數人的夢想。然而，歷史上理想主義屢屢發揮重大的作用。影響歐洲近代史至鉅的法國大革命，並不是發生天災歉收，百姓餓肚子而造反的；而是受了啟蒙運動，理性高漲，人們為追求合理社會而引發的。又如在鴉片戰爭後多少人投入改革或革命活動，甚至拋頭顱灑熱血在所不惜。這些改變歷史的活動，背後都可以看到理想主義的力量。

當然，過分的理想化固然無補於事，甚至還會帶來災難；但是，過度的現實化也同樣有問題。過度理想主義固然曾經帶來巨大的傷害，例如法國大革命中的賈可賓黨專政[12]、中國的文化大革命……等等；但是由於過度現實而產生的危害或災難，也是史不絕書。遠的不說，就以去年（2008年）金融海嘯為例。這場經濟危機所帶來的傷害，其嚴重性已經不待多言。但是導致這場災難的根本原因，正是社會過分現實。連美國前聯邦儲備局主席葛林斯潘(Alan Greenspan, 1926-)都承認說，他沒有料到美國的華爾街那些人是那麼的貪婪。葛林斯潘講這些話真是白癡，資本主義本來就是建築在追求私利的基礎之上。要華爾街不貪婪，那就不是華爾街了。但是不管怎樣，這裡反應出一點，就是說現在大家認識到過度貪婪會帶來傷害。然而，過度貪婪的根源就是過分現實，缺乏起碼的理想性。可見，過於現實一樣會帶來災難。理想與現實都不能完全偏廢。

保釣運動的精神資產

當年台灣留學生基本上比較帶有理想主義的理念，我認為這是促成當時保釣運動蓬勃興起的潛在原因。從這裡我來談一下保釣運動的一些可貴的精神資產。第一個精神資產，是愛國愛民、關懷世事。這點無需多說。第二個精神資產是熱情，不計較個人的得失，敢於為正義的事情站出來。這些正是理想主義者具有的品質。今日，我們看到太多人過分計較個人得失，對一些是非、正義的事情常常都不敢站出來。對這點，相信所有在這裡的保釣朋友都有同感。保釣的這個精神資產，值得今日台灣社會參考。

第三個精神資產是重視歷史，善於學習。保釣人士很重視歷史。首先，對於釣魚台的歸屬問題，就是從歷史找證據；其次，保釣人士把釣魚

台問題聯繫到近代史，從歷史的視野定位保釣運動的意義，而歷史的定位與意義反過來又有助於運動的持久與深化；再次，重視歷史的態度也有助於我們對中國的重新認識，有助於對台灣的深入了解。這些認識了解，是保釣運動能夠延伸到關懷中國與台灣的基礎。另一方面，保釣運動人士善於學習，善於在運動中不斷的學習。保釣運動不只是站在街頭喊口號而已，在喊口號的過程中也在思考、也在動腦筋，也在覺得「我這樣喊得對不對？」「我是不是只是為喊口號而喊口號？」還是我覺得「喊口號喊得真的是有內容？真的也是我相信的？」因此很多保釣人士在運動過程中不斷成長，這就是謝館長剛才在一開始提到，保釣運動是一個很深刻的一個自我啟蒙、自我洗禮的一個過程。

第四個精神資產是注意國際大局的演變，並且善於從世界大格局的眼光，來分析跟了解台灣的問題，以及兩岸的問題。保釣運動關心台灣或整個世界性的問題，而且不是站在個人的成見或個人的利益的角度去關心，而是站在整個台灣社會最大的利益，站在兩岸最大的利益，站在長期發展的利益，從這樣的角度來考慮這些問題。我回到台灣，看到很多有關台灣前途問題的言論，常常都只考慮個人或一個黨派的利益，比較少從整體、長期，多數人的利益來考慮這個問題。誠然，這種不謀私利的態度，或許是保釣運動終究變弱的原因之一。設想，保釣運動如果採用一般民主政治做法，以政治運動獲取權力，以政治權力謀取財富，再以財富支持運動，如此循環生生不息，保釣運動或許可以延續更久。當然，這樣的運作必然會拋棄理想主義；失去了理想主義，保釣運動本身是否能夠存在就有問題。

其實幾乎所有參加保釣運動的人並沒有個人私利的動機，都無所求。幾乎所有保釣運動的人回到台灣或到任何地方，都不是要求官或做什麼事情，甚至個人如果說被列入黑名單，也並不是認為要得到什麼賠償；那怕是受到委屈或有所犧牲，大家都覺得這不是關心的重點。重點是，從參加保釣運動，是否學到東西，是否能夠從學習到的觀點、視野、格局、知識，繼續為整體中國發展，為台灣社會做出一些有意義的貢獻。

保釣運動的意義

最後談談保釣運動的意義。第一，它可以被視為「新的五四運動」。很多人都提過這點。聽說保釣零團見到周恩來總理時，周總理就說，保釣運動是

「海外的五四運動」。這個傳說流傳很廣,不知是否屬實。在座的陳治利當年參加這場會談,是不是可以驗證一下。當然,這種說法只是就它的意義而言。就規模與影響來看,它跟五四運動是不能比的。五四運動在更廣泛的整個中國大陸發生,保釣運動則只是在海外的一部分留學生;五四運動促進了中國反對帝國主義,反對封建主義的大革命,保釣運動當然沒有這麼巨大的作用。但是對於溝通兩岸的了解,對促進中美相互的交流,對支持台灣的思想啟蒙,社會運動與民主運動,保釣運動也作出難得的貢獻。把保釣運動視為新的五四運動,還是有一定的道理的。

不論如何,保釣運動的貢獻跟五四運動相比還是小很多。為什麼會這樣?在大家都理解的差別因素之外,還有一個非常值得我們思考的因素:因為保釣運動不在於自己的土地上發生,是在美國;而五四運動在自己的土地上發生的。這是一個很大的差別。保釣的訴求無法直接傳遞給台灣漁民以及一般人民,不僅如此,保釣人士還被隔絕在海外,無法回台灣宣揚我們的訴求。甚至,保釣後出國的留學生都被打了預防針,不敢參加保釣運動,不敢接觸保釣人士,因為保釣人士都被列入黑名單,都被宣傳成反政府人士,附匪分子。如此,保釣運動就與台灣社會脫節,保釣運動所發展出來的精神資產也就無法貢獻給台灣社會。這是保釣運動與五四運動的一個巨大差別,這也導致保釣運動無法發揮它可以產生的貢獻。

參加保釣運動的人開始都沒有警覺,結果一不小心,一大堆人就變成黑名單啦,甚至還有一些人根本就回不了台灣。其實當時很多參加保釣運動的人開始都沒有與政府對抗的意識,甚至對政治毫無興趣。而且,許多留學生並沒有打算常居美國,曾志朗講的,沒有什麼自己將來要準備留在美國的,所以很多人也沒有去拿什麼綠卡、什麼統統都沒有的。忽然稀哩呼嚕變成黑名單,甚至回不去台灣,在這種狀況下,很多人就被隔絕在海外,使得保釣運動這些人沒有辦法回到台灣貢獻。保釣運動很多人都很優秀,參加保釣運動像我們在座好幾位都是院士,在座的還有一些傑出的已經到了院士的階段,或是在各個領域都有非常傑出的貢獻,可是這麼優秀的人不能為台灣這個社會發揮應有的貢獻,我要說,這是台灣社會非常大的損失。

因此反過來想,如果能夠把保釣運動的真正面貌,重新讓台灣社會了解,保釣運動的精神能夠注入台灣這個社會,成為一個新的元素,我相信對

台灣社會會產生貢獻。就我個人來講，典藏保釣文物最重要的意義也在這個地方，希望透過這樣的典藏，再現歷史，保釣運動的精神資產能夠貢獻給台灣社會，從而讓保釣運動變成真正的新五四運動。

總之，保釣運動在理念上、精神上，很多方面都是非常接近五四運動。遺憾的就是保釣運動並沒有產生對於自己成長社會的應有的貢獻，這是我覺得最可惜的。甚至到今天，保釣運動的真正面貌、它的理念與精神，還沒有得到台灣社會完整的了解，保釣有價值的精神資產也就無法貢獻給台灣社會。

最後，還應該談談保釣運動對海峽兩岸的意義。保釣運動發生的時候，兩岸隔絕（而且是敵對式的隔絕）已經超過二十年。台灣多數人不了解大陸的情形，大陸也同樣不了解台灣。如果再考慮台灣曾經被日本占領五十年此一事實，兩岸人民相互了解的困難度更是不可低估的。尼克森打開與中國交往之門，也同時開啟了兩岸交流的契機。但是，當時雙方都低估了長期隔絕造成的相互誤解，以及發展兩岸關係的複雜程度。記得當時周恩來總理有次在回答西方媒體記者說，只要美國與台灣政府「廢約，撤軍，斷交」，台灣與中國的統一就沒有問題。後來鄧小平復出後，多次強調統一台灣是 1980 年代中國政府要完成的三大任務之一。言下之意，在中美建交以後，解決台灣問題已經水到渠成。這些都表示中共的領導人低估了台灣問題的困難度。

因此，保釣運動對兩岸的意義，最主要的就是促進兩岸相互了解。許多保釣人士訪問北京，成為中共了解台灣的一個重要窗口。另方面，保釣人士積極認識中共，也帶動台灣留學生對大陸認識的興趣與動力。當時很多保釣人士自動介紹或宣傳大陸的情況，包括演講，電影放映，書籍推銷……等等，也提供了台灣留美學生認識大陸的機會。總之，保釣人士在這個歷史交會點，發揮了橋梁的作用。今天，海峽兩岸都在鼓勵交流，推動交流是光明正大的好事；但是在 1970 年代初，兩岸交流在台灣是禁忌，主張交流被認為是「附匪」。保釣人士冒著台灣親人受迫害的壓力推動交流，走在時代前端，功不可沒。

如果進一步考察交流內容，可以看到保釣推行的交流活動，不只是遊山玩水，更不只是經商賺錢。當時的交流更多的是去了解中國，了解中國二十年來做了什麼，了解中國的制度以及制度背後的理念、思想……等等。當

然，受到當時中國激烈政治運動的影響，一些認識是片面的，甚至是錯誤的。但是，那種交流比較深刻。相比來看，今日兩岸交流的量很大，質卻不深。兩岸未來進一步的交流，很需要量與質兼顧。總之，雙方認識對方的努力，認識對方六十年來做了什麼事，遇到什麼困難，犯了什麼過錯……等等，這才是深度的交流，這應該是交流的重點。就這點來看，早期保釣人士進行的兩岸交流方式，很值得參考。

儘管保釣人士發揮了橋樑的作用，但是也有需要檢討的地方。不少到北京交流的保釣人士，對台灣的認識也很片面，這可能誤導了北京對台灣的正確認識。前述北京領導人對台灣問題保持過分簡單化的看法，有可能受了這種片面認識的影響。事實上，當時許多保釣人士對台灣也不是很了解。留學生多出身中上家庭，台灣以前的教育只要學生讀書，不鼓勵接觸社會，對台灣社會的了解機會本來就不多，對台灣認識不夠深刻，是相當自然的。當然，也有比較注意台灣社會的保釣人士，但是他們往往也比較關心台灣，因而選擇走第三條路線，也因此比較少到北京交流。

總之，兩岸的交流還需要大量發展，特別在質的深刻相互認識方面。保釣人士在這方面還可以發揮巨大的作用。

最後，我將談談三十幾年前保釣對今天兩岸社會的意義。首先，前面提過保釣運動的精神資產對台灣今日依然很有參考價值。這裡我願意補充一句：這些精神資產對中國大陸同樣有參考價值。且看前面列舉的保釣精神資產：

1. 愛國愛民、關懷世事。
2. 熱情，不計較個人的得失，敢於為正義的事情站出來。
3. 重視歷史，善於學習。
4. 注意國際大局的演變，並且善於從世界大格局的眼光，來分析問題。

這四點對兩岸當今社會，都很值得提倡。

其中第4項，在當今全球化的時代，在中國經濟和平崛起的時期，特別值得重視。中國的崛起，可以一掃過去受欺負的悲慘命運，或許可以因此保

衛釣魚台。然而，在中國崛起後，不要忘記還有廣大第三世界還處在受欺負的狀態。它們還存在貧窮，教育與衛生條件差，常常被強權干預……等等諸種問題。它們在國際上多無發言權。中國應該要有世界大格局的眼光，繼續與第三世界並肩奮鬥。事實上，中國今日能夠在世界政治舞台上受到重視，第三世界的支持是很重要的原因。保釣人士都還記得，當年正是第三世界的支持，中國才能衝破美國長期的阻擾而進入聯合國。今天，中國已經成為世界主要大國，可千萬不能拋棄第三世界的立場。期待中國繼續聯合第三世界國家，共同建設一個比較民主，平等的國際關係。在這方面，當年保釣運動的精神資產還很值得參考。這也是今天我們紀念保釣運動的意義所在。

註　釋

1. ＊依據保釣國際論壇的發言，補充改寫而成。

2. ＊時為弘光科技大學特聘教授。

3. ＊指兩岸清華大學圖書館館長謝小芩（新竹）與薛芳渝（北京）。

4. ＊1971 年 3 月，身處美國的中國學者聯名致電蔣介石總統，要求中華民國政府必須對釣魚台問題堅定立場，但卻未獲得滿意的答覆。為了使當時的國府立即採取行動，華人學者與留美學生決議於同年 4 月 10 日在美國首府華盛頓舉辦遊行活動，參與遊行群眾共有二千多人。遊行群眾向美國國務院、國府大使館、日本大使館遞交抗議書，並要求國府駐美大使出面說明。遊行結束之後，各校留美學生開始針對保衛釣魚台活動成立永久性的團體，並舉辦各種討論會。因此 4 月 10 日華盛頓遊行可說是保釣運動轉而積極的關鍵。龔忠武等編，《春雷之後・第一卷》（台北：人間出版社，2006），頁 17-23。

5. ＊季辛吉(Henry Alfred Kissinger, 1923-)，外交家。曾任美國國家安全顧問、1973-1974 年間擔任美國國務卿。在擔任國務卿期間，季辛吉提倡緩和政策，拉攏中國、緩解冷戰時期的美蘇關係。季辛吉曾兩度祕密訪華，這為美中關係正常化與尼克森的訪中計畫提供了互信的基礎。

6. ＊1972 年 2 月，美國總統尼克森(Richard Milhous Nixon)正式訪問中國大陸，為期七天。這是美國總統首次訪問與美國未有邦交的國家，同時也是中美關係升溫的象徵。

7.　＊1971 年保釣運動期間，全美各大學的保釣組織決定於安娜堡密西根大學召開「國是大會」。舉行時間為 1971 年 9 月 3 日至 5 日，歷時三天。在國是大會進行期間，左傾的留學生提出五項決議進行討論，因而引發了來自各方留學生之間的激烈爭論。這五項決議為：(1)反對任何「兩個中國」或「一個中國、一個台灣」的國際陰謀。(2)所有外國軍力必須自中國領土撤出。(3)台灣問題應由中國人民自行解決。(4)反對任何出賣中國領土主權的政黨。(5)宣布中華人民共和國是中國唯一的政府。最後，第五項決議共有 117 人贊成、112 票反對。決議通過後，保釣遊行遂以中華人民共和國之名義前往聯合國遊行。參與保釣運動的人士一般認為，「安娜堡國是大會」代表保釣運動路線的左傾，同時也是保釣運動正式分裂為左右派之分水嶺。

8.　＊關於保釣的分派，可參考本書夏沛然和劉大任的文章。

9.　＊陳明忠先生於 1929 年，二戰最後半年曾被日本徵兵，二二八事件期間擔任過謝雪紅武裝二七部隊突擊隊隊長，自 1950 年後繫獄十年。1976 年又因閱讀三省堂書店提供的日文禁書而被牽連，成了台灣白色恐怖的最後一位政治死刑犯。當年美國百名中外學者及留學生捐款連署，在《紐約時報》登載全版的搶救呼籲，最終留下一命，但又坐了十一年苦牢，直到 1987 年保外就醫才脫離苦牢。與林書揚先生（被關三十四年七個月）為目前台灣「左統派」（左派＋統派）中最受尊敬的兩位前輩。見呂正惠、陳宜中，〈一個台灣人的左統之路：陳明忠先生訪談錄〉，《思想》第九期(2009)，頁 71-108。

10.　＊余登發(1904-1989)，台灣黨外政治人物。曾任國民大會代表、高雄縣長。1963 年因涉及工程案件，被判處瀆職罪。出獄後與黨外人士交好，互有往來。1980 年，余登發與其子被控涉及叛亂遭到逮捕。此事引發支持人士與黨外人士等人的抗爭，史稱「橋頭事件」。後余登發被判刑八年，於 1980 年保外就醫；1989 年因不明原因死於自宅。

11.　＊陳治利(1937-)，參與保釣運動期間為伊利諾大學研究生，1971 年曾與王正方等人組團前往中國大陸訪問。現居美國從商。

12.　＊為法國大革命時期激進的資產階級分子所組成的政治團體。

第一章 · 苦悶的年代
1960 年代的學運與刊物

　　自覺運動雖然開始是個突發的事件，但它反映著那一個時代年輕人的心情和壓抑住的苦悶，同時也反映著那一代年輕人對社會的理想和盼望。自覺運動雖然沒能像五四運動那樣對社會造成持續性長期的影響，但它卻是國民政府遷台後戒嚴時代，第一次由知識分子發起，遍及到整個社會的一個社會運動。

―――――――――――――――――― **劉容生**

　　《歐洲雜誌》是留學政策下第一波台灣留法的年輕人，在異國土地上辦起來的文化性、思想性的中文刊物，自動自發而且赤手空拳。它的出現，標誌了那一代年輕知識分子回饋根源土地的熱忱；它的出現，提供了一個信念：精神的富足有時候是可以克服極度的物質匱乏的。

―――――――――――――――――― **金恆杰、李明明**

《新希望》與自覺運動[1]

劉容生[2]

　　1963 年的春天，台大的校園內正是杜鵑花開的季節，平靜的校園，一如平日，學生匆忙地奔走在不同的教室。但是一篇署名為狄仁華在《中央日報》發表，題目為〈人情味與公德心〉[3]的文章，卻意外地在校園造成了莫大的激盪和衝擊。

　　這篇文章，作者一方面讚美他在台灣感受到的深厚人情味，但又不客氣的批評國人缺少公德心，像是隨地吐痰、買票不排隊、公眾場合大聲喧譁。所不同於一般的評論文章，狄仁華是一位美國留華的學生，這樣的話出自一位外國佬，對當時的台大學生，造成莫大的刺激，甚至侮辱。不到幾天，台大的校園掀起了一股浪潮，大字報出現在校園各處牆壁；是憤怒？是羞辱？是慚愧？還是自覺？夾雜著更多莫名其妙的感情，像一股洪水，在校園裡氾濫開來；「台大學生自覺運動」的序幕揭開了。

　　5 月下旬，一群學生聚集在新生南路台大側門對面的信義學舍，熱烈地討論著那些天所感受到的激動。心中好久的憤怒沒有這樣痛快地發洩了。中國人怎麼可以這樣地給外國人羞辱！讓外國人瞧不起！討論慢慢涉及更多的議題，像是青年人的前途、國家的未來、中國的出路……。

　　經過幾次的聚會和討論，激情慢慢減低了，理性成分增多了，大家開始思考要怎樣才能讓這個自發地「自覺運動」能持續地、長久地在台大校園裡產生影響，更進一步地對社會大眾有改革性地作用。大夥認為需要辦一份刊物，才能讓這個運動長期地對國家和社會產生影響。這群學生立即分工展開活動，負責募款、寫稿、登記、出版等。6 月 6 日，第一期的《新希望》出版了。

　　今天對我個人來講是一個十分特殊的日子，我想對大家也是，它的特殊有好幾個原因。第一，今天我們三位大學同班同學同時在這個台上演講，包括林孝信、劉源俊和我，還有胡卜凱也在會場。第二，更難得的是，我們三個人發言的排序是一、二、三，其實劉源俊應該第一，因為他是我們班上的前一、二名。而且在明天論壇結束的座談，我們三人又被安排同台分別擔任主持人和引言人，這對我們這幾個老同學來講，真的是十分地難得，我們同班同學畢業四十多年來，可說是首次同時站台演講，所以它對我個人的意義是十分不尋常。

　　另外，我覺得今天大家有機會在清華大學聚會，有些像是一個同學會。但是這是一個不尋常的班次、不尋常的同學會，這個班級的同學分散在世界各地，包括：美國、歐洲、台灣、大陸等地，幾乎是遍布全球，但他們當年並不曾在一起同班上過課，而是很偶然地在某一個歷史的時刻交集在一起，四十多年後又有一個機會在這裡相聚，這個大舞台是中華民族，縱軸是近四十年來的近代歷史，有這個特別的機緣讓我們再在一起，也是一個緣份。

　　我現在在台上看著大家的面孔似乎很熟悉，但是又覺得滿陌生，因為究竟隔了快四十多年，我看到很多人白髮蒼蒼，到底時間是滿無情的，剛剛項武忠教授充分的代表我們年少時候的那種熱情、那些理想，那份對真理與理想的追求情懷，四十年後大家一把年紀，還這麼衝動，可以想見，如果回到四十年前，今天會是一個什麼樣的場面？下面我盡量誠實地把一件件事情，有關我參與的那一段歷史重新地建構起來向大家做個報告。

　　首先我先向大家簡單地說明關於我的一些背景，我祖籍是安徽宿縣，1949年像很多人一樣來到台灣，經過北投國小、北投初中，後來進到建國中學，在上建中時我有一個寶貴的經驗，那就是主編了二年的《建中青年》，這件事情有些跟後來發生的有些關連。

　　1962年我進到台灣大學，那時我獲得保送到電機系，因為我對物理的興趣比較高，所以第二年轉入物理系，林孝信也是，他也很想讀物理，但被保送到化學系，所以我們兩個都是第二年才轉到台大物理系，胡卜凱也是從地質系轉入物理的，只有劉源俊是以基隆中學第一名保送台大物理系。

今天要講的就是在 1962 到 1966 那一段時間在台大讀書時候的經歷，畢業後我就到美國求學，後來在康乃爾拿到應用物理博士學位，進入奇異公司研究中心，1998 年我又回到了台灣，在工研院服務，2006 年我來清大任教。昨天晚會上碰到幾個老保釣朋友，發現時間經過這麼久，大家記憶裡的時間都湊不太起來了，所以必須重新確認往事發生的時間，包括我自己所經歷的種種。

自覺運動喚起《新希望》

回顧起來，《新希望》雜誌像是一個大時代歷史洪流裡面的一個小舞台劇，發生的時間是我大一下，1963 年 6 月 6 號，正是大學期末考的時段。這個劇本的地點是新生南路三段懷恩堂旁邊，台大側門對面的一個教會辦的信義學舍，提供大學生住宿。裡面住了大約有卅、四十個人，很多是台大學生，也有些外國來台大的留學生，大家很融洽地住在一起。我們現在回顧為什麼會有自覺運動？剛剛林孝信講到，當時台灣的環境說實在很惡劣，1949年政府遷台，1957 年發生一個「劉自然案件」[4]。

政治上，當時的蔣總統宣導的「一年準備、二年反攻、三年掃蕩、五年成功」，遙遙無望，國家前途茫茫，當時是一個戒嚴的政府，島內政治上缺乏民主，更遑談言論自由、對政治大家都心懷恐懼，更因為戰事失利、社會頹喪、經濟貧困，國人普遍地缺乏自信心、自卑而又媚外，特別是對美國。

大家一定還記得，那時候有個「美援會」[5]，它在當時是一個很重要的單位，在座的人可能就是吃美援的奶粉長大的，那時候很多小學生身上穿的衣服，就是用美援裝奶粉的麻布袋織成的。美援會這個單位的重要性可以從它歷任的主委看出端倪，包括孫科、何應欽、閻錫山、俞鴻鈞、嚴家淦、陳誠，不難想像這個單位在當時的重要性，事實上美援可說是那時候台灣的經濟支柱，所以大家在學校想的是「來來來，來台大」；畢業後盼望地是「去去去，去美國」。在 1950、60、70 年代，台大的理工學生大半都選擇出國，主要一個原因是台灣當時的經濟環境所致，雖然從當時候的統計數目來看，這三十多年，台灣經濟成長其實是相當快速的。

劉自然事件發生在 1957 年，是因為一個駐台美軍[6]槍殺了一個革命實踐研究院的職員名叫作劉自然，事發當時台灣警察已經趕到事件發生的現場，

但是美軍強行以外交豁免權為由，不讓台灣警察處理，後來美軍審判，又以殺人證據不足而釋放，隔天就立即被美軍遣返美國，這個事件立即導致國內輿論的抗議，後來引發整個社會的不滿，導致群眾示威、暴動，甚至闖入美國大使館內。這個事件發生於 1957 年，在我初一的時候，也是我記憶中第一次的社會暴動，這件事當時在很多年輕人的心中留下創傷，包括我在內。

同時 1960 年代在美國也是一個動盪的年代，包括反越戰、校園暴動、種族衝突和暴動、婦女運動、性解放等等。在那一段時間，美國政治和社會運動領袖被刺殺的事件層出不窮，包括美國甘迺迪總統，他的弟弟羅伯‧甘迺迪 (Robert F. Kennedy, 1925-1968)[7]，黑人種族運動的領袖馬丁路德‧金恩 (Martin Luther King)[8]，馬爾科姆 X(Malcolm X)[9] 等，這些現象說明當時整個美國社會與政治動盪不安，但同時，那個期間也是美國國力高峰的時候，美國第一次把人送上月亮，我想阿姆斯壯(Amstrong)漫步月球的影像至今一定還深刻地留在大家記憶中。

所以當時一方面美國的社會非常動盪，同時美國的國力非常興盛，大家也許記得，1969 年的胡士托音樂節(Woodstock Festival)[10]，可能是二十世紀最值得紀念的一個音樂活動。它象徵著戰後嬰兒潮的一個解放世代，對傳統的挑戰、對現實的抗拒、對戰爭的憤怒。同時，瓊貝茲(Joan Baez) 的〈We shall overcome〉，在美國的校園每一個角落迴響著。這是那時代的美國，遠在太平洋那端，極端崇洋年輕的台灣菁英在苦悶中、又怎能不受影響呢？

我們再來看看事件的導火線，1963 年 4 月 26 號，一位剛從德國回來的法律學者，當時駐德大使俞叔平[11]在《中央日報》發表了一篇〈遊德觀感〉，在文章裡他說在德國，戰敗後德國的學生都留在國內把自己的國家從廢墟中重建起來，不像台灣學生統統都跑出去留學，很少人回國貢獻自己的力量。他還稱讚德國學生的樸實、沒有虛榮心、努力付出建設自己的國家。他說：「以留學為光榮的觀念是十分錯誤的。」

同年 5 月 18 日，《中央日報》又發表了一篇文章〈人情味與公德心〉，作者叫作狄仁華，他是耶魯大學來台灣留學的一個外國學生。在這篇文章裡，他形容台灣學生很有人情味，但缺乏公德心。譬如在公眾場合不守秩序，買票不排隊，學生考試作弊等等。

這篇文章如果是發表在今天,一定沒什麼大不了,比我們今天電視名嘴講的刺激力差多了,但是那時候大家的反應很不一樣。這篇文章發表於 5 月 18 日,到了 5 月 20 日:

> 台大圖書館門前出現了一份署名〈一群你的好同學〉的公開信,接著又在台大校園張貼許多大字報,呼籲大家自動自發的加強公德心,掀起這項運動,「不要讓歷史批判我們是頹廢自私的一代」,第二天(5 月 21 日)《中央日報》大幅報導並附照片,標題為〈台大學生自覺的呼聲:我們不是頹廢自私的一代〉。次日(五月二十二日)《中央日報》又用頭版的篇幅刊出了台大自覺運動的新聞與圖片,並以〈提高公德心〉為當日社論。

> 然後各大學與高中都迅速參加了這個運動的行列;據查,當時的主要報紙都對本運動有熱烈的參與,如《中央日報》最少還發表過兩篇社論,即〈青年 —— 時代的創造者〉、〈大學品德教育問題〉兩篇;《新生報》有社論〈擴大自覺運動至整個社會〉;《中華日報》有社論〈從心理建設中培養公德心〉;《青年戰士報》有社論〈青年的自覺與自強〉、〈對自覺運動的期望〉;《民族晚報》有社論〈人情味與公德心〉;《自立晚報》有社論〈公德心的覺醒〉;其他各種短文、花絮更多。重要的中國廣播公司與台灣電視公司都播出了有關這運動的特別節目,警察電台更邀請了各學校的代表舉行空中座談會,中國電影製片廠還將它拍成新聞影片在電影院中上映。[12]

就這樣「台大學生自覺運動」如火如荼地在台大校園展開,很快就蔓延到全國。這個運動立即得到社會和輿論的支持和響應,在不到一週內,許多受自覺運動感召而自發性的活動在各學校被報導,這個活動很快地遍及全國各大專院校包括政大、師大、成大、東吳、中興、淡江大學、世新等大專學院,以及建中、北一女、中山女中、成功中學、台中一中、嘉義中學等中學,甚至一些小學也都參與了。《中央日報》(在當時不僅是官報,也是全國最大報)更大幅地報導這些消息,其他各大小報紙、廣播電台、電視台也紛紛跟進,用各種的方式報導自覺運動的新聞,轉眼間「台大青年自覺運動」變成一個「中國青年自覺運動」!

一位當時只是台北大安初中學生(即:今天的國中生),數年後也考入台大,後來成為台北市長的學生,他對當時的回憶則是:「我在教室佈告欄張

貼了一張大字報——我們不要做頹廢的一代，更不要向歷史交白卷。」[13]

當時我剛進台大、就讀電機系，和同住信義學舍的一些同學都深受這些事情感動，幾乎天天聚在一起討論。我提議出版一份雜誌，好讓這個運動能夠不斷的持續下去，這個建議很快就為大家接受了。《新希望》雜誌就是在這樣的一個環境裡誕生，名稱也很快就決定。家父劉行之[14]是個書法家，雜誌的題字是他的手筆。

這一群學生除了我以外，最初還有包括讀物理系四年級的李學叡，台大畢業後到耶魯大學攻讀生物物理，後來成為一位非常優秀的科學家，可惜卅多歲就在美國英年早逝了。還有物理系四年級的徐大麟，畢業後出國進修，後來成為一個台灣第一代很成功的創投家。另一位讀物理的王憲治，後來轉去傳道了。還有讀醫學院的高鷹，他是那屆第一名考進醫科的聯考狀元，後來成為一位成功的醫師和醫院院長。另外還有一位就讀外文系的陳鎮國，他口才犀利、能言善道，很有組織能力。後來他因為自覺運動的活動擴大到全國，被當局認為從事不法活動，而被學校勒令退學了。而我呢？後來也差一點被退學，請容我慢慢來說明。

《新希望》一開始就靠這幾個同學募款出力、撰文籌稿、排印發行，不眠不休地把第一期的《新希望》在 6 月 6 日暑假前出版，距狄仁華的〈人情味與公德心〉5 月 18 日在《中央日報》發表，只有短短的十六天，速度是滿快的，而且我特別要強調，那段時間正值大學的期末考期。《新希望》從創刊，到民國 53 年 4 月 10 日被停刊，總共出了八期，下面我把《新希望》的資料簡要地整理出來，做重點的介紹，讓大家了解在那個時代、自覺運動的發展和那個時代年輕人的想法。自覺運動雖然開始是個突發的事件，但它反映著那一個時代年輕人的心情和壓抑住的苦悶，同時也反映著那一代年輕人對社會的理想和盼望。自覺運動雖然沒能像五四運動那樣對社會造成持續性長期的影響，但它卻是國民政府遷台後戒嚴時代，第一次由知識分子發起，遍及到整個社會的一個社會運動。《新希望》起自於青年人愛國情操，後來演變成鼓吹追求民主和科學的開放社會，但當它一旦侵犯到統治者的核心利益時，立即被停刊，但這個火種，卻深植在當時許多年輕一代的心裡，許多參與自覺運動的年輕人，日後也投入了釣魚台運動、參加了《科學月刊》。

《新希望》內容梗概

　　第一期的《新希望》首頁整版是我寫的一篇〈榮耀屬於中國〉,這篇文章在說明俞叔平的〈遊德觀感〉和狄仁華的〈人情味和公德心〉所引發國內強烈的反應,不過是掀開了年輕人長期積壓在心頭已久的問題,給當時年輕人的當頭棒喝,重新點燃了當時年輕人熱情,打開了封閉已久的心。所以徒喊「提高公德心」不能解決根本的問題,必須找出問題的癥結,「自覺運動」是年輕人良心的自發與行為的自新,進而建立新的風氣、創造新的傳統、開拓新的前途。自覺應為民族自信心之自覺、自尊心之自覺。該文說:

　　我們每個青年都看到我們的國家淪落到這個地步,然而,我們再看看,
　　我們所表現的,卻是多數青年對社會的詛咒,對環境的不滿,他們變得
　　消沉了、自私了,他們的心靈也萎縮了、麻木了。他們不再是他們自己
　　了,他們不再是一個充滿朝氣、充滿熱情的青年了,雖然他們仍有著青
　　年人的體力與敏慧,卻拖著一顆世故、冷漠的心靈。因此,他們把眼光
　　只囿於現實利害,失去了理想,忘卻了國家,也忘卻了民族,他們哪裡
　　還會想到「公德心」呢?

　　在〈我們的態度〉文中說:「……因此,我們要痛下決心,徹底檢討我們
　　自己的過失,我們要勇敢的批評,莫再一味的隱惡揚善。我們要有迎接
　　光明的決心,首先必要有面對黑暗、罪惡的勇氣。……中國年輕的一
　　代!我們必須打破世故的面具,還我純樸,還我本真,想著我們那可愛
　　而又可憐的祖國,近百年來,可憐的祖國,她受盡了多少的恥辱,她遭
　　致了多少的迫害,……我們難道忘了多少的中國人,從古到今,為了中
　　國的命運與榮耀,流了多少血、出了多少汗、犧牲了多少生命。而終於
　　這個擔子落到了我們這一代青年的身上了。我們還能自私嗎?我們還能
　　苟安毫無理想的活著嗎?……我們希望國家當局者,請聽我們這一代青
　　年的呼聲:『我們國家當前最需要的是嚴格的執行法治』……合理而公平
　　的嚴格執行法治,將使人民更尊重法律,同時也就是在尊重政府。我們
　　要求所有的國民,尤其這一代的青年養成對法治尊重的觀念,而能以一
　　種合作而守法的態度,與國家共同把法治的基礎奠定好。我們不要藉詞
　　把這一個重任一代往一代的推託下去。」[15]

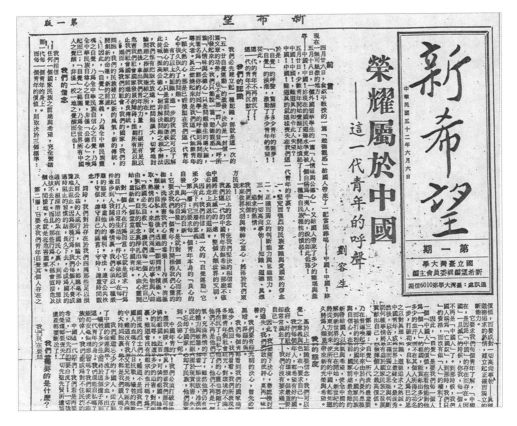

■《新希望》第一期。

　　它更要求年輕人打破冷漠、消極、自私，進而以同情、積極和熱情的心，做一個堂堂正正的中國青年。這篇文章裡要求透過教育、建立年輕人獨立思考、判斷及創造的能力，開創一個新的社會和新的生活方式，恢復中國人的榮耀。現在看來，這篇文章似乎結合理想主義、自由思想和民族情感，代表當時年輕人的吶喊。

　　第二期（民國 52 年 8 月 18 日出版，成本 2 角 5 分，發行份數約一萬份）的首頁〈歷史上中國人的自覺〉，我提到我國歷史上幾次的自覺和革新運動包括：1.明朝中期徐光啟[16]引進洋教西物入中國。2.清朝中期鴉片戰爭[17]敗後，中國門戶大開，曾（國藩）李（鴻章）當政，以西方船堅砲利而師法之。3.清朝末期，甲午之役後的康（有為）梁（啟超）的百日維新。接下來的：4.五

四運動，為現代中國青年對舊有中國傳統文化之大破壞。而自許當時的青年
自覺運動為中國第五次的革新運動。這篇文章呼籲年輕人應覺悟作為中國人
的榮耀，改革積習、奮發圖強，以躋世界一流強國。這篇文章顯然以繼五四
運動為當時「自覺運動」的期許。

　　第一期出版以後，我們收到全國及海外許多青年朋友的來信及捐款，包
括前線戰士。這些支持對這一批青年人是莫大的鼓舞。在社論裡我們標榜著
《新希望》的宗旨在：「激發國民的愛國心，喚醒沉睡已久中華民族的靈魂、
恢復國人的自尊心及自信心，進而為我們的國家在思想上、文化上、制度上
確實開創出一條新的道路與方向」。顯然《新希望》雜誌在這時候還是很單純
的一份愛國刊物。

　　第四期《新希望》（民國 53 年 1 月 9 日出版）的首篇是一篇摘錄自美國洛
氏兄弟基金會[18]出版的一份報告，題目為〈民主觀念的力量〉（The Power of
Democratic Idea）[19]。在這篇文章裡，它談到在一個民主社會裡、每個人對於統
治他自己的權力都有參與的願望，在民主的觀念下，尊重這個願望，承認這
個願望，為現代人最基本、最強烈的要求之一。該文更指出在一個民主社會
裡面，政治或社會生活沒有什麼是不可批評的。民主社會所建立所維護的慣
例，其目的就是對於既存的事實與秩序經常地檢討。檢討的程序是公開的，
社會全體分子都可以自由參加，所有人都有權利了解他們的社會真實情況，
致力於民主，就是致力於一個開放的社會。民主運作的基本假設是，如有適
當的條件，人並不需要主子或導師來領導他。民主社會承認個人的生活有許
多地方是政府權力所不可觸及的，也是任何公共壓力所不可侵犯的。在這樣
一個社會裡，政府機構是一個「經過同意的政府」。這樣一個政府，一切公共
政策必須經過大家廣泛的討論，政治領袖必須由公正自由的競爭選舉產生出
來的。任何人只要不使用暴力來造反，他可以就自己的選擇從事政治活動，
而不受法律或法外的懲罰或限制。這些理念在今天台灣的民主社會已經是視
為當然的常識，但是在那一個年代，這些都是危言聳聽的思想。顯然，《新希
望》開始探討一些問題在當時的環境是一塊禁區。

　　我想從那時候開始《新希望》受到當局的注意，我們在鼓吹一個開放的民
主社會，鼓吹對權威挑戰，這類的文章等到鄧維楨[20]、王曉波[21]的加入《新希
望》編輯社後，更顯得突出了。

　　同期，陳鎮國寫了一篇〈劃時代的榮耀與使命〉，他提到自覺運動的時代任務為：「1.對祖國光榮歷史文化之自覺及 2.對中華民族生活方式的自覺」。在這一期《新希望》，我也訪問許倬雲教授[22]，討論當時教育的一些基本問題。許倬雲認為當前教育最大的弊端在扼殺學生自由思考的能力，學生容易接受既存的結論，他特別強調教育的重要性在培養一個文化人，對四周的人群有一種民胞物與的情操。

　　第五期（民國 53 年 4 月 25 日出版）鄧維楨寫了一個〈民族的自卑感〉，鄧維楨是學心理的，他是楊國樞教授的學生，他在這篇文章討論自卑感的形成，優勢文化與劣勢文化接觸造成的民族的自卑感。這期還有政治系王順[23]寫的〈集權統治的本身〉。在這期〈編者的話〉裡，我指出《新希望》能在無援無助、無稿無錢下出版了五期，自覺運動的浪花逐漸低落下去，但是未來一代建立新國家、新社會、新制度的呼喚，支撐著這一群年輕人繼續住前走。數學系的陳達在這期寫了篇〈棒子、國家、責任〉。

　　第六期（民國 53 年 10 月 1 日出版，售價 3 圓）改版成書面版，我們看看這期的編輯名單裡，有王曉波、林孝信、陳鎮國等，鄧維楨擔任執行編輯，還有很多心理系同學參加，這期的文章包括楊國樞[24]—— 我們今天論壇的主持人之一，寫的〈時不我與〉，文中探討中國教育制度下，長期漫長的創作預備時期耽誤了中國科學工作者的「多產創作年限」，因而延遲了中國的科學化；還有劉凱申（台大心理系）針對聯考的不合理性，寫的〈漫談考試制度〉；王順（政治系的學生）取材自愛賓斯坦著作《今日的主義》翻譯的〈民主——生活方式的一種〉；郭耀鵬寫的〈民主心理的基礎〉。

　　這期的社論是鄧維楨所執筆寫的〈培養民主的性格〉。在這一期我們還夾附一個扉語是美國傑佛遜總統的著名的一段語錄，包括「人人有追求生存、自由、幸福的基本權利」，其中最後一句話是「我們的自由就繫於出版自由，此一自由一有所限便有所失。」顯然，《新希望》雜誌開始在探討民主、自由一些開放社會的議題。那期的通訊地址是台大男生第六宿舍 203 室、每本的定價是 3 圓。總共 16 頁。

　　第七期我們的編輯人員又增加了汪其楣[25]、黃碧端[26]、謝勳[27]等，主編是王曉波。另外我們開始列出了各校的聯絡員，那期有曾昭旭[28]（師範大

學）、李經遠（政治大學）、袁士敬（中興大學）、周光凱（中國文化學院）、劉水池（建國中學）、還有在美國的劉全生[29]（美國加州大學）。

　　《新希望》第七期（民國 54 年 1 月 10 日出版，售價 2 圓）主編是王曉波，他寫了一篇社論〈扛起科學與民主的大旗 —— 兼論再啟蒙的意義〉。明顯地，《新希望》有接「五四運動」棒子的宣示。那期還有殷海光[30]寫的〈論讀書初階〉，討論為什麼讀書？怎樣讀書？讀什麼書？還有何秀煌（台大哲學系）[31]寫的〈我們應該打破容忍及沉默〉；張系國（台大電機系）[32]寫的〈論儒〉，探討儒的起源、理想的儒，儒的興起、獨尊及沒落及新知識分子的出現。

　　第七期還有劉容生翻譯的〈科學的情操〉（取材於湯姆遜的《科學導論》[33]），論及我國教育沒有把科學方法及科學精神深植在生活中，導致我們科學發展的落後西方。還有江新譯的〈論教育〉。鄧維楨著的〈熱情與理智〉，這篇文章是針對李學叡的來函批評《新希望》應該多談學術、多談理智，少動些感情而寫的。在第七期〈編者的話〉裡有這麼一段話：

> 殷海光先生是台大最受歡迎的教授之一，從以前他寫的〈我為什麼反共〉一
> 文我們可以知道殷教授是一位自由主義的鬥士。殷教授的文章在台灣也是
> 句句警語，句句喝棒。好久不再著文的殷教授很熱心地為本刊寫了〈論讀書
> 初階〉。我們以為一個運動員的持久不在於其短暫的狂熱，而在於曖曖的理
> 性之光，我們也只有充實自己的學問，才能使五二○運動在這代青年身上
> 顯出它的輝煌。[34]

　　王曉波是這期《新希望》的主編，他對殷先生是十分推崇，但在當時的戒嚴時代，可能也不自覺地埋下了日後停刊的種子。

　　第八期（民國 54 年 4 月 10 日出版）是關鍵的一期，因為它的出版導致雜誌被停刊。我們來看看事情發生的究竟。這期的社長是汪其楣（台大中文系），除了前期已參與的名單外，我們又多了許多其他學校的負責人，其中包括高信疆[35]（中國文化大學）、官裕宗（台北醫學院），以及高雄中學、台中一中、嘉義中學、高雄醫學院、高雄海專等。很明顯，從負責監控我們的情治單位來看，我們在搞學運串聯，這在當時是不容許的活動，我想單憑這件事就足以構成停刊的條件。

　　這期出版的文章包括曹亮吉寫的〈談中學的數學教育〉、何秀煌寫的〈談容忍〉、王曉波寫的〈容忍與姑息〉、鄧維楨翻譯的〈羅素：我願意生活在的世界〉、劉君燦譯的〈愛因斯坦的論自由〉以及許慶生譯的〈羅素：自由或者死亡〉。最後一篇的刊登是導致雜誌被停刊的直接原因。

　　其實這篇文章的本意是說在戰爭與赤化兩者之中，羅素的論點是寧可選擇後者。這個論點當然絕對是不容於當時的。但如果我們仔細來看這篇文章，大家都曉得羅素(Betrand Russell, 1872-1970)是一位極端反戰的著名哲學家，值得說明的是當時世界處在一個極端的冷戰時代，美蘇雙方在核子武器上的競賽白熾化，羅素的本意是在反對摧毀性核子戰爭，為了和平他不惜接受任何的生活方式。所以這篇文章的真義是在毀滅性的核戰與赤化兩個選擇之中，他寧可退而接受赤化的生活方式。但是這句話若被誤解或扭曲，就變成是投降主義的反抗思想。

　　在當時，雜誌出版前每篇文章都需要送交到訓導處審查，同意後才能發表。當時這期送去審查的時候，學校通知我們禁止刊登這篇文章，但是我們編輯同仁經過認真地討論後，覺得羅素的文章是基於人道主義，反對摧毀性的核戰及可能導致全人類的毀滅，是件值得發表的好文章，於是我們沒有遵照學校的指令而把這文章登了出來。立刻我們就收到學校正式發給我們停刊的命令。

　　5月3日，《新希望》雜誌遭學校撤銷登記，說實在當時我們雜誌社的同學都很緊張，不知道下一步會發生什麼事，但大家又很忿忿不平。經過幾次開會討論，為了對熱心讀者有個交代，我們決定把許多讀者的來信印出來，同時還把學校停刊的通知一併也印在一起，表示我們無言的抗議。但既然《新希望》已被勒令停刊，所以這不能算是第九期，只好就叫它為特刊。該期有這樣的敘述：

「五月一日，我們收到了台灣大學訓導處的命令，命令上這樣寫著：

一、查《新希望》第八期所刊編輯委員包括各大專及一部份中學超過本校規定範圍應不能列為本校學生社團且該刊第八期稿件之發行復不接受本校之指導應即取銷該刊登記。

事實上，本刊的編輯委員並沒有包括其他學校的同學，第八期所刊的各校負責人，只是負責轉發《新希望》的工作。沒有接受學校的指導是因為我們在第八期上刊登了王曉波的〈容忍與姑息〉，羅素的〈我願意生活在的世界〉及〈自由或死亡〉。接到了訓導處的命令之後，在「服從法律」的原則下，我們決定解散新希望社及停刊《新希望》雜誌。第九期稿件早已整理好，但我們遺憾不能刊行了。這裡我們只把第八期的徵文印了出來，這樣我們覺得對得起讀者。餘下的地方，我們刊登了讀者的來信。其他的稿件我們交給其他的刊物發表。這個事件發生的時間是：中華民國五十四年四月卅日。地點：自由中國的最高學府國立台灣大學。」

在刊登的〈想像中的大學生活〉的徵文中，包括花蓮師範、新竹師範、省立台中二中等五篇；另一題為〈想像中大學畢業後〉的應徵文，則其投稿者包括成功大學、政治大學、師範大學等代表性三篇；而在讀者來信部份，則有八篇，包括今天著名的中國思想史學者韋政通先生、今天電腦軟體界名人李振瀛先生，及交通大學、屏東農專、建國中學的學生。[36]

當時我們還滿有遠見，選用了綠色為最後一期特刊封面的顏色。民國 54 年 5 月 20 日，在五二〇青年自覺運動二周年的當天，「新希望社」最後集會後解散，這件事情發生以後，基本上《新希望》雜誌就正式宣告結束。

這裡我要附帶一提的是，《新希望》停刊以後我接到錢思亮校長[37]的通知召見我。這是我大學四年裡唯一的一次有榮幸單獨給校長接見，他當時其實給我很多訓誡和忠告，但內容我都不記得了，只有一句話我至今都還清楚地記得，他說：「劉容生，停刊算是最輕微的處分，你可以被學校開除的。」這句話四十多年後，一直到今天我還清楚地記得。

《新希望》的活動整整持續了近兩年，我大一保送進台大電機系，大一上我還得過電機系的書卷獎，物理系畢業的時候我幾乎被當掉，所以對我個人來講，也是我大學生活裡一個重大的經歷和體驗，畢業後我還是跟著當時的潮流「去去去，去美國」去了美國。當時這一群人陸陸續續都也到了美國，大家依然充滿了理想，那時候既沒有電腦，更無電子郵件，海外的一群朋友繼續靠著手寫的連環信〈我們的信〉[38]的通訊方式繼續保持聯繫。兩年多後爆發了釣魚台運動，全美各地風起雲湧，我也去過紐約參加保釣遊行，遊行結

束回到學校，冷靜下來我面臨兩個選擇：一個是選擇專心讀書，彌補我在大學荒廢了的學業；另外一個是再次投入另外一個歷史性的運動，我選擇了前者，走入了實驗室專心從事研究。但許多參與過自覺運動的夥伴，紛紛地都又捲入到另一次歷史性的洪流「釣運」，也是這次論壇要討論的主題。

剛才曾志朗院士問：「到底為什麼？」我認為那個時代一連串的運動，無論是自覺運動、《科學月刊》、釣魚台運動，絕大多數參與的人都不是為自己，不為官、不為名、不為利，只是年輕人有的一份熱情、一個理想、一股力量，為了做一些認為該做的事情，為了追求未來一個更好的社會，為子子孫孫創造一個更好的生活環境。

註　釋

1. ＊專文。

2. ＊時為清華大學光電所所長。

3. ＊此文刊載於《中央日報》副刊。狄仁華，〈人情味與公德心〉，《中央日報》（台北），1963年5月18日。

4. ＊1957年3月20日，任職於「革命實踐研究院」的職員劉自然，在陽明山遭到駐台美軍上士雷諾 (R. G. Reynolds) 開槍斃命。然而負責審理此案的美國軍事法庭，卻以「殺人罪嫌證據不足」為由，宣判雷諾無罪釋放。此舉引發台灣民眾大規模反美暴力衝突，史稱「劉自然事件」。關於此案宣判的相關新聞，見〈雷諾槍殺劉自然案美軍法庭判決無罪〉，《聯合報》（台北），1957年5月24日。

5. ＊1948年7月，中華民國政府與美國在南京簽定《中美經濟援助協訂》，接受美國經濟援助成立了「美援運用委員會」（簡稱美援會）。美援會直屬於行政院，由行政院長兼任主任委員。美援會主要的任務為策畫美援運用與中美協調之事宜，以及美援物資之訂購、接收、保管與分配。由於美援不可久恃，因此美援會在1963年改組為「行政院國際經濟合作發展委員會」（簡稱經合會）。關於美援會時期台灣政經結構之研究，詳見文馨瑩，《經濟奇蹟的背後：台灣美援經驗的政經分析》（台北：自立晚報出版社，1999），頁163-229。

6. 　＊美軍顧問團 (Military Assistance Advisory) 為美國在台灣執行軍援的機構，於 1951 年成立，首任團長為蔡斯少將(Major General William Chase)。當時中華民國海陸空軍編制，凡營級以上都要有至少一名美軍顧問團的士官督導。1978 年 12 月，由於中美斷交之緣故，美軍顧問團遂停止在台灣的任務。

7. 　＊羅伯・甘迺迪 (Robert F. Kennedy, 1925-1968) 為美國總統約翰・甘迺迪 (John F. Kennedy) 之弟，於其兄總統任內擔任美國司法部長。1963 年甘迺迪總統在德州遭到暗殺後，羅伯・甘迺迪贏得選舉成為紐約州參議員，並在 1968 年參與美國總統初選。在初選期間，羅伯・甘迺迪於發表演說之後不幸遇刺身亡。

8. 　＊馬丁路德・金恩(Martin Luther King, 1929-1968)為美國浸禮會黑人牧師，在 1950 年初期開始領導黑人民權運動。透過基督教會組織與演講等手段，金恩試圖打破當時美國的種族隔離政策。在 1960-1965 年期間，由金恩發起的抗議運動贏得了廣泛的支持與肯定。由於金恩的行動對全國的輿論產生了極大的影響，促使美國國會於 1964 年通過了消除種族、宗教等歧視的民權法(Civil Right Act)。1968 年，金恩在田納西州參與罷工運動時，遭到一名白人男子刺殺身亡。關於其生平行述與言行的分析，詳見 Richard W. Leeman, ed, *African-American Orators: A Bio-Critical Sourcebook* (Westport, Conn. : Greenwood Press, 1996.), pp. 216-224。

9. 　＊馬爾科姆(Malcolm X 原名 Malcolm Little, 1925-1965)為美國黑人分離運動之領袖。1946 年馬爾科姆因竊盜罪入獄之後，開始轉而信奉伊斯蘭教，並將其姓改為 X，開始支持黑人穆斯林運動。在美國黑人民權運動的浪潮之中，馬爾科姆激進的言論與行徑遭到許多黑人民權運動者排斥。馬爾科姆亦在 1963 年遭到芝加哥穆斯林教長逐出黑人穆斯林運動。1964 年，馬爾科姆成立自己的宗教組織之後，逐漸與黑人穆斯林運動者產生敵意。1964 年底，馬爾科姆在一場聚會中遭到槍殺。關於其生平行述與言行的討論，詳見 Richard W. Leeman, ed, *African-American Orators: A Bio-Critical Sourcebook*, pp. 410-420。

10. 　＊1969 年，John Roberts 等人為了在紐約 Woodstock 籌建錄音室，因此主辦胡士托音樂節活動募款。1969 年 8 月，主辦者選定紐約州小鎮 Bethel 為音樂節活動地點，進行了歷時三天狂歡的搖滾樂盛事。根據估計，在活動舉行期間 Bethel 鎮湧進數十萬觀眾。這場活動象徵了美國反戰活動與搖滾樂的鼎盛時期，對日後的美國文化產生深遠的影響。

11. 　＊俞叔平(1909-1978)生於浙江諸暨縣，維也納大學法學博士。曾任司法行政部（即為今日法務部之前身）行政司司長、台大法律系教授、聯合國原子能總署常任代表。著有《檢察制度新論》（台北市：遠東出版社，1985）等書。

12. 　＊泥土，〈青年自覺運動 1963 年史述論 —— 作為保衛釣魚台運動 1971 年的前史〉。2010 年 4 月 4 日，取自於網址 http://blog.udn.com/h1234567am/956570。

13. ＊泥土，〈青年自覺運動 1963 年史述論 —— 作為保衛釣魚台運動 1971 年的前史〉。2010 年 4 月 4 日，取自於網址 http://blog.udn.com/h1234567am/956570。

14. ＊劉行之(1902-1993)為《神州日報》創辦人、書法家，時任監察委員。

15. ＊晏祖編著，《青年自覺運動專輯》（台北：五洲出版社，1972），頁 147-158。

16. ＊徐光啟(1562-1633) 為明代科學家。官拜禮部右侍郎、尚書、翰林院學士文淵閣大學士。他畢生致力於介紹西方科學，與耶穌會傳教士利瑪竇(Matteo Ricci)合譯《幾何原本》前六卷外，還有《測量全義》，這是西方三角學及測量術傳入中國之始。崇禎二年，徐光啟首次應用西方天文學和數學正確推算日蝕。徐光啟與一些西方傳教士如龍華民(Nicolas Longobardi)、湯若望(Johann Adam Schall von Bell)、羅雅谷(Jacques Rho)先後參與了中國的曆法改革工作。徐光啟陸續完成曆書多卷，即《崇禎曆書》。崇禎六年，徐光啟於文淵閣大學士任內病逝。

17. ＊鴉片戰爭(1840 年 6 月 28 日－1842 年 8 月，清朝道光二十年至二十二年)為中英兩國因貿易和司法衝突而引發的戰爭。戰爭的導火線為湖廣總督林則徐於 1839 年在廣東省強行銷毀鴉片，因而損害了英國商人在廣東海域走私鴉片的利益。此次戰爭以中國失敗賠款割地告終。戰後中英兩國簽署《南京條約》，此約為近代中國的第一個不平等條約。條約的內容除了賠款之外，中國需將香港島永久讓與英國，並開放沿海通商口岸等等。

18. ＊美國洛氏兄弟基金會(Rockefeller Brothers Fund)創立於 1940 年，由美國富豪約翰・洛克菲勒(John Davison Rockefeller)的兒女共同集資創建。基金會成立的宗旨為促進社會公正與世界和平，並透過基金會的運作，贊助所有致力於民主與和平的研究活動。關於洛氏兄弟基金會的創建緣由及其宗旨，詳見基金會網站：http://www.rbf.org/。

19. ＊Rockefeller Brothers Fund, *The Power of the Democratic Idea* (Garden City, New York : Doubleday, 1960)

20. ＊鄧維楨(1938-)台大心理系畢業生，為《大學雜誌》創辦者。後與王榮文等人創立遠景出版社，現為鹿橋文化事業股份有限公司負責人。

21. ＊王曉波(1943-)，時為台大哲學系學生。現為海峽評論出版社創辦人，主要研究方向為中國哲學與台灣史。著有《先秦儒家社會哲學研究》等學術專書。

22. ＊許倬雲(1930-)為歷史學家、中央研究院院士，專研中國上古史。著有《西周史》等學術專書。

23. ＊時為台大政治系學生。

24. ＊楊國樞(1932-)，心理學家。曾任台大心理學系教授、現為中央研究院院士，專研人格心理學與社會心理學。著有《現代社會的心理適應》等學術專書。

25.　　＊汪其楣(1946-)，時為台大中文系學生。赴美留學後專研戲劇學，曾任教於台北藝術大學、成功大學等學校，現為劇作家。曾於 1988 年獲得國家文藝獎之戲劇導演獎，作品包括《人間孤兒》(1987)、《大地之子》(1989)等等。

26.　　＊黃碧端(1945-)，時為台大政治系學生。赴美留學後專研英美文學，曾任中山大學外文系主任、國家兩廳院副主任、教育部高教司司長、國立台南藝術大學校長，現為國立中正文化中心藝術總監，長期致力於藝術行政工作。著有散文集《在沉寂與鼎沸之間》等書。

27.　　＊時為台大化工系學生，曾任《建中青年》主編。

28.　　＊曾昭旭(1943-)，時為台灣師範大學國文系學生。曾任中央大學中文系主任、《鵝湖月刊》主編，專研中國義理學與生命哲學，現為淡江大學中文系教授。著有《在說與不說之間：中國義理學之思維與實踐》等書。

29.　　＊劉全生(1938-)，時為美國加州大學博士生。物理學家，專研理論天文物理與及電漿物理。曾任美國馬里蘭大學教授、副校長，以及中央大學校長。

30.　　＊殷海光(1919-1969)，哲學家、台灣自由主義的開山大師。早年求學於西南聯大哲學所、清華大學哲學所，師承哲學家金岳霖。1946 年殷海光因其激烈的反共言論獲聘為《中央日報》主筆，並擔任南京金陵大學講師講授哲學與邏輯等課程。1949 年國共內戰期間，殷海光赴台擔任台灣大學哲學系講師，開設邏輯與羅素哲學等課程，並擔任《自由中國》雜誌之編輯。由於深受羅素、海耶克等哲學家的影響，殷海光極力宣揚反權威等思想言論。殷海光對時政的批評，引發國民黨政府的不滿。1966 年台大哲學系受到政治壓力不再續聘殷海光。1969 年，殷海光因胃癌病逝。著有《中國文化的展望》等書。

31.　　＊何秀煌(1938-)曾任香港中文大學哲學系教授，師承殷海光先生，曾與李敖等人參與中西文化論戰。現從事寫作工作。專研記號學與邏輯學，著有《記號、意識與典範：記號文化與記號人性》等書。

32.　　＊張系國(1944-)，著名小說家、電機學專家，現為美國匹茲堡大學教授。其小說風格以科幻為主，作品有《昨日之怒》、《棋王》等。

33.　　＊J. Arthur Thomson, *Introduction to Science* (London: Williams and Norgate, c.1927)

34.　　＊國立台灣大學「新希望」編輯委員會，〈編者的話〉，《新希望》第 7 期（台北，1965.1）。

35.　　＊高信疆(1944-2009)，時為文化大學學生。著名記者、報人，曾任《中國時報》總編、《中時晚報》社長，以及《現代文學》總編。在擔任《中國時報》人間副刊主編時，高信疆藉由副刊的媒介引進了國外的人文思潮，並提倡報導文學、刊載觸犯政治禁忌的文學作品。在台灣戒嚴時期，他扮演了破冰船的媒體角色。他的種種開創，為他贏得「七〇年代媒體英雄」、「紙上風雲第一人」等讚譽。關於其生平行述，見高信譚等編，《紙上風雲：高信疆》（台北：大塊文化，2009），頁 284-287。

36. ＊泥土，〈青年自覺運動 1963 年史述論 ── 作為保衛釣魚台運動 1971 年的前史〉。2010 年 4 月 4 日，取自於網址 http://blog.udn.com/h1234567am/956570。

37. ＊錢思亮(1908-1983)，化學家。曾任北京大學化學系主任、台灣大學校長、中央研究院長、原子能委員會主委。擔任中央研究院院長期間，推動並建立了許多新興領域的研究機構，對中央研究院的發展貢獻良多。

38. ＊1968 年「新希望社」社員多數出國後，為彼此保持聯繫，並擴大聯絡，每三個月出一份手寫通訊。以循環信流傳（後來稱為〈我們的信〉）。詳見本書劉源俊專文，〈《科學月刊》與保釣運動〉。

《科學月刊》與保釣運動[1]

劉源俊[2]

《中學生科學週刊》始末

　　1965 年 3 月 15 日，林孝信（當時是台灣大學理學院物理學系三年級的學生）在剛落成不久的學生活動中心召集理學院同學（主要是同屆同學，包括數學系的曹亮吉、陳達、許世雄，物理系的魏弘毅、王敦蘇、劉源俊，化學系的徐明達，地質系的陳讚煌，心理系的劉凱申等人）開會，討論怎樣辦一個刊物，向高中學生介紹科學[3]。決定先接洽報社，希望能獲合作；若有所成，則改辦獨立刊物；當時大家意見紛紜。三月下旬，林孝信已開始向大家徵集稿件。4 月 12 日，大夥又在學生活動中心討論《中學生科學週刊》事宜，當時林孝信報告已洽妥《新生報》合作，要在第六版刊出半版《中學生科學週刊》；參與者都很熱心，談得融洽，也決定了不少事。

　　5 月 2 日，《中學生科學週刊》第一期出刊（當天是星期日，以後則調整為每星期一）。「發刊辭」〈我們的目的 ── 給全國中學同學們的公開信〉上寫道：

　　大部分的中學生不了解科學的真相。因為在升學主義與一道道的難題下，所謂科學已經失去了它應有的意義，失去了它原有的面目。而在另一方面，簡介基礎科學的書籍又顯得非常的缺乏。因此，我們嘗試開闢這塊園地，希望藉著它能夠使同學了解「何謂科學」；這是我們的第一目的。……我們的第二個目的是幫助同學發現自己的興趣所在。

　　5 月 18 日，林孝信再邀集同學，開「中學生科學促進會」成立大會，到場有六、七十位同學（不只包括台大理學院同學，也有師大理學院同學）；宗

旨在集合有心人做有意義的事。後來，這一週刊繼續出刊到 1967 年的 2 月 27 日[4]，幾乎未脫期，共八十三期[5]。每期有三、四篇一千到一千五百字的文章及兩個專欄——〈為什麼？〉（信箱）、〈想一想〉或〈人像〉（科學家介紹），共約六千字。

《科學月刊》的創辦

由於許多同學們在服役完畢後，即將出國（美國）深造，在 1967 年的 7 月 30 日，劉容生邀約大部分原屬「新希望社」的朋友們聚會，宗旨是要讓留在國內的人與將出國的人彼此認識，增加聯繫，以免將來分道揚鑣後失去可貴的團結力；約到三十人。談到為增強聯絡，以後也許每三個月出一份聯絡通訊。後來，在 1968 年初，有一份通訊流傳（後來名為〈我們的信〉），大家各抒己見，也彼此鼓勵；特別是留學生剛到美國，接觸嶄新的社會，又正逢政治意識與思想行為都處於混亂中的社會，接觸到以前從未遇過的各種「奇談怪論」——左派與台獨的都有，感觸尤深。這循環信約一個月一次，傳到後來就遺失了，無以為繼[6]；各人觀念逐漸分歧，說實在話，也難延續下去。

1968 年的 9 到 10 月，劉源俊、林孝信與曹亮吉分別在哥倫比亞大學與芝加哥大學通過博士資格考試。這年的年底，三人都找到指導教授，於是林孝信開始醞釀新的念頭。他想到：第一，這群留學生拿獎學金在美留學，不愁生活，應該對培育自己的社會有所貢獻。第二，看到美國的科學刊物與通俗科學書籍，琳琅滿目，而台灣的科學教育如此落後，亟需有人去做點事。第三，留學生的思想如此分歧，如何才能捐棄成見合作呢？共同辦一份有意義的刊物或是一個法子。

1969 年的 2 月，林孝信與當時在芝加哥大學研究的李怡嚴及芝大留學生交換意見，並與美國各地及台灣的友人通信——主要是當年參與《中學生科學週刊》與〈我們的信〉的朋友[7]。芝大的同學且開了兩次會討論〈科學月刊章程〉。

當事情確定之後，林孝信便開始進行籌備與組織。1969 年 3 月，林孝信發出《科學月刊簡報》第一期，印兩百份，寄給各地的朋友們[8]。發起信由李怡嚴、吳力弓、林孝信、劉源俊、洪秀雄、徐均琴、陳宏光、賴昭正、曹亮吉、許景盛、勞國輝十一人具名（除劉源俊在紐約，勞國輝在長島外，餘

均在芝加哥大學），寫道：

> 來美後我們都驚羨於人家多方面的進步，同時感慨於留學生的無根；種種的因素又令絕多數的留學生變成「流」學生。……為什麼我們不做些有意義的事呢？固然要使社會趨於理想，政治、經濟等方面是很有影響力的因素，但一般民眾知識之提高，健全的社會價值判斷體系之建立等更屬基本的內涵要素。為什麼我們不腳踏實地在這方面做點工作呢？……再看看今日科學進展的神速，與國內一般民眾科學水準的低落。如我們把範圍放得切實點，出一份中學生及大一程度為對象（可包括一般民眾）的《科學月刊》，應是一件可以做、且是不少留學生所願意效力服務的事。

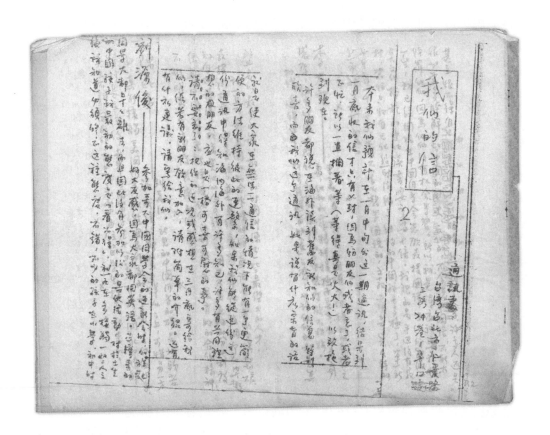

■〈我們的信〉。

　　第一期《簡報》決定了這份科學雜誌必須包括數學、物理、化學、生物、地球科學、心理各門自然科學的文章，另外設科學家傳記、科學方法、讀者信箱、數學趣味、科學新知、軼聞、科學教育等等專欄。每門科學設一組，各組及專欄各聘一人為組長，負責各該部門的聯絡及催稿、審稿等事宜。另外，約定了寫稿的原則，特別強調內容的生動有趣，正確與深入淺出，翻譯名詞的一致。

　　《簡報》出了以後，各組暫時的負責人就開始草擬他們的計畫，徵求各方的意見，並向他的朋友們寫信催稿。同時，在國內也請專人調查市場及編印發行事宜。林孝信並到中部幾個學府去訪問爭取支持，遇到了許多熱心的朋友，也被澆了不少冷水。

　　在 5 月份出的第二期《簡報》中，芝加哥的同學仍本著「吾心信其可成，則雖排山倒海之難亦可成也」的態度，提出了克服困難的計畫[9]。這份長達十八頁的簡報，報導了兩個月來的進展，決定增設工程組、天文組、讀者來函，擬增設插圖編輯、攝影編輯；又安排了國內的人事，將由當時即將回國的清華大學物理研究所第一任所長李怡嚴，及台大心理系副教授楊國樞總負其責，聯絡台大志譯社的朋友們，及熱心的文藝工作者（經王渝介紹了辛鬱及趙一夫）來共同促成。為了審慎，訂定了「第○期試印計畫」，也就是先試印一期，藉以發現困難，研究克服的方法，同時希望以第○期在台灣做市場及讀者反應的調查，以供以後訂定方針的參考；並打算以具體的成果，來請留學生及工商業界捐款。

　　當大家情緒達到低潮時，林孝信決定親身到各地去遊說。六月中旬，當芝加哥大學春夏學季之交，林孝信開始了他的第一次東遊。他以六天的時間繞道經過匹茲堡、費城，紐約哥倫比亞大學、長島石溪大學然後到馬里蘭大學，又乘飛機到波士頓，再回到芝加哥。在每一處地方，熱心的朋友們為他安排了小型的聚會，由他敘述《科學月刊》的緣起及籌備經過，拿出已寫就的部分稿件徵求大家的意見，然後報導各種困難，呼籲大家的支持。大家這時不客氣的提出自己的經驗及見解（諸如說：現階段最需要的不是自然科學，而是社會科學），把盡可能想到的困難都提出來，由林先生一一作分析，最後他的堅強信心終於使人相信，困難雖然很大，但並不是不能夠解決的。

回到芝加哥之後，各組的稿件陸續送到，芝加哥的同學就開始做出版第〇期的準備工作，包括搜集稿件，審稿，請外行人看稿，請文學界的王渝修辭，請人畫插圖，並研究編輯印刷的細節。然後將稿件編好，寄到台灣印刷。

1969 年 9 月 15 日，《科學月刊第零期》試印本在台灣出版，受到各界好評。其中〈寫在第零期初版前〉寫道：「不僅要作為學生們的良好課外讀物，也要成為一項有效的社會公器；不但要普及科學，介紹新知，並且要啟發民智，培養科學態度，為健全的理想社會奠定基礎。」列有共同發起人國內外共一百零四人。

這時正當芝加哥大學夏秋學季之交，有兩個星期的假期。林孝信決定趁這段時間帶了初步的成果作第二次東遊。這一次所花的時間及所到的地方都差不多有第一次的兩倍。除了上次幾個地方外，還到了約翰霍普金斯大學、耶魯大學、麻州大學、康乃爾大學、雪城大學，羅徹斯特及水牛城等地，宣傳《科學月刊》並募捐，聘請各地、校聯絡員。[10]

《科學月刊》如期於 1970 年元旦在台北市創刊。在〈發刊辭〉中寫道：

在台灣辦一份科學刊物，其動機亦不外是：科學對現代社會的重要性，國內缺乏類似的刊物，以及協助大中學的科學教育，藉科學介紹而將科學精神帶到行政處事上，帶到日常生活思想上，等等。這些道理人人都說得出來，不必再多費口舌，關鍵在於能否確實做到而已。一個刊物的好壞，或者想達到的目標，最好由它長期的努力成果，請讀者自行評價。因此，我們不擬再唱八股式的濫腔。

「……我們的目的，決不是要替美國研究所製造一些優秀的準研究生。普遍地提高國內科學水準才是我們的原意。」；「……我們只希望報告讀者，除了科學知識或許因地利之便稍微多知道些外，我們並沒有比大家高明了什麼。」

「我們願意嘗試。但嘗試的成功與否，不全是我們所能決定的。唯有讀者的來函批評，才能減少我們象牙塔的弊病。也唯有如此，才是許多熱心義務服務的同學，最大的報酬。〈讀者來函〉,〈讀者信箱〉,〈教學心得〉,〈書評〉,〈門外漢〉等等專欄，都是針對這個需要而設的。」；「這是你的雜誌，

不是我們的雜誌。不要被動地等待我們出什麼文章，便讀什麼文章。積極主動地把你的看法，你的要求，你的困惑寫出來，讓我們這個社會共有這份刊物罷！」

出刊以後各界反應熱烈，可謂成功。於是，1970 年每期的稿件由芝加哥聯絡中心彙集稿件並整理後，寄到台北印行。

這是一件極為辛苦而長期的工作。林孝信為充分溝通散在各地參與者的意見，除每星期從芝加哥聯絡中心發出一份《科學月刊工作通報》討論《科學月刊》內容上的各種問題外；自 4 月 17 日起，每月月中的那一期《工作通報》是為「討論號」，由各地聯絡員輪流主辦。[11] 所以，《科學月刊》在美國各地建立了一個廣大的聯絡網。

《科學月刊》對保釣運動的影響

1968 年起，由於釣魚台海域發現有油礦跡象，日琉雙方乃積極派遣龐大學術調查團前往釣魚台列嶼做實地了解，並有進一步立標柱等動作。1969 年 11 月，美國總統尼克森與日本總理佐藤榮作會晤，決定將琉球群島「歸還」日本。日本繼於 1970 年 7 月聲稱釣魚台列嶼係屬「南西群島」的一部分，並謂已劃歸沖繩縣云云。遂引起爭議。1970 年 8 月 18 日，《中央日報》刊出漁船船長戚桐欣的〈請救國團組隊訪釣魚台〉一文，呼籲有關方面對領土主權問題及早澄清。琉球問題專家楊仲揆接著在 8 月 22 及 23 日連續刊登〈認識釣魚台列嶼〉一文，說明日本人所謂的「尖閣群島」自始即屬於中國，而非屬於琉球。

《中國時報》記者 9 月 2 日搭乘海洋探測船「海憲號」登上釣魚台島上，插上國旗並在岩石上刻字；9 月 15 日國旗遭琉球警察拔除。於是，隨日本外務省的對於釣魚台列嶼主權陸續的發言，所有重要的全球華人媒體與團體都發言支持政府保衛釣魚台列嶼主權，包括《中央日報》、《聯合報》、《中國時報》、《自立晚報》、《中華雜誌》、《展望》、《新聞天地》，國民黨、青年黨、民社黨，監察院、立法院、國民大會、台灣省議會、彰化縣議會、華僑救國聯合總會等。海外華人包括美國、英國、歐洲、馬來西亞、新加坡、香港、菲律賓……。

科學月刊工作通報(三十九)　討論號之八　1971, 1 5.
(釣魚台事件專號之1)
聯絡中心公告：

最近發出的討論號之七，有一封未刊登的信，談及釣魚台事件
這樣的問題是否宜於在通報討論？為此，我先打了二三十個電話，給
科月報熱心，較有貢獻的朋友。在打通的十八位朋友中，除一位外，都同意
通報應討論此一事件(在以下的限制下)，因為這是每個中國人都應關心的問題
而比較不會引起黨派歧見。

為爭取時效，因此發行這份第八期討論號。同時將處置情形限時以等回應

這是一件值得注意的問題。通報決定提供園地，供各他朋友們交換意見
並報導有關此一釣魚台事件的活動情形。但科月將不作為名義來活動或聲明，所有
意見，均請以個人名義發表。同時，未此次討論不得作為以後想藉用通報談政
治問題的「先例」。

我們附印了些資料供你參考。

希望你參加討論，更希望你將此事轉告你的朋友們。這期通報我們多印
了數百份，你可來索更多份給你的朋友們，為求時效，
下期討論號元月十五日出刊，請將意見及活動報告在十二日前寄達
主編錢致榕收：Mr. C. Y. Chien (301)－252-3226
1823, Notre Dame Ave., Lutherville, Md, 21093.

來信 1 李超駿　關於釣魚台應採取之行動。(等刊於討論號之上)
甲、美方：於全美各地凡有日本使領處，同日同時舉行示威，一方面以城市或大學為單位，發動留學生簽名，並捐錢在各大報刊刊登廣告。
2. 台方：呼籲政府派遣軍艦，在釣魚台島嶼附近巡戈，以維護漁民同胞之生活採權。

I 來信 P.P. 1～8
II 地圖 P.9
III 活動簡報 10～14
IV 文摘 15～18
V 其他 19～20.

"磨得神州快寶刀，剪斷美淞牛口水"
希望全美各地任何有良心有血性的台灣學生朋友，于暨捲著手，膀臂連著膀臂，立即團結一起，以實際熱烈的行動表示。

專號印刷費捐款：
董金裡 10 元　郭譽先 未捐
錢致榕 10 元
李超駿 10 元

■《科學月刊工作通報》「討論號之八」。

　　然而我國外交部的立場，給人的印象卻是「軟弱」，例如 9 月 18 日「中央社」台北電稱：「外交部發言人魏煜孫，今天拒絕評論外電關於琉球已將⋯⋯國旗拔除的報導。⋯⋯」[12] 在美國的留學生界一開始獲得的資訊不多，還不清楚狀況，因而除了零星投書 [13] 外，難有實際行動。

　　這時，在台灣的王曉波 [14] 寫了一篇〈保衛釣魚台！〉開頭引五四運動的兩句話：「中國的土地可以征服，而不可以斷送。中國的人民可以殺戮，而不可以低頭。」投稿《大學雜誌》[15] 不被刊登，於是轉投《中華雜誌》，刊於十一月號。當月中旬《中華雜誌》寄到美國時，胡卜凱 [16] 覺得必須發起行動，以免因當事者之顢頇而鑄成歷史的大錯。於是胡卜凱、沈平、李德怡等七人相約於 11 月 17 日在普林斯頓大學聚會，決定要就釣魚台事件掀起各地討論的熱潮，希望激起留學生對國事的關心，並「支持政府對國土的維護」。他們即刻發出函件給全美各地的朋友們。

　　胡卜凱是《科學月刊》在費城地區的聯絡員，他當即與《科學月刊》聯絡中心的林孝信聯絡，建議藉《科學月刊》的聯絡網討論釣魚台問題。林孝信打了約二十通電話到各地徵求同意，反應熱烈，因而決定利用《科學月刊工作通報》第卅九期（「討論號之八」，1971 年 1 月 4 日自芝加哥發出，林孝信負責）完全討論釣魚台問題，共二十頁，印五百份。於是一下子，討論的熱潮就在全美各地展開。

　　緊接著，1971 年 1 月 15 日由馬里蘭州發出，錢致榕負責的《科學月刊工作通報》（「討論號之九」）繼續討論釣魚台問題。各地於是紛紛成立保釣會，醞釀示威遊行。在美國中西部芝加哥的林孝信自然成為全美釣魚台運動的聯絡中心，而各地的《科學月刊》聯絡人也大多投入保釣運動。經過林孝信的協調，決定在 1 月 30 日 [17] 在全美各地舉行示威遊行，向日本及美國抗議。隨後，1971 年 2 月 15 日自布朗大學發出，鄭永齊負責的《科學月刊工作通報》第四十一期（「討論號之十」）中，綜合報導了 1 月 29 日及 30 日各地遊行的情況。

　　自後，保衛釣魚台運動如火如荼開展，各方人士共商決定於 4 月 10 日在華府會師，乃締造保釣運動的最高潮。這段時間，《科學月刊》在美的聯絡網則幾乎停擺。原本芝加哥聯絡中心每週出的《工作通報》，轉變成了也是每

週出刊一次《釣魚台快訊》,透過聯絡網寄到各地。《科學月刊》聯絡網的通信址更為各地保釣刊物使用。

保釣運動對《科學月刊》的影響

保釣運動對《科學月刊》的影響,可從三方面來敘述。

首先,保釣運動後,由於大部分有使命感的理科知識分子都投入保釣運動,《科學月刊》在美國的聯絡網只得停擺。幸好當時,《科學月刊》已出刊年餘,在台的「科學月刊社」乃在李怡嚴、張昭鼎、陳國成、黃仲嘉、王亢沛、劉廣定等人的積極參與下,成功地將棒子接了下來。另一方面,在美國的許多《科學月刊》成員們也適時卸下寫稿、集稿的沉重負擔。後來美國方面雖又兩度恢復《科學月刊》的聯絡網,出過數期《通報》,終難以為繼。

其次,在台的情治單位完全不解何以突然一下子,全美留學生都動員起來保釣,判斷當有親共分子介入;而《科學月刊》聯絡網成了保釣聯絡網一事,更讓他們認為《科學月刊》「不單純」。《科學月刊》在創刊時的銷路曾接近兩萬份,所有高中幾乎都訂閱;自第二年起,銷路已在下降。經安全單位行文各學校說《科學月刊》有「為匪宣傳」之嫌後,更是「屋漏偏逢連夜雨」。所幸《科學月刊》一路撐了下來,到今年底將慶創刊四十週年,是少數刊齡達四十年,又從未脫期的上市雜誌。

復次,少數《科學月刊》的成員因參加保釣運動過深(特別是 1971 年 5 月之後的保釣後期),被列入「黑名單」,不得返台。林孝信尤其是個特殊的例子。他因參加保釣受到攻擊,甚至有匿名信質疑他當初創辦《科學月刊》的動機。「是可忍孰不可忍?」所以越來越偏激,乃與政府對立,終至受到芝加哥領事館吊銷護照的處分,一度淪落「黑人黑戶」的困境。後來林孝信回到台灣,已是解嚴後的 1988 年底,時隔去國當年二十一年多。

對保釣運動的啟示

事隔三十八年後的如今,世界各地的保釣運動因新形勢又重新結合。當年分道揚鑣的保釣重要成員在台灣重聚,是一件極有意義之事。應藉此機會重新認識保釣運動的重要意義,並檢討何以當年未能合作締造更大的成果。

　　首先需認識：保釣運動是一長期的事業[18]，就如科學教育是一長期的事業。保釣運動其實更難，學者的研究與志士的衝鋒兩者相輔相成，缺一不可。而所有的行動必須經深思熟慮，不可躁進。

　　其次須認識到：政府總有各種現實利益的羈絆，因而畏首畏尾，並不可靠；因此保釣必須多依賴民間力量。認識這點便知，知識分子超越政治的情操很是重要。

　　若要問，當初保釣運動為何沒能發展成一文化運動？時局的推移與許多參與者的短視固然是原因，更重要的原因是：那是一沒有根據地的海外留學生的運動。任何一項運動的成功必須有根據地，《科學月刊》之所以存活至今，就是因為當年在海外萌發的芽苗成功移植到了台灣。保釣運動的根據地無疑應在台灣本土。因此，未來的保釣運動還應在教育及傳播方面多著力。

註　釋

1.　＊專文。

2.　＊時為東吳大學物理系教授。

3.　就在一星期多前的 3 月 9 日，劉容生（也是物理系三年級同班同學）召集「新希望座談會」。決定進一步成立社團，宗旨在多交朋友，以便將來互助合作；標榜民主與科學精神與態度，希冀造成再一次的啟蒙運動。5 月 3 日，《新希望》雜誌遭學校撤銷登記。5 月 20 日，「五二〇青年自覺運動」二週年的當天，「新希望社」最後集會後解散。

4.　1965 年 7 月到 10 月，大三男生集訓，先是上成功嶺，後又分科訓練。同批人在 1966 年的 7 月都到部隊服役一年。而《中學生科學週刊》並未中斷，可見有相當好的傳承。

5.　到八十期，才開始脫期。

6.　到 1970 年月 1 日，鄧維楨從台灣發出第九期，當是最後一期。

7.　劉源俊接到林孝信的信是在 2 月 5 日，說要開始籌辦科學雜誌，並邀請負責物理組。

8.　紐約的劉源俊於 3 月 17 日收到。

9.　在這份《簡報》裡提到「又要馬兒跑，又要馬兒不吃草」的理想。

10.　　以上過程，見原天美（劉源俊）寫〈路是人走出來的──科學月刊的發端〉，《聯合季刊》1970.2，紐約。又見〈科學月刊大事記〉，《科學月刊十周年紀念文集》，1980 年 1 月。

11.　　「討論號之一」由紐約的劉源俊負責，「之二」由費城的胡卜凱負責。

12.　　據《錢復回憶錄》（天下文化，2005），該面國旗是美國在琉球的「民政府」令琉球警察乘船取下，攜返石垣市，視為「拾得物」保管。當時任北美司司長的錢復即約見美使館政治參事唐偉廉表示關切，要求美方約束琉球政府不得再有類似行動。唐參事於 1971 年 4 月 27 日將該面國旗送還我方。

13.　　例如《中央日報》1970 年 9 月 4 日英倫華人張青原的投書及《中央日報》1970 年 9 月美國約翰霍普金斯大學張燕風等十一位留學生的聯名投書。

14.　　也是當年台大「新希望社」的社員。

15.　　*《大學雜誌》創刊於 1968 年，由台大心理系畢業生鄧維楨籌辦。初期，《大學雜誌》偏向於介紹思想與文化潮流的學術刊物。但在 1970 年代受到保釣運動、以及台灣退出聯合國等事件的衝擊，以及雜誌社編輯改組等因素，遂使雜誌內容轉而批評時局與政治現象。對於當時的校園而言，《大學雜誌》是一份極具影響力的政論性刊物。關於《大學雜誌》言論的分析，參見王杏慶，〈《大學雜誌》與現代臺灣 ── 一九七一年至七三年的知識份子改革運動〉，收錄於澄社編著，《臺灣民主自由的曲折歷程：紀念雷震案三十週年學術研討會論文集》，（臺北：自立晚報，1992），頁 375-94。

16.　　也是林孝信的台大物理系同班同學。

17.　　但柏克萊的保釣會堅持於 1 月 29 日遊行，要與 1935 年 12 月 9 日的「一二九」運動相諧音。

18.　　〈保衛釣魚台是一長期的事業〉，劉源俊講於「中華保釣協會」成立大會，2008 年 10 月 31 日。

海外保釣運動的回顧與檢討[1]

李雅明[2]

　　保釣運動從 1970 年底開始到現在，已經將近四十年了。四十年不算短，已經是半輩子的人生了。保釣運動到現在，自然不能說很成功，因為釣魚台列嶼還沒有收回來。但是，也不能說完全失敗，因為，我們至少引起了中國人對於釣魚台列嶼主權的重視。而且，對於一整個世代的台灣大學生和海外留學生來說，也掀起了愛國的熱潮，到今天仍然有著它的力量。

　　經歷過 1970 年代保釣運動的人都知道，當時其實有兩個運動在同時進行。一個是愛國保土運動，一個就是有關中國未來方向的政治運動。後面這個政治運動，那個時代在國內是受到限制的，是無法開展的。

　　為了這次會議的討論，我曾寫信給保釣運動當中的一些具有代表性的人物，希望他們表達他們的意見。我與李德怡通過好幾次電話，他也表達了他的看法。我與王正方也當面討論過。大家可能也知道有一位大陸的年輕女學生，叫作姜宇晨[3]。她為了記錄保釣運動的歷史，寫了三百多頁的稿紙，總共將近三十萬字。我這幾天和她通信，希望她也能表達一些意見。結果她昨晚熬了個通宵，今天早上給我們寄來了她對這次會議的祝賀和她的一些意見。

　　我個人是 1965 年台大物理系畢業的。今天在座的林孝信、胡卜凱、劉源俊、劉容生都是比我低一屆的同學。我們這一屆物理系的同學，今天在這裡的，除了我以外，還有香港來的張東才。我個人在保釣運動中算是一個自由派。我參加了 1971 年 1 月 30 日、4 月 10 日的兩次華府示威遊行，8 月 21、22 日在布朗大學的美東討論會，9 月 3 日到 5 日的安娜堡國是會議，甚

至 12 月 23、24 日在紐約的中國統一運動大會，和 12 月 25 到 28 日在華府三天的反共愛國會議，我都去參加了。後來我兩度回國服務，到清華大學任教。兩個月前，我剛剛從清華大學退休。

「大風社」與《大風》季刊

對於保釣運動有影響力的組織，除了《科學月刊》之外，另外一個就是「大風社」。《科學月刊》是以發展科學為目的，而「大風社」則是以政治為主的社團。「大風社」是 1968 年到 1969 年間，由美國各地對政治、經濟、社會等議題比較感興趣的留學生所組成。一共有三、四十人。最初是在社員之內出通訊，互相討論，然後在 1970 年代正式出版《大風》季刊，在香港印刷。「大風社」的社員，有徐篤、胡卜凱、李德怡、沈平、劉大任、郭松棻、唐文標、傅運籌、張系國、居蜜、陳磊、周堃、胡家縉、陳小驊、許濬、袁傳符、楊更強、郭譽先、王鶴書、李雅明等人。從這個名單就可以知道，「大風社」的社員在保釣

■ 《大風》季刊第二期。

運動中，有很多都是各地的領頭人物，對於保釣運動的開展，有著直接的關係。《大風》季刊在 1970 年 6 月 15 日出第一期，1970 年 12 月 26 日出第二期，1971 年 3 月 20 日出第三期，1971 年 8 月 28 日出第四期。然後隨著保釣運動的分裂，《大風》季刊也只有停刊了。

將近四十年過去了，我們應該可以對保釣運動大致作一個總結。前一個愛國保土運動，我想應該是可以肯定的。我們愛國保土的熱情是真誠的。雖然兩岸的政府，在我們看起來，對於保釣都不夠盡責，因為他們有其他的考慮。但是我想我們至少盡了作為國民一分子保土的責任，就是到今天，我們仍然問心無愧。

左、中、右派的政治反思

　　保釣運動當中的另一個運動，對於中國未來走向的政治運動。在這個政治運動中，我想左派、右派、中間自由派都有需要檢討的地方。

　　對於左派來說，1970 年代初期，許多人沒有經過認真檢驗，就認同大陸的中共政府。對於當時大陸正在進行的文化大革命，沒有正確的認知。我覺得這是需要檢討的。到現在為止，就我所看到的資料和了解，許多當時的左派都對當時自己的政治態度，有著一定的反省。這包括了李我焱、王正方、劉大任、郭松棻、李德怡等人。但是，見諸於正式文字，比較詳細的記錄卻並不多見。我個人覺得，這種反省的經驗雖然是慘痛的，但卻也是值得作為借鑑的。這種經驗是值得記錄下來，作為後代國人在面對類似政治情勢的時候，可以作為教訓的。其實，只要有足夠的理由，持什麼政治立場都可以，但是我們的態度必須真誠，我們也必須對得起自己的良心，只有這樣的政治立場才能經得起歷史的考驗。

　　至於右派，我想右派對於那個時代國民黨的所作所為，反省也有不足之處。我還很少看到當時的右派，主動的站出來檢討國民黨過去各方面政策的錯誤。為什麼那麼多的台灣留學生，在到了美國以後不到一、兩年，就對政府這麼不滿？國民政府什麼地方出了毛病？國民政府在大陸、在台灣的獨裁政治，有那麼多的白色恐怖案件，還不值得檢討嗎？在外交方面，國民政府在過去幾十年中間，有過許多錯誤。譬如像是「九一八事變」[4]時的不抵抗政策，放棄了東三省。在抗戰勝利之後，又為了要討好蘇聯，讓蘇聯不要援助中共，簽訂了《中蘇友好同盟條約》[5]，讓外蒙獨立，放棄了外蒙。這些歷史責任都是必須要檢討的。

　　至於自由派，我們當時批評國民黨，也批評共產黨。但是，我們這些自由派，今天也需要作檢討。我們在這將近四十年的時光中，有沒有足夠的人回到自己的國土，為我們的同胞做出足夠的貢獻？

　　保釣運動的經驗，讓我們知道，作為一個愛民族、愛國家的中國人，我們不能依從於某一個領袖，無論是蔣介石，還是毛澤東。不能依從於某一個政黨，不論是國民黨還是共產黨。也不能依從於某一個政府，無論是中華民國政府，還是中華人民共和國政府。作為中國人民的一分子，我們在政治上

必須要有獨立的判斷力。這正是我們在保釣運動當中所得到慘痛而又寶貴的教訓。我們應該從整個中國人民的立場出發，以整個中國人民的利益為依歸。尤其是海外華人，有著比較能夠獨立自主判斷的環境，更應該要堅持這種獨立批判的精神。只有這樣，我們才能真正為中國人民做出貢獻，對歷史負責。這不僅在四十年前保釣運動的時候是如此，在二十一世紀兩岸當前的狀況之下也仍然是如此，希望我們大家都能以這種精神來互相共勉。

註　釋

1.　＊根據發言稿整理。

2.　＊清華大學電機系與電子所榮譽退休教授。

3.　＊姜宇晨現為中國大陸石油地質學系學生，著有《春雷怒吼釣魚島 —— 1970 年代中國留美學生保釣運動述評》（未出版書稿）。

4.　＊1931 年 9 月 18 日，駐守於中國東北地區的日本關東軍，密謀炸毀瀋陽附近的南滿鐵路鐵軌。隨後日本政府以鐵道遭到中國炸毀為藉口，突然進攻駐守瀋陽北大營的中國軍隊。由於中國軍隊執行「不抵抗政策」，因此當晚日軍便占領北大營、次日占領瀋陽城。在此次事件之後，日軍繼續向遼寧、吉林和黑龍江等東北地區發動侵略。在數個月之內，中國東北全部落入日本控制之下。此次事件史稱「九一八事變」。

5.　＊第二次世界大戰期間，美國為促使蘇俄參加對日作戰，因此允諾蘇俄恢復俄國在中東鐵路及旅順、大連之權益，承認外蒙古獨立之現狀，乃簽訂《雅爾達密約》。在美國的壓力之下，中國派遣外交部長王世杰為代表，於 1945 年 8 月 14 日與蘇俄代表莫洛托夫(V. M. Molotov)簽訂《中蘇友好同盟條約》。條約的內容摘要如下：在對日本作戰中給予一切必要的軍事及其他援助和支持；共同採取措施，防止日本重新侵略；在尊重主權及領土完整與不干涉內政的原則下，進行友好合作互助。而在條約內的換文（二）中，提到：「茲因外蒙古人民一再表示其獨立之願望，中國政府聲明於日本戰敗後，如外蒙古之公民投票證實此項願望，中國政府當承認外蒙古之獨立，即以其現在之邊界為邊界。」此為外蒙古公投獨立之法源。詳見 "China, Soviet Union: Treaty of Friendship and Alliance", in *The American Journal of International Law*, Vol. 40, No. 2, Supplement: Official Documents (Apr., 1946), pp. 51-63.

《歐洲雜誌》：兩代留法知識分子的交集[1]

■ 圖為李明明。

金恆杰、李明明[2]

在開始進入正題之前，我有一點要特別説明在先的[3]。那就是，《歐洲雜誌》季刊 1965 年 5 月創刊於法國，距離今天已經有四十四年，所存的檔案又不在手頭。我下面所述，記憶必有遺漏和錯誤，希望曾經參與這個運動的朋友諒解。

我説「這個運動」，是因為我是把《歐洲雜誌》看作一種小型的文化運動。今天來談，有兩重意義。**第一**，這本雜誌是六十年代台灣比較有開闊視野的留學政策的副產品。它是這個政策下第一波台灣留法的年輕人，在異國土地上辦起來的文化性、思想性的中文刊物，自動自發而且赤手空拳。它的出現，標誌了那一代年輕知識分子回饋根源土地的熱忱；它的出現，提供了一個信念：精神的富足有時候是可以克服極度的物質匱乏的。《歐洲雜誌》作為台灣留法青年學生的一個沒有受到意識型態污染的海外文化運動的體現，是空前的；而以當今文化類雜誌的經濟依賴度和色彩偏頗來看，大約也是絕後的。**第二**，就時代動向的觀點來看，《歐洲雜誌》的創刊，略略領先於波濤洶湧、影響深遠的歐洲六八學生運動和美洲的中國留學生轟轟烈烈的保釣運動，它的出現與時代脈動是有呼應的。它與在紐約誕生的保釣運動發生了關係，似乎不僅僅是因緣際會的巧合。這個關係是怎麼樣發生的呢？

台大外文系的同窗好友白紹康那時在紐約，慨然答應協助推銷《歐洲雜誌》。當時他們紐約的「華人刊物協進會」在他的家裡有經常性的聚會。釣魚台事件一發生，他們就發表了共同的抗議聲明，在聲明中白紹康代表《歐洲雜誌》。姜宇晨的《春雷怒吼釣魚島 ——1970 年代中國留美學生保釣運動述評》有這麼一段話：「沈平和袁旃 1969 年 3 月曾就華人刊物協進會事宜多次

合作，就華人所辦刊物聯合促銷發行四處奔走，來往甚密，當時已開始注意討論認同與回歸問題。早在 1969 年 8 月就有建立各大學、中學生社團通訊網的討論並開始實施，包括《聯合季刊》、《大風》、《歐洲雜誌》、《匯流》、《大學雜誌》⋯⋯。」

《歐洲雜誌》誕生的背景

　　1960 年代，甚至更早，國民政府教育界高層人士中，視野比較開闊的，如黃季陸[4]、張兆[5]等人，感覺到台灣的留學政策向美國、日本一邊倒，長期漠視歐洲大陸，造成了文化交流的偏枯現象，他們開始提出歐美並重的看法，很得到一些迴響，產生了一定程度的作用。於是多種公費獎學金，如教育部公費留學獎學金、國民黨中山獎學金，都增設或者加強了留歐的項目；與此同時，教育部與法國駐中華民國領事館達成交換學生獎學金協議。從 1960 年起，法國外交部每年提供給台灣大約一到五個獎學金學生名額。此外，似乎這個時期開始，個別去法國的台灣自費留學生人數逐年上升，主要是去學習法律和藝術。給人的感覺是，台灣發現了「舊大陸」。

P
050
8557-68
N.3
003902
金戴熙，李明珊贈

3

■ 《歐洲雜誌》第三期。

　　去歐洲留學，雖然有人推動，然而，那時的台灣受到美國的文化殖民，內容和性質、深度和廣度和今天的情形固然不盡相同，其嚴重性則並無二致，甚至更為蒙昧；加上，去美國留學有打工求生的更多現實考量，所以從台灣到歐洲留學的涓涓細水和到美國去的滔滔洪流，相較之下，人數是不成比例的。

　　《歐洲雜誌》的創辦人就是在這個時代背景的催化下來到法國的，可以說「人單勢薄」，居然憑著一片熱情把雜誌辦了起來。馬森在〈創刊的話〉中說出了我們的「無畏的宣言」。

　　在巴黎辦一份中文雜誌的奇想是我提出來的，很快獲得許多人的共鳴。第一道難關是經費。那時，中華民國駐法大使館裡有一位吳斌秘書，與外交官體系中的一般公務員完全不同，非常關心和同情年輕留學生。我們向他說起辦雜誌的想法，他不但鼓勵還替我們向華僑募集了小小的一筆款子，作為創辦費。最初數期掛在「台灣留法同學會」的名下發行，所以一年一選的同學會會長也就成了該期的名義發行人。後來「發行人」終於登記為「歐洲雜誌社」。由於編務和稿件完全不支報酬，只需印刷費和郵費，所以我們預計這筆款子大約可以支持二到三期，希望前幾期雜誌的銷售所得可以交替應付後續的開支。

　　季刊的編輯及活動中心在巴黎，印刷在台灣，發行的標靶對象是台灣大專以上的知識界以及歐、美的台灣留學生。但是，沒有個人關係的地區，我們無從聯繫，歐美的發行網極為有限。從編輯取向來看，《歐洲雜誌》雖然以文學和藝術為主，包括批評、介紹和創作，並沒有忽略當時歐洲的政治和文化思潮。在三年左右的時間內，一共出了九期。第十期的稿子雖然收齊了，卻因為種種原因，未能面世，停刊後終於再也沒能復刊。然而，事隔幾乎半個世紀後的今天，我在台灣還會不時碰到當年《歐洲雜誌》的讀者，與我懷念起這本夭折的季刊，向我說起自己年輕時代期盼這份刊物的心情，就因為它往往脫期，拿到手中特別高興；不少人認為這九期刊物在今天的台灣如果重印刊行，仍然是有意義的。

「人單勢薄」，編務和稿源是最大問題

　　編務方面，《歐洲雜誌》的封面第一、二期分別由李明明和葉大偉設計，自第三期起，到巴黎專學設計的劉榮黔慨然答應設計，獲得一致的讚賞，就不再改變了。至於各種業務性的工作，開始的時候由大家分擔。我記得的人有台灣政大的羅楚善和香港來的麥健生兩位，後來財務應該是柯澤東擔任。同時也約定，大家輪流擔任編務工作。可是，到了後來，所有的編務、文字編輯和美編工作都是我和葉大偉兩人負責。

　　至於稿源，我們一開始就廣泛徵稿。當時許多台灣留學生都為《歐洲雜誌》寫過文章，其中不乏成為今天台灣的知名人士，如張麟徵和李鍾桂[6]，其餘的撰稿人在各自的領域裡也很有成就，有楊景鸝、陳錦芳、羅楚善、邱淑華、邱啟彬、陳嘉哲、郭美德等人，我就不一一枚舉了，但是他們往往寫了

一篇、兩篇，出於種種原因就無以為繼了。除了台灣留學生，也有香港和東南亞來的熱心的年輕人如麥健生、黎松齡。早我們一段時間到巴黎來的越南華僑趙明德，也曾經替《歐洲雜誌》撰稿。此外，還有在美國的李世光和由美國來巴黎定居的華昌明，有高中畢業就來法國讀大學的丁國煒都曾經為《歐洲雜誌》撰稿。最可靠的稿源還是倚賴五、六個長期撰稿人。他們如果在同一期刊登好幾篇文章，就不得不使用不同的筆名。馬森的筆名有飛揚和林火，陳錦芳用亞燈，我自己有吉莫、異戈等等筆名。楊景鸝因為出其不意回歸了中國大陸，留下的稿子〈《西齊弗的神話》及《異鄉人》〉就不宜用真名發表，我臨時給取了一個筆名「易水」，當然也沒法徵求她的同意。

稿源自然有點緊張。幸虧，當時在巴黎有一批早期來歐洲的中國留學生，給了我們很大的鼓勵和支持。

中華人民共和國成立後，中國大陸在很長的一段時間內與西方世界斷絕了往來，幾乎不再派遣留學生到歐洲來，所以 1945 年抗戰勝利後到內戰結束，由中國大陸來到歐洲的留學生前輩，後繼無人；他們在相當長的時期內，成了中國留歐學生的絕響。《歐洲雜誌》在長達一年的籌備期間，和他們多次見面，提出我們的構想，爭取他們投稿和支持。他們的回應出奇的熱烈。我自己於法國居住了幾十年之後，今天回想起來可以體會得到他們當年的心情。他們生活在異域二十來年，與本土源頭幾乎隔絕。突然一天，看到一群流著相同文化血脈的年輕人，來向他們提出一個大膽的理想，他們產生一種桃花源居民驚見武陵人的喜悅應該說是很正常的。所以，他們都表示熱烈贊同。像敦煌學的專家陳祚龍教授是個熱心的學者，為《歐洲雜誌》第一期寫了一篇文章〈認真介紹與研究西歐各國的學術與文化〉表達了他對後生小子的期許。我們也承蒙當年在使館供職的前輩齊佑先生給過一篇稿子。

特別積極參加《歐洲雜誌》的留學前輩中，我要提出三位先生，他們是周麟、熊秉明、程紀賢。尤其是後面兩位，他們不但對我們這一批年輕人很熱情，對《歐洲雜誌》也極感興趣，很快就積極參加到我們的隊伍裡來，撰稿之外，也分擔審閱稿件的工作，對稿件的內容和文字、對編排也都提出意見。程紀賢用筆名「程抱一」介紹了詩人里爾克(Rainer Marie Rilke)[7]、雨果(Victor-Marie Hugo)[8]、亞波利奈(G. Apollinaire)[9]和雅姆 (F. Jammes)[10]。熊秉明是抗戰勝利後第一批留歐公費留學生，是一個興趣廣、識見深，才能多面的人；雕

刻、繪畫和書法都是他探索的領域。《歐洲雜誌》為他開闢了另外一個園地
—— 文學批評。他以筆名江萌為我們撰寫了一系列的文學批評。其中,對余
光中[11]的〈蓮的聯想〉和林亨泰的〈風景〉的分析,用的是接近形式主義的方
法,台灣文學圈可以說是從未見到過的,引起很大的迴響。與我們年輕一輩
亦師亦友的熊秉明先生離開我們已將近七年,永遠為我們和他台灣的友人所
懷念。

著力介紹西方民主制度

我上面說,《歐洲雜誌》的特色是沒有意識型態、沒有政治色彩,如果一
定說有什麼傾向的話,那就是期望促進台灣逐漸民主化,那也是很正常的。
然而,六十年代的國民政府在這一點上異常封閉。我們既然不能直接批國民
政府的逆鱗,只有採取迂迴策略,一方面著力介紹西方的民主制度,另一方
面,介紹蘇聯的異議分子的言論。

介紹西方的民主制度的文章有〈民主與專制政體新聞報導之比較〉(丁國
煒,第二期)、〈試釋法蘭西第五共和總統之職權〉(齊佑,第三期)、〈民主的
一課 —— 從法國總統大選看戴高樂所受批評〉(楓丹露,第四期)、〈侵略定義
的問題〉(羅楚善,第三期、第四期)、〈從法國輿情看承認中共〉(楓丹露,第
六期)。至於,介紹蘇聯的異議分子的言論,我們認為有兩重好處。**第一**,說
到底,獨裁與民主的對話本質上是一樣的,並無俄語、漢語之分。**第二**,話
是蘇聯異議分子說的,對抗的又是共產專制制度,卻是我們的心裡要說給台
灣當局聽的。那時,法國的報刊書籍有相當多有關的蘇聯的異議分子的作品
和報導。蘇聯的異議分子的政治言論和文學作品在本國無法發表,往往通過
地下管道來到了巴黎,並且翻譯成法文出版。我們介紹了轟動一時的「洗尼阿
夫斯基但尼爾」事件[12],翻譯了洗尼阿夫斯基、但尼爾用筆名 Abraham Tertz
發表的政治諷刺短篇小說〈可愛的城市 —— 柳比磨府〉;譯出了蘇爾濟尼欽
〈一封給蘇維埃作家協會的信〉[13]等等。我們也翻譯了〈為什麼那麼多人憎惡美
國? —— 諾門‧梅勒訪問記〉[14],希望借此平衡一下台灣過度的崇美情結。

我們用心良苦,可是看在某些人的眼裡,真是「司馬昭之心」。於是,國
民黨中央黨部派到法國的「歐洲總督導」和當時駐巴黎的台灣官方代表以及一
位留學生,三人聯名告發了這本雜誌和雜誌的負責人。《歐洲雜誌》的業務和
銷售在台灣遭遇到困難,我們夫婦的護照則被暗中吊銷。

　　《歐洲雜誌》的印刷和行銷，承我大學的拉丁文老師朱勵德神甫轉託光啟社[15]顧保鵠神父協助。後來，光啟社事忙，不能繼續下去，自第四期開始由余少萼[16]女士接手，她慨然應允義務幫忙，處理聯絡、印刷、校對、和行銷，在她的努力之下，銷路開始逐漸有起色，卻面臨當局不友善的態度，余女士不敢繼續下去。這時，陳三井學成回台去中研院工作，他又是我們的撰稿人，所以便請他接手，出版了第九期，也是最後一期。

　　其時，中華民國雖然在聯合國已經沒有了席位，聯合國教科文組織還有台灣的代表。台灣與法國斷交後，它就成了駐法的非正式的外交機構。一天，副代表丘正歐先生和我們聯繫，表示知道《歐洲雜誌》向有關部門申請經濟援助，很願意幫忙。丘先生態度很誠懇。但是官方的意思是，此後，《歐洲雜誌》的稿件要先由他們過目，同時建議加強報導法國教育情況和台灣留學生的動態。只要我們同意，《歐洲雜誌》財務困境便可以解決，同時在台灣的行銷也不成問題了。

　　大家商量之後，結論是我意料之中的——我們既然不願意受到「文字檢查」的掣肘，又沒有意思把《歐洲雜誌》變成「留學生通訊」，所以婉拒了他的好意。無可奈何之下，我們結束了《歐洲雜誌》。第十期的稿子雖然已經收齊，只能進入冬眠，到今天，還靜靜地蜷伏在我巴黎的地下室。

　　這本季刊，對台灣島內那一代的知識分子而言，確實像打開一面開向歐洲文化脈動的窗子，讓他們呼吸到美國文化所無法供應的外來的空氣。對切身參與到這個運動裡的人而言，可以說是體現了兩個世代知識分子的交集：世代和地緣的差異，似乎只讓他們更深切體認到中華文化中知識分子傳統的社會責任感的力量。這一段經驗，本來可以演變成一股對台灣極有正面意義的力量。因為它起到一個知識分子的磁場作用，把時代不同、背景相異、年齡懸殊的海內外知識分子，在一個共同文化的關懷下，擰在一起，是有可能在早日實現台灣的民主化中盡一份力量的。但是，在前進的途中遇到環境的挫折和人為的阻撓，無以為繼，令人遺憾。

註 釋

1.   ＊專文。

2.   ＊金恆杰為中央大學法國語文學系退休教授。

     李明明為中央大學藝術學研究所退休教授。

3.   本文中所有的「我」均指金恆杰。

4.   ＊黃季陸(1899-1985)，1961-1965 年期間擔任教育部部長。早年參加同盟會革命活動，曾任國民黨中常委、國史館館長。

5.   ＊張兆，1966 年至 1969 年期間擔任教育部高等教育司司長。

6.   ＊張麟徵為法國巴黎大學法學博士，曾任台大政治系教授（現已退休）；李鍾桂(1938-)為法國巴黎大學政治學博士，1987-2000 年期間擔任中國青年反共救國團主任。

7.   ＊里爾克(Rainer Marie Rilke, 1879-1926)，奧地利著名詩人，著有《生活與詩歌》等詩集。里爾克的詩歌充滿孤獨痛苦情緒和悲觀虛無思想，但藝術造詣很高。它不僅展示了詩歌的音樂美和雕塑美，擴大了詩歌的藝術表現領域，對現代詩歌的發展產生了巨大影響。

8.   ＊雨果(Victor-Marie Hugo, 1802-1885)，法國浪漫主義作家的代表人物，是十九世紀前期積極浪漫主義文學運動的領袖，法國文學史上卓越的作家。雨果幾乎經歷了十九世紀法國的所有重大事變。一生創作了眾多詩歌、小說、劇本、各種散文和文藝評論及政論文章。

9.   ＊亞波利奈(Guillaume Apollinaire, 1880-1919)，法國著名詩人、小說家、劇作家和文藝評論家，超現實主義文藝運動的先驅之一。他的詩歌題材廣泛，風格各異，尤其是他嘗試用詩句來構成圖案的「圖畫詩」，對後來詩歌形式的發展產生了巨大影響。

10. ＊雅姆 (Francis Jammes,1868-1938)，法國詩人。在 1891 至 1893 年之間，發表三部詩集。在第三部詩集的序言中，雅姆聲稱已經摸索到他自己的詩歌創作道路：擺脫傳統格律的束縛，不拘泥於腳韻，用純樸自然的詩句表現真摯的感情。他創作過許多富有藝術特色、親切感人的詩文。

11. ＊余光中(1928-)，當代詩人。自 1949 年開始發表文章，詩風與文風多樣，從事詩、散文、評論、翻譯，對現代文學影響既深且遠。曾在美、台、港各大學擔任教職，現為國立中山大學榮休教授。著有詩集《蓮的聯想》、《白玉苦瓜》等。

12. ＊洗尼阿夫斯基(Andre Siniavski)與但尼爾(Youli Daniel)為蘇聯異議作家，皆生於 1920 年代，曾目睹史達林統治時期對知識分子的迫害情狀，故而其文學作品中充滿了對蘇聯專制體制社會的嘲諷。他們的作品在西方出版後，產生了很大的政治影響。因此蘇聯於 1965 年以「反蘇宣傳」等罪名逮捕兩位作家。蘇聯此舉引發了許多名作家與西方媒體、學術界、文化界的譴責，而蘇聯國內亦形成了一次兩百人的遊行，這是蘇維埃政權建立後第一次自發的政治示威活動。1966 年 2 月 10 日，蘇聯以反革命等罪名，將洗尼阿夫斯基與但尼爾各判處七年與五年的徒刑。詳見吉莫，〈「洗尼阿夫斯基但尼爾」事件〉，《歐洲雜誌》第四期（巴黎，1966），頁 13-26。

13. ＊蘇爾濟尼欽，一譯索忍尼辛(Alexandre Soljenitsyne, 1918-2008)，為俄國小說家與歷史學家。1945 年因批評史達林而被捕，在監獄和勞改營中服刑八年，刑滿後又繼續被流放三年多。1962 年根據自己在勞改營中的經歷寫成《伊凡‧傑尼索維奇的一天》，使他成為政府鎮壓的雄辯的抗述人。此後的作品被迫在國外出版，包括《第一圈》、《癌症病房》和《1914 年 8 月》。1973 年《古拉格群島》第一卷問世，導致他被控以叛國罪。1974 年被驅逐出境，移居美國，並於 1970 年獲諾貝爾文學獎。

14. ＊此次的訪談由義大利記者訪問美國作家諾門‧梅勒，暢談美國的社會與思想潮流，以及歐洲人對於美國的偏見。諾門‧梅勒 (Norman Mailer, 1923-2007)，為美國小說家。著名小說《裸者和死者》(1948)中，描述了戰時在太平洋服役的經歷，使他成為戰後主要的猶太裔美國小說家之一。

15. ＊1957 年，天主教耶穌會兩位外籍神父為了增進教會文化志業和促進台灣本土文化發展，遂倡導成立光啟出版社，延續之前耶穌會在中國大陸的出版事業。在兼顧教會內部需求和當時台灣政治、經濟條件的考量下，廣泛出版文史、哲學、藝術、語言方面之書籍，文學類書籍尤其盛極一時，曾收納許多知名譯作家早期的著作。

16. ＊關於《歐洲雜誌》後續的出版與營運問題，請參考余少蓴，〈劃過台北夜空的彗星 —— 回憶《歐洲雜誌》〉，收錄於《遇合：外省女性書寫誌》（台北：印刻出版社，2009），頁 144-148。

第二章・風起雲湧
保釣運動的興起與轉變

「中國的土地可以征服，不可以斷送；中國的人民可以殺戮，不可以低頭。」這是改寫自五四運動的標語，更使這場運動立刻進入了一種與中國近代史血脈相連的氛圍。

——邱立本

當時我們確確實實是受到美國反越戰的影響。……美國的反戰運動以及西方的反體制運動，其實又受到中國文革的影響。我記得我的同學在東京大學念書……東大學生出去遊行時，打著三角旗，上面寫著『毛澤東思想萬歲』。所以這幾個運動是互相牽連、互相影響的。

——花俊雄

保釣五人團的北京之行啟動了海外大和解的進程，此後美國和海外華人紛紛組團，到大陸探親訪友，形成一股探親訪友熱潮。然後……一種大和解的暗流於是開始滋長了，從而為 1987 年蔣經國開放老兵到大陸探親、連戰 2005 的大陸和平之旅，準備了條件。

——龔忠武

青春無悔釣魚台[1]

花俊雄[2]

回顧保釣那段時期的生活，可以借用吳國禎[3]的一句話來形容——「青春無悔」。不管後來如何變化，分成左中右，或者是各種恩恩怨怨。今天在這裡「歷盡劫波兄弟在，相逢一笑泯恩仇。」就像陳治利剛剛講的「追求和諧社會」。

實際上，在保衛釣魚台運動裡面就是左右分家。而這個左右分家，在我看來，並不是從安娜堡國是大會才開始。大家如果記憶猶新的話，華盛頓示威完了以後，我們在馬里蘭大學的學生活動中心裡面，做了一個總結檢討，當時我還是比較右的，我發言說：「既然國民黨說『五百學人信』他們沒看到，我們學生『兩千多人的聯名信』也沒看到，那我們為什麼不出飛機票派五個代表回去見蔣經國呢？」我這個建議當然沒有獲得接受。

剛剛孝信講整個釣運背景，講得非常全面。但是有一個問題是，為什麼一下子想回台灣呢？就是發覺美國搞越戰那麼不人道，這是個不義之國，我們不宜長居久待，所以想回台灣、對台灣社會有所回饋。還有一點，為什麼要結成一幫人回去？大家別忘了，當時柏楊的「醬缸論」非常的盛行。假如李雅明是一條蘿蔔，台灣是個醬缸，他回去，他就變成一條醬蘿蔔了。所以要回去就要一群人回去，才能夠發揮留學生的作用。這就是大家互相串聯、團結一致，要大批回去。這是我補充的一點。

第二點，釣運之所以那麼快地向左轉，我認為有兩個原因：我們再回顧一下，凡是在美國大學比較左的，比如說柏克萊《戰報》[4]在柏克萊出的，還有麥迪遜的威斯康辛大學這些都是比較左的。跟美國大學當時的氣氛息息相關，釣運活動也受其影響。

我很少交白卷的，這次我交了白卷。因為我跟小芩只通了一次電話，當時我在北京養病，我就答應了，後來一看，我被稱為《紐約釣魚台簡訊》負責人，被安排負責報告的情況。問題是我不是負責人，我一直在匹茲堡大學，我編過《匹茲堡通訊》。而最早叫出統一的，我想匹茲堡可能是其中之一，我們後來改成《統一通訊》。統一大概是我們最先提出的。

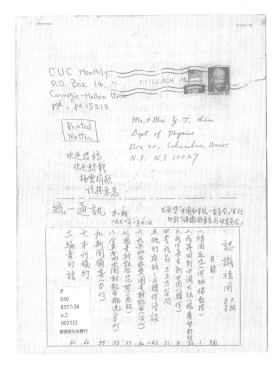

■ 《統一通訊》第二期。

反戰、反體制，左傾思潮盛行

當時我們確確實實是受到美國反越戰的影響。匹茲堡是一個相當保守的城市，反越戰竟然有五十萬人參加。可是美國的反戰運動以及西方的反體制運動，其實又受到中國文革的影響。我記得我的同學在東京大學念書，他跟我說：「現在作為一個中國人真驕傲，為什麼呢？東京大學的學生在大學的校門寫上『東大解體、造反有理』。東大學生出去遊行時，打著三角旗，上面寫著『毛澤東思想萬歲』。」所以這幾個運動是互相牽連、互相影響的。

在當時，確確實實很多美國人和歐洲的學生感覺到文革實在是爽啊。平常都見不到的人，我們一下子把他揪下來，鬥他、坐飛機，很多美國年輕人覺得這是很爽的事情。當時全世界盛行左傾思潮，因此保釣運動很快的左轉。因此在這個情況之下──邵玉銘先生可能不一定同意這個觀察──這是一個左傾的運動。

我們當時的刊物都是很粗糙的，但是為什麼那麼風行呢？Because we carry the message！甚至克勤克儉用電腦紙去裁，然後用手寫。當時保釣的刊物百花齊放，而且在校園內幾乎是風行一時，就是因為我們代表了那個時代的精神。

　　保釣運動之所以那麼快的左轉，香港的留學生要負很大的責任，曹宏威[5]這批人要負很大的責任。我們台灣出來的，對於中國大陸的情況並不清楚。但為何保釣運動在那一年夏天能夠組織那麼嚴密、國是會議迅速將保釣推向左轉？到目前為止，始終是一個謎。威斯康辛首先舉行會議[6]，然後接下來布朗大學、美南、美西[7]，然後高潮在安娜堡大會，這個設想是非常非常的周密，到底幕後「黑手」是誰，我還是不知道。但是香港保釣朋友是要負很大責任的。陳明生在加拿大長城書店那批人，拉個手風琴，唱起「五星紅旗迎風飄揚……」[8]，我心裡想說，「Oh, my God. 這麼紅，但是沒有聽過這麼好聽的歌啊。」一方面是怕，一方面覺得這個歌好聽。所以一下子革命歌曲都出來了，這個余珍珠最熟了，我們的合唱團都是余珍珠當指揮。

　　安娜堡會議將要表決「9 月 21 日到聯合國舉行示威遊行，討論聯合國代表權問題示威」，有五條原則，這五條原則大家討論到深夜，香港來的同學和台灣來的同學爭吵得很厲害，明天大會就要表決這五條原則[9]，9 月 21 日到聯合國到底要擺出什麼姿態。結果相爭不下，香港的同學堅持要扛五星紅旗，喊出中華人民共和國是代表中國唯一的合法政府，一切外國勢力必須從中國的（台灣）領土領空撤出。台灣來的同學，尤其是李德怡說，「要是這樣做的話，咱們就完全脫離群眾，就別幹了。」最後是孫正中搓圓仔湯，說「明天看看，如果通過的話，對各地保釣會沒有約束力。」結果，贊成和反對的，差五票而已，以五票之差通過五項原則。

　　我是在那裡第一次和台獨的中央委員羅福全辯論，後來民進黨上台以後，他是駐日代表。我當時跟陳恒次[10]與他進行了很長的辯論。在保釣當中，我是得到培養最多的一個人，因為當時正港的台灣人沒幾個，我爸爸是木匠、哥哥是礦工、祖父是拉黃包車的，「根正苗紅」，又是正港台灣人，所以要跟台獨辯論，非花俊雄莫屬。所以在保釣當中，我可以說是鋒頭出盡。

著力台灣歷史的《台聲》、《台灣與世界》

　　但是正因為正港的台灣人很少，因此在對付台獨的這一方面，我們就很難著力，因為當時保釣的人對於台灣的歷史認識不是很足。有一次，耶魯大學請我去演講，問我要談什麼題目，我說我要談「五四運動與台灣新文學運動的關係」，他說這兩者之間有關係嗎？我為了證明其中的關係，我把家裡整套的《台灣民報》[11]搬過去，因為當時人認為這兩者間根本沒有關係。保

釣的人對台灣歷史的認識是很不夠
的，因此在保釣所有刊物裡面，真
正能夠深入台灣歷史、現況的，只
有後來的《台聲》雜誌[12]，《台聲》雜
誌出了 12 期，後來為什麼沒能再
出下去，因為「四人幫」倒台以後
出現了思想混亂，就不能再出了。
再下來就是葉芸芸[13]的《台灣與世
界》，出了四十幾期，尤其是葉芸
芸寫的，有關台灣過去的歷史、人
物，都寫得非常的深入。憑良心
講，我對台灣歷史的初步了解，就
是葉芸芸父親葉榮鐘[14]先生寫的
《台灣政治運動史》那本書。因
此，我們在對抗台獨的這個方面，
因為台獨的發展有它自己的背景，
由於保釣的人對於台灣歷史的欠缺
了解，也是一個很不足的地方。

■　《台灣與世界》第一期。

　　所以到現在為止，我認為就保釣運動的後續影響來講，它是成功的，
但是就「保衛釣魚台」的具體目標來講，它不能算成功，起碼釣魚台我們沒
拿回來。另外一個問題，保衛釣魚台在振興我們民族精神，不管是哪一派
來講，提高我們中國人的自信這個方面，我認為我們問心無愧。想當年，
我第一次去參加保釣集會，那時候匹茲堡的學生是在卡內基—美隆大學的
一個大禮堂舉行保釣會議，一進去，好像辦喪事一樣，從二樓掛兩條白
布，上面寫著「中國的人民可以殺戮，但不能低頭；中國的領土可以割讓，
但不能斷送。」中國人活得那麼卑微啊！那兩句話是「五四」的口號。我認
為應該改成「中國人不可以殺戮，更不能低頭；中國的領土不可以割讓，更
不能斷送。」現在「小日本」在哪裡啊，不管是經濟方面、體育方面，我們
都趕過「小日本」，釣魚台運動之所以能夠那麼快的發展，而且在遊行的時
候，大家迸發出來的那種活力，最根本的就是日本對我們中國近百年的欺
凌，仇恨太大，苦大仇深。

　　到了 1974 年，釣魚台運動已經走下坡了，我們兩次保衛南沙[15]，想把這個運動救起來。可是我們南沙示威的時候多少人去啊？保沙當然那天下大雨，沒幾人去，因為跟越南沒有太大仇恨，所以鼓不起來。但一說起「小日本」，大家群情激昂。華盛頓示威兩千五百人，這是《紐約時報》的統計，按照留學生人口比例來算的話，這是一個很大的運動，因此《紐約時報》頭版頭條就有報導：「在當時的中國留學生當中，占了很大的比例，這是海外華人最大的一次示威活動。」限於時間，我就講到這裡。

註　釋

1.　＊根據發言稿整理。

2.　＊時為美東華人社團聯合總會常務副主席。

3.　＊吳國禎(1947-)，台灣花蓮人，1971 年赴美留學時參與保釣運動。1977 年取得博士學位後，決定赴中國大陸服務。曾任中國科學院化學研究所研究員、中共全國人民大會代表、政協常委、台盟副主席，現為北京清華大學物理系教授。

4.　＊《戰報》發行於 1971 年，為加州柏克萊大學留學生針對保釣運動所發行的刊物，主筆為劉大任、郭松棻和傅運籌等人。在保釣運動之初，《戰報》首開左派思想與批判國民政府先聲，為當時釣運投下震撼彈。

5.　＊曹宏威(1941-)，威斯康辛大學化學博士。現為香港中文大學客座教授、香港民建聯黨員、香港區人民大會代表。關於香港學生參與保釣運動的部分情形，可參考本書黃賢之發言稿，〈保釣運動的「告洋狀」〉。

6.　＊在華盛頓遊行之後數月，美國中西部保釣組織於 1971 年 6 月 11 日在威斯康辛舉辦會議，討論保釣運動的方向與具體行動。

7.　＊1971 年 8 月，美國中部、東部與西南各校的保釣組織舉行了一連串的會議，時間點分述如下：8 月 14 日，美國中部各校組織在坎薩斯州舉辦國是會議；8 月 21 日，美東各校在布朗大學舉行美東討論會；8 月 28 日，西南部各校在路易斯安那州舉行美西南大會。這些會議的討論議題，均涉及了中國代表權的問題。

8.　＊為中共愛國歌曲〈歌唱祖國〉之歌詞。

9.　＊見前註「安娜堡國是大會」條目。

10.　＊陳恒次，美國伊利諾大學經濟學博士。保釣運動時期與王正方等人組團前往中國訪問，後選擇進入聯合國工作。1980 年代初在非洲公幹時因墜機殉職。

11.　＊《台灣民報》為日治時期由台灣人所創辦的中文報紙。《台灣民報》創刊於 1932 年，由東京的台灣留學生籌組而成，其後得到台灣總督府的同意遂將發行地遷入台灣。1930 年，《台灣民報》增資改組後易名為《台灣新民報》，並在 1932 年獲准發行日刊。對當時的台灣社會而言，《台灣民報》為當時社會運動重要的媒介與宣傳工具。例如：台灣議會設置請願運動、台灣自治法、文化協會活動、國內外時事等等，《台灣民報》均對相關議題有大篇幅的報導與評論。《台灣民報》的內容，彰顯了 1920-1930 年代台灣社會輿論的多樣性。關於《台灣民報》的內容，可參考清華大學圖書館之館藏。

12.　＊《台聲》雜誌創刊於 1983 年，為中華全國台灣同胞聯誼會主辦的綜合性月刊。《台聲》雜誌以介紹中國大陸現狀、溝通海峽兩岸交流為辦刊宗旨，雜誌在海內外公開發行。

13.　＊葉芸芸(1945-)台灣彰化人，為葉榮鐘之女。曾任職於美國華府喬治城大學，現為自由撰　稿人。1978 年曾創辦《台灣雜誌》、1983 年於美國紐約創辦《台灣與世界》月刊，採訪過蘇新、楊逵等台灣左翼人士。其著作大多關注於台灣現代史，包括了日治時代、戰後初期、二二八事件以及白色恐怖年代的調查研究與寫作。曾與戴國煇合著《愛憎二二八：神話與史實》，並著有《餘生猶懷一寸心》（台北市：印刻出版社，2006）。

14.　＊葉榮鐘先生(1900-1978)，字少奇，台灣省彰化縣鹿港人。日據時期櫟社成員，台灣文化協會重要幹部，「台灣地方自治聯盟」書記長，《台灣新民報》資深記者。光復之初任「歡迎國民政府籌備委員會」總幹事，策畫「台中圖書館」文化活動，參加「光復致敬團」。二二八事件中，參與「台中地區時局處理委員會」等工作。二二八事件後，任職彰化銀行，基本上退出政治活動。晚年專心撰述，著有《台灣民族運動史》、《台灣人物群像》等書，現有《葉榮鐘全集》刊行於世。相關資訊可見「葉榮鐘全集、文書及文庫數位資料館」網站（http://archives.lib.nthu.edu.tw/jcyeh/）。

15.　＊為抗議 1974 年南越軍隊侵入南沙群島之事件，美國中西部各校保衛南沙組織於同年 5 月 18 日在芝加哥舉行保衛南沙運動示威遊行。

保釣運動的「告洋狀」[1]

黃賢[2]

俗語有句老話：十年河東，十年河西。保釣後四十年，兩岸三地都經歷了反復再反復：四五天安門事件[3]、文革結束、中美建交、改革開放、美麗島事件、六四天安門事件、解嚴、香港回歸、政黨輪替再輪替……。自家翻來覆去，但是釣魚台依然在日本控制下。說到底，最後還是實力政治，看國家有沒有本事。

那麼到底當年的激情甚至奉獻值得不值得？1972 年，我是美國東部示威的發言人[4]，在接受美國報社採訪時，記者用很多反面的話來問，說很多同學不敢來，問我值得不值得，我就引用莎士比亞的 St. Crispin's Day 演講，表明：「在這日子裡沒有參與戰鬥的人們，難免終生悔恨，猶若被詛咒；而每當我們戰友提到這日子，他們必定自感低人一等。」[5]我今天絲毫沒有改變初衷。對在座的年輕人，我想藉此機會說：年輕時沒有激情，沒有衝動過，是白活了。

我們這批人都是四十年的老戰友、老對手了，有了四十年的閱歷，現在起碼是長者，或許還是智者，有一輩子的歷練，看事情可以全面一點，當年好多的紛爭也可以化解掉。回想當年，一場單純的愛國保土運動，後來分裂成勢不兩立的各派，各自堅持反共愛國、反對白色恐怖、統一等立場。《莊子》有個好故事，說有兩批人開戰，殺個天昏地暗，哀鴻遍野，死傷無數，原來只不過是蝸牛兩隻角相互在觸碰。現在看來，越發像莊子所描述的。四十年了，是時候排除不必要的紛爭，還原歷史真相，讓後人來解讀。但願我們這個民族不再會被歷史問題困擾！

特別感謝清華大學和林孝信，推動和組織這次活動，讓當年的各方各

派，不分左中右，是戰友、朋友還是死對頭，可以相聚一堂，重敍往事，釐清歷史，暢所欲言。

　　主辦單位原本找我講的題目是介紹我經手和收藏的 1970 到 1978 年間的保釣、統運和支援島內民主運動的有關資料。我是律師訓練，破爛的紙條都會收起來。原本有十多箱的資料，當時在幾個地方分頭保管，但是今年初為了準備這次會議去找的時候，才發現全部失蹤了，只剩下一些印刷品，所有手稿全部不見了，大概是因為有很多敏感的資料。由此想起，要提高警惕，畢竟現在還不能完全排除政治干擾。建議兩岸收集到的所有資料，都應及時掃描，按 OCLC 編制索引，上載到 IPL 網絡世界，保存在虛擬雲端。

　　想到兩個替代題目。第一個是兩地官方的影響，包括其錯誤指導思想，如何誤導了海外的學生，影響了局勢。對台灣方面的情況我有點了解。台灣末任駐聯合國大使劉鍇是我的親戚，我到美國後拜訪他，有一次提到保釣，他便替我調閱資料，也請陸以正幫我找資料。對大陸方面則知道更多。他們對台灣、海外的認識，有很多局限性，很多錯誤的想法。錯到什麼地步呢？看看 1972 尼克森、周恩來祕密會談，周恩來是很有信心，認為七〇年代就能統一。這是錯得不能再錯的。到了八〇年代鄧小平最重要的講話〈目前的形勢和任務〉，三大任務之一居然就是八〇年代要統一！這些徹底錯誤的結論源於認識不足和情報嚴重失誤，還不多不少影響了海外的運動。但是這個問題太敏感了，還不方便講，況且目前解密的資料還不夠，就留給日後的會議吧！

　　另一個選擇就是「告洋狀」。題目有點偏門，還稍微過分煽情一點，所以用引號。選這個題目的目的，是強調要把整個運動的空間拉開一些，走出漢語和華人這個圈子，看看去做「外國人」的工作。我在這方面花了很多工夫，不是為了別的，而是 1970 年我從香港到美國時不會講國語，所以就成了啞巴不能工作，只好多發揮英語能力。因我直接參與較多，好掌握分寸，顧慮相對較少，就選這個題目。

收集「告洋狀」文獻的意義：

1. 從保存保釣文獻的角度：必須走出漢語圈才算全面。「告洋狀」是一種特定的文體，是用外語撰寫或形成、爭取非華人支持的文獻，如向美國人

發傳單、在《紐約時報》登廣告，向外國政府發公開信等等。釣魚台問題涉及日本和美國，活動最多最持續的地點應是美國、既有保釣人士形成的文獻（如各種外語文章、傳單、音像資料），也有官方的資料（譬如說各地政府機構監視保釣分子的資料），還有各地民間支持者的資料。要強調，大塊文章以外，其他形式的各種文字音像資料也同樣有解讀事件的功能。

2.　**從解讀的角度，可以探討實效的問題**：究竟能不能起作用，究竟有沒有起作用？有什麼經驗供日後參考？如何配合天時地利人和去「告洋狀」？如何按不同對象去實施？目前日本立場依然堅定，要不要「告東洋狀」？

3.　**從倫理的角度**：有沒有道德風險？為什麼要「告洋狀」？贊成就是媚外？反對就是民粹？怎樣界定，在什麼情況下絕對可以或不可以「告洋狀」？

謹此從個人直接參與的角度看看有那些方面的「告洋狀」文獻可以收集（解讀則有待後人）。

我在美國參與保釣運動，是從 1970 運動開始，到 1978 年中回香港前。主要活動在美國東部和中西部，以波士頓、芝加哥為中心。這期間保釣運動大體上可分為幾個方面或階段：保衛國土、統運、支援島內民主運動。而運動的每一方面或階段，都涉及三個不同的目標和對象：喚起國民、爭取美國民眾、影響美國當局。針對後二者的活動，都可算是「告洋狀」。

這期間，我有幸和一大批戰友並肩活動。他們主要來自台港，也有華僑。還有一批紅黃藍白黑[6]的進步人士，他們既配合華人的活動，支持保釣，又帶領我參與遠方的民族解放運動、獨立運動，大大開拓視野，融入當年席捲全球的潮流。下面講的，是群策群力的成果。

用英語寫作，方便當地人理解釣魚台問題

1970 年，釣魚台被占領的消息傳到波士頓。我寫了一篇，也可能是第一篇用英語寫的有關釣魚台法律問題的文章：" *Tiao Yu Tai Islands — A Legal Analysis* "[7]，方便美國人了解問題。現在這個小冊子我自己都沒有了。1971年紐約示威，黃色廣告板的英語說明就是從那裡摘錄出來的，圖書館這次有展出那個廣告。早上有人說老林（林孝信）辦《科學月刊》太忙，所以書讀不

■「保衛釣魚台」全版廣告(《紐約時報》)1971 年 5 月 23 日。

成，這個就是香港跟台灣的差別。香港人就會走捷徑，我想的就是為什麼我不能把這篇文章當成課程的作業呢？當時我在哈佛為自己設計了一個獨立研究課程（這本身就是個捷徑），跟約瑟夫・奈(Joseph Nye)教授，也就是「軟實力」的那位。我就把這個作為作業交給他。他在報告上批示：「我終於了解這個問題了；你比我更了解」。哈佛每學期才四門課，這也算一門了！所以「學」和「戰」不是對立的！很遺憾奈教授的批示也不見了。

1971 年的遊行示威，是幾十年來華人在美國的第一次，引起美國媒體的注意。PBS 公用電視台（觀眾多是知識分子）還找我上電視辯論釣魚台問題和日本軍國主義，對手是 Edwin Reischauer 教授，就是前美國駐日本大使。但我一點都不怕他，因為當年我報讀哈佛，是他特別從美國飛到香港去面試的。面試時，他無意講錯一句話，立刻被我揪住。他是知名人士，但我敢挑出他的毛病，立刻就把我錄取。我的中學辦校一百四十年了，孫中山先生是校友，現在我們學校招生的時候，也會設計在面試時老師故意講點錯的，哪個小孩說出來就立刻錄取。這樣才能延續反叛的基因。

但到了 1972 年，第一次打著五星紅旗在華盛頓示威，形勢已大大改變。這是一個很傷心的結果。為什麼呢？因為美國總統已去過北京，所以沒有新意了。連有些來採訪的記者都以為香港在日本，不知道台灣在哪裡。而釣魚台的韋氏拼音有個重音符號，在美國人看起來就是外國的東西，所以並不理會。在一個天天都有遊行示威的首府，沒有新意就不受注意。結果沒有一個報紙報導。連華盛頓本地的報紙都沒有，這個我們就要深刻反省。

成立「全美美中人民友好協會」、開辦「康橋書屋」

從反省到覺悟，怎麼辦？就做了幾方面工作，首先是要融入美國社會：任何不是植根於本土，而是在別國的運動，一定要結合當地的老百姓。所以就成立「全美美中人民友好協會」，會旨是我寫的，這個協會多年來在全美各地做了好多打頭陣的工作。在波士頓還辦了好幾件事，包括開辦「康橋書屋」，賣中英文刊物，介紹大陸，也是鄉土文學書籍以及《大學雜誌》的主要銷售點（還擔當了其他國家進步人士的祕密聯絡點！）。我日前在箱底僅存的資料中找到兩份康橋書屋的鄉土文學目錄，轉贈兩岸各一份。

還成立了一個 Asian Film Society，是美國正式註冊的非營利組織，不是

為了免稅，而是因為有了這個執照之後，寄傳單幾乎是免費的。這個組織的工作是放映有關大陸的電影，早期還肩負製作英語字幕的工作。各位如果當年看過大陸的紀錄片、故事片，幾乎所有的英文字幕都是由這個小班底做的。國內有電影要拿到美國放映前，會先把旁述或對白送到波士頓，全部翻譯成英語。為什麼要翻成英語呢？因為如果只用漢語放映，來看的都是自己人，僅僅能鞏固基本群眾，好像神父向教徒傳教一樣，圈子會越走越窄。我們是要走出教堂，融入社會。

今天多次提到當年在台北的香港僑生不怕死，釣運早期靠他們去打頭陣。在美國何嘗不是。但是也會面對後繼無力的情況。因此辦了《港聞摘要》和《港外綫》，鼓勵香港同學多關心時事國事，甚至參與海外運動。

1976 年是美國大選年，美中關係必定是議題。一方面，季辛吉(Henry Kissinger)礙於選情，又想藉此操弄他的美蘇中三角關係，反對福特(Gerald Ford)總統推動美中建交；而另一方面卡特(James Carter)的選戰，大打人權牌，強調盟友關係等等，更不傾向於建交。由尼克森自 1971 年開啟的美中關係正常化進程，似乎要放緩。

然而，當年的國民黨及其外圍組織的所作所為，有助扭轉形勢。1976 年一連串的「事件」，處處損害了美國的核心價值。「告洋狀」緊扣這個因素，起了正面作用，有利促進美中建交。

「告洋狀」反制滲透、監控及政治迫害

首先是「導彈事件」。1976 年 1 月，國民黨被揭發派遣十五名有軍方背景的學生，到麻省理工學院(MIT)以學習民航導航科技名義，違反美國規定，企圖掌握精密導彈制航技術。2 月 6 日，留學生以「告洋狀」形式，在MIT 舉辦了一場聲討會，披露此事，引起校方和美國政府注意。經美國有關部門調查後，該項目被中止（詳見當年的《七十年代》）。[8]

繼而是「監視學生事件」。在上述聲討會上，國民黨駐波士頓領事館的一名官員和一名有海軍官銜的研究生不斷拍攝與會人士，是典型的恐嚇、打小報告手法，引起轟動。國民黨派遣特務、職業學生監視美國高校的台灣同學，被廣泛報導。MIT 校長決定正式調查此事。同學們排山倒海地「告洋狀」，提供

資料;起碼十所大學的報刊作了專題報導。最後,MIT 發表了一份三十五頁的報告,認為有足夠理由要徹底調查國民黨監視留學生的指控。報告還建議美國全國留學生指導員協會進行一次全國性的調查,了解外國政府監視其留美學生的狀況,更要求國務院介入,訓諭各國駐美使館終止在校內外收集留學生的情報。這是首次由權威機構認定國民黨監視學生應確有其事。

接踵發生的是「特務會議事件」。進行監視留學生的國民黨外圍組織的各地小組負責人在波士頓開會,地點是郊區的一個小飯店。我們掌握到開會的時間、地點,便假借送禮的名義,需要他們的名單,飯店就把名單給我們了。拿到名單後,「留中不發」,不為短期宣傳效果而將其公開,而是發給各地,讓各地掌握情況,敵明我暗,作出應對。

11 月底,美國大選後不到兩週,島內就發生了「陳明忠事件」。[9]陳明忠被祕密判處死刑,消息經國際友人傳到美國後不到幾小時,就能迅速組織起來,發動營救運動,兩天內就在《紐約時報》登出標題為「反對政治迫害、立即釋放陳明忠」的廣告。這個廣告是後來許多廣告和公開信的開始,這次圖書館也有展出。日後還有「人民解放陣線事件」[10],「郭雨新事件」[11]和屢禁像《新生代》、《夏潮》等民間刊物的各種「事件」;這次會議有專題報告,茲不贅。

以「時代的符號」作廣告

這裡要特別提出的是廣告的連署人。很多人(特別是華人)只注意到有多少人得過諾貝爾獎,但這只是一方面。這些諾貝爾獎得主,以其權威性,能觸動讀者的腦袋。但光是觸動腦袋並不夠,還要抓住讀者的靈魂。而要抓住美國人的靈魂,一定要抓住他們當時佩服的人,即時代的符號。因此看這些廣告和公開信,就要注意我們把反越戰的英雄幾乎都請到,因為當年,反越戰已經成為美國的主流。我們說服美國的「良心符號」來連署這些廣告,可以說是正義之師,得道多助。順便一提的是,當年大陸曾錯誤判斷支援島內民主運動[12],起了極壞的影響,到了 1978 年底才初步開始糾正,後遺症延續至今。

1977 年 1 月底,卡特政府正式上任。1 月 30 日,我們就來了一次最高層次的「告洋狀」,向新當選的國會發了「公開信」,並附上 1976 年各種「事件」的詳細資料,共三十八頁(我只找到一份這個資料)。

因為做了這些工作，就帶來一些突破。美國國會關於台灣的聽證會，我們跟國際特赦以及美國參、眾兩院有關委員會密切配合。合作到什麼地步呢？講者的稿我們都可以修改，國會議員的發言稿我們能修改，甚至代為操筆。我估計我的東西不見了，有可能和這有關。聽證會的主人、客人、所有人的稿我們都有機會參與整理。但那是會精神分裂的，因為不能改寫成一個模樣，要保持各自的風味，各有其空間可以讓他發揮，但又不至於出格，這樣才能持續發展。令人欣慰的是，當年和我們接觸的美國議員、官員，好幾位後來都升到高位，包括主管東亞事務和國家安全事務。

■ 給美國國會的公開信。

有了這個合作基礎，就能建立關係，把國民黨這些違反人權、損害盟友的行為的詳細資料（為加強份量，還整理了其他如伊朗沙皇和韓國朴正熙的同類罪行），通過有關人員直達行政機構最高層，化解了美國行政和立法部門高層對美中建交的倫理顧慮。往後就是歷史了。

「告洋狀」究竟有沒有用？我相信有機會參與的人（不管現在的政治取向如何），當年都熱情投入，都感覺良好，自拍胸口當然說有用。而當年得到的反饋，也確實說有用。可是幾十年後，現在成了長者，我每年1月都要重新看一次尼克森、季辛吉跟周恩來祕密談話的記錄。[13] 為什麼每年都要看呢？因為每年都會多解密一點。到今年的版本，尚未解密的就剩下談到日本的一段，不是尼克森罵日本（前幾年解密的），而是周恩來跟尼克森談到有關日本的一些實質問題。是不是有關釣魚台呢？明年或許能揭曉。看完他們的講話，難免悟出一簡單道理：一切都是大勢所趨。至於當年我們做的這一切究竟有沒有起作用，唯有留待後人去考證；但我們能做的都盡力去做了，倒也覺得挺滿足，沒有白活！

　　有沒有道德風險？我有我的看法，但四十年後也不在乎了；也留給後人去解讀罷！

註　釋

---

1. ＊根據發言稿整理。

2. ＊律師。

3. ＊1976 年 4 月 5 日周恩來逝世。民眾自發地在天安門廣場悼念周恩來，並對四人幫表達抗議。該活動被共和國政府定位為反革命事件，並進行鎮壓，直到文革結束後，此事件才被平反，並被重新定位為革命行動。

4. ＊由於美國將於 1972 年 5 月 15 日把釣魚台託管權移交給日本，因此美國保釣人士一千多人於 5 月 13 日集結在首府華盛頓舉行示威抗議遊行。

5. ＊莎士比亞在《亨利五世》中描繪亨利五世鼓舞英國人戰鬥的講演。

6. ＊意指美國各色人種，各種立場不同的團體。

7. Boston Action Committee, *Tiao Yu Tai Islands － A Legal Analysis* (Boston, 1971)

8. ＊1975 年，美國麻省理工學院 (MIT)與台灣大學簽訂學術計畫，派遣台灣學生前往美國學習制導及儀器操作。但 MIT 的學生組織 SACC 卻認為此計畫是為了協助台灣發展軍事技術，因此在 1976 年 2 月的校園舉辦討論會，極力反對 MIT 與台大的合作。當時校方認為這些技術只是商業用途，因此不予回應。同年 3 月 11 日，SACC 與大學部學生會舉行投票，要求校方解釋此事。在討論會召開期間，有一位來自台灣的公費留學生被會場人員發現偷拍照片，因此校方對此事開始有所警覺並介入調查。當時 MIT 教務長的特別助理 Louis Menand 被指派調查此事。同年 4 月，Louis Menand 發表調查報告，重點如下：有種種跡象顯示國民黨在美國國內有一個針對中國學生的監視系統，應向美國國務院提出聲明禁止外國政府監視留學生。Louis Menand 的報告揭露了波士頓地區國民黨特務的活動。相關報導可見 MIT 校園報 "The Tech"，1976 年 2 月至 4 月號，以及香港《七十年代》雜誌。見蕭祖民，〈台灣在美國的導彈計畫〉，《七十年代》第 75 期(香港：1976.4)，頁 4-7；蕭祖民，〈台灣導彈事件的新發展〉，《七十年代》第 79 期（香港：1976.8），頁 22-25。

9.　＊1976 年 7 月，台灣左派人士陳明忠，以及黨外立委黃順興之女黃妮娜等人遭到警總以匪諜罪逮捕。在海外人士的聲援之下，陳明忠等人得以免除判決死刑的命運。同年 11 月 27 日，陳明忠與陳金火各被判有期徒刑十五年；蔡意誠、王乃信各判徒刑十年；李沛霖判徒刑八年；林淵輝、劉建修各判徒刑七年；黃妮娜交感化三年。可參考本書李義仁先生的文章，《台灣民主運動支援會》。

10.　＊「人民解放陣線」又稱「戴華光事件」。1977 年 11 月，台灣警備總部逮捕了旅美華人戴華光等人，並指控戴華光在美國受到中共煽動成立「人民解放陣線」。警備總部宣稱戴華光等人散發並撰寫反動文件，企圖顛覆政府。最終戴華光被判處無期徒刑，涉案的文化大學助教賴明烈等人則判處有期徒刑十五年。

11.　＊郭雨新(1908-1985)，台灣宜蘭人。1951-1971 年曾任台灣省議員，為當時台灣本土著名的政治人物。1975 年，郭雨新決定參加立委增額選舉，並在選舉文宣週提出「國會全面改選」、「廢除戒嚴令」、「解除報禁」、「釋放政治犯」、「確保言論、出版、集會結社的真正自由」等政見，引發當局不滿。然而選舉開票後廢票卻高達八萬多張，而郭雨新亦在此次選舉落選。支持郭雨新的選民認為當局有做票嫌疑，不服的群眾因而在宜蘭市舉行示威遊行，差點釀成暴動。

12.　＊關於台獨與中共之間的關係，可見前國安局局長汪敬煦的描述。劉鳳翰，〈美麗島、台獨與共產黨〉，《汪敬煦先生訪談錄》（新店：國史館，1993），頁 143-157。

13.　＊關於季辛吉的祕密檔案，可見「美國國家安全檔案資料庫」(Digital National Security Archive)。資料庫收錄了 1945-2002 年間與美國外交、軍事政策之相關的重要機密文件。

愛盟故事 I：從頭說起[1]

劉志同[2]

　　我把我今天下午的報告分成三個部分：第一，先說一下我的一些感觸；第二，是要跟大家介紹一下反共愛國聯盟，把我們的動機，也就是緣起，和我們的目標跟大家說一說；第三，就是在聽了各位先進的說法後，我也有一點感想，有一點回應。

　　第一，主持人今天早上說：「馬上就要到五四了！」記得那天我到安娜堡去參加「國是大會」，標語上斗大的字就寫著五四時的口號：「內除國賊，外抗強權！」何等的氣概！剛才邵玉銘教授提到當時沈君山[3]就在會場，我也有幸躬逢其盛。後來在新竹清華又巧遇君山兄，正好他要為吳大猷先生作壽，請了包括李政道、楊振寧等許多人，遇到我就把我也邀上了。君山兄非常天真、老實，我初識他就在安娜堡，邵玉銘也是在那裡才認識。

　　我到會場的時候，還沒進門，老友程君復教授就先遞給我一本《毛語錄》，說：「歡迎你來參加我們的陣營，趕快看看這個，能治百病。」我們是從小的朋友，我當他是講笑。那是我唯一的一本《毛語錄》。沒多久袁旃[4]由裡面出來，他跟我是建中初一到高三的同班同學，到了紐約，又碰巧同在CCNY(City College of New York)教書，十分的老友，我喝酒最多的一次就在他家陪他老爸喝的，袁老伯酒量酒品都好，談興也高，可現在袁老伯走了，袁旃走了，程君復也走了，君山兄則臥病在床，所以我心裡很有感慨。今天看到這麼多保釣先進、朋友，齊聚一堂，真是不容易，這要多謝主辦單位的謝館長和她的同事們。

　　現在我跟各位說說「愛盟」。過去我在美國，一向隨遇而安，從來沒有為自己作什麼計畫。1991年耶誕節剛過，12月26日早上，院子裡還有很多積

雪，CCNY 正在放寒假，電話響了，陳義揚、胡志強、郁慕明等一票人從台北打來：「你還不趕快起來！愛盟二十週年的聚會，大家都在等你。」他們把飛機票都買好了，當天晚上的華航就得回來。我太太說：「你交的什麼朋友呀！又不是到唐人街，居然說走馬上就得走！」反正我就急忙趕到甘迺迪機場搭華航回台北了。有一位前輩（他現在也走了）說：「劉志同，這些年來我們多次要找你回來，你從來不來，你這群哥兒們一聲吆喝，你馬上就來了。」我說：「那我們是什麼樣的交情！用比較通俗的話：我們是穿一條褲子長大的！」

愛盟全名叫作「全美中國同學反共愛國聯盟」，在美國很多地方都有分部，以從台灣來的中國同學為主。愛盟成立在保釣運動的後期。保釣剛開始的時候，是一個單純的保土愛國運動。很多後來愛盟的盟員當初都參與了各地各校區的保釣活動，像美南的陳義揚、朱閏清，美西的郁慕明、黃開基，美中的趙林、郭仁孚，美東的岳鐳、王顯達等……。

但是安娜堡大會之後，釣運就變了。那時候大陸哪裡有學生在美國留學啊！香港來的倒有不少，聯誼性的活動還可以，沾點政治像保釣那就不碰了（人家可是拿英國殖民地的護照的呀！）。所以保釣主要以來自台灣的中國留學生為主。而這一個由從台灣來的留學生們所主導的單純的愛國運動，一夕之間竟然變成了辱罵台灣政府、吹捧北京政權的集會！我們知道那時台灣經濟還沒真正起飛，但前景可期，而大陸的文化大革命才剛要收尾，療傷還是個未知數！卻有一位高級知識分子在會場對我說：「劉志同，你怎麼那麼糊塗啊，現在大陸上已經沒有叫化子，沒有妓女了，不像你們台灣！」我說：「你們台灣？你從哪裡來的？開玩笑，天下最老的行業居然在大陸絕跡了！」

我心裡盤算，平常要念書，又作 Teaching Assistant，又想辦法打工賺點零錢，生活很緊湊，所以如果有點餘暇和餘錢，就去吃個小館，看個電影或舞台劇，哪裡還有餘力去管許多「閒事」。那時國家經濟情況不是很好，外匯很少，很多同學都常常寄點錢回家，盡一些力。我偶爾回台灣，再出來時總要到衡陽路銀樓去買些這些由國外寄回來的支票，帶到美國去用，有一百、兩百的，但偶爾也有伍佰的，日子就這樣一學期一學期的過去了。

但是「轟隆」一聲，釣魚台事件發生了，這可不是「閒事」，這是「大事」！

於是我去了安娜堡。安娜堡的會上，開始明顯的有了左右之分。當時我還不知道我是左還是右，只是想這麼重要的問題，而據說許多校區的熱心同學都會去，所以我也去了。一去到會場，我就覺得有些怪怪的，雖然沒人要我去扭秧歌，但我聽到台上一位先生以濃濃的湖南口音怒斥：「台灣的教育一塌糊塗，我在台灣受了廿年的奴化教育，毒化教育、教條教育，幸虧我來到美國，讀到《毛語錄》，這才撥開雲霧見了青天！」他的話把我嚇了一跳！當時在場的都是台灣教育出來的呀！很多都已經念完學位在工作了，也有若干自認是菁英自視甚高的人，難道說台灣的教育竟一無是處嗎？

■　《安娜堡國是大會記錄》。

　　大會似乎再三說明：1.在台灣的中華民國政府腐敗無能，在釣魚台問題上表現懦弱；2.中華人民共和國現在已經強大起來，我們應當靠它在國際間替我們說話；3.因此我們應當呼籲聯合國不要再把中共摒於門外。為達此一目的，我們要決定今年聯合國大會開幕前一起到紐約聯合國總部前舉行示威，支持中共入聯合國。

　　這些步驟一一完成後，又決定了紐約示威日期是當年(1971)的 9 月 21 日下午。最後討論到示威遊行時用不用五星旗。我認為，既然你支持中共入聯合國，就不要躲躲閃閃的，乾脆把五星旗打出來。結果大家吵成一團。我說：「不要吵了，乾脆投票表決。」結果以五票之差，通過打著五星旗去遊行。那次會議是剛才那位項先生（項武忠）主持的。後來有幾個朋友跟我說：「劉志同你這混蛋，這樣一來很多人都不敢去了。」果然，9 月 21 日那天，這

些「大義凜然」，慷慨激昂的「菁英」，都沒有出現，而隊伍裡倒有若干其他族裔的人士來捧場，怪哉怪哉！

　　話分兩頭，安娜堡給了我們一些人當頭棒喝。怎麼會這樣！大家都是台灣來的，誰跟誰有殺父之仇？就算台灣那些領導人都是王八蛋，但是那些在區公所替你寫資料的人，風雨無阻的郵差，他們一個月賺多少錢？我們的歷史老師溫吉先生，腳踏車殘破不堪，買不起新的。代數老師傅禺，穿不起襪子，光腳穿著鞋，鞋底是舊汽車內胎剪的，照樣認認真真、高高興興的教我們。教幾何的譚嘉培老師最喜歡在課堂上罵罵政府、罵罵警察。他可是比柏楊早太多了！老實說，批評政府，褒貶人物，任誰都會。你回家不管教孩子嗎？但是隔壁老張也來幫你打孩子管孩子，你幹嗎？更何況是自己省吃儉用栽培出去留學的子弟，竟然反過頭來清算我！

　　於是我們在大紐約地區的同學們開始籌畫在 9 月 21 日那天也辦一個支持並維護中華民國在聯合國合法席位的示威運動。消息傳出，響應熱烈，到了那一天，紐約第一大道夾四十七街的哈馬紹廣場一片人海旗海，大紐約地區以及鄰近各州的留學生，加上各地華僑等，少說也有六、七千人，這其中沒有達官貴人的子弟，也沒有顧盼自雄的菁英，大家都抱著路見不平、扶弱濟貧的心情，來表達對於中華民國的支持。事後劉家昌還拍了一部電影，叫《揹國旗的人》，就是追述當時的情景。

　　會後，各留學生社團的負責人如全美中國同學會聯合會會長趙建成博士、台灣同鄉福利會會長陳鵬仁博士等齊聚在聯合國教堂(UN Church Center)，討論並決議即刻開始到全美各地聯繫，把像今天感受到的力量，凝聚起來，先到美中及美西開地區會議，最後到華盛頓開大會。

　　全美反共愛國大會在 1971 年耶誕節在華盛頓召開，全程四天三夜。我們特別由台北請來名政論家胡秋原[5]先生給我們作專題演講（當時台北有些方面對胡先生有些感冒，但在我們堅持下，他終於來了）。這時中共已經進入聯合國[6]，因此我們在會中不但聽了許多國情報告，也就當前國際局勢作了些了解。最後決定成立「全美中國同學反共愛國聯盟」，由兄弟我出任首屆召集人。

　　愛盟成立以後，繼續在美國各地出版刊物，舉辦活動，以凝聚大家愛國愛鄉之心為主，這些年來，絕大多數盟員都學成返台，在各自領域中各盡所長，回饋曾經孕育和栽培我們的這塊土地。今天已經超出了許多時間，暫且打住，希望以後有機會再談。謝謝。

註　釋

1.　＊根據發言稿整理。

2.　＊時為世界自由民主聯盟顧問。

3.　＊沈君山 (1932-)浙江餘姚人，國立清華大學物理系退休教授，1994-1997 年間任國立清華大學校長。1970 年代參與保釣運動期間提出「革新保台」主張，可參考其著作《尋津集》、《浮生三記》等。

4.　＊袁旂 (1937-2008)，天文物理學家。任美國紐約市立大學物理系教授多年，1970 年代為紐約學界保釣運動的領導人物之一。保釣運動後對中國文化及科學普及相當投入，曾與徐遐生等人規畫及籌備中研院天文所。

5.　＊胡秋原(1910-2004)湖北省黃陂人，曾任中華民國立法委員。1962 年曾與李敖、何秀煌、許登源等人展開「中西文化論戰」，爭論五四以來中國文化西化等問題。1963 年創辦《中華雜誌》，1970 年 11 月號刊登王曉波之〈保衛釣魚台〉一文，引發美國留學生之保釣運動。請參考本書王曉波專文，〈不要讓歷史批判我們是頹廢自私的一代〉。

6.　＊1971 年 10 月 25 日，聯合國第 26 屆大會通過第 2758 號決議，以中華人民共和國取代中華民國在聯合國的席位。

釣運春雷傳達的時代信息 —— 兩岸大和解
一個老保釣對保釣文獻的解讀[1]

龔忠武[2]

今天論壇的主題是文獻的刊印、典藏,副題是文獻的解讀。1970 年代的釣運期間,我辦過學生刊物,也寫過文章,同時又搞的是中國近現代史,所以對於釣運文獻,我也有一家之言,有話要說。所以不論是主題、副題,我都能夠說上話。

先談一下主題。由於是學歷史的,養成了買書、收集資料的職業習慣。釣運發生後,自然而然就收藏了一大批釣統運的資料。2008 年 4 月全部捐給北京清華大學了。

順便插一句,早在 2004 年左右,我就同吳國禎、林盛中、楊思澤、周本初、葉先揚,談起在大陸找家大學或研究機構,收藏保釣資料,結果找來找去,像社科院、廈門大學的台灣問題研究所,甚至政協的文史單位,都曾試探過,但都沒有結果。最後,清華大學圖書館的薛館長不但答應收藏,還特別調派人力,對老保釣進行口述史。否則,這批寶貴的釣運文獻資料,真不知要流落到哪裡,說不定還有可能被作為垃圾處理掉了。現在,終於找到最理想的安家落戶的地方了!

作為老保釣,我要向薛館長,還有謝館長,表示感謝,表示敬意。

關於釣運報刊的編印,1971 年夏天,尹夢龍把我從波士頓拉到紐約來,一道籌辦《群報》,8 月 1 日在紐約正式出版。我參與了《群報》的創刊,並且還寫了發刊詞。後來,我還當過紐約僑社《華報》的總編輯,現在香港的名導演徐克,原名徐文光,也是當時編輯部的成員。另外,還同謝定裕、黃庭芳在波士頓地區一起編過《新境界》。

　　大家一定知道，當時辦刊物的條件非常簡陋，都是窮學生，開始的時候是手寫、刻鋼板、油印，打字是以後的事。把功課放在一邊，挑燈夜戰是常有的事。陳憲中當時在紐約開印刷廠，也印進步刊物，做了我們不少生意。總之，辦刊物苦是苦，但苦中有樂，其樂無窮！因為當時我們心中有太多太多的話要說，很多心裡的話是從台灣帶過來的，有些是來美國才耳聞目睹的，但都積壓在心裡，不吐不快。好像春蠶吐絲一樣，非吐出來不可。這些蠶絲，都珍藏在兩岸的清華圖書館裡了，也就是今天論壇討論的釣統運文獻。

　　但是，我希望今天的討論，固然是溫故，但更重要的是知新，在新的形勢下重新審視過去；只有深刻的重新審視過去，才能更好地把握未來。

　　今天我要特別乘這個機會，推介一套釣運文獻叢書，就是「春雷系列」(1970－1978)，包括《春雷聲聲》和《春雷之後》，這套叢書已經由人間出版社出版了。陳映真早在 1993 年首先在紐約我的家裡提出編印釣統運文獻集的想法，王曉波當時也在場。後來王曉波去忙他的《海峽評論》了，陳映真也去忙《人間》雜誌和寫小說去了，擔子就落到了我的頭上。現在正在編《春雷聲聲新編》，就是在薛館長、謝館長上午介紹的有利的新形勢下，利用近年來兩個圖書館新收藏的大量釣統運文獻，出一套《春雷聲聲》(1970－1973)的新版。預定明年(2010)年中出版，作為預定明年在北京舉行的釣運四十大壽的獻禮。希望在座的老保釣支持，把你們手上珍藏的釣統運資料繼續捐贈到這兩個圖書館來。

■ 《群報》第一號。

影響釣運解讀的因素與大和解的訊息

關於文獻的解讀，是我今天報告的主題。首先要提醒一下三個影響釣運文獻解讀的因素，也是當時影響我們釣統運刊物內容的因素，就是：大陸政治的鐘擺現象、兩岸的長期對立、台灣政治的嚴重失序。這是眾所周知的，無需詳細說明。

這是宏觀的客觀因素，當然還有微觀的主觀因素，例如個人的立場、利害、背景等，也影響我們對文獻的解讀，這也是眾所周知的。而我對釣運解讀的出發點是基於民族的共同利益，是站在中國歷史和世界歷史的高度，盡量排除個人的主觀因素。

我的報告是根據這樣一個假定：就是釣統運刊物，儘管數量龐大，內容龐雜豐富，但是最後分析起來，我認為，集中傳達或反映了一個最重要的時代資訊：就是大和解，國際大和解、兩岸的大和解，中國人的大和解；當然，我的重點是兩岸的大和解。

什麼是大和解？因為一定有人會懷疑，釣運期間所呈現的是左右的對立、對抗，甚至還出現暴力現象、白色恐怖現象，那來的大和解？

這是表象，是稍縱即逝的浮光掠影、大浪的浪花泡沫，不是歷史的暗流、歷史現象背後深層的本質。我講的大和解是辯證意義的和解，是指兩個對立面的較量，你中有我，我中有你，然後再合二為一的和解。也就是中國哲學的執兩用中，相反相成；黑格爾的正反合，馬克思的對立統一，其中的中、成、合、一，都同我說的大和解的意思接近。所以不是簡單的、單一的、孤立的、表面上的和解，而是深層的辯證的同一、統一、合一。

用通俗的話說，就是本來是敵對的雙方，例如甚至是彼此不共戴天、水火不容的雙方，後來化敵為友，握手言歡了，這就是和解；國共歷史上的兩次合作，2005 年連戰到大陸的和平之旅，就是我所謂的和解。這就是我今天要講的釣運文獻體現的大和解的意義。

所以，我要講的和解是有原則的和解，不是沒有原則的和解；也不是靜態的和解，而是動態的和解，不是原地踏步不動，而是闊步前進。

把這層意思講清楚了，就可以明瞭我所講的釣運期間，在世界範圍、在東亞範圍、在中國人範圍，特別是在兩岸關係上展開的大和解的進程的意義了。我們老保釣都是當時的歷史見證人，應該有恍如昨日之感。

美、日與國際社會中國的大和解

現在用三件當時發生的三件大事來說明我所謂的大和解。首先是中美兩國關係的大和解。有兩幕非常形象的歷史場景，一場是 1954 年 4 月的日內瓦會議，當時的美國國務卿杜勒斯不屑與周恩來總理握手；但是十八年之後 1972 年 2 月的隆冬，美國總統尼克森，卻在機場搶著去同周總理握手言歡。周總理還是周總理，人還同一個人，為什麼美國現在的態度卻發生了 180 度的大轉變？原因當然很多，但最根本的、具有決定性的原因是中美在越南戰場上的十年戰略決戰，已見分曉：美國慘敗，中國勝了，雖然付出了慘重的代價。

所以，歷史的偉力迫使尼克森不得不同中國和解，不得不承認中國政治大國的地位，不得不讓中國體面地進入國際社會。這個歷史事實有力地證明，中美是化敵為友了、是和解了，但是是有原則的和解，有尊嚴的和解，是完全符合中國國家和民族的利益的大和解。

具體地說，就是中美兩國經過激烈的辯證的正反鬥爭，最後在一個中美蘇三足鼎立的新的國際秩序下，由敵對走向友好，握手言歡了，和解了。歷史向前發展了，不是原地踏步不動，否則，中美的大和解也不會到來。這就是我所謂的大和解的真正含意。

其次是，中日這兩個在東亞近現代歷史上長期對立、對抗、較量的國家，1972 年也在美國主導的大和解的潮流下，由敵視走向大和解了。君不見，日本首相田中角榮這年 9 月在中南海毛澤東的書房同毛握手的場景，田中那種誠惶誠恐的場景，同 1895 年 3 月李鴻章在日本馬關（今山口縣下關市）春帆樓受日本首相伊藤博文羞辱的場景對比，也可以看出來中日的大和解也是同中美的大和解一樣，是有原則的、有尊嚴的，是符合中國國家和民族最高利益的。

再就是國際社會同中國的大和解，具體體現在 1971 年 10 月 25 日，聯合國大會以壓倒性的票數通過第 2758 號決議，正式接受北京取代台北，成為中國唯一的合法政府；也就是接受了 1949 年中國人民早已作出的決定。

大陸為了堅持一個中國的原則，其首都在北京而不是台北，等了整整二十一年。這也是我所說的，中國同國際社會的大和解不是沒有原則和無條件的；否則中國和聯合國的和解是不可能發生的。

我要順便強調的一點是：這標誌 1949 年以後，美國主導編造的神話，中華民國代表全體中國人的神話，現在終於破滅了。國際社會終於不得不接受中國歷史的現實，而不是神話製造的歷史假象、幻象。當然，中華民國的衛道者會強烈反對，那就讓我們求同存異，各抒己見吧。

這也是我在開頭時說，我是站在中國、世界歷史的高度和民族的整體利益，而非從個人的現實利害，來談大和解的意思。

五人保釣特邀團北京破冰

最後來重點地談一下釣運在中國國際的大和解的潮流下對兩岸大和解作出的貢獻或所起的作用。

這得從釣運的特邀五人團講起。1971 年 9 月 25 日由李我焱、王正方、陳恒次、陳治利、王春生五人組成的保釣特邀團，前往北京，進行冷戰以來打破兩岸冰封狀態的首次破冰之旅。[3]

有意思的是，這個團的五名成員都是從台灣到美國留學的，然後繞過「死亡禁區」，轉個大彎去北京的，不是直接從台北去的。這是因為在那個動輒被扣上匪特、要冒「亡身破家」危險的兩岸冰凍阻隔的戒嚴時代，要直接從台北去北京是不可能的，這是當時兩岸對立時的特殊國情，只好假道他國了。所以當 2005 年，國民黨主席連戰到大陸進行和平之旅時，他在南京機場發表談話，感慨地說，台北距離南京地理上的距離很近，但卻走了將近四十年，可見其難！我想大家聽了之後，必會發出會心的微笑。

大陸官方立刻抓住這次（保釣五人團）破冰之旅的重要意義，周恩來總理親自接見，這可是官方的最高規格。周恩來總理之所以這樣做，顯然是要藉這次的破冰之旅，向台灣、向海外華人，傳達大陸對兩岸和中國人大和解的資訊，打破大陸同台灣和海外的中國人二十多年來的隔絕冰凍狀態。

　　這就是我今天報告的主題，釣運春雷，傳達了兩岸大和解的資訊的旨趣所在。

　　台灣當局當然知道周的用意，深恐這個大和解的效應造成骨牌、蟻穴效應，打破多年來精心構建的反共心防，所以竭力打壓恐嚇，立即替這五個在台灣長大、受教育的年輕人，戴上莫須有的「毛共文化特務」（海外版《中央日報》，1971 年 10 月 17 日）的政治大帽子。這恐怕是台灣官方對這種性質的兩岸來往所能扣的最重的罪名了，輕則坐牢，重可殺頭。可見其重！

　　然而，大和解是當時的世界潮流，決不是台灣當局使用白色恐怖手段可以逆轉的，而且適得其反，更加失掉海外的民心。果然，這五個人的北京之行啟動了海外大和解的進程，此後美國和海外華人紛紛組團，到大陸探親訪友，形成一股探親訪友熱潮。然後，海外同大陸開展的大和解進程，通過各種管道回流台灣島內，在台灣的學界、思想界產生了對大陸的親和感，一種大和解的暗流於是開始滋長了，從而為 1987 年蔣經國開放老兵到大陸探親[4]、連戰 2005 的大陸和平之旅，準備了條件。這是歷史事實，是不容抹殺的。

　　這裡順便講個有趣的時代插曲，也可稱之為兩岸大和解的插曲。五人特邀團無意中附帶地製造了一個影響了一些老保釣一生命運的歷史插曲，就是周恩來委託李我焱和陳治利，要他們回去後請美國的保釣同學們幫個忙，去聯合國作口譯、筆譯，就地報國，解大陸的燃眉之急，因為文革把一些英語人才下放到牛棚去了，一時派不出人。於是，一批左翼的老保釣，例如已去世的李我焱、現在在場的余珍珠、夏沛然、花俊雄等，還有我，就欣然應命，放棄了學業事業，進了聯合國。[5]

　　這個歷史插曲，很有意思，因為一方面是中華民國被請出聯合國，另一方面是她一手培養的年輕人卻背叛她而到聯合國為她的對手服務了。這能不說是歷史同中華民國開了個大玩笑！再後來，有些老保釣更進一步，乾脆回大陸去安家落戶生根了，例如在場的林盛中，就是現在大陸叫的「海歸現象」。這樣，就使兩岸的大和解增添了實質的內容。

　　這個插曲，正是我提到的大和解的辯證性質的複雜性的最好例證。具體

而言，就是你中有我，我中有你的，化敵為友。這是推動大和解進程中的一個必然和必要的步驟，而我們老保釣都親身經歷了。

所以，老保釣為兩岸的大和解的進程在國內和國際的兩個方面，都起著開路先鋒的和鋪路的歷史作用。釣統運文獻裡隨處都可以看到這類事例，而且釣統運的報刊對當時的這種海歸現象，起著推波助瀾的促進作用。

我之所以這樣說，是因為通過刊物，釣運同學們經歷了覺醒、反思、批判、認同、回歸的過程。具體而言，就是消極方面，消除了反毛恐共仇共的心結；積極方面，認同中華人民共和國，接受社會主義的中國，回歸中國歷史的主流，思想上徹底地同大陸和解了，清除了回歸的心理思想障礙迷思。

由上所述，顯示了一個簡單的中國統一的模式：就是先有大和解，走向實質的統一，最後走向形式的統一，也就是一個中國。現在，我們正置身於這個「和解─實質統一─形式統一」的中國統一的三部曲的進程之中，一種符合中國國情的中國獨特的統一模式。

這就是我對釣運文獻的解讀，請各位指教。觀點偏左，也請各位海涵。

大和解開創兩岸未來

最後，提出我的一點讀史心得和由此衍生的願景，作為我今天報告的結論。

近代國共的兩次大和解，都有一個歷史大背景，第一次國共的大和解是為了共同對付北洋軍閥；第二次是為了共同抵抗日本的侵略。中國歷史都在這兩次大和解取得成功之後，獲得了突破性的發展；目前正在進行的這一次，則是兩岸中國人甚至是全球的華人，為了同西方打一場國史上從未有過的商業戰爭、金融戰爭、經濟戰爭。馬英九轉請錢復在海南島的博鰲論壇上帶給溫家寶的十六字，「同舟共濟，相互扶持，深化合作，開創未來」，就暗含這層意思。這是智者之言。

我早在 1990 年為紐約《僑報》所寫的發刊詞的題目是：我們同在一條船上，這同馬英九「同舟共濟」的意思，是遙相呼應的。如果兩岸深化合作，漂亮地打勝了這場同西方的商業戰爭，我們華族的歷史必將如他所說的「開

創未來」，一個更加美好的未來，從而取得更大的突破飛躍！這是兩岸的共同願景，也是全球華人的共同願景！

但是，為了要達到這個目標，必須具有魯迅所説的「度盡劫波兄弟在，相逢一笑泯恩仇」（〈題三義塔〉）、溫家寶所説的「捐棄前嫌」的寬宏心胸，忘記過去，展望未來；汲取孟子所説的「以大事小者仁，以小事大者智」的美德和智慧。這些都是華族深厚的精神積澱，從而積極推動和拓展由老保釣在 1971 年啟動的兩岸的大和解進程！

註　釋

1.　＊專文。

2.　＊哈佛大學歷史學博士。

3.　＊這個特邀五人團又稱為保釣零團，因為在此之後，又有幾批的保釣人士前往中國訪問。可參考王正方，〈那一夜，我們在新疆廳〉，收錄於《我這人話多》（台北：九歌出版社，2008），頁 119-128。

4.　＊關於老兵返鄉探親之第一手資料、1987 年「外省人返鄉探親促進會」緣起與活動，參考楊祖珺，〈外省人返鄉探親〉，《玫瑰盛開 —— 楊祖珺十五年來時路》（台北：時報文化，1992），頁 156-169。

5.　＊亦可參考劉大任的回憶，見〈一群異端〉，收錄於《紐約眼》（台北：印刻出版社，2002），頁 53-58。

台灣民主運動支援會[1]

李義仁

　　各位保釣先進、專家，以及我們一些以前親密的戰友，今天非常感謝主辦單位能夠提供這樣一個機會，讓我們大家在四十年之後做一個總反省。從今天幾位前輩他們所談到的內容，我們終於得到比較完整的了解，彼此能夠有對話的空間，理解當初為什麼會有這樣的一個想法，或是為什麼相互間會有這樣的一個衝突。我相信大家可以發現，其實我們目標是一致的，我們是愛中國的，這個目標是絕對一致。可是愛中國的方式，我們以前大概都想得太簡單了，以為只有一、兩個方式，其實愛中國可以有許多不同的方式。

「台灣民主運動支援會」的成立背景

　　我今天要從另外一個方向來講釣運。正當保釣運動蓬勃發展、百花齊放的時候，芝加哥的一些同學突然間發現到一個盲點，那就是台灣島內的局勢變化一直受到忽略。這個盲點首先是由林孝信先生提出來的。1978 年底，美國突然宣布將與北京建交，蔣經國總統被迫宣布緊急命令，停辦立法院與國民大會的改選活動，台灣島內的民主發展從此籠罩了一層深厚的陰影，直到 1984 年 10 月「江南事件」[2]發生後才又恢復生機。國民黨政府停辦選舉事隔不久，林孝信在台灣島內的朋友便告訴他說：「恐怕島內即將發生重大的事情，希望海外、特別是在美國這邊的朋友能夠有所準備。」

　　「台灣民主運動支援會」（以下簡稱「支援會」）就是在這樣的時代背景下產生的，是因應 1979 年台美正式斷交之後台灣島內局勢急遽變化，民主、人權遭到踐踏的結果。然而，「支援會」能夠在一星期左右便宣告成立，其實它有一個很重要的根基，這要歸功於 1976 年 9 月間，芝加哥大學有一群關

切「陳明忠事件」的學生和校外的一大批社會人士，其中發揮關鍵性力量的其實是香港同學。因此，請容許我對這個事件先做個交代。

　　芝大的學生基於堅決反對任何政府未經公開審判便判決人犯死刑的信念，配合「國際特赦組織」所發出的「阻止台灣處決政治犯」的呼籲，便立即採取實際行動投入搶救台灣政治犯的行列。當時芝加哥大學華人之間的活動，一向以中國同學會為主體，因此來自台灣、香港、大陸的同學們熱誠的奉獻與無私的付出，感動了很多在美國和日本的朋友，我們這些窮學生才有這個能耐，得以在幾天之內就成立了「陳明忠救援會」。

　　在營救陳明忠這位遭列名即將處決的政治犯，當時芝大同學對他個人的背景幾乎一無所悉，倚靠的大都是國際特赦組織所提供的資訊，即使到了今天，本人也從未跟陳明忠本人見過面。可是，當年我們為了想在《紐約時報》刊登廣告來搶救他，卻傷透了腦筋，因為廣告費的金額真的很嚇人。幸好，當時有一位就讀數學系的香港同學提出一個辦法來：「大家（芝大同學）先認捐墊錢登廣告，目標是一萬七千多美元，不夠的時候再想辦法向外借借看，不過大家心裡要有準備，假如墊出去的錢最後募不回來，大家只好認賠。」結果，不到兩個禮拜，我們就把

■ 聲援陳明忠廣告（《紐約時報》）1976 年 11 月 27 日。

錢湊足了，主要是有一位香港同學把自己的學費和生活費都先拿出來墊，欠缺的一大筆差額就因此補齊了。事情雖經一波三折，《紐約時報》的全版廣告終於在 1976 年 11 月初順利刊登出來，而我們這群學生當時對外的聯絡人，就是當時剛好住在校園附近的黃賢律師，真的非常感謝他。[3]

　　那篇《紐約時報》的廣告，不但有許多位諾貝爾得主的教授們簽名支持，事後募得的款項還超過我們的預期目標，因此大家都可以把墊出去的錢拿回來，況且心中那份伸張正義的滿足感就不在話下了。

突破統獨界線，捍衛台灣民主香火

　　由於我們曾經號召過一大群朋友，彼此有過一段深厚的互信與友誼作後盾，因此，當 1979 年 1 月前高雄縣長也是當時黨外運動大將余登發，突然被控匪諜入獄的事件傳出後，我們又不得不站出來，把過去的戰友們再一次召集在一堂。成立大會那天的場地是我去借的，我對出借場地的單位實在感到很抱歉，場地是一個教會，聽說後來被有關單位關切了幾次，某些教會會友大概也有意見，他們終於告訴我說：「你以後就不用再來了。」

　　「支援會」成立以後，一個很重要的工作重點是加強跟台灣同鄉會的關係，因為大家一直認為他們是搞「台獨」的，覺得很難跟他們溝通。當時林孝信一直鼓勵我們，一定要設法跟同鄉會合作才能真正結合反獨裁的力量，在美國的僑界發聲。由於當時國民黨政府的政策出現了好些偏差，從 1979 年、1980 年一直到 1984 年，江南事件發生以後才逐漸轉變過來。處在當時台灣民主、人權都極其黑暗的時代裡，讓我們更覺得必須跟同鄉會密切合作，藉此突破統獨的界線，大家合力來捍衛台灣的民主香火，幸好我們做到了。

　　怎麼說呢？有賴於我們個人的關係，現在已經過世的大芝加哥區同鄉會會長簡金生先生，當時被我們說服了，由我本人跟李勝雄夫婦、還有其他一些人，就加入編輯《鄉訊》。[4] 我們幫同鄉會編了將近兩年的刊物，參與了他們的年會、專題演講等活動，後來因為簡會長任滿前往西岸以後，這項工作才停下來。不過那時候，支援會本身也已經出版了《民主台灣》這份刊物了。

　　我們可以看到「支援會」得以把各種勢力包納進來，香港同學也打破了地域

■ 《民主台灣》第十五期。

的觀念，而且裡面也有一位學生是從中國大陸遼寧來的，也參加了關切台灣民主發展的活動。大家不問政治立場，關切民主人權的理念把真誠的人心緊緊連結在一起，放諸四海而皆準。

除了編《鄉訊》以外，我們還為余登發父子被污衊為匪諜案刊登了中文廣告，呼籲所有在美國的華人一起來關切這個案件，也得到了很大的迴響。後來我們把「陳明忠事件」剩餘的錢，除了用在編《民主台灣》以外，還用來設置電話資訊報導，我們設立一個專用電話，打進來便可以聽取有關台灣最新的資訊，我是常駐錄音者之一。

老實講，如果質疑我們有政治勢力在後面操弄，我可以用「支援會」秘書長的身分跟各位保證，絕對沒有。我們就是一群以熱愛民主、自由、人權的中國同學會的學生為主體，主動關切人的生命和維護人的尊嚴，不受強權任意踐踏，為撼動時代與人心的釣運，做了一個不同面向的註腳。

註　釋

1.　＊根據發言稿整理。

2.　＊「江南案」發生於 1984 年 10 月 15 日。美籍華人作家江南（本名劉宜良）因寫了《蔣經國傳》而在舊金山寓所附近被受雇於情報局的黑道分子刺殺身亡。這件事在台美兩邊都引起了相當大的騷動。

3.　＊亦可參考本書黃賢先生的文章，〈保釣運動的「告洋狀」〉。

4.　＊全美台灣同鄉會芝加哥分會編，《鄉訊》（美國：芝加哥，1971 年 12 月）。

七十年代歐洲的保釣運動與統一運動[1]

胡祖庶[2]

今天，我們在五四運動九十週年前夕回顧「1970 年代保釣運動及其後續影響：從文獻編印與解讀談起」，我覺得這是很有意義的事。作為 1970 年代歐洲保釣運動和統一運動的參與者，我很高興能參加這次論壇，感謝清華大學圖書館館長謝小芩教授邀請我作關於歐洲保釣運動和統一運動的報告。

1970 年中外媒體披露美國政府準備於 1972 年將琉球群島與釣魚島的管轄權一併轉交給日本之後，在全球華人中引起了注意和討論。日本其後加緊在釣魚台列嶼的活動更激起了海內外中國人的憤慨。台灣、香港與美國華人界都要求台灣國民黨當局據理行使領土主權，保衛國家的領土完整。由於當時台灣當局態度表現軟弱，引起海內外學界人士的不滿，一場保衛釣魚台運動便於 1970 年末自發地在美國華人學界興起來了。

歐洲當時來自台灣和香港的中國留學生總共不到兩千人，且分散在歐洲各國和各個城市。在留學生中，當時唯一能讀到的中文報紙僅僅是台灣國民黨政府贈閱的《中央日報》，除此之外，基本沒有其他中文資訊來源。1970 和 1971 上半年在港台美各界如火如荼地發出保衛釣魚台群島呼籲之際，歐洲華人界中幾乎是一潭死水，毫無動靜。極少數個別台灣留學生從美國友人寄來的保釣刊物獲悉那裡許多城市正舉行討論會和示威遊行，以及成立了保衛釣魚台行動委員會等情況。愛國衛土之情，人人有之。但鑒於當時國民黨在歐洲留學生中都安插有「學生特務」，留學生個個都怕被打「小報告」；加上歐洲各國乃非移民國家，留學生完成學業後都得返回本國；在這種情況下，任何留學生若參加被國民黨視為反黨或親共的活動無異於自絕後路，自找麻煩（當時台灣來的留學生都沒產生過申請政治庇護以求獲得當地國居留權的念頭）。

所以，不難理解，在歐洲留學的台灣學子一般都遠離是非爭議場所，採取明哲保身之道。

《歐洲通訊》創刊

一潭死水並不表示歐洲完全沒有關心釣魚台群島局勢的留學生。如上所言，由於可獲得的中文資訊有限，這些人人數極少。他們限於勢單力孤，沒有力量在各自所在的城市召開哪怕是一個迷你討論會來討論釣魚台的事態。面對國民黨特務的白色恐怖，個人的號召亦很難獲得任何響應。在這種「無動於衷」的情況下，德國關心釣魚台事態的個別港台留學生、東南亞華人留學生和華僑在相互取得聯繫後，於1971年4月在波恩聚在一起討論旅歐華人可以採取什麼行動的事項。當時參加討論會的人有：康力行、陳家鼎、謝芷生、X先生、張振翔、黎錦華、蕭光甫七

■《歐洲通訊》第二期。

人（前五人為台灣留學生）。討論結果主要有三點：一是籌辦一份類似保釣通訊的不定期刊物；二是在爭取到更多支持者之後，向德國有關當局登記成立一個類似保釣行動委員會的合法團體；三是盡可能地聯絡歐洲各地的愛國留學生和華僑。

1971年10月謝芷生與胡祖庶在德國海德堡嘗試性地印發了《歐洲通訊》試刊，以油印紙合訂方式綜合報導了保衛釣魚台運動的最新發展情況。試刊在海德堡留學生中分發後，謝芷生在海德堡國際語言學習中心的食堂中突遭一名台灣政府公派留學生龔姓湖南同鄉的拳打。學院領導得知後，給了龔某一個警告，龔某害怕被取消學籍，便大大收斂了。《歐洲通訊》試刊在海德堡出了兩期後，創刊號於1972年1月問世。

　　其時，美國的保釣運動已從討論釣魚台群島主權的問題轉到討論國是。保釣運動人士從抗議鬥爭中已了解到單單督促兩岸當局作出「擁有領土主權」聲明不足以解決問題，原因是一個分裂的中國很難維護領土的完整。於是，中國統一的問題便提到了議程上。保釣運動解除了國民黨套在台灣留學生頭上的思想枷鎖。一部分人開始認識和了解中華人民共和國，開始閱讀有關馬列主義和毛澤東思想的著作；經過了解和閱讀，這一部分人對中國大陸的認識有了一個轉變。而另一部分支持台灣當局的保釣留學生則認為「愛國必須反共，反共就是愛國」，從而堅持走蔣介石「反共救國」的道路。

　　《歐洲通訊》撰稿者、即歐洲保釣運動人士從美國傳來的資訊已意識到保釣運動的性質正轉變為統一運動，所以創刊號裡的文章主要是談統一的問題。其中康力行寫的〈在台灣成立特別行政區的構想〉一文較受重視，香港《七十年代》月刊予以轉載。其他則是批判台灣國民黨當局、暢談回歸意識、轉載美國保釣刊物等文章。以後不定期出版的《歐洲通訊》繼續批判國民黨、轉載美國保釣刊物與華裔著名人士的文章，評論時事，同時也介紹新中國，批判台獨思想和翻譯重要著名人士的外文訪談記錄。

「歐洲中國和平統一促進會」成立

　　通過《歐訊》積極分子的聯絡和《歐訊》的傳播，《歐訊》的成員很快擴展到五十多人。其中德國的新成員有謝瑩瑩、廖文男、胡祖庶、俞力工、王若珠、蘇美惠、台聲（劉明銓）、鄭德力、張秋德、黃鳳祝、吳泰然、丘耀彪、讓慶兆、唐先釪、吳正機、趙仲威、華晉賀、林磊、王必正、梁泳培、黎潤宏、林沛文、薛由光；奧地利有李傑雄（《歐訊》的漫畫家，不幸1975年在一次交通事故中發生意外而離開人世）、陳康翔、趙小鳳、鮑寧、覃友芳、李鴻錚、秦憲儀；法國有李楚威、張富國、蘇鳳英、曾永泉、劉少冰、雷競璿、丁偉、賀慕群、李信民、廖雪輝、邵令修、陳自強、張璧山；瑞士有黃砥石、林杉勇；丹麥有陳金界；英國有謝友傑等。1972年冬《歐訊》人士在海德堡聚會時決定成立「歐洲中國和平統一促進會」，並於1973年底在德國斯圖加特正式登記註冊為民間團體。

　　眾所周知，中華人民共和國1971年底進入聯合國取代了中華民國的席位後，次年就與西德即德意志聯邦共和國建立了外交關係。在這之前，中國政府只在西德首都波恩設有新華社辦事處。由於1972年是中國在二戰後首

次在西德設立了大使館，中國大使館面對的是一切從頭做起的局面。當時中國大使館的僑務人員與西德華人界基本沒有任何聯繫。《歐訊》的發行消除了許多德國華人對與中國駐西德大使館接觸的顧慮，同時《歐訊》成員也帶頭主動與中國大使館聯繫，並到各地放映介紹新中國的紀錄片和影片，消除華僑和留學生對中國大陸的陌生感。很快地，大使館與西德華僑之間建立起了相互信任，雙方之間的來往接觸基本不存在什麼心理障礙了。

1973 年 4 月陳家鼐、謝芷生、廖文男和胡祖庶四人獲邀回祖國大陸訪問，訪問期間受到外交部副部長喬冠華和全國人民代表大會秘書長羅青長的接見。1973 年 6 月出版的《歐洲通訊》對訪問和接見都有詳細的報導。有關與喬冠華、羅青長會見談話的文章亦轉載於《七十年代》。1973 年歐洲中國和平統一促進會還利用在海德堡開會期間給台灣留學生和在德工作的台灣護士作了大陸之行的幻燈片報告。對來自台灣的人來說，了解新中國已不再是個禁區了。儘管中國大陸的意識型態和生活方式與他們的相去甚遠，但是他們已不再對了解新中國而感到害怕或加以抵制了。

《歐洲通訊》每期的發行量約一千五百份左右，對象是歐洲各國的台灣留學生和華僑。刊物大部分經過郵局寄發。除了寫稿、抄寫、打字、刻版、編輯外，裝信封、貼郵票、貼地址、送郵局寄發以及其他分發的工作量都很大。一個地方的《歐訊》成員很難長期承擔這一連串繁重的工作。因此，《歐訊》的編輯出版工作由各地凡有兩個成員以上的城市輪流負責。由於每個人都是留學生，出版經費全靠各個成員去募捐，募捐對象主要是中國餐館老闆。各種其他工作如放映介紹新中國的電影、參加辯論會、提供圖書閱覽服務（《歐訊》曾在法蘭克福設立了一個「青苗圖書閱覽室」）等也占去了許多《歐訊》積極分子的大部分時間和精力。許多《歐訊》成員的學業因此受到影響。來自台灣的《歐訊》成員受到的打擊最大，他們每個人的在台家屬都遭受各種不同的威脅和騷擾，有些人的護照到期還得不到延長。在當時那種特殊的年代，一些海外中國知識分子能夠表現出那種犧牲忘我的愛國精神和赤子之心，這既是時代所決定，亦屬一種難能可貴。

《歐洲通訊》出刊後，國民黨當局除了繼續郵寄《中央日報》給留學生外，又在慕尼黑創辦了一份《西德僑報》，以此擴大他們的輿論影響。接著擁有頗多會員而傾向於反蔣和台獨的各地台灣同鄉會也出了一份《鄉訊》。1972-1973

年在德國先後出現了《歐洲通訊》、《西德僑報》和《鄉訊》三份留學生刊物。有意思的是，三份刊物雖然立場各不相同，而且常打筆戰、舌戰，但三個陣營之中的人都互有交往，並不因政見不同而交惡。例如，1974 年 9 月在維也納舉行的世界台灣同鄉會聯合大會時，統運人士《歐訊》部分成員和美國的陳恒次先生、黃哲操、范光煥教授等亦出席了大會，並參加辯論。1981 年《歐洲通訊》停刊後，俞力工也成為《西德僑報》的一個主要撰稿人。

值得一提的是，在文化大革命期間正值中國國內有些人重提「一定要解放台灣」的口號之際，歐洲中國和平統一促進會曾遭受壓力要改名去掉「和平」兩字。可以理解，改稱中國統一促進會既可以繼續促進和平統一，亦沒有必要排除武力解放台灣的可能性。但作為一個民間團體，其所能主張的解決問題方式應是其認為最好的方式，政府將採取什麼方式解決問題是政府的事情。所以，1975 年經過全體《歐訊》成員聚會討論和表決的結果，大多數成員決定應該繼續保留歐洲中國和平統一促進會的原稱。時過境遷，今天世界各地的華人也在積極地促進中國的和平統一，這不能不說是超越時代所有中國人的共同願望。

多年的統運工作已使美國和歐洲的統運朋友們認識到，鑒於當時海峽兩岸的敵對局勢，大陸和台灣島在短期內實現和平統一的可能性並不存在。雖然如此，在那歐美六八學潮所引發的思想革新和社會動盪的七十年代，在那人們懷有美好理想追求解決各種問題的年代，海外的許多炎黃學子秉承了中國傳統知識分子所具有的責任感，積極地發出了和平統一的呼聲。這個呼聲並沒有隨著時間的推移而消失。1986 年，中國兩位官員到歐洲拜訪了七十年代保釣運動與中國統一運動的部分成員，了解到和平統一是海外所有華人的願望，以及歐洲中國和平統一促進會曾遭受壓力差點被迫取消「和平」兩字的情況。他們回國後，積極通過有關部門也於 1988 年在中國大陸成立了中國和平統一促進會。錢偉長、費孝通、盧嘉錫等八位社會著名人士出任首屆會長。[3] 之後，世界各地也相繼成立了越來越多民間的中國和平統一促進會。和平統一中國終於成為海內外的主流聲音。

整個《歐洲通訊》出刊期間，《歐訊》與一些美國的統運刊物都保持著聯繫和交換。最主要的是紐約市的《群報》和巴弗洛城的《水牛》。從美國到歐

洲進行科研的學者如劉克非、葛瑤琴、曹贊文、馬築君、和胡班比等也給予了《歐訊》不少幫助。《歐訊》成員所從事的一些活動（如放電影）也得到「法中友好協會」和「德中友好協會」的協助和支持。特別要感謝歐洲各地愛國華僑的資助，沒有他們的資助，《歐洲通訊》可能出不了幾期就得停刊，放電影的場地或放映機也沒有能力租賃。

　　文化大革命之後，陳家鼐、謝瑩瑩、讓慶兆、林磊、胡祖庶、王必正、林沛文和康力行前後一個個回到祖國大陸參加祖國建設。進入 1970 年代後期，歐美大部分成員已從留學轉入就業謀生的人生階段，中國和平統一運動也就逐步進入尾聲。《歐洲通訊》於 1981 年出版最後一期後便結束了其 1970 年代所承擔的義務。

歐洲保釣人士的特點與對「新中國」的反思

　　以下我想談談歐洲保釣運動人士的一些特點。1970 年代保釣運動開始之際，歐美各大學正進行著一場自 1968 年開始的規模宏大和影響深遠的學生運動。該學生運動的主題是反戰、反權威、保護環境及嘗試各種新生活方式。保釣運動雖然與六八學運沒有直接瓜葛，但保釣運動人士的思想多多少少間接地受到該運動的影響。首先它表現在保釣人士在突破了當時國民黨套在學生頭上的思想枷鎖後，就像學運中的歐美大學生一樣，對一切以前所接受的權威知識都提出質疑並進行重新了解。生活和學習在歐洲的保釣人士可以了解和體驗到各式各樣混合型的資本主義和社會主義及其有關思想。當時歐洲學運還同時掀起了對世界共產主義運動的評價。歐洲大學裡的學運分子有支持蘇聯東歐式的共產主義的，有支持中國毛澤東式的共產主義的，有支持古巴卡斯特羅──切格瓦拉式的共產主義的，還有支持 1970 年代義大利、法國和西班牙三國共產黨所代表的歐洲共產主義(Eurocommunism)的。歐洲保釣人士除了能夠親身體驗自己所處的資本主義社會和社會民主主義社會之外，還有機會了解這幾種不同的共產主義思想以及當時剛萌芽的可持續發展的經濟理論（如羅馬俱樂部 1970 年代初所提出的《增長的極限》報告）。[4]

　　對中國人來説，中國式的共產主義和毛澤東思想自然具有很大的吸引力。雖然當時保釣人士中沒有一個人對新中國社會有過親身的體驗和實際的了解，但從所讀到的歷史、報導和所看到的紀錄片、影片中，保釣人士所了解的新中國，在物質經濟發展上仍是一個相當落後的國家，並且老百姓的生

活水準普遍不高。既然有此認識，為什麼歐洲保釣人士卻都認同社會主義新中國呢？一個主要的原因是受新中國當時所體現出來的各種積極的精神所感動。新中國成立後，首先遭受美國而後又遭受蘇聯這兩個超級大國的孤立和封鎖，但新中國政府沒有在列強面前聽任擺布、屈膝求榮，她在艱苦的條件下堅持獨立自主、自力更生，並很好地維護了國家主權和領土的完整。當時的新中國社會，貪污、賭博、娼妓、偷盜等消極腐敗現象幾近絕跡。百姓中出現了許多感人的全心全意為人民服務的事蹟。當時新中國的精神面貌不僅吸引了保釣統運人士，也吸引了海外諸多著名的中國學者如楊振寧、李政道、任之恭、何炳棣、韓素音等以及眾多各界著名外國人士。然而，所有對新中國抱有美好期望的海外人士所未能充分估計到的是：新中國成立後所推行的各種政治運動所造成的危害、以及共產主義政治體制本身所隱含著的許多嚴重的缺陷。

三十多年過去了。現在的新中國的經濟和物質生活水準有了長足的發展。然而，新中國的精神面貌卻有了很大的倒退。社會上，貪污腐敗和靡靡之風盛行。面對新中國的這些變化，歐洲保釣統運人士當然每人都有各自的反思和看法。自九十年代以來，《歐訊》一些成員又開始提起筆在報刊和互聯網的部落格上就兩岸統一問題、西藏問題和其他問題發表議論——有知識介紹性的、有反省的、有辯論性的、有批評性的。從這些議論中，人們可以看到《歐訊》成員仍然沒有拋棄中國傳統知識分子的良心和正義感，對他們所看到的兩岸社會不健康的現象發出匹夫的聲音，例如以下這些言論：

三十年來政策改弦更張（所謂的「改革開放」）的結果，是千分之四的中國人占有全國 70% 私有財產（據 BBC 中文網上月發表的資料），完全忘記了在全球廣設「孔子學院」的同時，還有孔老夫子「不患寡而患不均」（《論語》〈季氏〉）的中國傳統政治哲學這一說。

很想讓您知道我所理解的愛國同胞（尤其是老保釣），愛的是抽象的中國，而不是具體的 PRC；統一的理想是個和諧的社會，而不是機械的合併。也正因為如此，我們的精力找不到著力點，發出的聲音微弱無力。國內改革後的成果儘管不容抹殺，但體制、社會、生態方面卻令人憂心忡忡。我們不能永遠在理論層次高來高去，大家關注的畢竟是目睹的問題。

國家統一與否，關鍵不在於受美國控制的任何台北政府會有何作為，也用不著寄望於哪個族群的裡應外合，而在於北京當局是否有能力爭取到台灣民心，有朝一日像東德百姓一般地，跨越人為障礙。

並非人民間有何隔閡，而是在當局眼下，港、澳、台，以至於海外華人，均非我類。這種狹隘的抱團心態，或由長期內戰所培養，或由百年屈辱所造成。關鍵是，備戰的抱團精神可以打垮蔣家王朝，卻不能調動全體華夏人民的積極性，不能體現天下為己任的固有華夏文化道德，甚至於，還侵犯了全球華人參與國家建設的一定權利。

郭冠英稱我的這塊寶地為鬼島，這可能過於單純化了！一些朋友為這位仁兄喊冤，在下期期以為不可！在下近年實際生活的體驗，認為這塊寶地充斥著貪婪、不仁、不義的幽靈！

面對藏族同胞要求更多自治權的情況，中國政府似乎想通過把自治要求說成是一種「半獨立」或「變相獨立」的陰謀這種完全站不住腳的宣傳口調來拒絕與達賴喇嘛進行實質性的談判。這是一種建立和諧社會、促進民族大團結應有的態度嗎？

從這些議論中，人們可以看出保釣人士對兩岸目前的狀態感到很不滿，有些人甚至感到失望。在今年春節後《歐訊》朋友之間的交流中，一位《歐訊》老保釣甲友突然寫了一封電郵告訴其他《歐訊》朋友：「回顧起來，當年參加歐洲統運不是我很光彩的一段個人歷史。」

甲友這句話雖然只代表他個人，但據我所知，有一小部分歐美的老保釣朋友也持相同的看法。不過，絕大多數《歐訊》朋友並不贊同甲友的看法。因此就有了以下回應：

乙友：「我看了甲兄的短訊後心裡一直很彆扭，終於還是忍不住要寫兩、三句心裡話出來。……這些年過去了，物、事、人、家乃至國的面貌都全改變了，但無論如何，用不怎樣光彩來形容過去的統運工作，即使他本人能接受，對那些曾與甲兄一起共事過的《歐訊》舊友來說，那是句對感情極有殺傷性的話！」

　　丙友：「一生，人不同年齡層有不同的思想、理想，行為處事當然會不一樣。回首前塵，對與錯，都不重要，重要的是我們曾經懷著一個理想盡過力，即使從前做錯了又怎麼樣？而且到底是不是做錯了，還是可以商討的吧？現在大家都已年紀不小了，應該開懷一點，善待自己一點，過去的就別介懷了吧。我現在在美國一個公立小學教書，常常都會跟小朋友們說 "It's OK to make mistakes, as long as you try."」

丁友：贊《歐訊》	戊友：無題
《歐訊》一覺三十年	光彩光彩固可求
憤青憤老不死情	孺子為牛何為恥
戊哥昂揚興未盡	人間正道是滄桑
甲兄心灰光彩遺	一曲《歐訊》獻七〇
保釣啟蒙認苦勞	
統運添磚難自薄	

　　甲友後來也向大家再次發電郵澄清了他的話，解釋他由於看到現在大陸的各種腐敗現象而覺得當時為何那麼幼稚地去搞統一運動。這是他個人的觀點，每個人對自己的過去都可作出不同的總結，《歐訊》朋友中一向保留著民主的傳統，所以大家也尊重他個人的意見。

理想務實展望未來

　　三十多年前的保釣運動是否可以看成為第二次的中國五四運動？兩個運動確實有可類比之處。九十年前的愛國知識分子不僅僅是抗議《凡爾賽條約》將中國應該收回的德國在膠東半島的特權轉到日本手中，而是同時掀起了一場改造中國落後面貌的新文化運動，尤其要請「德先生」和「賽先生」，也就是德莫克拉西(Democracy)先生和賽因斯(Science)先生來中國入籍。保釣運動也是以愛國衛土、抗議美國將釣魚台島嶼轉交給日本的行動開始，接著是促進中國的和平統一，追求一個理想的中國。兩個運動都是從樸素的愛國情操開始，進而昇華到追求更大的集體理想。

　　從五四運動到保釣運動到今天，我們看到「賽先生」已在兩岸三地站穩了腳跟，光榮地取得了中國國籍。而「德先生」呢？由於歷史的曲折性，他一直步履蹣跚，九十年來在中國大地歷盡滄桑；在有些地方他受到尊重，在有些

地方人們始終對他投以懷疑的眼光，在有些落後地方他更飽受折磨。我個人認為，即使我們從現在的眼光來看，五四運動先輩們提出請「賽先生」和「德先生」入籍的主張仍然沒有過時，中國的現代化和中國的統一要依靠的不僅僅是「賽先生」的全力支持，沒有「德先生」的輔佐也將只會出現一個不健全的現代化和畸形的統一。今天，我們在回顧 1970 年代的保釣運動、也可以説同時紀念五四運動九十週年之際，實事求是地回顧歷史，客觀中肯地評估現狀，理想卻又務實地展望未來，也許是我們應有的態度。謝謝各位。

註　釋

1.　＊根據發言稿整理。

2.　＊德國法蘭克福胡氏翻譯所。

3.　＊錢偉長 (1912-)，江蘇無錫人，著名力學家、應用數學家、教育家。曾任中國科學院院士、上海大學校長、耀華中學名譽校長。為中國近代力學、應用數學的奠基者之一；費孝通 (1910-2005)，江蘇蘇州人，著名社會學家、人類學家、民族學家，中國社會學和人類學的奠基人之一；盧嘉錫 (1915-2001)，生於福建廈門、原籍台灣台南。為著名化學家，曾任中國科學院院長。

4.　＊羅馬俱樂部為義大利學者佩切(Aurelio Peccei)、蘇格蘭科學家金恩(Alexander King)於 1968 年 4 月所發起成立的。羅馬俱樂部為一非正式組織，其成立目的為：了解構成人類生存世界各種相異卻相關的政治、經濟、社會、自然等因素；促進新政策的訂定與推行。因此俱樂部曾推行「人類困境研究計畫」，企圖探究世界各國社會問題的種種複雜性。並通過對人口、糧食、工業化、污染、資源、貧困、教育等全球性問題的系統研究，提高公眾的全球意識，敦促國際組織和各國有關部門改革社會和政治制度，並採取必要的社會和政治行動。羅馬俱樂部於 1972 年所發表的報告《成長的極限》探討地球資源與經濟、人口增長率之間的問題，此書出版之後引發了許多公眾議題及關注。詳見米多斯(Donella H. Meadows) 等撰、朱岑樓等譯，《成長的極限》(台北市：巨流出版社，1974)，頁 1-4。

不要讓歷史批判我們是頹廢自私的一代
—— 從自覺運動到保釣運動的歷史回顧[1]

王曉波[2]

自覺運動的緣起與《新希望》

　　我高二借讀到台中市立二中後，矢志向學，有初中同學程立中，已先我考進台大就讀機械系，為鼓勵我考台大，每期都將台大的學生報紙《大學新聞》（週刊）寄給我。所以，我對台大學生的動態有一定的了解。

　　1963 年，高三下，我正在全力準備 7 月初的大專聯考，但在 5 月 20 日，台大學生發起了「自覺運動」。除了從報紙上看到的新聞外，還有《大學新聞》，程立中還順便寄來單張的《新希望》。

　　在《大學新聞》和《新希望》上，看到許多令人熱血沸騰的文章，尤其是有一行字：「不要讓歷史批判我們是頹廢自私的一代」，刺激了我久久不能自己，甚至一生。

　　1949 年，國民政府在大陸失敗，而遷來台灣，靠美國第七艦隊和《中美共同防禦條約》才把形勢逐漸穩定下來。政府號召「一年反攻，二年勝利，三年掃蕩」，已經十幾年了。或在台灣實行自由民主，但 1960 年，「雷震案」[3]發生，《自由中國》也停刊，知識分子的民主夢破滅，社會上一片「白色恐怖」的肅殺。憤怒青年李敖殺了出來，也只能拉胡適作虎皮，以文化論戰發抒對蔣介石統治的不滿。

　　當時的經濟也十分困難。記得，黃祝貴教授上課時說，當教授要用腦子，一天吃二個雞蛋補補應不為過。當時吃二個雞蛋都被視為奢侈。蘇薌雨教授上課說，當教授買本國外的原版書要十塊美金，相當教授一個月的薪水。學生更苦，學校餐廳，菜沒油水，肚子一下就餓了，故每餐必叫一片肥

豬肉，記得《大學新聞》有文章形容那片肥豬肉説，把餐盤放下，轉個身，一陣風來，肥豬肉就不見了。

在文化學術上，凡滯留大陸的作家學者，一律成為「附匪作家」、「附匪學者」，所有的著作，一律不得出版，不准看，連圖書館的書也必須封藏起來，不得外借。

時光復還不到二十年，台灣作者學者的著作有限得很，上課只能靠老師的講義和筆記。記得，中國哲學史的課，要用馮友蘭在三十年代商務印書館出版的《中國哲學史》，後來有書商翻版改名為《中國思想史》，並隱去著者姓名，還是被警總抓去。所以，薩孟武教授説當時台灣是「文化沙漠」。亟於求知和尋求思想出路的知識青年，只能到牯嶺街舊書攤去尋找精神糧食。

當時的大學生在經濟上沒有前途，在政治上沒有出路，在思想上沒有方向，而只能噤若寒蟬的「來來來，來台大；去去去，去美國」，各奔前程。置國家社會於不顧，為了高分數爭取國外獎學金而不擇手段。

適時，有美國留華學生狄仁華，在學成離台之際，發表〈人情味與公德心〉一文指出，台灣的中國人充滿人情味，使他留學期間倍感溫暖，但筆鋒一轉，他又發現台灣學生不顧公平，考試作弊；上下公車爭先恐後，只顧自己方便，亂拋垃圾，亂停自行車，不顧及公德。[4]

接著駐德大使台大法學院教授俞叔平返國，發表〈遊德觀感〉，描述戰敗後的西德，大家以高度的愛國心，僇力於重建家園，克勤克儉，刻苦奮鬥，德國俾斯麥鋼筆行銷全球，但德國大學生卻在課堂上以鉛筆筆記；筆記紙多是印刷過的反面紙。

台大學生因此刺激而發起「自覺運動」，呼籲同學自覺自省，要關懷國家民族前途，不能一味頹廢自私只顧自己的出路。

我在台中市立二中也受到「自覺運動」的激動，聯合同學討論，決定在校內張貼海報，油印傳單。當時的市二中訓導主任正是我高二的導師，對我頗為賞識，不但鼓勵我們同學響應「自覺運動」，並且支援我們油印機，還要我

朝會上台向全校同學報告「自覺運動」的意義。台中市救國團也支持「自覺運動」，要我們去參加座談會。一時間，把準備大專聯考的功課都放下了，到處奔走呼號，呼籲青年要「自覺」，似乎只要青年「自覺」了，國家就有希望了。如今回想起來，不禁莞爾。

還好，那年秋天順利到台大註冊上課，我就積極尋找《新希望》，在男生第五宿舍 203 室，認識了鄧維楨和林孝信、劉源俊。後來，又認識了「自覺運動」發起人劉容生，還有台中一中來的劉凱生、劉君燦、袁家元；從鄧維楨那裡，又認識了他白沙屯的同鄉，到台北念大學的王順、郭耀鵬。還有張系國、郭譽先、胡卜凱。後來，劉容生又介紹了汪其楣、黃碧端參加《新希望》。

那個時候，好像是鄧維楨負責編輯，要從單張報紙型改為雜誌型，要我接任主編，我也義不容辭。我大一邏輯上的是殷海光教授的課，殷先生是《自由中國》的骨幹主筆，在台大力倡自由主義，極為台大學生所推崇。受了殷先生的影響，《新希望》也由王順譯出西方學者介紹自由主義和民主的文章，也有介紹英國自由主義大師羅素的文章。甚至還刊出殷先生的文章。

經過同學們討論，我們還發表了社論〈扛起「科學與民主」的大旗〉，文章中說：

> 將近一年半的苦思焦慮，我們知道：公德心之缺乏和中國之衰弱並非問題的根本所在，只是問題的表象；真正問題的根源，在於傳統的文化和現實的環境，而現實的環境是來自傳統的文化。……我們認清了，有而且只有「科學民主」是我們步上現代化的正途，但由於時代的關係，我們對「科學民主」的認識，將不止於「五四」時代的青年。

當時，我們企圖超越五四時期的新文化運動，而重新認識「科學民主」，但仍突破不了素樸自由主義的幼稚。這應該是受殷先生和當時中西文化論戰的影響。

國民黨的政戰系統，一向視自由主義為「危險思想」，甚至刊出殷先生的文章，更是直接的挑戰。學校當局停刊《新希望》的理由，並未以思想為由，

而是指《新希望》設有各校聯絡人（例如，師大是王紘久【拓】，文化學院是高信疆），違反了救國團的規定，學生不得有跨校的組織活動。

我們向錢思亮校長和救國團陳情說明，也都無效而不了了之。最後，我們印發了一份單張說明停刊的原委，寄給各社員，《新希望》也就不再出刊了。

《新希望》遭停刊時，我還去找到李敖，希望《文星》能予聲援，李敖也答應了，但最後還是「黃牛」了。事隔幾年後，在李敖信義路的四樓，他還出示已製好的《新希望》停刊說明的鋅版圖片給我看，鋅版都製好了，但《文星》也不便刊出，可見當時對學生運動的敏感。

《大學論壇》要開保釣座談會

《新希望》停刊後，林孝信率一些理工科的同學，和《新生報》接洽，將其《兒童週刊》改為《科學週刊》，邀集同學們寫稿，向中學生介紹一些科學新知。大學畢業當完兵後，林孝信出國了，一些同學們也紛紛出國。後來傳出林孝信（綽號「和尚」）在暑假中，在北美各校園到處化緣，五塊、十塊、一百塊，數目不拘，為創刊《科學月刊》募款。並在各大學區成立編輯小組，又發行《科月通訊》聯繫各地留學生。

一些文科的同學，何鴻鵬、胡基峻、王中一和我就去接編學生刊物《大學論壇》，後來又因刊出袁家元的一篇文章，學校不但處分了社長和總編輯，而且處分停刊到新一屆接手。

因受到「自覺運動」的影響，雖《新希望》停刊了，同學們相聚還是談一些國家前途的問題，和一些觀念的問題。當時真不知道怎麼有那麼多的話要談，宿舍寢室十點熄燈，拉到餐廳再談。記得一個秋天的傍晚，在校門口和張系國相遇，拉到傅園裡談，到九、十點鐘還捨不得停，秋涼，還透過傅園圍牆的洞口，向當時羅斯福路上違建的小店買一瓶小高粱禦寒再談。

當時實在是很苦悶，能有好朋友交換意見，推心置腹的談，心情就舒坦許多。談的內容，包括蔣介石的大陸失敗、白色恐怖。還有被封鎖的大陸訊息，從報紙的字裡行間看來的，或以訛傳訛聽來的，韓戰、中印戰爭、越戰，又是原子彈，又是「文化大革命」，中共在我們心目中，既恐怖，又神

祕，又了不起。但大家還是有一個共識就是知識救國、教育救國，而理想是
自由民主，並且認識到，自己的國家只有自己救。

　　我 1967 年大學畢業，服兵役一年。鄧維楨在心理系畢業後，家裡給了
他一筆錢，到台北創業，他把這筆錢創辦了一個出版社，出了一本《杜鵑花
城的故事》，另外，又創辦了《大學雜誌》。

　　《大學雜誌》本是鄧維楨
獨資的，預計是不能賺錢
的，原想以出版社養雜誌，
但又估計錯誤，《杜鵑花城的
故事》雖預約情況不錯，但加
印數量太大而滯銷，資金就
週轉不過來了。雜誌辦了三
期就難以為繼，於是，找了
學長陳少廷和同鄉郭正昭，
郭又拉了其近史所的同事張
俊宏，共同投資雜誌，期望
六期之後，收支可以打平，
自給自足。我們這些沒有錢
投資的同學就當義工。

　　雜誌在 1968 年創刊，當
時我在澎湖當兵，休假回台
北，還到老鄧那裡幫忙裝
書、捆書、寄書。還到各大

■　《大學雜誌》第 124 期。

學學生宿舍去推銷雜誌，我還陪老鄧騎車到世新去請教新聞界老前輩成舍我
校長如何辦雜誌。後來，張俊宏在《我的沉思與奮鬥》(1977)中回憶說：

　　《大學雜誌》是民國五十七年一月創辦的，創辦者為鄧維楨，這是一位耐力
　　強韌而且極卓越的文化拓荒者，他自己出錢出力，胼手胝足，一手策劃這
　　個雜誌的誕生，當時他不過是大學二年級生，他找了一位苗栗鄉下的教員

林松祥作發行人。早期的總編輯是何步正，也只不過是台大經濟系一年級的學生，兩人可謂少懷大志，當時主要編輯是郭正昭、陳少廷、王順、王曉波等人。創業維艱，鄧、何二位當時尚是在學青年，財力非常有限，僅憑其熱情奔走呼號，幾乎耗盡了所有的時間與精力於《大學雜誌》上，王曉波等人更如沿門托缽僧，在台大宿舍挨戶推銷，大家全憑一股衝勁，想為這個沈悶的時代開闢一個可以提供新鮮空氣的窗戶。

《大學雜誌》還是難以為繼，後來，張俊宏接手，找來他的堂弟和青商會的一些朋友，並擴大陣容邀請丘宏達擔任名譽社長，楊國樞擔任總編輯，時張俊宏任職中央黨部，又找來同事許信良、包奕洪，還有胡佛、李鴻禧等一些改革派的青年學者，聯名發表〈台灣社會力的分析〉、〈國是諍言〉、〈國是九論〉，蔚為一時台灣改革派的主流。老鄧則是黯然離開了他一手創辦的《大學雜誌》的核心。

釣魚台列嶼主權爭議當緣自於 1969 年 11 月，尼克森總統和佐藤首相協議，戰後由美國托管的琉球行政權，將於 1972 年歸還日本，其理由是「琉球之剩餘主權仍屬日本」。

1970 年 1 月 4 日，羅馬《和平報》於紐約聯合國總部發電報導：

這些島嶼（釣魚台列嶼），一直屬於中國，1896 年（當為 1895 之誤）被日本占領，而於第二次世界大戰結束時歸還中國。由於這些島嶼無人居住，故無人注意之。現在由於油礦之發現，日本遂故意認為是琉球群島的一部分，尖閣群島位於中國大陸與琉球之間，非常接近台灣，明顯在亞洲分界線之內。

爭議出現之後，日本水上警察開始驅趕並毆打在釣魚台海域作業的台灣漁民。9 月，於是有《中國時報》記者登陸釣魚台，升旗，泐石宣示主權。日本方面，亦迅速派員扯下中華民國國旗，並銷毀台灣漁民在釣魚台島上避風的一切設施。中華民國國旗由日本外務省交還中華民國駐日大使館，但旗幟的右上角已被撕裂。時台大教授薩孟武評論說：「二十年前的戰敗國，遇到二十年後的戰勝國，未經一戰，而態度軟弱如此，實出乎全國國民意料之外。」

　　記得，被撕破的國旗照片還是在進口的《星島日報》上看到的，當時我就找王順，分別到圖書館去找報紙，抄資料，由我整理資料執筆寫成〈釣魚台不容斷送〉一文，適我手中有抗戰時期羅家倫出的一本書，當時在台已絕版，其中收錄了他執筆的〈五四宣言〉，我就把他最後的二句話：「中國的土地可以征服而不可以斷送，中國的人民可以殺戮而不可以低頭。」引述在文章前面以示決心。

　　王順與我和《大學雜誌》關係匪淺，所以，我們先投稿《大學雜誌》，但遭退稿，十月號刊不出來，所以才退而求其次，打電話給《中華雜誌》的胡秋原先生，胡先生要我把稿子拿去給他看，在他景美家的客廳裡，他看完稿後說，「可以刊出」，但題目要改，原來的題意是指責政府「斷送」釣魚台，可能有人惱羞成怒，故題目可以改成〈保衛釣魚台〉，鼓勵政府「保衛」總是應當的。

　　文章果然在十一月號《中華雜誌》刊出，劉源俊在〈釣運二十五週年紀念會〉上回憶說：

> 在這我想先說明一下《科學月刊》與保釣運動的關係，兩者有什麼關係呢？是這樣的，在當初一些有良心的年輕人在美國留學的時候，要為家鄉辦一份刊物，那就是《科學月刊》，等到《科學月刊》出刊快到一年的時候，釣魚台運動開始，最先是民國五十九年十一月，當時有念理工科的七位朋友，在普林斯頓大學有個聚會，胡卜凱（胡秋原先生的公子），看到了《中華雜誌》王曉波所寫的一篇文章，他就認為應該在全美發起釣魚台運動，怎麼發起呢，美國留學生那麼多，究竟要如何串連起來，於是想到了《科學月刊》。因為辦《科學月刊》我們有一個聯絡網，從芝加哥發行出來，因此胡卜凱就跟林孝信聯絡，問他可不可以利用《科學月刊》的聯絡網來推行保釣運動。林孝信打電話到全美國各地徵求意見，終於，從十二月開始連三期的《科學月刊》討論號，收集各地談保釣運動的文章，《科學月刊》聯絡網也因此成為釣魚台運動的聯絡網。（《海峽評論》，一九九五年七月號）

　　直到 1970 年 12 月 4 日，中共新華社，才首度發表聲明，釣魚台列嶼是屬於中國台灣省。後來所扣「與匪唱和」、「為匪統戰」的帽子完全是無稽的栽贓。

《科學月刊》的聯絡網就是《科月通訊》，透過《科月通訊》的討論，1971
年 1 月 29 日及 30 日，美國東西兩岸台灣留學生分別舉行示威遊行。我還記
得有參加遊行的同學來信說：「在台灣冰封了的愛國熱情，居然在異國的冰
天雪地裡融化了。」各地台灣留學生手抄油印的小字報也蓬勃發展。張系國
和黃樹民則不斷郵寄各種小字報給我。

我們得到留美學生抗議示威的訊息後，也很激動，有一夜，邱立本、張
嘉廣到我和賴武靖的住處，商議到美國大使館前靜坐抗議，大家帶上毛巾、
牙刷、學生證，準備被逮捕之需。然後，二部摩托車四個人到北門美國大使
館前勘查地形，發現美國大使館門前太寬，四個人坐下去根本沒人理，抓走
也起不了作用，只好作罷。

後來有新接編《大學論壇》的錢永祥、盧正邦、謝史朗、黃道琳、鄭鴻生
等來找我，《大學論壇》想辦「釣魚台問題座談會」，他們知道我寫過文章，整
理過資料，記得在汀州路的一家小咖啡館裡討論了一個晚上。《大學論壇》決
定要開座談會。

台大保釣委員會與六一七示威

《大學論壇》的座談會還沒開，1971 年 4 月 12 日，台大香港德明校友會
即在台大校門入口處貼出第一張海報，聲明：「釣魚台是我們的，我們堅決
的抗議日本無理的要求，美國荒謬的決定，我們永遠支持政府！」於是台大
校園沸騰起來。台大學生代聯會也貼出六點聲明的海報。

1. 我們堅決支持政府對釣魚台的堅定立場。
2. 我們台大人誓為政府後盾。
3. 要求美國政府尊重我國主權。
4. 我們嚴正抗議美國政府的偏頗聲明。
5. 反對日本的無理要求。
6. 奉勸日本勿重蹈軍國主義的覆轍。

楊肅獻在〈學生民族主義的昂揚 —— 保衛釣魚台運動〉中說：

在林林總總的抗議海報之中，最能激發台大學生民族意識的是台大《大學

論壇》社從農推館（現台大哲學系館）側面屋頂上垂下來的巨幅海報，這幅海報引用了「五四運動」的宣言，云：

中國的土地可以征服，不可以斷送。

中國的人民可以殺戮，不可以低頭。

五四時代學生的愛國情操與抗議精神，注入了台大學生的血液之中，民族主義情緒在台大學生心中昂揚起來了，在這種激昂的民族意識的推動之下，保衛釣魚台運動漸漸步入熱烈的階段！

洪三雄也在《烽火杜鵑城：七〇年代臺大學生運動》一書中說：

這對扣人心弦的警語，像在默默泣訴中國人的血淚。每一個踏進台大校門的師生，都自然映入眼裡，痛在心裡。五四運動的歷史精神，彷彿一下子又復活、瀰漫在台大校園。各學生社團紛紛推出不平則鳴的文字。

郭紀舟則在《70年代台灣左翼運動》一書中，分析〈保衛釣魚台〉一文對保釣運動的影響有四點：

從王曉波的描述可知台灣的輿論界對於釣魚台事件已經沸騰到極點，然而國民黨爭取釣魚台主權的態度過於遲緩以及曖昧，對具「理想主義」的青年早已是無法忍受的事情。整個運動發起的理想主義心理因素，具有歷史背景的震盪：1.六〇年代後期國際地位衰落，退出聯合國及中美外交正常化，以及王曉波所言外交部只會「辦理絕交事宜」，對台灣命運給予極度的刺激；「五四」的學生運動精神，長久以來殘存在具有「理想主義」的青年中，王曉波文章開頭副標題以五四運動的宣言，企圖借用五四運動的歷史正當性，喚起青年的行動主義；每個擠破頭進大學的學生，對日本侵略中國的近代史，都有深刻的「背誦記憶」，「反日」思想容易被激發出來。

4月13日，台南成功大學學生，首先在校園內遊行抗議美日授受釣魚台。4月14日上午，台大僑生自動前往日本大使館抗議，並由參事武藤武山接受抗議書。中午，政大學生在校園內舉行保釣座談會及抗議遊行，並派學生代表向美日大使館遞交抗議書。4月15日，各校僑生千餘人在美國大使館前集結，向美國大使遞交抗議書。這些抗議活動我都沒有參加，但卻協

助過台大總教官張德溥處理過 4 月 15 日僑生示威的事宜。

　　1977 年 5 月號《綜合月刊》有〈一位令人懷念的訓導工作者——台大前總教官張德溥〉，當時張總教官在台大處理學生保釣運動，被攻訐為「一手提汽油桶，一手拿滅火器」而黯然離去，並被迫卸下軍裝，且文中與事實有出入，我還去函澄清補充説：

一、當天的時間是六十九年四月十四日，我尚是台大研究生而非「老師」。據當天中央社電，台大學生數十人（為僑生）至美、日大使館遞抗議書。政大學生在校園發起抗議遊行，並舉行座談會。下午我與王杏慶、賀陳白到訓導處主動求見張總教官，要求本地生亦得參加抗議。張總教官問明來意及姓名，指著攤在桌上的學生資料向我說：「有關單位正要調查你的資料，我剛剛調出來。」並說他是剛剛處理完當天的僑生遊行趕回學校的，且言「保衛國家領土是我們軍人的天職」等語，使我們都很感動。

二、當晚，張總教官找陳鼓應先生同赴我當時住處，適我不在，同住者打電話給我，要我即與張總教官聯絡。晚十二時與張總教官在古亭市場前陸橋下見面共往僑生宿舍，而陳鼓應未同往。張總教官告之，明天（十五日）僑生又有遊行示威，但有外國元首來訪，當局要求制止，只要過了這幾天，一定會給同學公開機會，不必「偷偷摸摸」，因我對釣魚台略有研究，故要我同往協助。

三、在僑生宿舍展開冗長的談判，最後各僑生領袖均答應取消，而由張總教官保證在台大舉行全校性的「保釣大會」。當時已是十五日凌晨五點了，突然有人提出，許多同學均住校外無法通知，勢必集合於現場，無法控制。事實如此，亦無辦法，故張總教官只得當場與有關單位聯繫，只聽到張總教官在電話中力爭不可「封鎖現場」，只可「維持秩序」。然後又開始對各僑生領袖分配任務，並指示在場教官準備擴音器交由學生使用。

四、事後張總教官實踐允諾，舉行全校性「保釣大會」於台大體育館，時四月二十日，並成立「保釣委員會」，而展開了將近一年多的「保釣運動」。最大規模的一次是「六一七示威遊行」。爾後又有「社會服務團」、「抵制日貨」，促成青年對國家民族觀念覺醒，甚而影響到「鄉土文學」的

再次抬頭，及反「崇洋媚外」的思想運動。

五、在此期間，我與張總教官接觸甚多，他的果決、擔當、明智、愛國和民主的作風，相信當時的台大師生均曾留下深刻的印象。事後想來，如果不是張總教官，當時的台大不是變成無政府狀況，就將發生不幸事件。最後在忌才妒賢之下，張總教官離開了台大，後又無可奈何的卸下了軍裝。記得那天傍晚，在張總教官的書房裡，他說：「我為抗戰投考軍校，國家危難時從不離開國家，幾十年來自信對得起國家民族，最後不得不脫下穿了半輩子的軍裝。」言罷黯然淚下，時窗外夕陽的餘暉亦漸逝去。英雄的眼淚畢竟是不能輕彈的。

4 月 20 日，全校性的「保釣大會」，在台大體育館舉行，會議主席是代聯會主席李大維，訓導長、總教官、各學院院長都到會列席，整個體育館人山人海，擠得水洩不通，洪三雄在《烽火杜鵑城》中回憶說：

我率先主張保釣運動有成立常設機構的事實需要。只有如此，才能有具體的組織來領導台大人，進行有系統、有計劃、有意義的愛國行動。

大學論壇社社長錢永祥（哲學三）一個箭步跟在我後面上台，神采奕奕、慷慨激昂地支持我的建議。一時之間，彷彿道出了與會同學的心聲，會場熱烈洋溢著成立常設機構的情緒，一瀉千里，不可抑遏。趁此群情高漲、人心鼎沸的時刻，哲學研究所研究生王曉波適時走上發言台，他高舉著瘦小卻充滿悲憤和力量的拳頭，聲嘶力竭地高呼：「保衛釣魚台常設機構委員會立刻成立！」

就這麼簡潔的一句話，引來全場歡聲雷動。雖然釣魚台的命運仍在未卜之天，但是對台大學生而言，有機會從事學生運動，而且是名正言順的進行，在當時政治禁忌支配下的封閉社會，無異是天大的挑戰。這個挑戰，不也正是大學生突破禁忌、開放社會的希望所在？

我不是台大「保釣委員會」的委員，「保釣委員會」成立後，做了那些具體的事，我不清楚。

　　期間，有政大的一些研究生，包括李慶平、陳揚德、王唯民，邀我一起去見救國團執行長宋時選先生，宋先生和藹可親，這是我第一次見到宋先生。記得，宋先生當時說，他到台大散步，見到德明校友會的海報，並認為年輕人是應該站出來表達意見。於是，政大的同學七嘴八舌，要求上街示威，要求教官不要撤除保釣海報。宋先生當場表示，上街遊行茲事體大，不可行。但在校內，貼海報和遊行應無問題，並且說，要告訴各校教官不可撕保釣海報。後來，政大同學回校貼海報，都被校方移到四維堂的後面，不起眼的地方。同學去和校方理論，校方說：「救國團答應你們貼海報，你們貼到救國團去好了。」

　　後來，消息傳來，美日將於 6 月 17 日正式簽約 1972 年將琉球（含釣魚台）歸還日本。台大「保釣委員會」緊急開會，決議上街遊行示威，這是何等大事，俞寬賜訓導長當然不肯答應，而和同學僵持。據我所知，又是張總教官去和上級溝通，我想應該是到最高層級的蔣經國，才勉強的答應，還有不少附加條件。臨時，「保釣委員會」要我起草三個文件，一是告全國同胞書，另二是對美國及日本的抗議書，要求簡短、明瞭、有力。怎麼寫？還好我手邊有羅家倫的書，即模仿〈五四宣言〉寫成〈告全國同胞書〉。

　　16 日夜，同學正在最後商議明天上街事宜，有教官從外邊進來說，上級的指示，誰主張上街遊行就逮捕誰。一時間整個會場空氣凝結，突有韓國僑生杜學城起立說，「請逮捕我，我主張遊行。」接著一個個同學都站起來了。後來，又是張總教官去溝通，因軍方不知中央已同意學生上街，而有這一指示。

　　有關 6 月 17 日台大學生示威遊行，當時我曾有一篇〈六一七學生示威紀實〉同時發表於 7 月號的《中華雜誌》和《大學雜誌》。

　　在保釣期間，陳鼓應和宋時選先生時有往來，跟宋先生說，王曉波對政府的釣魚台處理有意見，於是宋先生請當時任外交部北美司司長的錢復找我談，和錢復談完後，我大致了解政府處理釣魚台問題的立場。經錢復同意，回來後，我把談話內容整理出來，並先給錢復過目，經修正，準備發表，但錢復後來又說不要發表。我把錢復的修正稿給陳鼓應看，結果，陳鼓應強行發表在《大學雜誌》，那就是〈釣魚台問題對話錄〉。

雖然忙於保釣，但我還是把碩士論文寫完，順利從哲研所畢業，當時哲研所畢業的同學，大概有二條路，一是出國進修，一是擔任一年助教後改聘講師。我因政治犯家屬從小被列入監管名單，又何況是殷海光的學生，是與李敖（時李敖已被捕）過從甚密的小弟，自忖出國不可能；哲學系助教競爭又很激烈，除了殷先生（時已歿）外，在系裡，我和其他師長、學長也不甚往來。所以，我就要人類系的同學莊英章陪我去見中研院民族所所長李亦園，試試看民族所是否有助理研究員的可能。李所長了解了狀況後說，即使我們所方通過你的人事案，但到院裡人事室也一定通過不了。我只好黯然而返。

我把此事告訴了陳鼓應，鼓應又去告訴宋時選，宋先生問我是否真實後，就派救國團校園組組長去拜訪李所長，「如果你們有意錄用，王曉波的安全問題，宋先生負責。」後來，哲學系錄用助教以畢業成績為標準，我即被錄取為助教，校方人事室也通過了，大概也是「宋先生負責」罷。我這一生受過不少政治的迫害和打擊，但也受過不少國民黨長輩的呵護和幫助。因此，自8月1日起，我就不再是台大研究生，而是校長發聘書的台大助教了。

為了溝通政府和學生的意見，由宋時選先生倡議，那年暑假還在國民黨革命實踐研究院分別為大學部和研究生學生代表舉辦了二梯次的「國家建設研討會」，請來各部會首長答覆學生的各種問題。我那一組的〈釣魚台事件與當前外交〉的總結報告是我執筆的，刊載在救國團的《幼獅月刊》。

研討會結束後，蔣經國以救國團主任身分分批接見學生代表，我這一批，除了我外，還有李慶平、李慶華、顧意文（女）。顧意文對國民黨批評得很嚴厲，但蔣主任只面帶笑容，很客氣，沒回應。最後輪到我，我一開口便說，「蔣主任不找我，我也想找蔣主任報告。今天我是有備而來，希望能知無不言，言無不盡，有所冒犯還請海涵。」蔣主任很客氣請我講話，旁邊有人筆記。後來不覺中蔣主任有所回應，而且為「安定中求進步」還是「進步中求安定」而辯論起來。

1971年10月，中華民國被逐出聯合國，那時我和王杏慶、賴武靖等租屋住在興隆路的一條巷子裡，各人有各人的書桌、床鋪，客廳沒有傢俱，客人來，在客廳團團坐，鋪上報紙，擺上花生米、豬頭皮、滷鴨頭，加上紅標米酒，就海闊天空起來。我剛研究所畢業當助教，王杏慶也在森林研究所畢

業，等著申請美國獎學金出國，並替晨鐘出版社譯書為生，還有二位也是剛畢業的。來過我們那裡的人可不少，包括當過教育部長的黃榮村和當今總統馬英九。

那天，被逐出聯合國的消息傳來，大家都非常震動，並且，廣播宣布，晚上七點，蔣介石總統將發表廣播訓話。那晚，一些朋友不約而同的聚集到我們住處來，同樣，報紙鋪上，花生米、豬頭皮、豆干擺上，老米酒倒上，打開收音機聽完老蔣廣播，大家心情都很沉重，喝著悶酒。

突然，王杏慶起身到他的房間拿出他千辛萬苦申請得來的美國大學入學許可，當眾撕掉，說「我不去了」。第二天他又打了一封英文信給他的指導教授，大意是，我的國家遭逢了前所未有的困難，我必須要和我的國家及人民在一起，不能出國留學了，而婉謝其指導教授的好意。

不久，張總教官又派人來通知我，蔣主任要再次單獨約見我，我就帶著王杏慶給其指導教授的英文信去見蔣主任。蔣主任看完信後，我就說：「我們青年人也許有些意見與政府不合，但是，我們的愛國熱忱也絕不亞於政府官員，為什麼政府老是用懷疑的眼光來看待青年？」這次和蔣主任相談甚歡，沒有再辯論。並且，他還交代，你們朋友對政府有什麼意見，大家集思廣益，寫出來好讓政府參考。

回來後，我首先去找鼓應，再去找楊國樞，《大學雜誌》繼〈國是諍言〉之後的〈國是九論〉就是這麼出爐的。

不久，張總教官來跟我講，如果我要出國留學，經費的問題不用考慮。我則以國難當頭不能離開台灣婉拒了。後來我知道，這是宋先生傳達蔣主任的意思，要張總教官告訴我。

另外，我見過蔣主任後，記者開始來我們住處採訪杏慶，一時間，杏慶變成了台灣的「愛國明星」。而且，還有施啟揚來看杏慶，說是要表揚他的好人好事，農復會願以歸國學人的待遇禮聘他，都一概被杏慶拒絕。但大家有話要講，而由杏慶領銜，大家聯名，我執筆在《大學雜誌》發表了〈這是覺醒的時候了〉，我們矢言「誓與一千四百萬同胞共存亡同死生的決心和信念。」

後來，杏慶憑自己的能力謀到一份記者的職業，這是他踏進新聞界的第一步。

〈一個小市民的心聲〉和台大哲學系事件

保衛釣魚台無能為力，海外釣運很快轉向統運。我們在島內，也有些思想敏銳的朋友，想到保釣之所以無能為力，是由於中國人的不團結，國家沒統一。但台灣的現實政治如何統一中國，除了官方的口號外，「統一」遂成為政治的忌諱。

經過與政府的溝通，我們也知道，政府對保釣也無能為力。但這股青年愛國的熱情往何處去，遂轉向於民主運動和社會運動。

洪三雄和陳玲玉當時接掌法學院的法代會和《法言》，便連續在法學院舉辦「民主生活在台大」和「言論自由在台大」，都引起轟動，新接任知青黨部書記長的馬鶴凌也列席過座談會。當時，馬英九以學生聽眾的身分，還曾在台下起立發言表示對言論自由的支持。陳鼓應則在座談會上，力倡言論自由和開放學生運動。各校學生紛紛成立「大陸社」、「國事社」。

此外，當時台灣經濟正值轉型時期，農村凋敝，工傷頻傳，礦災頻繁，治安敗壞，當時，王杏慶就和新任代聯會會長王復蘇在台大力倡大學生走出象牙塔，關懷社會，關懷弱勢，而有「百萬小時奉獻」、「台大社會服務團」，各校的「慈幼社」、「愛愛社」也紛紛成立。

我則與陳鼓應走訪過「飛歌女工怪病案」的飛歌工廠[5]，還和鼓應、張系國走訪過烏腳病區和台西、麥寮的貧困農村。並且，要求楊國樞在《大學雜誌》闢出「社會之窗」的專欄，每期報導和評論社會事件。我個人則在《台灣日報》有「有話就說」的小專欄，每週寫短評，也以社會事件為主。

到了 1972 年 4 月，美日交接琉球，台大校園掛滿了抗議的標語，王復蘇則發動學生在傅鐘下靜坐絕食抗議，同學們在大雨滂沱下，被架上台大醫院救護車送到醫院。

由於陳鼓應力倡開放學生運動和民主廣場，而引起《中央日報》連載〈一

個小市民的心聲〉反擊，並將該文發至各中學研讀。洪三雄等則在法學院舉
辦座談會回應之，記得那天晚上，在法學院第一教室，擠得滿滿的，沒位子
的坐在地上，連窗口都掛滿了人。我則以〈為三民主義作辯護〉為題，指責
〈一個小市民的心聲〉是違反三民主義，攻訐三民主義的。另外，我還針對
「孤影」而以「獨人」的筆名寫了一篇〈也是心聲〉和〈一個小市民的心聲〉唱
對台戲，「獨人」的文章流傳一時，也在海外刊物多有轉載。

　　座談會完，中央黨部要看我的講稿，我也奉命交上，後來說陳裕清主任
要見我。當時李慶平已畢業，任職中央黨部，是他陪我見陳主任的。

　　陳主任一見我就說，不可以把三民主義當做教條。我完全首肯。但接著
他說，最為人民服務的共產主義蘇聯也要走修正主義的道路。我立即反應不
同意，我不認為共產主義蘇聯是「最為人民服務」的，並且，我認為三民主義
什麼都可以修正，就是「為人民服務」不能修正。陳主任接著說：那你講的三
民主義是新三民主義囉。當時我並不知道「新三民主義」是中共的說法。[6]但
立即反駁說：我根據的三民主義都是國父在民國十三年以前的舊三民主義，
修正過的三民主義才是新三民主義。那次見面可說是不歡而散。後來，聽說
陳主任還是國民黨裡的開明派，如今回想，實覺自己年輕莽撞。

　　中華民國被逐出聯合國後，校園裡出現「台灣獨立」和「兩個中國」的想
法，而反對保釣以來的民族主義。72年秋後，孫慶餘等人接編《大學論
壇》，要舉辦「民族主義座談會」，邀了我和鼓應，更邀了一些所謂自由派學
者和陳裕清主任來對付我們。事前我們有消息，鼓應嫂反對出席，我也不贊
成去，但鼓應堅持應戰，我只好捨命陪君子，那時我已改聘講師。

　　12月4日晚上，台大森林館第一教室，又是窗口都掛滿了人，不意，
整個會場的氣氛，被鼓應和我帶到高潮。有馮滬祥起立發言，指責鼓應言論
不當，接著又有錢永祥指責馮是「職業學生」。

　　我在演講中則力主「愛國才能反共」，三民主義就是反共和統一中國的利
器，而反對分離主義。十年後，1982年，才有國民黨陳立夫提出「三民主義
統一中國」。

座談會後，除了錢永祥為「職業學生」被記大過外，校園裡則出現圍剿我和鼓應的文章，「紅帽子」飛舞，另也有學生反駁，各學生刊物壁壘分明，紛紛刊出論戰的文章，而出現戰後校園內的第一次的統獨論戰。

「民族主義座談會論戰」因寒假而中斷。寒假結束，我從台中回台北，已傳出盧正邦被捕，又錢永祥、黃道琳被捕，終於在元宵節的那天晚飯後，警總人員到我廈門街住處，出示約談公文，把我帶到警總偵訊，一小時後，又到景美約談鼓應。偵訊了二十四小時，由校長閻振興把我和鼓應保釋出來，錢永祥等學生也陸續保釋出來。[7]

約談事件後，楊國樞辭《大學雜誌》總編輯，編委會也作鳥獸散，七〇年代初，風雲一時的台灣知識分子改革重鎮的《大學雜誌》也煙消雲散。

1973 年暑假，陳鼓應首遭台大解聘，台大哲學研究所停止招生一年。74 年暑假，趙天儀和我也遭解聘，後來哲學系又陸續解聘了黃天成、郭實渝、李日章、胡基峻等人。在台大校史上稱之為「哲學系事件」。[8]

我從「自覺運動」進台大，到「保釣運動」出台大，雖我這一段台大生涯於焉結束，然「不要讓歷史批判我們是頹廢自私的一代」已應勉力為之了。對保釣，對「哲學系事件」，我從來沒有為自己喊過一聲冤，這是我「自覺」的選擇，「九死而無悔」！

註　釋

1.　＊專文。

2.　＊時為中國文化大學哲學系教授。

3. ＊雷震(1897-1979)，浙江長興人，1917 年留學日本期間曾入中華革命黨，1926 回到中國後曾在國民政府內任重要職位。1949 年與胡適、王世杰、杭立武等人在上海籌辦《自由中國》雜誌，但因國共內戰未果。同年 11 月，國府來台後，《自由中國》於台北創刊，由當時人在美國的胡適任發行人，但出版發行事宜則由在台的雷震一手包辦。《自由中國》初期因擁蔣反共立場獲得國府支持，但由於堅持言論自由的原則，對蔣威權政體有所批評，並企圖成立新黨，而遭封鎖。雷震亦因此被判刑入獄。

4. ＊見本書劉容生專文，〈《新希望》與自覺運動〉。

5. ＊飛歌公司 (Philco)於 1919 年在美國創立。1966 年來台設廠，廠址在淡水，註冊為台灣飛歌電子公司，以生產電視遊樂器和家用電器外銷為主。1972 年，淡水飛歌工廠女工接連發生肝中毒事件，台大公衛系教授柯源卿因此展開調查。他發現工廠使用溶劑含有高濃度的四氯乙烷，女工長期接觸有毒溶劑，造成傷害。柯的調查寫成報告，震驚台灣社會。關於飛歌事件的一系列調查報告，發表於《台灣科學》期刊。參見柯源卿、林宜長、徐型堅、王青柏，〈電子工業中毒型肝炎調查研究：第六報：某 Coli 工場去污之分析及其肝炎原因的考察〉，《台灣科學》，32:3（台北，1978.8），頁 74-77。

6. ＊所謂新舊三民主義之爭乃是國民黨與共產黨爭奪孫中山理想的詮釋權爭奪。毛澤東指出，新三民主義是以聯俄、聯共與扶助農工三大政策為基礎的。見毛澤東，〈新民主主義論〉，《毛澤東選集》（北京：人民出版社，1940），頁 623-670。

7. ＊關於民族主義座談會論壇更詳細的討論，可參考鄭鴻生，《青春之歌：追憶 1970 年代台灣左翼青年的一段如火年華》（台北：聯經，2001）。

8. ＊台大哲學系事件是指 1972 年 12 月到 1975 年 6 月之間，由國民黨特工系統以「反共」之名，對國立台灣大學哲學系內自由派學者進行整肅的一連串行動，並導致台大哲學系教職員包括趙天儀、陳鼓應、王曉波、陽斐華、胡基峻、李日章、陳明玉、梁振生、黃天成、郭實瑜、鍾友聯、黃慶明及美國籍客座教授馬汀 (Robert Martin) 遭解聘，台大哲學研究所更破天荒停止招生一年。關於台大哲學系事件的始末，詳見趙天儀的記述。趙天儀編著，《臺大哲學系事件真相：從陳鼓應與「職業學生」事件談起》（台北市：花孩兒，1979）。

僑生是台灣保釣運動的先鋒
—— 1971 年政大僑生示威遊行突破戒嚴法的回憶[1]

邱立本[2]

在 2009 年的春天，回憶 1971 年台灣保釣運動的日日夜夜，就好像走進了時光隧道，發現一些本來早已被歲月沖走的風景，嗅到那些早已飄遠的味道，聽到那些早已聽不見的聲音，看到那些一去不復返的青春身影……

在這些青春的身影中，僑生的形象最為突出，因為他們以一種特殊的歷史地位，在這特殊的歷史關頭中，發揮了先鋒的角色。他們相對地不懼白色恐怖的陰影，也擁有更自由的信息結構，知道在北美地區所爆發的保衛釣魚台運動，不能袖手不管，而是勇於參與，甚至是走在隊伍的前列。他們投身其間，成為台前的領袖或幕後的推手。

德明校友的保釣行動

很多台灣大學的同學都記得，在 4 月平靜的台大校園，最早出現的保釣標語，是由香港的德明中學校友會所貼出，打破了台大校園多年來禁止張貼民間政治性標語的限制，發出了民族主義的聲音，也說出了白色恐怖時代很多人不敢說出來的聲音。這也促使台灣同學很快在農推館的大樓外牆上，貼出了長長的長條標語：「中國的土地可以征服，不可以斷送；中國的人民可以殺戮，不可以低頭。」這是改寫自五四運動的標語，更使這場運動立刻進入了一種與中國近代史血脈相連的氛圍。

但在台灣歷史上，打破當局自 1949 年以來所頒布的戒嚴法，卻是 1971 年 4 月 15 日政大僑生為主力的保釣示威大遊行。這是一次破天荒的行動，讓校園的吶喊延伸到街頭，向美國政府提出嚴重的抗議，譴責將釣魚台列嶼偷偷交給日本，而示威組織的主力是政大的僑生，與本地的同學結合，實現了這一次歷史的突破。

　　這些政大僑生來自香港，澳門，韓國，印尼，緬甸，泰國，越南和東南亞各地，在北門的美國大使館門前，他們不僅為中國的主權示威抗議，也展示全球中國人對中華民族命運的承擔。學生向當時的美國駐華大使馬康衛(Walter McConaughy)正式提出了抗議書，要求美國不能把釣魚台列嶼的主權「私相授受」，隨著琉球群島而「歸還」日本。

　　這支人數不到一千的示威隊伍，之後遊行去和平東路的師範大學和在羅斯福路的台灣大學，沿途不斷高叫口號，震撼了不少台北市民，展示台灣的校園力量，對戒嚴法的第一次衝擊，也預示台灣民間力量日後不斷衝擊戒嚴法；而在那一年的春天，在維護中華民族主義的聲浪中，在白色恐怖的政治冬天中，以激情的街頭行動，要尋回個人權利被壓制的春天。

　　以法學院和社會科學研究出名的政治大學，長期以來都被視為國民黨的嫡系院校，蔣介石是它的第一任的校長。它的前身就是培養黨幹部的中央幹部學校。在保釣運動中，它卻是最早發出與官方不同的聲音，並動員校園內外的力量，要求立刻強烈的抗議。政大也是第一家學校，將保釣的標語，從校園貼到校外。而參與策畫的，也是香港僑生和本地同學聯手，包括了邱立本、卓伯棠、張為德、黃啟光、黃立人、黃志遠等，都是三年級和四年級的香港僑生。而本地同學中，則包括了蘇起、胡立台、吳瓊恩、洪禎國、朱道凱、陳文棋、許惠碧、蘇采禾等。這次在午夜後進行的行動，有一種祕密和地下的感覺，大家也了解這是在台灣戒嚴時期的一次危險的行動。如果被發現或被逮捕，就會陷入悲慘和不可預知的命運。在指南路長江餐廳樓上的學生公寓，邱立本等僑生和本地同學在夜色中偷偷出發去貼標語時，大家都有一種風蕭蕭兮易水寒的寒意。

　　但在戒嚴法下的寒意中，卻看到一些讓人震動的血性和激情。政大有一位韓國僑生，我依稀記得是政治系二年級的學生王恩浦，他在和當時政大的校長劉季洪開會時，曾拍桌子罵人，並且聲言說如果學校鎮壓保釣運動，就不惜自焚抗議。這種激情也感染了參與的同學，他們通宵達旦的開會，面對權力當局的巨大壓力。

　　其實在政大的保釣運動中，香港和韓國僑生都是急先鋒。如果說韓國僑生提供了激進的動力，那麼香港學生就提供了深層的知性動力。擔任 4 月

15 日大示威領隊的香港僑生鄭樹森，西語系四年級。他畢業於香港名校聖士提反中學，成績很好，日後也是學界的知名人物。他在政大畢業後負笈美國，是美國加州大學的比較文學博士，曾任教於加州大學、香港中文大學，現任香港科技大學講座教授。他在三十八年後回憶這段歷史時說，1971 年 4月 15 日在政大發動示威前夕，國民黨當局一位負責僑務與宣傳的官員陳裕清，以及國民黨的秘書長張寶樹，都曾經和他接觸，陳裕清甚至和他談起當時在美國很流行的新左派學者馬庫色(Herbert Marcuse)的作品，似在表示他對當時在美國與西方的潮流都有所掌握。鄭樹森說，陳裕清等國民黨官員的策略，就是不斷勸阻，並且會強調國民黨當年在中國大陸失敗，都是學運惹的禍，因此對這次保衛釣魚台的學生運動，有一種杯弓蛇影的感覺。這些官員在勸說學生時會說，遊行隊伍很可能會遇上「壞人」，會被人攻擊，後果難以預測，因此最好不要進行。

但僑生的激情，並不會被這些官員的說法所阻止。他們和本地學生結合。我那個時候就和政大外交系的同學胡立台、蘇起住在一起，而四一五示威的另一位領隊侯伯夫，是本地同學，外交系四年級。三年級的時候我們住在新光路房子的隔壁，所以本來就很熟，在這個歷史的時刻，大家很快就有一種默契，一觸即發，參與了一場波瀾壯闊的學生運動。

侯伯夫三十八年後，在美國費城回憶這段歷史，他說當時他和政大的學生隊伍走到北門的美國大使館，他和蘇起堅持要將中華民國的國旗帶進美國大使館內，但卻被美方官員所阻攔，但他們一直堅持，最後進去館內。侯伯夫與蘇起向當時的美國駐中華民國大使馬康衛遞交了抗議書。

在學生激情的背後，也有老師的影子。當時學生請教的老師包括了教西洋政治思想史的朱堅章教授(1928-2005)，他的學生有政治系、外交系和新聞系。我是念經濟系，本來不用修他的課，但從大三開始，我就去旁聽他的課，受益良多。他上課的時候，不用帶講稿，能將很多思想家的名句背出來，從柏拉圖到孟德斯鳩，從羅素到馬克思，他都如數家珍，寫在黑板上，講課時娓娓道來，很有魅力，深得很多的學生愛戴。在白色恐怖的時代，他談民主政治的願景，指出要有政治制度的設計與保障，要在生活方式上去落實。

　　我記得就是在大遊行的前夕，我深夜跑去政大老師宿舍，和他談這事件的發展。他顯得很興奮，但又在眉宇間閃過不安，擔心會出現難以預測的場面。但他還是支持學生的行動，認為年輕人就是要為國家作出貢獻，要在關鍵的時刻為中華民族發出聲音。他在課堂上分析種種的政治思想，但在價值取向上卻是很民族主義，他經歷過抗戰，生活上還是堅持不用日本貨。他自嘲說有一次生病要吃一種日本牌子的藥，結果還是要把這牌子向內放，避免讓自己看到而不舒服。

　　作為政治學者，朱老師似乎已感覺到這是一個歷史的拐點。這是中華民國進入困難的時刻，也是一個結束的開始。在 1971 年 4 月 15 日，美國和台灣的關係，正在一個天翻地覆的前夕。美國的白宮安全顧問基辛格（季辛吉）博士在兩個多月後就祕密訪問北京，而不到一年之後（1972 年 2 月），尼克森（尼克松）總統就訪問中國大陸，也從此改變了美國和台海兩岸的外交均勢。這位和中華民國一向友好的共和黨總統尼克森，背叛了老朋友蔣介石。但很少人會知道，他對釣魚台列嶼歸屬問題所作的決策，其實也背叛了他的新朋友毛澤東，也背叛了台海兩岸的中國人。

　　這也是朱老師在教室內所教授的現實主義國際政治：沒有永遠的朋友，也沒有永遠的敵人，而只有永遠的利益。

政治啟蒙的開始

　　在台灣的保釣運動中，僑生讓一場本來是台灣的學生運動，和全球華人的命運連接起來。在台北市北門的美國大使館前，政大的僑生成為隊伍的前列，我記得有一位來自緬甸的老僑生，在政大念了很多年還沒畢業，但人脈很廣，也很受尊敬。他在現場擔任糾察，維持秩序。西語系的一位香港僑生助教李慈光，經濟系的香港僑生羅顯中和一位畢業於澳門培正中學的西語系僑生譚國基等，也在現場高喊口號，而一批慷慨激昂的印尼僑生，則堅持不接受當局的提議在大使館前就散會，而是要繼續遊行，結果隊伍遊行到師大和台大，在台大門前才坐上政大的校巴回校園。那天大家都相約穿上草黃色的西裝校服，有些人還結上黑色的領帶。前一天做出來的標語牌，並沒有只是限於「擁護政府」這種主流的調子。我那天所拿到標語牌，就寫上了很不客氣的口號：「釣魚台的買賣賺了多少？」

　　這是生命中的一種前所沒有的經驗，用自己青春的激情，來燃燒對國際強權政治的不滿。當來自全球的僑生用不同腔調的國語同聲大喊：「釣魚台是我們的！」之際，這個「我們」是屬於全球的中國人的，而不是只局限於台灣的。這也顯現中華民國所涵蓋的感情版圖，超越了台灣本土，向全球延伸，也向歷史延伸。

　　在 2009 年 4 月的一個雨夜，窗外停不了的雨聲，和昔日美國大使館前的呼喊聲一樣，一點一滴地撞擊我的心靈。這運動改變了一代人的心靈結構。在台北的校園和街頭開始的保衛領土主權的運動，延伸成為全球中國人重新思考國家的歷史和未來的一條跑道，讓大家不斷奔向中華民族現代化的標竿。

　　釣運成為一次全方位政治啟蒙的開始，也成為國民黨教條政治的結束。國府在意識型態上的民族主義的論述，並不能在現實中落實。為什麼那些台灣的官僚那麼懼怕學生的愛國運動？為什麼同學在三民主義課程中所學到的民族主義，在國際政治的舞台中成為一個無可奈何天的笑柄？

　　這場運動在美國，也曾一度是導致一些台港的留學生轉向中共的論述。但歷史千迴百轉，如今他們很多人都會質疑：為什麼中共到了今天還是沒辦法為中國人收回釣魚島？為什麼在慶祝中華人民共和國建國六十週年的時候，五星紅旗還是不能在釣魚島上飄揚？為什麼保釣保了快四十年，釣魚島是否已經實質上陷於淪亡？

　　到了今天，在中華人民共和國海軍建軍六十週年而舉行海上大閱兵之際，中國的海軍還是沒有辦法越雷池一步，登不上釣魚島，甚至不能進入釣魚島的水域。中國人還是要靠 1996 年一位香港計程車司機陳裕南和台灣的地方議員金介壽，才能登上這島嶼，分別插上五星紅旗和青天白日滿地紅旗，但不旋踵間就被日本海上保安人員趕走，兩面旗幟也只是在島上曇花一現。如今釣魚島的周邊海域，早已是在日本海軍的控制之下，而兩岸的海軍都無可奈何。近年香港出發的民間保釣船，都是一些噸位小的陳舊船隻，根本難以和日本海上自衛隊的武裝船對抗。[3]

　　只有在回憶當日激情的聲音和氣味的時候，才會想到歷史的巨大諷刺。那些在 1971 年就讀於台灣校園的各地僑生，因緣際會，意外地成為保釣的先鋒，但也在三十八年後，他們和台灣當年保釣的本地同學一樣，也成為體驗兩岸當局保釣無能也無奈的歷史見證者。

註　釋

1.　＊專文。

2.　＊時為香港《亞洲週刊》總編輯。

3.　＊近年保釣人士數度企圖登釣島，都被日本海上自衛隊阻擋。香港保釣人士陳毓祥更在 1996 年的登島行動中意外落海喪命。關於 1996 年的香港釣運，可參考司徒薇(Mirana M. Szeto), "Analyzing Chinese Nationalism through the Protect Diaoyutai Movement," *Concentric: Literary and Cultural Studies* 35.2 (2009): 175-210.

不被認同的認同運動
—— 台大僑生保釣運動追憶[1]

李華夏[2]

　　一起事件要成為令人懷念不已的人生歷程，其充分和必要的條件是，其細節要經得起爬梳及重新審視。1970 年代的「保釣運動」符合上述的標準。參加了新竹清華大學老保釣第一次重聚的盛會，更讓人體會該事件對全球華人的深層衝擊。本人當年正逢其盛，忝為台大僑生，對東南亞僑生如何在校園發起、「串聯」、乃至船過水無痕的經過略知一二，也曾將其披露於家父所主持的越南華文報紙《亞洲日報》（見附圖）。僅從作者欄中家父將本人的名字去掉姓氏，就可見即使遠在海外的華人都怕得罪台灣當局之一斑。徐永焜是本人高中同班同學，時為台大中文系二年級住校僑生。此次將「中華大專學生們的愛國運動」重見天日，除為 1970 年代保釣運動有關僑生參與的部分提供文獻外，更重要的是該報導原記錄著當時參與者的心路歷程，卻有許多細節都被家父認為不妥將其刪減（言論被箝制對心靈自我禁錮帶來的影響會讓歷史失真），待本人就此稍作追憶，以紀念那段扣人心弦的自覺行動。

僑生回台的背景和心態

　　第二次世界大戰後，東西兩陣營的對峙和擴張早就波及東南亞，華僑雖說忙於生計，少問政治，但華人年輕學子總在若有似無地被灌輸各種政治思潮；尤其是 1950、1960 年代，東南亞各地起於民族自決而進行的反帝、反殖民運動風起雲湧，遊行示威更是司空見慣。惜華僑子弟因自我定位為過客，不敢亦無權參與。與此同時，東南亞在面臨經濟不景氣和政治動盪不安時就形成排華風潮，遂有印尼、越南等撤僑舉措。國民政府當時自顧不暇，保僑也者只能敷衍了事。本人印象最深的是，越南吳廷琰政府強迫越南華僑在入籍和離境間二選一，華僑求助駐越使館，而袁大使（姑隱其名）袖手旁觀

之態度令華僑寒心，致其調任土耳其時，有一華文報紙以「入土為安」的漫畫為其送行，民怨之深，可想而知。

隨後美國為了鞏固東南亞反共陣營，由時任美副總統的尼克森遊說台灣，以吸收華僑子弟一名，配合美援若干，來打造反共堡壘。尼克森還曾赴越南召集僑領鼓勵其將子女送往台灣就讀。東南亞僑生遂蜂擁而至。平心而論，依當時國際情勢，富有僑商將子女送往歐美較為省事，越南教育部長曾對申請赴台就學的公費生揚言「先進國家不去，去落後國家做啥？」因此當東南亞華僑將子女送來台灣而非大陸，已是一種政治上的抉擇。

偏偏僑生在台民眾心中和時下外勞之地位不相上下，都被認為是來分享台灣資源的，只不過前者是來分教育資源，後者是來分經濟資源罷了。兩者在中文程度及發音腔調上立見其異。一般而言，來台之僑生學習程度較平均的是港澳地區，馬來西亞次之，越南偶有突出表現，菲律賓、柬埔寨、泰國、寮國、緬甸等地則普遍低落，常被本地生甚至老師嘲諷乃是實情。僑生在此內外皆不順心的環境中，自會萌生反權威兼遊戲人間的心態。最顯著的莫過於蔣中正欲五連任，台大教官要求僑生連署擁戴時，一名印尼僑生幾經勸說仍拒不簽字，還反嗆教官說：「你們太不體諒老總統年歲已大，再五連任豈不是害他不得安享餘年？」云云。這些言論在戒嚴時期說是驚世駭俗也不為過。

■《亞洲日報》，1971年5月8日。

　　所以當僑生從短波收音機聽聞，一個二戰戰勝國的領土，卻被美帝大筆一揮，劃歸東南亞所最不喜歡的戰敗國日本後，頓時集憤慨、受辱、悲國府之不爭氣於一爐而一併爆發，才有《亞洲日報》所報導的種種動作。本人特別強調，在參與此事前，部分僑生是查過《六法全書》，知道稍一不慎是會被判死刑的，之所以仍敢而為之，英雄主義不能說全無，但絕非主要的動機，愛國情愫實居首位。為何最早只有僑生參與呢？不是僑生自搞小圈圈，而是當1971年4月12日香港德明校友會的抗議海報在台大文學院旁佈告欄上貼出後，本地生也曾議論紛紛，不過帶貶意者居多，如認為「僑生書讀不好，卻愛出風頭」、「國家大事不是學生該管的」、「抗議有用嗎？」等等。使得外文系有一位外籍修女還曾為此提醒本地生說：「示威不一定成功，但至少是表達自己聲音的機會。」

示威遊行的發動和結局

　　有了前面所述本地生負面的反應後，僑生們警覺到，這場發自內心的保護國土行動，有可能在教官嚴密監視和本地生漠然以對的情境下胎死腹中。遂想到只以口耳相傳不見諸文字的方式，傳遞赴日大使館集結的訊息。這也是台大教官掌握不到僑生行蹤的關鍵點。在醞釀如何向外人展示我們的立場時，僑生們相互一再告誡絕不能出現丟石塊、亂喊口號之情事；也強調準時集合的重要性，因為以當時的情勢，要不是能在極短時間內集合上百人的僑生，就很容易被軍警個別帶走（1960年代的學生應該有男生蓄長髮被少年隊當街抓去剪髮的記憶吧？），後果就不堪設想。舉事前一晚，家境較富裕的僑生怕影響到其家族的事業，多願出錢購買白布條供製作標語之用，遊行就不參加了。

　　1971年4月14日早上離集合時間不到五分鐘，本人抱著台大校服在中山北路日本大使館附近蹓躂，心裡可直打哆嗦，因杳無學生人蹤，以為事跡敗露或被怕事同學告密了。不曾想，十點一到，四方八面突然湧出卡其布校服的人群，一下子就填滿日使館前的巷道，令附近守衛的警察、便衣、甚至軍警都傻了眼，頓時那種突破禁忌的成就感油然而生。抗議行動照表操課本應無事，惜日本使館遲遲無反應遂引發丟石塊情事，所幸不旋踵間即被僑生彼此說服而停止。台大總教官張德溥少將聞訊趕來保護僑生安全的舉措，雖事隔快四十年，當時參與的僑生仍欠張總教官一個道歉和感謝。

　　經此一役，才有往後北部各大學的串聯，本地生也加入遊行行列，凡此

都有案可稽，茲不贅述。僑生們原以為這次行動既達目的，又平和收場，理應安枕無憂。只惜北台大和南成大的僑生保釣運動因策畫太周詳（本人還根據在越南觀看學生示威的經驗，口袋裝了一個檸檬和塑膠袋來應付催淚彈），讓國府當局認為有共產黨幕後操縱之嫌。致演變到後來，台大僑生被騙離境不允返台就學者有之；成大僑生被押上台北警告者有之；情治單位就某些僑生要僑務委員會委員長作保遭拒者有之。本人曾送梳洗用具到被押成大僑生台北下榻處，卻被成大教官客氣問話，最後差點演變成被拉著見官，嚇得本人逃也似的回到住所，連夜將蔣公玉照貼在牆上，以防情治單位的搜捕，其驚弓之鳥的心情，事後回想可笑復可悲。此事告一段落後，該名成大僑生畢業北上寄居該處時，派出所員警曾來向屋主明示該僑生為匪諜，切勿讓其留住。該生後被管制了數年不能出國。由此觀之，本人當時的舉動在政治上絕對正確（淒笑）。

這類情形在「白色恐怖」年代實屬微不足道。然對當年熱血沸騰之僑生而言，可謂當頭棒喝：父執輩托孤依靠的國府竟然為了內鬥之需，視僑生為俎上魚肉，送綠島或槍斃悉聽尊便（僑委會委員長語），此舉往後對台海兩岸的僑心向背，其影響不會低於美國留學生保釣所造成的後果。正所謂：

> 身處動亂，排華不斷，學潮運動，習以為常。心向祖國，離鄉背井，以為有靠，仍屬邊緣，初來乍到，調適參差。國府美意，分數從寬，生活從嚴，行為出格，不拘小節，輕視分數，但求及格；熱中西潮，嘲弄權威，渴望國強，不解派系，不講顏色。釣魚爭端，來自短波，宿舍密謀，口耳相傳，不落文字，就怕告密，慫恿教官，冒險出擊，日館抗議，井然有序，被扣紅帽，或遭騙離，黯然神傷！但圖一飽，心在天山，身老滄州，保釣精神，其誰能忘？

註　釋

1.　＊專文。
2.　＊時為中華經濟研究院研究員。

用資本主義政策達到社會主義理想[1]

胡卜凱

　　我先講兩句題外話,第一,剛剛有報告人提到王順和茅漢兩位,茅漢也就是王曉波教授,他們寫了一篇〈保衛釣魚台〉。就是因為讀了這篇文章,1970 年我們在普林斯頓大學展開保釣運動。我帶了當年刊登這篇文章的《中華雜誌》,但我手邊只有這一本,所以我沒有辦法捐出來。第二,我當時代表《科學月刊》跟《大風》季刊參加「華人刊物協進會」,所以我跟白紹康兄開過幾次會。他送了我幾本《歐洲雜誌》。我記得我當時是忠實讀者,對上面的文章都很佩服。當然,我說他們水準很高可能不算什麼,因為我不是學文學的。這是我跟《歐洲雜誌》的一點淵源。

單純的愛國初衷

　　現在我從俊雄兄提到對於台灣史的研究談起。可惜今天曉波兄不在這裡,他對於台灣史非常有研究。我想我們今天來主要也是跟歷史有關,歷史的確非常重要。那時候有一本《釣魚台須知》的小冊子,是黃養志先生主編,哥倫比亞大學幾位同學執筆。這個一定要記一下,因為它在當時發揮了很大的影響力。其次,黃律師提到要跟當地的人結合。這也非常重要。尤其我們中國人在美國是少數中的少數。我在這裡要做一個告白。我很喜歡看報,所以到了美國一、兩年後,我就發現,在美國的經濟勢力要靠政治勢力來保護。當時我很天真,我以為保衛釣魚台是一個愛國運動,一個和國、共分裂對峙無關,可以聯合中國人的非政治性運動。我當初參與發起保衛釣魚台,第一個目的當然是要保衛釣魚台;我另一個目的,是希望藉這個機會讓中國人團結起來,將來有機會參與地方或聯邦政府的選舉。雖然天真,可是這的確是我當時的一個想法。所以我一直希望調和當時對立的左、右兩派。

沛然兄大作中討論到「左派」。[2]當時我希望能夠盡量拉攏不同意識型態的朋友。此外，就像李德怡兄說的：「運動不能夠脫離群眾」。在白色恐怖之下，我認為我們應該把自己的政治立場放在第二位，才有更多的群眾走出來。因此，我當時是個被左派看成右派，被右派看成左派的人。反正我從來不是一個人見人愛的角色。我在這邊也呼應一下剛剛黃律師說的，保釣運動結束後，他又回到律師的專業，為群眾提供法律服務。我想這正是保釣精神所在。

累積樣本，客觀分析

邵教授這個題目比較專門，雖然我沒有機會先看到他的大作，但是我大概可以從題目上看出它內容的大意。我稍微講一下跟我們這次會議有關係的部分。歷史對我來講有三個層次，一個是人類的活動、一個是人類活動的記錄、第三個是我們人類對於這些活動和記錄的詮釋。但「人類」是一個集體名詞，我們沒有辦法指著一個人說：這是「人類」，也沒有一個具體的「人類」這個東西。「白馬非馬」大概就在講這個道理。你不能夠指著一匹白馬說這是「馬類」。同理，如果要講一個運動、一個事件的意義或者影響，它其實是每一個參與者，也就是許許多多個人行為的結合。

我早上一進來就聽到主持人提到口述歷史的工作。我是學科學的，所以，我多少有些統計的觀念。我認為口述歷史的樣本數要夠大。所以，我建議這個計畫要廣泛的做。我們應該找到許許多多的人。一個運動、一個事件對不同的我們每個參與者都是一個刺激，然後我們的行為或者思想就有反應，或者說產生了一些改變。改變了以後，我們各自會採取不同的，和各自改變相應的行動。沛然兄文章和邵教授的演講都提到，當時很多的留學生回國。有的人回大陸、有的回到台灣。我希望口述歷史的工作，除了訪問帶頭大哥、大姐以外，也訪問很多默默回來和回去工作的人。也許五十年以後，我們就能收集到足夠多的樣本，同時考察各人的成就，來客觀的分析釣運到底產生過多大的影響。

回到沛然兄的大作。我以為他會來現場發言，所以特別仔細的讀了他的文章。我立刻想到俾斯麥講的一段名言，他說：「一個人二十歲的時候不是社會主義者，他缺乏愛心；如果他三十歲的時候還是個社會主義者，他沒有大腦。」

　　沛然兄整篇文章大概印證了俾斯麥這個觀察。我非常認同沛然兄的觀點。不知道你們有沒有時間看？我以下發表一點意見，也許跟保釣沒什麼太大關係，但是跟剛剛幾位，還有上一個主題幾位講的話都有關係。

追求公平公義的理想

　　保釣當然是非常具體的一個行動，可以號召人。但是我們真正為的是國家或者社會或者是民族。這個運動就必須要在政策上或努力方向上，有一個正確的選擇。我看了沛然兄的文章以後，我就想推銷一下我自己的主張，叫作「用資本主義的政策，來達到社會主義的理想。」

　　現在正當經濟危機的關頭，講這個話好像不識時務。事實上我覺得，大家要吃得飽，一定要把餅做大。或者像鄧小平講的，一定要讓一部分人先富起來。這個目標必須使用市場機制來達成。大家都知道，今天上午已經有來賓講了好幾遍，我和孝信、源俊、容生、雅明等等都是學物理的。我接受唯物主義。所以，我相信如果我們要大家辛苦努力的話，一定要給大家一點甜頭。人都很自私，基本上，市場機制的功能在讓人們能賺點錢，讓人們能夠享受辛苦努力的成果。這樣才能夠把經濟搞好。另一方面，我想我們在美國或台灣這兩個社會住過的人都知道，如果你讓新經濟自由主義無限制發展下去，結果就是金融海嘯。所以我們不能夠忘掉「大家都有飯吃」這個社會主義的理想。在手段上我們要有一個有效的方式，但是我們也一定要保持追求公平公義的理想。這也呼應邵教授講的，我們要想到整個廣大社會上的民眾，而不是只做個自了漢。

　　這就是我今天的一點感想，謝謝大家。

註　釋

1.　＊根據發言稿整理。

2.　＊見本書中夏沛然專文，〈一個保釣左派的反思錄〉。

回應與討論 (1)[1]

胡鵬飛（啟德公司）

我今天找到點希望，看到知識分子要出來救國。「保台」已經過去了，第一個到釣魚台去插國旗的是我。釣魚台是美國人老早要取得的。民國 39 年，我們到釣魚台插旗，美國派了船艦，到附近水域測量深度，要來保護我們台、澎、金、馬。美國用的是高科技的地下資源探查器，了解到我們台灣海峽裡面資源大於世界各國，所以他要取得釣魚台，一方面希望兩岸發生戰爭；另一方面，他要取得我們中華民國一半的資源。

陳治利（Multek Associates CEO）

我希望我們大家可以一笑泯恩仇，把以前的那些功功過過，作一個記憶就好，要吸取以前的教訓。

當年我們在海外保釣，台灣本島也在進步，戒嚴取消、開放黨禁，我們保釣的，有 80% 都支持各種的黨外活動。另外，我認為族群觀念應該要打破了，大家要往高一層看。我母親那邊三代都是台灣人，那我算哪裡人啊？只因為我出生在福州，就變成了外省人？這些都沒意義。我們應該看的是要使整個社會進步，我們知識分子應該盡什麼責任？我們應該走進社會，去看看其他社會大眾，看看他們在想什麼？看他們生活在什麼樣的環境裡？要這樣看才是真正社會的主流，全世界的主流。也不要只看中國的層面。我參加保釣、認同社會主義，但我並沒有認同大中國的沙文主義。

項武忠

剛剛很多人談到安娜堡，我把那天開會的情形跟大家提一下。第一天開會的時候我作主席，第二天李我焱來找我，那時候他們打算通過代表權的問題，尤其第五條，承認中華人民共和國為唯一的中國。當時沈君山舌戰一大群人，今天我才知道，劉志同那天也在那。

那天通過的第五條，是將凝聚起來的民意強姦了，認為大家都要往左走。後來沈君山寫了一本書，講「革新保台」，把我懺悔的文章登在最後面。當時我認為中國在造一個烏托邦，我們私心認為中共發射原子彈後，就好像中國站起來一樣，我們對此都產生了一種民族主義的情懷。民族主義跟宗教一樣危險。所以邵

玉銘後面講的話，我基本上是同意的。

可是有一樣事情要注意到，當時多少白色恐怖、多厲害你知道嗎？你們把我的護照吊銷了，我被國民黨通緝十年。

邵玉銘

不能站在美國喊台灣不好、大陸不好。你作一個選擇留在美國，這是你的人權，但假如你拿民主主義罵別人，說中國怎麼樣，還來怪我們在台灣生活的人。台灣的民主是一點一滴，民主才不到二十幾年的生命，也有過去八年的事情。但是要罵台灣的話，請不要在紐約，請你回台北。想要搞獨立的，請不要留在洛杉磯，請你回台灣來搞獨立，這樣的話，我尊敬你。像我這樣右派的思想，我在我的工作崗位上，沒有 A 過一毛錢，我盡忠職守有什麼不對呢？就因為國民黨有打壓，我才要在國民黨裡面改革它，否則怎麼改革？你在美國、不到大陸，你怎麼改革？你在洛杉磯怎麼改革？我常常跟我兒女講一句話，美國人才濟濟，留在美國是錦上添花；回台灣、回大陸是雪中送炭。我希望當年保釣那些朋友，說我們是漢奸的，請你們回大陸為那十三億人口盡你的努力。我在台灣為兩千三百萬人，把台灣做好，就是給大陸一個參考，不敢說是一個典範。

花俊雄

李義仁、林孝信，我在這裡不得不說，我們搞民主支援會，後來成立一個關心台灣委員會，也就是關心島內民主。余登發案件發生的時候，日本四位老先生，一位是蔡江霖（一個在日本很有名的歌唱家）、另外一個是陳舜臣，把中國的古典都寫成日文，另外一個叫吳克泰，他們幾個人合捐了四千美元，其他的四千美元要我去籌備，登了半版的廣告在《紐約時報》上。日本的那些老先生還特別強調，如果登的時候不指明：余登發是贊成統一的話，他們的錢要撤回去。王拓的《黨外之聲》中，余登發是第一篇，而且明白講余登發是贊成統一的。

余範英（余紀忠文教基金會）

今天本是為了林孝信而來。父親在辦《中國時報》的過程中，他做了很多，有太多故事。聽劉容生講到劉自然案的時候，想到父親當時是怎麼樣叫大家保持冷

靜平靜，許多的老記者在第一線，和民眾一樣激情得厲害。在報紙只有三張的時代，新聞登得很大。國民黨提出出版法時，在黨內單挑文工會主任謝然之[2]，他受過不少的壓迫。釣魚台事件發生時，《中國時報》幾個老同事登島去插國旗，及「蔣總統萬歲」的旗子，即反應《時報》當年的環境與愛國的精神。父親在我小時候講了很多很多的故事。他在中央大學念書時，為了九一八事件鬧學潮，他們把校長趕跑，還打了外交部長王正廷。學生被抓後，蔣中正曾召集並嚴斥，問他們：「如果日本人來，你們願不願意上前線去打？」學生們齊聲喊「打」後事件方平緩。《中國時報》的父親知道蔣先生應還可對話。插上「蔣總統萬歲」在釣魚台上，確保《時報》爭取言論的一點空間。

　　在柏克萊的時候，許多同學跟我講一堆推崇林孝信的故事。孝信回台，由聖芬介紹，他推動社區大學，我跟他走了不少的路，做社區營造，我就跟著他跑。

　　在座的諸位，講台灣的民主要如何走得更堅實、講中國在世界文明發展上要怎樣負責任，覺得還有很多事在等著我們。台灣有四千多個社區營造，有許多非常棒的年輕團體與民間力量在那裡，台灣就能不太一樣。談到公共知識分子的參與，王女士就是最漂亮的註腳。雖然社會嫌紛亂，但台灣還有基層力量。當上層結構、知識分子、媒體都亂了套的時候，釣魚台精神的延續，有說理的空間、有是非價值的堅持，將是今日台灣知識分子與中國知識分子結合的基礎。

高毓均（台灣呈光科技公司）

　　今天這樣聽下來，不管是左派、右派，台灣人、香港人，或是在海外的華人，我覺得大家都是一條心，都有愛國的心，都是想怎麼幫民主社會做事情。這是我滿感動的地方。今天辦這個活動很好，把一些歷史還原。我覺得在座很多人可以作見證。剛剛那位小姐（卓淑惠）提到的，項教授講的一些事情我也無法判斷。我出生於1974年，你們在保釣的時候，我還在煩惱我的課業，還有為什麼不能講方言、不能講台灣話。每個層次他擔心的東西是不一樣的。

　　我覺得應該要作個平台，今天這個會議就非常好，第一個要還原歷史，第二個就是要傳承這個歷史。像各位手中一定有一些資料，捐出來就非常好。我這兩天寫信給國外的教授，他們以前也是保釣人士，請他們這次回台灣時，把一些歷史文獻捐出來，他們也樂意說好。

至於要怎樣還原歷史、保衛歷史，怎樣傳承給下一代是很重要的。今天我可以感受到你們熱血的情懷，但是時勢造英雄，現在的時勢是不一樣的。今天很多前輩都是教授級的，大家各有各的專長，我希望可以利用一個平台，可以把大家的資源、專業分享出來，然後傳承給下一代的人，我覺得這個是非常好的。

陳美霞（成大公衛所）

我很高興兩位我們年輕的一代上來。我要給老保釣一些鼓勵，雖然我是林孝信的另一半，但我不是老保釣，我是老保釣啟發出來的。我在 1976 年到夏威夷大學，被老保釣所教育出來的，這是第一。

第二，李登輝幾年前講「釣魚台是屬於日本」的時候，我跟另一個老保釣陳讚煌，就是劉虛心的另一半，討論李登輝怎麼可以講這樣的話，他把我們老保釣放在什麼樣的位置。那時候我們就弄了一個我們所謂的「新保釣運動」，引起社會很多的注意。從那時候起，我就跟老保釣講：「你們的聲音、你們的故事一定要把它寫出來，因為你們這樣的聲音對下一代很重要。」

在台灣，有許多像淑惠、青青、慈立這種從事草根運動、優秀的下一代。我從 2003 年開始，做了六年，每年有兩次在北、中、南培訓，培訓種籽師資。在培訓過程中，我發現像他們這種很優秀、有正義感，想要為社會做一點事，有理想性的人很多。所以我要再次鼓勵老保釣，請你們趕快把你們的故事寫出來，因為年輕的一代，需要從你們這邊吸收養分。我因為跟著林孝信的關係，認識很多老保釣，你們真的很優秀，有很多深刻的想法，但是這些想法可惜沒有把它正式地、系統地寫下來。

最後我想講的是，我非常欣賞王惠珀，她可以把這種精神實現在我們的日常生活之中。

洪三雄（國票金控公司）

前幾天我接到錢永祥給我的 e-mail，他說今天有個聚會，有很多老人在這裡，所以我就懷著懷念的心情來到這裡。最後我聽到鼓應老師對永祥所說的一句話：「永祥他的哲學不僅僅是分析哲學，同時還是一個行動者。」今天我終於在過去那個年輕、不懂事的年代，看到今天永祥作出這麼一個結論，我有很深的感慨。

　　歷史的洪流總是一直在推動，每一個人都只不過是洪流裡面的小水滴，但是小水滴可以聚成洪流，影響到台灣在過去一、二十年，甚至三十年來，整個台灣社會的走向。可是值得我們深思的是，我們這些老年人，在這裡緬懷過去，可是我們的下一代，或是下下一代，以今天參加座談會的所有朋友們，新生的一代，從歷史教訓裡面，我們有什麼東西是值得提供給他們作為新的生命方向，能夠吸引他們，共同為了這些運動創造出來的精神努力，大家一起在歷史的洪流中，匯整成一個更大的洪流。

　　從釣魚台事件，一直到台灣整個的民主運動，我們有很多的成就，所謂的成就是我們有一代的政黨輪替，很不幸的，又有第二代的政黨輪替，但是是否還有第三次的政黨輪替？我們要怎樣來保持我們過去所創造的釣魚台運動的價值？它所留下的精神改造在哪裡？我們要追求的自由、要追求的民主，真正的內涵是什麼？這些內涵是否真的能吸引新的一代，共同追隨在我們後面，創造更好的社會？這是我今天最大的感想，奉獻給大家，謝謝。

陳鼓應（文化大學哲學系教授）

　　剛才有些意見，我也想藉這個機會說一下。我希望將來左、中、右的朋友們，可以開一個小會，吵完了以後，再一致對外，把這種釣運精神向外面、向年輕人傳播。但是內部有問題要先吵，我覺得必須要吵。我雖然是局外人，但是我也願意參加。吵完了再來合作、再來往大方向努力。

　　我手上有林盛中寫的〈悼念我的良師益友許登源先生〉，許前幾天過世了，也是老保釣。他一生含冤莫雪，被人家扣帽子。他辦《台灣人》，就被人扣成「台獨」，這是運動中要檢討的部分。

註　釋

1.　　＊根據發言稿整理。

2.　＊謝然之 (1913- 2009) 創辦政工幹校新聞組、文化大學新聞系，1950-60 年代任《新生》，
　　《新聞》兩報董事長及國民黨第四組（今文傳會前身）主任，被稱為「台灣新聞界教父」，對
　　文化新聞政策影響甚鉅。

第三章 · 細水長流
釣運精神的延伸與實踐

　　每一個人的成長都離不開他生長的時代背景和文史環境。每一個人都面對該時代的挑戰，都應該承擔該時代給予的責任和使命。
—— **喬龍慶**

　　「保釣」所能翻攪的，正是過去、現在與未來都可能持續存有的動力與能量。對我而言：「保釣」是以動詞的樣態存在的！
—— **楊祖珺**

　　因為「保釣」的影響，總想為這個社會做一點事的火種，始終在心裡面沒有泯滅。到底能夠做什麼事？大事做不了，大概還可以做小事。我想這就是後來的滋根提倡做小事和做實事的開始。
—— **楊貴平**

回顧就是前瞻：

談從保釣運動到中國農村教育[1]

喬龍慶[2]

緣起

　　保衛釣魚台運動是 1970 年 12 月由普林斯頓大學台港中國留學生發起，1972 年的 5 月 13 日保釣運動結束。[3] 美國於同年 5 月 15 日將釣魚台連同琉球群島一併交給日本，事後已三十八年，釣魚台仍在日本的掌握中，但同胞對保衛釣魚台主權的抗議持續不斷。

　　自從鴉片戰爭之後，列強入侵，中國人民受盡了欺凌和侮辱。1894 年甲午戰爭，簽訂馬關條約，台灣被割讓。1931 年日本發動九一八事變，三千多萬父老成了亡國奴，1937 年日本在南京大屠殺，三十萬同胞遇難。這累積的屈辱和傷痛，一直潛藏在近代中國人們的心中。1970 年代的保衛釣魚台運動激發了來自台、港、澳、美國留學生的民族意識和愛國愛民熱情，喚醒了大批年輕學子和國人對國家民族的關懷。

　　許多當年參加保衛釣魚台運動的留學生和學者，大都出生在 1930 年和 1940 年代，那時正值抗日戰爭。我們的父母扶老攜幼，隨政府遷到重慶，帶著我們經歷了萬分艱苦的歲月。那時重慶遭到日本日夜不分的轟炸。抗戰之後，內戰又起。父母帶了我們從大陸輾轉到台灣。我們這一代對中國受壓迫和欺辱印象深刻，多災多難的近代史影響了我們的思維。

　　我和我的丈夫呂克群是保釣運動的基本群眾，像大多數人一樣，立刻熱烈地響應起這一次愛國運動，參加集會、遊行。七十年代，我們住在紐約的 SoHo 地區。由於我們的 loft 寬大，許多保釣人士常來我們家聚會，討論國事、籌辦活動、排演話劇等，那一段時間是令人興奮的日子。家裡經常高朋滿座，談的都是保釣、愛國和統一等有意義的話題。我們於 1975 年為紀

念五四運動，演出了有關學生運動的《洪流》。其後，1976 年又推出了《吶喊—魯迅》等話劇。演員都是參加保釣的朋友，沒有受過專業訓練，戲服是東拼西湊的，舞台道具是從家裡搬上台的。由於當時大家愛國情緒高漲，演員們都非常稱職。記得在哥倫比亞大學(Columbia University)及培士大學(Pace University)的禮堂（六百多個座位），座無虛席，場場爆滿。觀眾（僑胞）的熱情反映了他們對國家民族的深切關懷和期望。

保釣運動促使許多人改變了對人生的看法，選擇了不同的道路和方向，但是大家的目標是一致的，都希望為國家做點實事，盡一分力。我是主修教育心理學的，一直從事教育工作。中國開放後，我和呂克群數次訪問中國大陸，目睹當時百廢待興的情況，心情沉重和焦急。我們深知須從教育著手，教育是解決國家和個人困難的根本之道。

幾經思索，我們自 1987 年起和朋友開展了《認助中國鄉村教育》專案系列，重點是提供圖書室、助學金和改進教學等。在此必須指出的是，和保釣運動一樣，我們的部分基本群眾也是這一代的愛國朋友。多年來，他們一直堅定不移地支持我們的工作，資助《認助中國鄉村教育》專案。

回顧就是前瞻

每一個人的成長都離不開他生長的時代背景和文史環境。每一個人都面對該時代的挑戰，都應該承擔該時代給予的責任和使命。

1960 年代正值台灣的「克難時期」，生活艱苦，市場蕭條，而美國提供了非常豐富和寬廣的學習和研究環境，台港許多大學畢業生視留學美國為第一優先，我也不例外，大學畢業就到美國留學。當時留學的目的一方面是為了自己的前途和協助家人有較好的生活，另一方面希望借鑒美國的教育理論和經驗，改進國內的教育。

我和克群獲得學位後都留在美國繼續工作。但心繫中華，總以未能直接為國民服務為憾，就轉為僑胞服務。記得我在紐約市的小學、中學教書和在紐約市教育局任職時，每年組織學校舉辦慶祝春節的活動，多次在華裔社區為居民爭權益，利用週末和家長一起辦中文學校等。

　　1979 年中美建交。一群在美國的教育和科技界的學人，多半是保釣運動的朋友，於 1980 年成立了 Education And Science Society，即科技教育協會（簡稱 ESS），並在紐約立案。創辦和編輯了 1980 年在中國開始發行的《科技導報》。時當改革開放初期，《科技導報》發表了一系列有關科技、教育、經濟、管理等方面的文章，介紹國外經驗，一時開思想解放之先。此後，科技教育協會針對四個現代化建設的需要，舉行各種有關討論會，內容包括人文社會科學、半導體、管理科學、能源、美國選舉、核能廢料處理、中國大陸教育危機、長江三峽建築大壩等。我是協會的一員，呼籲農村教育的重要。自 1987 年起，科技教育協會的工作轉向改善農村基礎教育，啟動了《認助中國鄉村教育》專案，延續至今，成為科技教育協會的主要工作。

教育不至，愚鈍難開

　　國家興隆基於國民的品德和學識素養。「人才」才是一個國家攻不破、擊不倒的基石，國民的素質就是國家的實力。且看日本只有美國加州那麼大，人口是美國的一半，為什麼日本戰後能崛起？關鍵就在教育的普及和品質。日本政府指出，他們能成為經濟強國是靠「人才」，不是靠「人手」。再看中國，百年前，西方視中國人是靠體力吃飯的苦力，如今外國人仍視中國是個大工廠，擁有的是大批的廉價人手、勞工。

　　中國農村人口有九億多，占全人口的 70%，農民的知識和技術最貧乏；農村學校的師資和設備最匱乏。教育改革以農村學校最急迫。

展開《認助中國鄉村教育》專案系列

　　中國農村廣大貧窮，有三千多個縣，幾十萬農村學校。農村學校所需的財力人力遠遠供不應求。身在海外的我們如何協助改進中國的農村教育？

　　「千里之行始於腳下」，首先我們認識到改革的關鍵是教育；學習的基本技能是閱讀，兒童輟學的主因是窮困；教改的核心是教師素質。因此，閱讀、助學、培訓教師就是《認助中國鄉村教育》專案系列的三大重點。接著是制定各個專案的規章、制度和程式，再就是認定認助的管道和學校。自 1987 年到如今（2009 年），一步一腳印，路在腳下慢慢展開，教育的效益也在持續努力下逐漸明顯。

一、提供圖書和資訊 —— 求知的民族才是有希望的民族

閱讀是教育的「靈魂」，「讀與寫」是學習的基本技能。據許多報導，中國國民有閱讀習慣的人口比率很低，遠不如其他發達國家。又因為應試的教育制度，學生有過多的作業和補習材料，教師有過重的教學任務，學生和老師都沒有時間閱讀。再說，一個人在學校讀書時間有限，學校學的知識或技術會永遠趕不上時代的發展和需要。培養閱讀習慣就是奠定終身學習的基礎。

1. 從推廣國民閱讀入手 —— 設立「認助鄉鎮圖書館」

科技教育協會的吳章銓於 1987 年首先籌辦「鄉鎮公共圖書館」。他認為教育是國家最重要的基礎，推動公共圖書館可以提升國民水準。因為我們沒有在當地建立機構和雇用人員的力量，必須與地方政府合作。將近二十年來，該項目的進展有限。前後一共建了四十五個圖書館，幾乎全在貴州和廣西。

2. 從鄉村學校扎根 —— 成立「認助鄉村學校圖書室」

喬龍慶和呂克群多次走訪問大陸農村，目睹農村學校非常閉塞，設備器材均嚴重匱缺，發起「認助鄉村學校圖書室」，贈送圖書到校。做法是由 ESS 負責籌畫、募款和督導，通過國內的代理人取得縣教育局的了解和支持，與鄉鎮學校合作，雙方簽訂協議書。由 ESS 國內代理人協助學校選購圖書，督導管理，受助學校提供給捐款人圖書使用的回饋材料。

1988 年， ESS 以兩千餘美元為湖南和雲南的四所小學分別購買了千本的學生課外讀物、老師的教學參考書和村民的科普書。在社會人士持續的捐款下，由四所 ESS「鄉村學校圖書室」學校，增加到 2008 年的 4,968 所學校；數百萬學生、老師、村民因而有了更多閱讀物。

由於許多學校師生沒有好好利用圖書，ESS 在 1995 和 1998 年分別組織了〈讀書解惑〉和〈良師興國〉徵文活動。同時，我們觀察到許多人國文素質低落，中華優秀的道德傳統受到嚴重的破壞，為正本清源，ESS 於 2000 年開始推展《兒童文化經典誦讀》專案，從基點上振興中華價值，發揚國粹。

在各項閱讀活動配合下，我們高興地看到學校師生的思路逐漸寬廣活潑，人文價值觀逐漸形成，文采也逐漸豐富多彩了。

3. 提供電腦、互聯網 —— 成立「鄉鎮學校多媒體圖書館」

隨著資訊的快速發展，電腦和互聯網成了教學的關鍵工具和閱讀資源，但鄉鎮學校缺少這些設備，教學素質很難跟上。ESS 於 2007 年發起鄉鎮學校「多媒體圖書館」。除贈送圖書室之外，還給位於鄉鎮中心的初中或小學提供電腦和安置互聯網。學生、教師和村民不僅有圖書，也能從電腦和互聯網上，獲得豐富和最新的資訊。目前我們在甘肅、寧夏、內蒙、四川，江西、江蘇的八個縣鎮學校成立了十二個「多媒體圖書館/資訊中心」，但供不應求，我們正在爭取捐款，讓電腦下鄉。

二、孩子必須有求學的機會 —— 提供「鄉鎮青少年助學金」

不少貧困地區的學生因家境貧困而失學。自 1997 年起，高木蘭女士負責開展「鄉鎮青少年助學金」專案，從三十三份助學金開始，到十二年後的今天（2009 年），ESS 已經為貧困兒童提供了 14,938 人次的助學金。目前已有學生從師專畢業回鄉任教，也有學生上了大學和研究所。每年都有數百學生向「叔叔、阿姨」表達感謝，數千名學生的命運因而獲得改變。

隨著中國政府近年在教育上的投資，義務教育延至初中，普及全國。ESS /「鄉鎮青少年助學金」專案的重點逐漸偏向資助高中、大學和殘疾生。對於有需要的貧困地區的小學和初中生（如對留守兒童的生活補助）我們仍繼續資助。

三、培訓校長教師

綜觀世界各國的教改的核心都是提升校長和教師的素質。自 1993 年起，ESS 每年和國內兩、三個教育機構聯合舉辦「海內外基礎教育研討會 / 鄉鎮教師講習會」，至今（2009 年）已達四十四次，受培訓的教師校長約三萬人。

ESS 重視和其他教育單位合作，其中包括美國、中國和台港地區的大學、非盈利教育機構，美國馬里蘭州/安徽省姐妹教育委員會等。培訓是以短期密集的培訓方式，進行中外傑出教學理念的研討和經驗的交流。從宏觀上，幫助他們開闊眼界，拓展思路，更新教育理念和教學方法，了解當前教育改革的大趨勢，探討借鑒國際經驗，發展適合中國文化和國情的素質教育。學員普遍反映會議內容翔實，解開了教學困惑，啟迪了思想，有「耳目一新」之感。

　　此外，ESS 也在暑假為農村兒童舉辦音樂營和科學營，讓鄉鎮的師生從夏令營中接觸到不同的學習方法、課外知識和新鮮的樂趣。我們期望這一點一滴的「補充」教學，可以啟發下一代的思維、志向和行為。

ESS 的人力 —— 志願者

　　ESS 專案的海內外工作人員全是義工，沒有金錢報酬，就連培訓教師的國內外講員也是義務服務。海外的義工大都是專業人士，國內的義工多半是在職或退休的一線教育行政人員。他們都付出了大量的時間和精力，積極地參與籌劃、募款和踏實地執行各個專案，都為了共同的理想和目標，希望中華兒女一代比一代強，希望所有的孩子都有充實的明天。

ESS 的經費 —— 愛的故事

　　ESS 是個文教機構，沒有基金，專案經費來自捐款。捐款人大多都不是手頭闊綽的富人，而是靠薪水度日的、靠退休金生活的，有自學成材的、有紀念雙親或好友的，有美國中學社團以洗車賣糖募款捐助的，還有台灣的中小學同學會，以 ESS 項目凝聚友誼，共襄善舉。尤其是香港的田家炳先生熱心教育，有目共睹，他甚至賣了舒適的寓所去充實他的基金會，紐約的黃汝斌先生，洛杉磯的區權先生等等都是自己生活十分節儉，卻慷慨地資助中國農村教育。區權先生說：「財富是不保險的，利息是有限的，只有投資在教育上，回收是無限的。」每一份捐款都是愛的故事，都是對 ESS 工作人員的信任和鼓勵，更是對國家民族的關懷和期望。

日新又新，百年樹人 —— 不變的教育使命

　　ESS《認助中國鄉村教育》專案好比一座座愛心的橋梁，聯繫了協會內外同胞對下一代的關懷和期望，這些持續的捐助，為偏遠貧困的學校提供了及時的資助，幫助鄉鎮的師生解決了許多教學和入學的困難，積少成多，據多方估計，直接受惠的師生約達四百萬人。

　　《認助中國鄉村教育》的成果得了許多海內外報章雜誌的報導。美國全國廣播公司晚間新聞節目 "Making a Difference" 在 2007 年 10 月特別做了報導。NBC 的節目可在美國科技教育協會的網站 www.esscare.org 看到。

　　從中國農村廣大的教育需求來看，ESS 的資助和成果是微小的。但是，有努力就有成果和希望。在二十年繁瑣的工作過程中，我們認識了許多可貴又可敬的朋友。他們的高尚品德一直鼓勵我們，我們體會到人與人之間的真誠和關愛，了解到自己應盡的責任和生命的意義。只要大家認識到教育的重要，齊心協力，路有多長，我們就能走多遠！

　　當前能源短缺，生態破壞，世界局勢動盪，國際競爭劇烈。同時，今日的時代又是一個高科技、多元化、國際化的時代。無論時代如何變遷，提升國民素質和培養人才靠教育是不變的。因為只有人才能奮發自強，才能應變創新。

　　寄望現代的中國青年熱愛中華歷史文化，繼往開來，勇於承擔當前時代給予的新責任和使命。

註　釋

1.　　＊專文。

2.　　＊美國聯邦政府教育部退休公務員、時為科技教育協會副會長。

3.　　＊1972 年 5 月 13 日，保釣組織抗議美國移交釣魚台而發起示威遊行。隨著美國於 5 月 15 日正式移交釣魚台託管權之後，釣運就此趨於沒落。

從保釣到滋根[1]

楊貴平[2]

　　我非常高興見到各位新朋友，以及和我們一起共度過年輕、激情時代，想創造一個理想社會的保釣老朋友。我今天更特別的高興，在近四十年後、在我們熱愛的台灣，公開的面對著大家，沒有白色恐怖的情況下，介紹保釣對我們的影響。

　　上個世紀 70 年代在美國開始的保釣運動，主要是台灣及香港的留美學生參與。從關心釣魚島的主權，到逐漸開始關心台灣勞苦大眾，關心中國大陸，關心中國前途。

　　多年來，我們一直認為，中國是一個東亞病夫，中國人是落後的，中國百年來受列強侵略，中國人在海外抬不起頭來。70 年初，由於中國的乒乓外交和尼克松訪華，美國對中國開始有比較正面的報導，我們才了解到 1949 年後，中國在西方全面封鎖下，中國人能獨立自主，自力更生，有自尊的站起來，這是多麼激動人心的變化！

　　1960、70 年代，美國社會民權運動和反對越南戰爭運動蓬勃開展，在校園、在街頭，遊行、示威、辯論觸動著許多人的靈魂，也觸動了我們多年封閉的生活。這時大陸正是文化大革命，它提出創造一個比較平等的社會，如工農兵當家作主之類的主張；同時提倡文化上新的內容，不應都是帝王將相，而要有工農兵的文化。很多從台灣到美國的留學生，接受的是菁英教育，菁英的路其實也不是好走的，你要全力拚搏、你要好好念書、你要去留學、你要拿到博士，拿到博士你要買車子、買房子、娶老婆、養家，或者是嫁個好老公，你要做人上人，人生道路就這麼一條。

　　當時這全球風起雲湧的社會運動，使我們對長期認同的自我為主，要作人上人的菁英思想，進行反思，尋求新的人生意義。

　　我們開始自覺的了解新中國，在學校組織國是研究會，自發地反對帝國主義，反對台灣國民黨政府，認識新中國，自我價值觀的改變，這其中有愛國主義的內容，也有介紹社會主義的內容。

　　1980年代以後，我們離開了學校，每個人都有了自己的工作和自己的家庭。但因為「保釣」的影響，總想為這個社會做一點事的火種，始終在心裡面沒有泯滅。到底能夠做什麼事？大事做不了，大概還可以做小事。我想這就是後來的滋根提倡做小事和做實事的開始。

提倡做小事、做實事

　　當時保釣的積極分子董叙霖在聯合國工作，他參加了聯合國「百分之一基金會」。這是聯合國一些員工自願地組織起來，把他們每年百分之一的收入，用來支持發展中國家小型項目的一個組織。董叙霖提出：「我們也許可以用同樣的經驗成立一個組織，聚少成多，做小事、做實事。」這就是滋根基金會成立的背景。

　　董叙霖提出滋根基金會的願景，是支持「以人為中心、可持續的發展。」

　　這並不是一個空洞的口號。在一個只看物、不看人，只看國民生產總值、只看經濟，以消費為主的經濟發展模式下的社會，是不可能持續的。人與人之間的關係被「物」所主導，現代人用了下一代的資源，使我們的環境越來越惡化。所以我們希望看到一個「以人為中心，可持續發展」，與自然相協調，以合作為主的另一種發展模式。具體支持的對象是「中國處境貧困的人民」，支持的內容是「人的基本需要」，這包括基本教育，基本醫療衛生，營養和保護環境適當技術的推廣。

　　為什麼選中國大陸？中國大陸同胞同文同種，中國的歷史和文化深深的在我們心中。此外，當時的中國大陸還是一個發展中國家，再加上「保釣」的影響，使我們不能忘懷有悠久歷史，飽經憂患的祖國。

找保釣朋友出錢出力

有了願景、有了對象、有了具體的目標，我們需要錢、也要人。當然，關於「人」方面，第一個就是找保釣的老朋友。

1988 年，在我們紐約的家裡，找了一群「保釣」的老朋友。居乃虔、李騰芳，董叙霖，後來的劉虛心，曹宏遠及小輩李慧儀，陳立人等，這些人變成「滋根基金會」的強力支持者。大家湊了三千塊錢，這就是我們開始的老本。

之後，我們想光是有紐約的人支持還不夠，台灣也要有啊！非常偶然的，碰到了從台灣來美訪問的韓嘉玲，跟她談起「滋根基金會」和支持中國貧困地區的發展。韓嘉玲馬上投入並同意：「台灣也要有一個滋根。」她寫了一個名單，裡面多是參加過台灣「保釣」的人。她說：「只有他們才最熱心。」

1990 年，我離台二十年，第一次重新回到台灣，立刻就在我妹妹楊小定的公寓裡開始招兵買馬。當時一個人都不認得，就按名單打電話給陳映真[3]、夏鑄九、王曉波、林聖芬[4]等人：「我們有一個滋根，支持中國貧困地區的發展，你們要不要參加？」「行！」「好，交錢。」這樣，1992 年在台灣成立了「中華滋根協會」，楊小定雖然沒有參加過「保釣」，但一直是台灣滋根的骨幹和主力。

落葉歸根，中國大陸也應該有滋根。經過非常艱苦歷程，1996 年，在中國正式成立了在國家民政部註冊的全國性民間社團組織，全稱是「中國滋根鄉村教育與發展促進會」。當時中國滋根的一些理事都是曾經在美國及歐洲參加過保釣，回到中國大陸工作定居的人。

2007 年，在香港成立了「香港滋根」。至此，美國、中國大陸、台灣及香港，都有了滋根的組織。

滋根的成員及積極支持者，很多都是參加過「保釣」的，「滋根」因此始終帶著「保釣」運動的深刻印痕和貢獻。當然，此後有很多沒有參加過「保釣」的人，也陸陸續續參加了「滋根」。

尋找貧困地區，從偶然到選擇

　　有了正式的組織、有了三千塊錢，要支持對象是最貧困的人，當然是在農村。但是到哪去找貧困的農村？當時參與滋根的人中，只有很少的人到過中國大陸，即使到了大陸，也只是去了北京、上海這些大城市，沒有人去過農村。這怎麼辦？生命裡有很多的偶然，有的偶然開花結果，有的偶然隨風而逝。偶然遇見大陸清華大學教授毛健雄到美國訪問，他的弟弟毛健全在貴州工學院教書，「什麼人都認得，貴州又最窮」。毛教授帶我們去了貴陽，從此「滋根」和貴州結了緣。

　　1989 年，我從北京坐飛機到貴陽，機上碰到一個叫羅義賢的年輕人，他現在還是中國滋根強力的支持者，他大學畢業以後，在中國一個非常偏遠的鄉村，從事農民農業技術培訓工作。羅義賢問我到貴州幹什麼？我就非常起勁的說：「我們有個基金會啊，要支持貧困農村項目啊，不知道到哪裡去找。」他說，那些在公路沿線的農村根本算不上真正的貧困農村，「要看貧困農村，你跟我來！」我那時候膽子可大呢，下了飛機，就跟著這個完全不認得的人坐了八個小時的火車，清晨三點到了一個叫「玉屏」的小站，一個破舊的吉普車在那裡等著我們。

　　車子在山中轉來轉去，手得抓住吉普車的門，否則門似乎就會給吹掉。到了銅仁之後，和他及司機去了很多村寨，住在農民家。我才第一次真正接觸到中國貧困地區的農民。他們的生活非常艱苦，屋子在漏雨，人和牛住在一起。除此之外，最大的感受就是老百姓太勤勞了，那麼艱苦的地方，那麼少的地，但大家還是早耕晚歸，堅信用自己的勞力維持自己的生活，這對我震撼很大，我同情他們的貧困，更尊重他們的勤奮。

　　後來，在雷山，我們在當地一個農業培訓機構遇到了一個苗族農村婦女，她說：「你們為什麼不支持女孩子上學？我們這裡很多女孩子沒有上學，以前還有多，現在一年級、二年級有幾個，到了高年級一個女孩子都沒有了。」我非常驚訝，這不可能吧？後來跟著她一起去了她的村子，果真遇見很多女孩都未上學。

深入調查 —— 為什麼這麼多女童沒上學？

　　兩個月後，我和貴州省三位教育研究員到雷山縣最偏遠的方祥鄉，針對

女童入學少的現狀及原因，訪問了學生、家長、老師和村民。發現當地適齡（六歲至十二歲）男童的入學率77%，女童入學率只有27.8%。許多學校除一、二年級有幾個女生外，全是男生，在一些學校甚至一個女學生都沒有。針對女童入學率低的原因，教育部門解釋是父母重男輕女觀念的影響，家長說是沒有錢交學雜費。經過大量的訪問和調查，我得出以下影響入學率特別是女童入學的主要因素：

1.　家長不能負擔昂貴的書費和學雜費。當時雖有九年義務教育法，但沒有做到免費教育，貧困的父母不能承擔超出他們經濟能力的書費和學雜費。當時一個小學生一年的學費要四十元人民幣，但是農民一個人一年的現金收入不到一百元人民幣，他們需要用這些錢買種子、化肥、燈油等等，因此根本拿不出錢送孩子上學。許多男孩上學的費用也是家人東借西湊弄來的。一個家庭如有兩個孩子上學，往往犧牲了女孩。

2.　學校距離家太遠。許多村附近小學只到一、二年級，到了高年級，就要走兩到三小時的路到中心校，中心校住宿條件極差，孩子要自帶柴米，女童住校不安全，父母不放心。

3.　傳統重男輕女的思想，加上父母承擔昂貴的上學費用，更使父母支持男孩而不支持女童上學。

同時，我也看到，中國農民是重視教育的，訪問中遇到許多父母因沒有給孩子上學而痛哭失聲。

支持女童助學金 —— 二十年的第一年

我帶著雷山縣教育局要求支持方祥、高岩兩個鄉十二個最偏遠村寨的女童助學金的申請書，回到了紐約。滋根的會長李慧儀立刻召集大家開會。同意支持這十二個村所有小學適齡女童的助學金。對支持部分女童或是全部，我們也作了很多討論：如只支持一部分女童，大家都一樣貧困，都需要。怎樣選擇？如全部支持，經費從那裡來？結果大家同意全部都支持，加強出去捐款，如不夠就由與會者自己墊付。滋根和雷山縣教育局簽了合同，由滋根提供這十二個村所有六歲到十二歲的女童入學助學金，共六年，以使貧困女童能安心到小學畢業。那時一個孩子一年的助學金一年是七美元。在合同中要求教育局保證支持的學生要能就近上學。

深山苗寨來了一批批遠方的客人

1991 年，我和滋根的會員蒲慕明（有名的生物化學教授）、台大教授楊小定及另外兩個會員到了雷山並到了方祥。行程是非常艱苦的：坐了八小時火車後再坐兩小時的汽車才到雷山縣城。沒有交通車，我們在縣城找到一輛拉豬的破舊卡車，開向了苗嶺深山，路是狹窄彎曲的黃泥山路，被水沖刷了，到處是深深的溝痕，車子顛簸得很厲害，路兩面是沒有護邊的懸崖絕壁，觸目驚心。經過三個多小時驚心的車程，車停了，我們以為到了，當地的隨行者指著雜草叢生的小徑說：「從這兒就要步行了。」

我們下了車，背著背包，開始在濃密的灌木林山間小道長途的爬山，蒲慕明及楊小定很少爬山，穿的鞋也不合適，硬撐著一步步走著。艱辛跋涉，終於到了方祥鄉格頭村。

進到村裡，迎面看到一間破爛的小木屋，大約就是學校，木屋前，幾個孩子在黃泥場上追趕著玩耍，其中有兩個是女孩子。我們齊聲問：「幾歲了？有沒有上學？」她們點著頭大聲的說：「我們都上學了。」記得去年來這兒調查時，村裡只有兩個女孩在學校，深深感到滋根助學金的效果。我們大家在村裡過夜，住在村民家，晚上沒有電燈，在煤油燈下和村民及老師一起談村的歷史，農民生活的辛酸，孩子上學的困難。在這遠離外面世界的深山村落，我們彼此是多麼的接近，我們共同關心著同一個主題——「女孩子上學難」。

從六歲到十二歲的女童，大大小小都來上學了

十二個村的適齡女童共三百多人，助學金開始後，村裡六歲到十二歲的女孩除了極少幾個在四、五年級外，大大小小都來上一年級，有的還背著弟妹來上學。我們住在農民家，清晨聽見村中充滿了嘹亮的讀書聲，唸書聲震動著木板搭的小學校，校舍都跟著搖動，孩子們紅紅興奮的小臉，村寨充滿了生命的氣息。老師告訴我們，當他們知道女孩子上學不用交費，就挨家挨戶的去說服家長送孩子來上學。雷山縣教育局也大力支持，學生增加了，需要老師，教育局就派了師範畢業有經驗的老師來到村小。離開格頭村後，女孩們一路唱著苗歌送行，直到被山谷隱沒了我們的身影。

我們一行再繼續向方祥中心出發，那兒還有八個學校。這次的山路比到格頭還更遠，更陡，我們要爬兩座大山，精疲力盡的下了山，終於到了一灣清澈見底的小河，沒有橋，沒有通到對岸的河道，大家只好脫了鞋，捲起了褲子，涉著冰涼的河水，跌跌撞撞的過了河。楊小定老師每隔十分鐘就會問：「還有多久？」並一路怪鞋子不好，就這麼上山下山地翻過了三座山，四小時後才終於到了方祥中心平祥村。

校舍是危房，村民出工出木材，滋根出現錢

村裡的適齡女童都來上學了，破舊的校舍擠了這麼多學生，四個孩子擠在一張破舊的書桌上。1992 年暑假再訪格頭時，格頭的老師指著已成危房的校舍問：「滋根能支持我們修一個大點安全的校舍嗎？」我和老師坐在面對學校的操場上，計算著當地能出什麼？滋根能出什麼？村民能出工出料，但出不了現錢。

回到紐約，帶著格頭村建校舍的申請，在高速公路上開了一個半小時的車，聚會在李慧儀家。「申請書的計畫詳細，經費合理，孩子來上學了，應該有安全足夠的校舍。」大家一致通過了申請，每人承諾要加強捐款。

村民們為建學校，開了多次村民大會，村民們將自留山上的樹捐了出來，老師，村民和學生一起到河裡拉沙子做地基，滋根出了需用現錢才能買的材料，玻璃窗，釘子，屋頂瓦片和工匠費。有瓦頂的新的校舍建成了，這是全村的驕傲。

每次訪問看到更多的需要

1992 年夏天，我和滋根會長李慧儀、陳立人等再去方祥，我們循著第一次去方祥的老路，爬山到格頭，翻山越嶺到方祥。

滋根支持的一些女童有的進入了五年級，學校的老師、村民都和我們成了老朋友，每次訪問，都會和他們談到深夜：談他們的風俗習慣，談他們的需要，談他們的理想家鄉。

老師和村民們都有很實際的幻想：女孩上學了，男孩的入學率也增加了，但還有些孤兒男孩，生活更苦，沒錢上學。

村民們還告訴我：村裡以前的赤腳醫生，在人民公社解散後，沒有公共的支持，大都再成了農民。沒有醫生，村民的小病成了重病，孩子吃了河裡的生水，得了痢疾，脫水差點死了；一個孩子砍柴時砍到腳，發炎不治，一隻腳跛了……。

我問他們：「鄉村衛生員，到哪去找，政府能派嗎？」

「我們可以在村裡選人出去培訓，縣衛生院可以培訓，只是學員的交通，吃住沒方法解決啊。」

「怎樣選人，要培訓多久？」

我所有的問題，方祥鄉衛生院新上任年輕的羅醫生都有答案。他已經想了很久了，計畫也做了無數次，但就缺少那麼一些經費。

我說：「如果滋根能夠提供那麼一點經費，你們能夠找人辦起培訓來嗎？」

「你們從萬里海外來到這裡，你們將工資拿出來幫助我們，我們還能不盡力嗎？」

學校來了申請，要求支持孤兒男孩；衛生院來了申請，要求支持衛生員和衛生員培訓。

我們又在李慧儀家開會，談的都是怎樣捐款，怎樣讓更多人知道中國貧困人民需要的是什麼？

他們的夢想，成為了滋根的夢想

要捐款，首先拉親戚朋友，捐款的人需要給收條，要有財務報告，要編寫《滋根通訊》，要辦捐款餐會。滋根會員們多有自己的工作，這些事只能夠在下班後和週末去做。一日又一日，一年又一年，二十年過去了。

每年，一些滋根的會員，都會自費到方祥，同樣的翻山越嶺，同樣的淌水過河，住在農民家，與滋根支持的孩子見面，和老師、家長們一起喝酒。我們不是去檢查項目，我們是去看望他們，看怎麼改進工作。滋根和方祥的孩子、老師、村民成了朋友，成了家人，成了建設家鄉的夥伴。

當時雷山縣的教育局派了副局長李文和秘書石聲德做滋根的聯絡人，衛生局的吳如群，保護處的余志彪，退休的老教育局長余志芳，司法局長

胡志鴻等都成了滋根項目顧問，鄉和村裡的一些老師及村長也成了滋根的朋友，每次到雷山縣城或是到深山苗寨，我們都有一群對本鄉本土關心、對滋根關心的當地人，我們在一起談著如何發展家鄉。他們的夢想，成為了滋根的夢想。

孩子一天天長大了，滋根也逐年成長

滋根支持的孩子們一天天長大了，進了初中、進了高中、進了大學，滋根支持的項目也從女童及孤兒助學金到校舍維修，到文體用品，到村衛生室、村衛生員培訓，到環保的節柴灶、沼氣池。

常有人說：「滋根支持的項目太多太雜，應該做一個拳頭產品[5]。」但人的發展和基本需要是多方面的，滋根支持當地人缺少的基本需要，當地提出項目計畫，當地執行項目，滋根只給一些必要的支持，滋根只是起一個雪中送炭的作用。

鄰村、鄰縣，遠在北方的偏遠貧困山區的人也來申請支持女童入學，申請衛生室基本醫療設施。我們才了解到，孩子特別是女孩入學難，看病難是貧困農村共同的現象。

在通往方祥的路上，每年一次，走了八年，現在已經通了公路。滋根的項目內容逐漸多樣化了，項目的地點也多了：黃土高原的山西，河北長城腳下的青龍，雲南雪山的玉龍，十多個省，兩百多個村，有不同的地理環境，不同的歷史，不同的民族和不同的文化。他們也有共同的一點：他們被外界遺忘，外界聽不到他們的聲音。

不同背景，不同地方，走到了一起

滋根的參與者也多樣化了，特別介紹利碧琳，她是在香港高中畢業以後到美國，主要講廣東話和英文。退休以後，想找一個有意義的事做。她住在西雅圖，特地坐了飛機到紐約參加滋根的理事會，後來，她隨我們到了雷山。從此以極大的熱情投入到滋根的工作中。滋根有什麼地方需要做而沒人做，她就主動去做。從不會打中文到學會打中文，不會講普通話到學會講普通話。她多次到雷山縣最貧困的毛坪村，和當地婦女一起討論，怎麼把當地的婦女組織起來。她支持村裡建立「婦女中心」，鼓勵她們成立婦女繡花小

組，小組的成員，是農民，又是多姿多彩的繡花者。婦女們聚在一起，一面刺繡，一面聊天。她們成了一個小團體，互相支持，她們知道怎麼爭取自己的權利，有一個團結的機制，大大增長她們自己的信心，不再怕她們的老公。滋根常常在捐款的時候，把她們繡的布包拿出來賣。每一針、每一線，都非常有藝術性。

十年來，美國 New Jersey 的胡承渝——負責《滋根通訊》的編輯和排版，Houston 的劉虛心和她的一群朋友，每年將《滋根通訊》裝訂郵寄；Boston 的龍利利、曹宏遠、龐大文，每年辦一次大型音樂會捐款。Washington D.C. 的 Monica Yu 和 George Yu，每年自費下鄉聯繫項目；Los Angeles 的 Paul Lee，十多年都參加滋根的活動。

台灣的張靜和、張洵每年到貴州黔東南，訪問每個她們支持的學生。

在最新成立的香港滋根中，胡雙多是美國華僑的第二代，見了朋友就宣傳滋根；Marcy，為了能和雷山的孩子對話，學會了講中文。

2000 年後，大陸到美的留學生也越來越多地加入了滋根的行列。童小溪留美多年，回大陸後，跑遍了滋根的項目點，參與了滋根項目的大量工作。吳靖原來是科學教授，留美後參與滋根，一個人要管滋根所有的工作。

在中國大陸，許多才從學校畢業、有志於發展中國農村的年輕人，成為滋根全職的參與者，長期住在農村，和村民們同吃同住，了解當地的需要，從事項目的調查，聯繫、跟蹤。

還有更多更多的人，來自不同背景和不同地方，本著做小事、做實事的精神促進滋根的成長，通過滋根的橋梁，共同參與，為一個更合理的、可持續的未來作點滴的貢獻。

註　釋

1.　＊專文。

2.　＊時為滋根基金會理事長。

3.　＊陳映真 (1937-)，著名作家、台灣左翼人士。《人間》雜誌、人間出版社創辦者，曾籌組民主台灣聯盟。1967 年，台灣民主聯盟被國府指控宣傳共產黨思想，因而被捕入獄。1975 年出獄後，陳映真以許南村為筆名復出文壇，並在 1979 年加入鄉土文學論戰。1987 年與胡秋原成立「中國統一聯盟」，並擔任首屆主席。1996 年獲頒中國社科院榮譽高級研究員，2010 年獲聘為中國作協名譽副主席，目前長居北京。其作品蘊含深刻的國族思想，著有《將軍族》等書。

4.　＊林聖芬，著名媒體工作者。曾任《中國時報》社長。

5.　＊中國改革開放後所出現的新辭，指企業最具市場競爭力的產品。

釣運的影響
—— 樹華教育基金會與華美文會[1]

李黎[2]

自從 1971 年初參加保釣運動到現在，將近四十年過去了。這次在清華會上見到許多三、四十年不見的老朋友，昔日少年今白頭，然而熱情未減。在此起彼落的驚喜相認呼喚聲中，我有些感覺像參加同學會 —— class reunion。

但這不是一般的 reunion。保釣故人重聚，我認為應該至少具備三項意義：

1. 重現歷史：每個人有自己的視角，三十多年後加上記憶的篩選，試圖重新呈現一個較為完整的歷史面貌，會是像拼圖遊戲 —— 大家一起來拼出一個更為完整的圖像，從而檢視這段歷史的意義。

2. 藉著回顧歷史，對自己在當時和其後的人生作一次思考和反省。

3. 展望未來當行的路。

在主辦單位提供的幾樁議題中，我選擇了「釣運影響」這個題目，正是藉此機會檢視自己、以及周遭一群熟悉的朋友，釣運對於他們直接的、或者間接的、但是長遠的影響。

編輯保釣刊物，投身文學創作

在此之前，容我先作個簡短的回顧，順便報告一下我個人參與編輯的保釣刊物：

我參與編輯的刊物有：1971-73 年在印第安納州普度大學 (Purdue University)，創立並編輯普度《新天》；同時常在週末開車上芝加哥，幫忙《釣魚台快訊》，包括為他們畫漫畫（芝加哥的朋友裡，林孝信是早因《科學月

刊》就認識的；這時又結識了夏沛然、王渝、倪慧如、鄒寧遠等幾位好朋友）。1973-75 年我們搬到德州休斯頓，與張才辦《新苗》，第一期一片葉子第二期兩片，到了那株小苗長滿葉子的時候，我們離開休斯頓搬去華盛頓 DC。1975-76 年，我參與編輯《華府春秋》，還寫劇本演話劇，在華府和附近城市表演。

我在普度大學投身保釣運動，當時校園裡被標籤為「左派」的只有五人：我、薛人望、李德怡、姚鳳北、李兆良；而其他陣營倒是「人才濟濟」：國民黨陸軍兵工學院送來許多有軍階的官兵留學生，人多勢眾，對付幾個「左派」綽綽有餘，像《一個小市民的心聲》這種小冊子，第一時間就會承他們郵寄到府。他們的「領導」是吳東明，釣運對他的「影響」倒是很大，回台不久即任調查局長。台灣同學會則自己聯誼、打棒球，不管保釣，裡面有後來大名鼎鼎的陳唐山。還有倡導「革新保台」的教授沈君山，我們本來是好朋友（多年後仍然是），同赴安娜堡開國是大會，沈君山搭我們的車同去，開完會就分道揚鑣了。

1976 年在華盛頓是我最後的統運活動。那年的「四五」天安門事件是個警鐘，讓我質疑心目中的烏托邦；其後毛過世、打倒「四人幫」的巨大變動時，我已遠離「運動」，搬去加州，回到我的文學。

■《華府春秋》第 4、5 期合刊。

■《新天》第一期。

■《新苗》第二期。

　　我到美國後寫出的第一篇小說是參加釣運前寫的，託尉天驄教授投給
《現代文學》發表；可是接著就投入釣運，其後幾年只寫運動文章，用過無數
筆名（不過寫批判白先勇的那篇〈殯儀館的化妝師〉卻偏偏用了「李黎」這個
名字，後來每當見到白先勇總會感到不大好意思）。1977 年秋天我開始文學
尋根之旅，其後幾乎每年回大陸，訪問老作家，彌補我在台灣感覺到的文學
斷層。現在回想，若是沒有釣運，我可能不致中斷文學寫作，更不至於十五
年回不了台灣；但我的第一本小說集《西江月》就不會在北京出版，而文字裡
對家國的關懷也不會那樣強烈，如同後來兩岸都有文評家說我有深深的「中
國結」。

　　昨天會上有位年輕朋友問：那時可有藍綠之分？我的答覆是：在我的心
目中和行動裡，從來只有正義和非正義的區分。1970 年代後期，我雖然遠離
了「運動」，但在南加州默默支援台灣的「黨外」，因為他們在為爭取自由民主
奮鬥。我也投稿支持《鼓聲》、《夏潮》這些雜誌；幫葉芸芸辦《台灣與世界》的
前身《台灣雜誌》，兩人手工作業、自費發行。為了讓海外華裔兒童認識中
國，我還手工作業編寫簡體字漢語拼音中文教材《小讀者》。美麗島事件後，
也曾與葉芸芸到洛杉磯，陪伴照顧以絕食方式向國府抗議的艾琳達[3]；為拯救
陳明忠出錢出力……。我曾兩次在北京訪問當年台共領導人蘇新[4]（蘇慶黎[5]
的父親），等等。所以我雖然離開運動回歸文學，但昔日的理想未滅，繼續做
自己認為該做的事，這當然是釣運給我的影響。

加入「華美文會」與「樹華教育基金會」

　　90 年代初搬到北加州，原先就認識的朋友王肖梅（陳治利的太太）介紹
我加入「華美文會」。這個社團的成員多半是當年參加或支持釣運的人（還有
因釣運而結為夫婦的），運動激情過後，這批意氣相投的朋友沒有煙消雲
散，還是定時聚會，關心國家大事，討論爭辯，始終非常親密。後來乾脆
登記成立一個「非營利性社團」，三十多家每個月定期聚會：先健行，再聚
餐，然後定好一個知識性的話題，邀請有專業知識見解的講員，或者會員
選定 current issue 有充分準備的進行討論。同時會員們自己也投入各種公
益活動：社區活動如中文學校、防癌協會，全國性的如平權議題、選舉，
還有抗日戰爭史實維護會，台灣、大陸的震災水災，以及對國內貧困學生
的教育補助等等，或以「華美文會」團體、或個人名義參加支持。像去年四
川大地震後第一次聚會中，當場就募集到四萬餘美元的款項，全數捐給慈

濟轉交。要不是釣運，這些人可能不會這樣緊密的在一起，成立一個已有三十多年歷史的團體，更不會同心協力作出這些關懷群體的事。

再下來介紹「樹華教育基金會」，因為我是「樹華」的義工，而會裡大多數義工也是經歷過釣運的朋友。

樹華英文名 SOAR，是 Scholastic Opportunity Across the Republic（普及全國就學機會）四個英文字頭一個字母的縮寫，也是「樹人百年業，樂育中華才」的意思。1995 年在舊金山灣區成立，宗旨是提供獎學金和推動與教育有關的輔助，給中國大陸和台灣邊遠地區貧困上進的青少年、使他們有至少完成高中教育的機會。到 2008 年為止，已評選發放了 16,600 多份獎學金給來自偏遠農村的品學兼優、但家境貧困無力升學的學生。每份獎學金是透過當地優秀教師推薦，然後由在美的獎學金評審委員會評審後決定。樹華的畢業生們，有許多已進入大學、研究所；更有許多走向社會，回饋鄉里，作出了他們原來不可能作出的貢獻。樹華的創辦人雖不是釣運人士，但現在主要的工作人員很多都是。而樹華的工作人員全都是不受薪的義工。

現在樹華的資助項目已不僅限於獎助學金。鑒於普通高中畢業的學生找工作的困難，樹華開始支持職業培訓，剛起步已有初步的成績，像在昆明的扶貧助學項目從 2007 年 3 月開始到現在，歷時兩年的時間，共資助培訓了來自雲南、四川、貴州三省近二十個縣的貧困學生四、五百人，就業率93%。就業崗位有電腦圖文製作、計算機網絡服務、企業營銷、賓館飯店管理服務、大型超市收款、大型企業流水線操作工人等。

另一項是商洛計畫：樹華在陝西省商洛市商洛職業技術學院的東校區，投入近三十萬人民幣成立綜合家電實驗室的建設。

樹華並支持其他不定期的項目：例如暑期教師英語/電腦訓練營；以及支援孤兒院等等。我的兒子大學畢業那年夏天也被我「捐」出去，到青海培訓中學英語教師。各位如有興趣進一步了解樹華，請上網 www.soaronline.org。

我舉出的「華美文會」這個團體也許並未作出什麼轟轟烈烈的大事，而「樹華教育基金會」的歷史也遠不及剛才會上介紹的「科技教育協會」和「滋

根」悠久，可是這些參與的人很多也就因為經歷過釣運洗禮，看待事情和規畫自己的人生就會有所不同，也許就有點像林孝信昨天説的，比較有「大格局和歷史的眼光」。我相信釣運影響了這些人，也從而影響了這些人去幫助的人──尤其是下一代，那種影響的深遠是難以估計的。

每一個在青春年代參與過這場運動的人都會有自己的故事。夏沛然早在十幾年前就開始收集釣運人的「自傳」，劉虛心也不止一次提到有意從事這項收集個人歷史的工作；昨天也有朋友提到「口述歷史」的重要，可見大家都有這份「不容青史盡成灰」的使命感。我非常認同並且願意支持。

至於我個人，回顧這四十年歲月，我的結論，套句流行的詞，就是：「青春無悔」。

註　釋

1. ＊根據發言稿整理。

2. ＊作家。

3. ＊艾琳達(Linda Gail Arrigo, 1949-)，人類學者。十四歲時跟隨在美軍顧問團服務的父親到台灣，曾於台大歷史系就讀。1970 年代投入台灣民主運動；1978 年與施明德公證結婚；任台灣黨外助選團英文秘書等職，1979 年美麗島事件後被逐出境。著有《激盪！台灣反對運動總批判》。

4. ＊蘇新 (1907-1981)，生於台灣台南、為台灣共產黨領導人之一。1924 年蘇新前往東京外語學校留學時曾與日本共產黨接觸，並在 1928 年成為正式黨員。1929 年，蘇新返台之後在宜蘭等地從事勞工運動，並出任台灣共產黨宣傳部長。1930 年因從事共產黨活動而被捕入獄。1943 年出獄後，曾在台北參與《台灣文化》等刊物編印。二二八事件爆發之時，蘇新滯留中國大陸，就此與妻女隔絕兩地。1949 年後，蘇新前往北京加入中國共產黨，負責中共統戰工作。1978 年曾任全國政協委員，1981 年病逝北京。著有《憤怒的台灣》一書。

5.　＊蘇慶黎 (1946-2004)，為台灣共產黨領袖蘇新之女，長期參與台灣黨外運動與社會運動。在就學期間，蘇慶黎與黨外及左翼人士多有接觸。大學畢業之後從事雜誌編輯，同時在《夏潮》等雜誌撰寫與社會主義相關的文章。1981 年，蘇慶黎開始投身黨外運動，並擔任《美麗島》雜誌編輯。美麗島事件之後，蘇慶黎於 1979 年被捕，後無罪釋放。1990 年後，開始從事勞工運動與中國農村調查，2004 年病逝於北京。

七〇年代海外保釣運動與
《夏潮》雜誌的啓蒙運動[1]

王津平[2]

　　我為這次論壇寫了一份摘要；摘要的摘要是這麼寫的：「上個世紀七〇年代風起雲湧的保釣運動被譽為海外新五四運動；順應時代的呼喚與要求，在冷戰戒嚴體制下，胎動中的台灣誕生了一份影響深遠的《夏潮》雜誌。《夏潮》雜誌於 1976 年的 2 月 28 日宣告誕生，而第一階段的《夏潮》在 1979 年 2 月 28 日被停刊、被查封——五十個軍警荷槍實彈衝入《夏潮》雜誌社，強行帶走了已發行的雜誌，足足有一萬餘冊，整整三年第一階段的《夏潮》在波濤洶湧中完成了歷史任務——完成了一場左翼的、進步的思想啟蒙運動。」

　　這場思想啟蒙運動為戒嚴時期蒙昧中求索真理的台灣青年打開了一扇又一扇的「世界之窗」——自《夏潮》創刊以來，「世界之窗」專欄一直是「最有料」，也做到每期都以豐富、扎實的內容出現的主要「思想養分」，它與《夏潮》另一個「歷史、思潮」專欄一樣，深刻啟蒙了一整個世代。在那之前，台灣沒有任何一份刊物認真探討「世界」；好像這世界只有一個小小的台灣，而台灣之外就是日本、就是美國！《夏潮》標榜「社會的、鄉土的、文藝的」給了讀者一個很不一樣的「世界」觀，也給人們補上了長期被阻斷的台灣史以及中國近代史的歷史與人物。解嚴後，終於有研究所的教授把《夏潮》當作台灣當代知識史的主要部分在講堂上講授，也有進步青年把《夏潮》作為七〇年代台灣左翼運動的碩士論文並正式出版成書[3]，可見它的確帶動了進步文化與思潮的探索，從而引領青年走進社會底層，為群眾服務、為社會獻身、為歷史開路，也由此可見《夏潮》對七〇年代沉寂、封閉的台灣社會產生了何等深刻的影響。

為了這次論壇，我特別把厚厚七大卷的《夏潮》合訂本拿來一頁一頁地翻讀。簡單的編輯方式，但卻飽滿地蘊藏著很多好東西。應該可以這麼說：沒有一場海內外互相激盪的愛國保釣運動，就不會有《夏潮》雜誌的誕生；也正由於有了《夏潮》雜誌同仁及海內外朋友們的支持，那一個世代的思想啟蒙運動才得以與時俱進、才得以完成；事實上，它還不只是「坐而言」，還「起而行」——它結合了校園民歌運動[4]與鄉土文學運動[5]，不只是以當時作為發源地的淡江校園出發，還擴散到諸多「沉寂的校園」。

《夏潮》雜誌的創刊與查禁

《夏潮》之所以為《夏潮》，一方面是七○年代海外保釣運動走向統一運動整個歷史浪潮的激盪，一方面是它和台灣光復前的抗日愛國運動及二二八到白色恐怖的左翼運動深深地聯繫在一起。

1975 年我個人從海外釣運、統運的洗禮回到台灣，一邊在大學教書，一邊參與《夏潮》的工作，才真正和台灣左翼愛國主義光榮的傳承接上了頭。《夏潮》靈魂人物總編輯蘇慶黎的父親是眾所周知、特別尊敬的前輩——台共領袖蘇新。透過蘇新老友楊逵[6]等人，《夏潮》把被湮埋的「人民的」台灣史重新挖掘出來，這是《夏潮》雜誌的一個重大貢獻。

初期《夏潮》的困境也值得說一說：《夏潮》完全沒有錢——拿第一筆捐款給蘇慶黎的第一個支持者是陳明忠先生，才拿了捐款給慶黎隔天，他本人就被警總抓走了。六○年代坐牢前啟蒙過我的陳映真大哥特別跑來找我，要我支持蘇慶黎辦《夏潮》，我毫不猶豫地答應了，也定期拿出一份「歸國學人」的「外快」薪水來支持，我本人更是義無反顧地就那麼投進去了。原來蘇慶黎要辦的是一個社會主義的雜誌！辦《夏潮》要有隨時會被抓走、失蹤、坐牢的風險的心理準備。《夏潮》就是在交織著高度熱情理想及緊張驚險的氣氛中一期一期的編了出來。我太太也投入《夏潮》工作，每當缺錢買郵票寄雜誌的時候，她就拿過期的《夏潮》雜誌和舊書刊到街頭去叫賣；半夜，我們幾個人餓著肚子在唐文標[7]簡陋的研究室編輯的時候，沒錢看病的年輕編輯忍著牙痛，一字一句地校著稿；而蘇慶黎老是氣喘病發作，蓋著唐文標被老鼠咬過的破毛毯，一邊還拚著命在修改陳映真對自己的立場毫無掩飾的大文章。此情此景，一幕幕如在眼前，至今猶然歷歷在目。

《夏潮》被大軍壓境查禁的時候，那一期寫的正是「二二八」。在那前幾天，蘇慶黎打電話給我，說她要趕去橋頭示威，要我去《夏潮》坐鎮，應付即將來的變局、風暴。我們把剛出生的女兒托給隔壁照顧，把開來當「據點」的文理書局也關起門來。到了台北，我們動員了十幾個意氣風發的青年朋友來《夏潮》一起處理雜誌的派發：每個訂戶都拿到了雜誌，每個書報攤都免費送給他們去贈送給「有緣人」；全省書報攤的分派也在二十四小時之內飛車疾駛南下完成任務；海外，特別是林孝信那邊，我們找到不同的大信封安全地寄出去，在海外也重新印刷發行。在大軍壓境前，還好我們

社會的
鄉土的
文藝的

夏潮

第二卷 第一～六期
（總號第 10～15 期）
合訂本

中華民國六十六年

P
051
873
n.10-15
002250

■ 《夏潮》第二卷，第一～六期，合訂本。

事先把最後一期珍貴的五百本《夏潮》送到一位好朋友家藏起來。回想起來，第一階段三年的《夏潮》關門的時候，關的還真是有一點悲壯。

錢永祥的《思想》有一段文章如此詮釋《夏潮》：

一九七六年創刊的《夏潮》，有意識的引入左翼詮釋系統，開展了台灣歷史分水嶺的一頁，這一頁豐盛、感懷、令人激動，同時也豐富了一個世代的意義。

《夏潮》另二位靈魂人物王曉波、陳鼓應的學生鄭鴻生，在他的書上也如此深情地表白：

那是個一九五〇年代白色恐怖之後，我們這一代的人的大啟蒙時代，我們如飢似渴地吸取各種啟蒙的理念，培育出各種叛逆的、激進的念頭，卻沒料到有一個釣魚台事件將我們捲進歷史的漩渦，將我們變成保釣運動的急先鋒，將我們推上台灣左翼的歷史交接點上。[8]

今天海內外及海峽兩岸七〇年代的老保釣朋友們因緣際會又聚在一起探

討這一段共同的歷史記憶，這是一個難得的美好機會，我們要掌握好這歷史新契機，團結起來，共同來參與、開創我們中華民族在新世紀的偉大復興！

註　釋

1.　＊根據發言稿整理。

2.　＊時為中國統一聯盟主席。

3.　＊郭紀舟，《70 年代台灣左翼運動》，（台北市：海峽學術出版社，1999）。

4.　＊為 1970 年代由台灣學生所主導的音樂風格。1976 年，青年畫家李雙澤提倡「唱自己的歌」之後，使得校園內的青年學子開始反思並創作屬於自己的音樂。歌詞大多以古典文學意識、或景物詠懷入詞，具有濃厚的中國風與大學校園清純的氣息。

5.　＊1970 年代初期開始的文學論戰，討論的內容為台灣文學的路線探討。1977 年，王拓與朱西甯等作家對鄉土文學的性質提出了省思與批判。同年 8 月，詩人余光中在《聯合報》發表〈狼來了〉一文，抨擊鄉土文學為共產黨的工農兵文學。其後《中國時報》與《聯合報》也刊載了其他作家對於陳映真等人作品的批評，認為這些文學著作具有濃厚的階級鬥爭意識。關於鄉土文學論戰的一系列文章，收錄於台灣文學研究社編，《鄉土文學專刊》（台灣文學研究社，1977）。

6.　＊楊逵 (1906-1985)，小說家、台灣著名左翼人士。1925 年，前往日本留學，就讀於日本大學文學科。在留日期間，楊逵深受當時日本勞工運動與學生運動的影響，開始從事左翼社會運動。1927 年，楊逵回台參與台灣農民運動，但因農民運動路線分裂而被開除共產黨黨籍。在日治時期與國府統治期間，楊逵曾多次入獄，曾被關押在綠島十餘年。1961 年出獄後遷居台中。其著名作品有《送報伕》、《壓不扁的玫瑰》等小說。

7.　＊唐文標 (1936-1985)，原名謝朝樞。廣東開平縣人。在香港完成中學學業，入新亞書院外文系就讀。1956 年移民美國，1967 年獲美國伊利諾大學數學博士。曾任教於美國加州沙加緬度州立大學 (California State University, Sacramento)，1972 年來台，任台大數學系及政大應用數學系教授。曾在 1970 年參加北美留學生的「保衛中國領土釣魚台行動委員會」，來台後，亦支持《夏潮》。1973 年 7 月到 9 月間，唐文標陸續發表多篇文章，針對現代詩的「舶來性」抨擊，認為大多數的現代詩只是抄襲西方，引起後續論爭，顏元叔稱之為「唐文標事件」。

8.　＊鄭鴻生，《青春之歌：追憶 1970 年代台灣左翼青年的一段如火年華》（台北市：聯經出版社，2001），頁 302。

回見未來的希望 ——

「保衛釣魚台」運動之後的活力扣連[1]

楊祖珺[2]

前言

1970 年代初期「保衛釣魚台」運動發生時，我來不及覺醒，沒有機會直接浸潤在那些激盪著日後台灣社會「統」、「獨」、「左」、「右」動力頻仍的潮流之中。二十歲以後，刺激我思想成長的人，幾乎都曾經在他們覺醒階段直接參與或接受「保釣」的洗禮，其中還融合著1960、50、40、30、20 年代……的人道實作或左派踐行的養分源流。四十多年來，「保釣」在台灣是一種「缺席但在場」的存有。缺席，來自不同既得利益階級的刻意扭曲與漠視；在場，來自保釣運動中永遠都有能力回神的活力，那些不屬於威權、控制及反動的活力。

2009 年 5 月，我終於在幾十年後見到了年輕時只能用「遙想」才得見的保釣學生齊聚一堂，那些我的成長過程中，一再以「老左」來稱呼的人們。確實是第一次以集體的形式見面，「恍若隔世」的複雜情懷卻油然而生[3]。主辦單位的謝小芩與楊儒賓邀請我在「釣運影響」部分進行報告，應該與我 1970 年代中期以後因為「保釣運動」精神感召而選擇進入社會改造運動的經驗有關。

我就這樣長大了

1950 年代以降，台灣社會顯見的價值及其氛圍愈趨單一：「蔣總統」，是一個專有名詞。中國的「共匪」，是人類共同的敵人。口吐「標準牛津腔英文」的「蔣夫人」，是「自由中國」女性的標竿。年輕人成長的標準答案：念書→上大學（台大）→（到美國）留學→（最好是作官）賺錢→結婚→生子（以下就沒有了）。

1960 年代中期以後，靠著替「美國軍事—工業複合體制」擔任家奴或長工

角色的代價，台灣社會逐漸被列入「現代化」地區。在戰後威權與特務治理的戒嚴文化裡，「五四運動」閹割成「白話文」運動，「美國」成了自由（主義）及民主（政體）的代號。世界史裡找不到二十世紀初期以來左派相關的思想與踐行，近代史中，既缺中國、又缺台灣。看書讀報要「倒著看」，指的就是必須透過解讀「政治密語」的能力，才看得懂文章的白色恐怖文化。不論年齡、經驗與認識，無可名說的恐懼，無法清晰辨識卻又實然存在於日常生活的一切人事時地物之中[4]。

在戰後台灣的知識分子養成教育中，卡謬(Albert Camus, 1913-1960)的譯作《異鄉人》從法國流傳回台灣受到大力吹捧，存在主義對現代化及資本主義的批判與反省卻不見其中。王尚義的《野鴿子的黃昏》成了存在主義的代表作，「失落的一代」成為指責年輕人或年輕人自己找藉口墮落的專有用語。十九世紀尼采(Friedrich Wilhelm Nietzsche, 1844-1900)的「上帝死了」概念，成為表達「文化時尚」的抒情用語。存在主義或60、70年代歐美在思想及革命行動上的影響，在台灣，居然化成了上述驚嘆。至於台大畢業留美的於梨華寫出赴美留學生難堪困頓生活經驗的《又見棕櫚·又見棕櫚》，則在台灣的父母們一聲長嘆之後，繼續勒緊腰帶送兒子們赴美留學。

1975年4月的某個假日，突然變成黑白播出的電視，不斷重複播出「總統蔣公」（蔣介石）過世的消息。一個人面對著電視機，我邊哭邊想「中國完了！」記憶中，電視新聞好像也曾提醒「國人」為「蔣公」戴孝。那幾天，經常蹺課的我在學校下山的路上，領到了一條黑布。為了真心誠意替「蔣公」戴孝，往後一整個月裡，連夜晚睡衣的左臂衣袖都不曾離開過那條黑布。母親的牌友在麻將桌上直誇我，母親則有點得意地對她們說：「哪天她爸爸死了，不知道她會不會這麼孝順！」

那時的我讀大二，從「淡江文理學院」法文系轉到英文系不到一年。別說沒有聽過我高中時期在台灣發生的「保衛釣魚台」事件，就連那兩年在我同校有四位校友與他校九位大學生曾因「成大共產黨案」[5]被判處無期徒刑到感化三年不等徒刑的「新聞」，也未曾聽聞。在白色恐怖戒嚴文化中，就連私下傳言隔壁人家不知道為什麼遭槍斃或坐牢，都可能是一種「殺頭的」[6]禁忌。我則在替「蔣總統」服完大孝之後，繼續過著在西餐廳唱歌打工念書的日子。那是我從1973年大一以來，為了不再使用父親的金錢而出現的生活方式。

　　1976 年以後，是主動也是被動，我在台灣接收到周遭愈來愈多朋友們的熱力，那些屬於在「保釣」中驚醒的生命力。透過他（她）們的生命力，從未離開台灣的我，彷彿也進入了全球保釣青年的文化行動，那一股股以「保釣」作為符號識別所匯集的洪流 —— 時而在國共內戰的殘跡中翻攪，時而又跨越到八國聯軍之後的「五四」情結；偷偷翻閱著 30 年代的中國文學以及日據時期的台灣文藝，舊式的修辭用語及陌生的左翼人道，居然也能夠讓自己從接受了二十年「反共復國」教條銘刻以及「吸吮著美國奶水長大」的殖民文化中躍起，而且，熱血沸騰不克自抑。

「保釣」與我

　　1976 年 12 月 3 日晚，在「淡江文理學院」舉辦的英文歌曲「民歌演唱會」[7] 上，剛從西班牙遊學回台同時也是菲律賓華僑的淡江校友李雙澤，利用「地利人和」之便，爭取到上台演唱的機會。幾天後聽説，上台前灌了一整瓶啤酒壯膽的他，訴説著自己從台灣到美國又回到台灣，喝的都是可口可樂、唱的都是英文歌，「我們自己的歌呢？」而後，他彈起吉他唱了〈補破網〉及〈國父紀念歌〉，聽到這些「沒有 class」的歌，台下噓聲四起。等到我唱完包含美國抗議歌手瓊貝茲(Joan Baez)的歌曲步下舞台，一位從美國留學回台就在我就讀的英文系老師王津平，自我介紹主動前來打招呼。過了幾天，他來電邀我在他主編的校刊《淡江週刊》上，針對李雙澤提出「為什麼不唱自己的歌」撰寫反應文章[8]。過了兩個月我大四下學期，第一次選修了王津平開設的「當代美國文學」。藉著當代美國黑人詩歌的「接引」，我似乎聽懂了瓊貝茲(Joan Baez)、鮑伯迪倫(Bob Dylan)及許多美國流行歌曲 Top 10 流行榜中反對戰爭、要求和平的青年訴求。[9]

　　那時的我不可能意識到，自己已然在台灣接觸到海外華僑及台灣留學青年在「保釣」中覺醒的青年愛國意識及「老左」精神的場域。我也更不可能知道，1970 年代中期以後，留美學生在「保釣」運動後「關心台灣、認識祖國」的社會實踐要求。除了因為「保釣」行動被中華民國政權完全封殺出台灣之外，許多與「保釣」左派扯得上邊的人士，當時正在台灣遭受政治調查或清算。

　　透過王津平老師課餘在校園裡分贈給學生的《夏潮》雜誌，我閱讀到後來被冠上「工農兵文學」紅帽子的「鄉土文學」諸多創作。透過他在校園「牧羊

草坪」舉辦的樸素婚禮，我除了在當晚收到李雙澤正在改編自蔣勳詩作〈少年中國〉的歌詞雛形[10]，也認識了數月後偷偷遞給我〈我的祖國〉大陸歌曲錄音帶的蔣勳。那是他 1970 年代初期在法國留學時愛聽的歌曲，當時他擔任《雄獅美術》的總編輯，對於習慣從西方角度審美的台灣美術，有著革命性的刺激作用。我還用注音符號，逐字向王老師學會了李雙澤「踢館」唱的〈補破網〉閩南語歌曲。

　　1977 年 9 月，正當我忙於準備台視《跳躍的音符》主持工作即將首播之際，從未深談卻似乎熟稔的李雙澤，在淡水海邊因為救人溺斃。在告別式前夕，我與歌手胡德夫分別接受到王津平的邀請，從李雙澤的手稿中，我們整理出〈少年中國〉、〈美麗島〉兩首歌曲錄製。經由那兩首歌的轉化，我彷彿確定了正值大學畢業後的價值取向[11] —— 為了「少年中國」的「美麗島」而唱[12]。

　　藉由王津平與蔣勳的介紹，我認識了一年後也加入我組織「唱自己的歌」歌手行列的《夏潮》雜誌創辦人之一鄭泰安醫師。透過他，我有更多機會聆聽到美國流行歌曲以外的古巴、希臘與中共的革命歌曲。透過他與歌手的分享，我還有機會閱讀到當時可能被羅織判刑入獄的大陸 30 年代文學作品《大眾哲學》[13]、克魯泡特金的《我底自傳》以及早期台灣左翼的文學，不過，都是影印本。此外，「帕米爾書店」出版的書籍上，幾乎都有著我劃滿了紅線的標記 ——《社會主義》、《自由主義》、《無政府主義》等等，不過，缺乏基本認識的埋首書籍，讀與不讀的差別不大。多年以後才知道，當初一些「老左」的影印本及書籍，部分是從唐文標、陳陽山、王曉波、陳鼓應、尉天驄[14]、郭鋒、甚至胡秋原、任卓宣[15]的書房中流出來的，而這些人，也大多因為讚賞我推動「唱自己的歌」運動，而結識與影響了二十歲出頭的我。

　　此後，在大家習慣唱英文歌的演唱會上，我藉著觀眾的疼愛，將 50 年代中（共）國大陸的國語（普通話）歌曲及台灣民謠夾帶進入校園、甚至工廠、農村的「唱自己的歌」舞台[16]。我也開始設計自己要透過音樂及知識的學習，豐富自己的專業與腦袋，並且重新學習作一個中國人、一個台灣人！就這麼囫圇吞棗地在路邊學習歌仔戲，自己尋找楊兆禎學習客家山歌、向張天玉學習北方大鼓、向王松甫學習南方彈詞，四處求知識拜碼頭，搞得自己不知所云。

　　1978 年 5 月，當我辭去電視節目主持人工作以後[17]，希望自己能夠在日

常生活中落實「向人民學習」。學習什麼？我也不清楚！總是，自知當時的自己，無法適應那些自以為西化又高級的文人雅士在杯觥交錯間的言不及義。

在夏潮雜誌社中有人提及原住民小女孩被父母賣到妓女戶的故事，遍問《夏潮》人士卻無人知曉。直到自己終於尋訪到「台北市廣慈博愛院」[18]的「婦女職業訓練所」，發現她們終日被監禁在一間約五十坪空間卻毫無職業訓練課程的所在之後，我舉辦了「青草地演唱會」替她們募集二十四萬元新台幣的經費，經由蔣勳介紹，委託剛成立的「信誼基金會」張杏如女士的律師做開支的見證。透過王津平介紹的李元貞，邀請到輔仁大學的講師夏林清，帶著學生在那兒實際學習心理輔導的服務工作，我自己也在那兒義務服務了一年多[19]。說是「服務」，其實我真是從那些歷經風霜小女孩身上，學到了許多象牙塔裡不曾想像過的人世。《夏潮》的總編輯蘇慶黎，也在此後只要有時間時就與我一齊到那兒陪伴那些年輕女孩。

往後的三年，我藉著自己曾經主持電視的「光環」，與十幾位音樂能力強勁的歌手們，到學校、工廠及農村推廣包含中國大陸歌曲、閩南語、客家及原住民歌謠，以及以過世的李雙澤所創作的歌曲為主的「唱自己的歌」運動。往往，從調借便宜的音響、燈光、邀請歌手，甚至搬放現場的座椅，主持到參與歌唱，我幾乎一手包辦。因為，許多學生或偏遠地區是沒有經費與機會邀請「電視節目主持人」辦演唱會的。我個人的日常生活，則是晚上彈唱賺生活費，白天作義務服務、念書、翻譯或寫作。也在我摸索著與中國、與台灣、與世界左派在認識上接軌的日子裡，透過探討時事的《綜合月刊》、《時報周刊》海外版這類刊物，開始閱讀到不同於執政黨極右派的時事評論，此外，也終於知道前一年新聞局將我電視節目送審〈美麗島〉這首歌禁掉的「台獨」究竟是什麼[20]。此時，《中華雜誌》的胡秋原先生，也透過毛鑄倫邀請我籌辦「紀念七七抗戰」演唱會。看到那麼多年輕歌手參與「七七」，錢江潮先生高興得教會了我們更多從未在錄音帶中聽到過的抗戰歌曲。我也透過毛鑄倫，知道了更多保釣的故事——留學生胡卜凱在美國發起「保釣」運動的簽名工作，林孝信放棄了人人稱羨的科學家頭銜與利益，在「保釣」事件之後依然踽踽獨行於「老左」的寂寞路途。

當然，母親在我這個階段又說話了：「妳早一點這麼努力用功，不就考上台大了！」

　　「青草地演唱會」之後兩個多月，《夏潮》的決策核心之一王拓邀請我支持他參與「增額中央民意代表」基隆區國民大會代表的選舉，感動於他的小說《金水嬸》，但與他並不相識。王拓說服我可以透過選舉，讓更多人接觸到「唱自己的歌」運動，而他「為了漁民」而選舉的社會實踐，也與我當時「替人民服務」的信念相符，我希望藉由自己的力量，能夠支持真心想為漁民服務的人當選民意代表[21]。除了在選前替王拓在基隆舉辦了一場募款演唱會，我也正式登記為他的助選員。就這樣，我成為「黨外」第一次為了突破集會結社自由的限制而組織的「台灣黨外人士助選團」的正式成員。

　　那晚的演唱會，幾年後聽說，《夏潮》的「核心」，以及沒有被關在綠島而又「方便」公開露面的人脈系統，大概都到場了。是支持王拓，也是觀察。觀察「統」、「左」在1950年代遭遇「抄家滅族」後，透過實際參與現實政治的選舉活動會有什麼樣的社會反應。

　　在1978年「未完成的選舉」[22]中，台大教授陳鼓應與《中國時報》記者陳婉真，也接受了許信良「合縱連橫」的政治設計，以聯合競選（立委及國大）的姿態搭檔在台北市參選。在思想、文化上影響台灣許多知識分子覺醒的（統左）《夏潮》，居然開始與黨外地方政治人物聯合競選，這對威權的執政黨而言，要比前一年發生的「中壢事件」還要令它不能忍受，與恐懼。對中國國民黨而言，沒有想到他們始終用「共匪、叛亂分子、台獨」是「三合一敵人」的宣傳，來羅織政治異議人士的罪名。1978年的選舉中，主張「中國統一」與「台灣獨立」的「叛亂分子」們，居然聯合競選，而且全省串連，這也難怪在隔年之後，外省第二代又主張中國統一的陳鼓應及其妻子陳珊珊，始終遭遇到情治單位最難堪的修理與整治。

　　在基隆助選期間，親身經歷到中國國民黨地方黨部及/或情治單位的顢頇違法阻擾合法的競選活動，刺激了我開始理解與審視「黨外」這個「叛亂團體」的成分與主張。競選期間的「鄉下」經驗，也讓我親身體會到白色恐怖下「政治恐懼」的氛圍。例如，對「中國統一」充滿熱情的基隆老黨外柯水源總幹事在教我「台語」時，談到了台灣在1947年曾發生的「二二八」流血事件。他一邊左顧右盼，一邊還在我問話時小心翼翼提醒我「要小聲一點」。那時候，中華民國政府因為「中（華人民共和國）美建交」而在前兩天宣布選舉活動中止，整個競選總部的閣樓上，只有我和他兩個人。

「美國那邊說的……」[23]── 統派・獨派・中國派・美國派

「左統」與「右獨」都有「美國」關係，這是我花了許多成長的經驗，才在日後稍微猜測到的「關係」[24]。

「中美建交」或「中美斷交」之後，不可思議但想當然爾，在朝、在野、及「在美」者，把台灣社會形塑得如喪考妣。這倒也加速落實了美國國會制訂「台灣關係法」，把台灣地區正式列入了美國政府的「保護區」。1951 年到 1978 年在台灣的「美軍顧問團」，也因此找到了避免「干預內政」但更經濟實惠又隨時可以出兵台灣的全球戰略布局。原本期待在 1978 年底因增加民意代表席次而茁壯的「黨外」，一方面擔心執政黨趁著「中美建交」製造「眾人皆曰可殺」的社會輿論，而將政治異議人士逐個「趁黑摸走」；另方面，也許，來自於至今尚未「解密」的「外來」力量影響，「黨外」人士展開了集體辦雜誌共同承擔政治風險的策略[25]。而我，除了開始學習與關心台灣民主政治的發展，主要的工作依舊以「唱自己的歌」為職志，我始終相信只有文化的內涵改變，才可能步入真正的「民主」，而且，「民主」是一個不斷發展的過程，而非結果。

1979 年中旬以後，警察開始固定到我家中訪查。我在各地義務安排了許久的演唱會，往往在舉辦前毫無理由地臨時被取消。逐漸，媒體人、民歌手，甚至我的大學同學、鄰居、朋友遇到我，大多為了恐懼，而避免與我打招呼，甚至刻意撇過頭去。我母親的牌友，也不再邀她摸八圈了。[26]

1979 年 9 月 8 日，《美麗島》雜誌在台北「中泰賓館」舉行創刊酒會後數日，我第一次前往位於台北市仁愛路的《美麗島》雜誌社。[27]緊張地已經忘了為什麼與十幾位「南部上來的鄉親」一齊坐在一張長方形的會議桌邊，聽「總經理」施明德說話。當天的他除了與南部鄉親談到有不一樣的「外省人」話題[28]，在分析台灣政局或是《美麗島》相關問題時，我聽到他說：「美國那邊說的……」。

我當場楞了一下 ──「美國那邊」與台灣黨外有什麼關係？

也就在此之前的 5 月，《美麗島》雜誌向政府申請執照前，我已經忘了有

哪幾位人士邀請我加入「社務委員」。被查禁的《夏潮》雜誌系統，也在類似期間準備由王拓具名申請《春風》雜誌，王拓也邀我加入「社務委員」。在我與朋友們討論出「《美麗島》屬現實政治集結，《春風》屬文化刊物」的分析後，對現實政治既不感興趣，又還要推動「唱自己的歌」運動的我，決定不宜擔任前者的社務委員。當然，其中的「統」、「獨」、「左」、「右」傾向，也影響了我的決定。雖然，在《美麗島》中，也有《夏潮》的人士。

另一樁「美國那邊說的……」故事，發生在主張統、左的《夏潮》系統。也是同年的 9 或 10 月，我主動前往《春風》雜誌社幫忙。雖然每天晚上都會在西餐廳（酒廊）彈吉他或鋼琴唱歌到半夜一、兩點，但第二天上午十點左右，我幾乎都會主動到雜誌社，幫忙打掃、倒茶做些瑣事。

某天下午，一位我當時連姓名都未曾聽聞過戴著鴨舌帽的青年張富忠出現在《春風》，他與矮了他一截的蘇姐站在編輯室前面低聲講話。正好走進雜誌社的我，隱約聽到蘇姐說：「美國那邊說……」。登時，我將身子退後了好幾步。是人際的禮貌，也是在 50 年代白色恐怖之後在台灣生活的常識 ── 遇到政治敏感的事情，除非別人要說，否則不需要知道的事情，就不要問，也不要聽。是保護自己，也是保護別人[29]。

「台獨」的施明德與「美國」有關，這是能夠理解的。為什麼連「統左」的《夏潮》，都出現「美國那邊說……」呢？「美國」到底是誰呢？

不理解 1970 年代在美國「保釣」的人際與統獨左右的糾纏，在 1970 年代中期以後的黨外，也幾乎少人提及「保釣」的蹤跡。我著實因為無知，而在黨外的生態中，摔了不少不必要的跤。不過，也親眼見證在黨外文化中，因為欠缺「老左」的精神及文化養分，而顯得乾澀許多 ── 是現實政治的言論箝制，也是知識分子的自我限制。

儘管如此，在 1987 年台灣政制正式解嚴之前，舉凡在台灣社會具批判性的團體及其行動，不論其構成的企圖及目的，幾乎都曾糾纏在以「保釣運動」作為青年文化行動的代表符號所蓄積的能量及其挑逗的政治慾望之中。

「保釣」所能翻攪的，正是過去、現在與未來都可能持續存有的動力與能

量。對我而言：「保釣」是以動詞的樣態存在的！

以動詞樣態存在的「保釣」—— 我的「戰地」經驗

　　以條列式的陳述，來報告自己在 1977 年以後在台灣參與社會實踐三十多年的心得。反思的片片段段，來自我的「戰地」經驗。不打算將它們拼湊成曲，姑且以「間奏」的方式呈現：

● 社會運動（文化行動），不應逃避左、右、統、獨議題的公開探討。

● 社會運動的進行，切忌將左、右、統、獨議題上綱；這並不表示，個人不能擁有左、右、統、獨的立場。

● 社會運動怎能區分成「激烈路線 VS.溫和路線」，「體制內路線 VS.體制外路線」或「議會路線 VS.街頭路線」？這類便宜行事的區分，只有利於不負責任的騎牆行徑。

● 社會運動，必須存在於所欲改造的現實政治系統之中；但是，社運並不是為了要獲得重新分配或換人管理的權力而生的手段。社運，是為了讓有再生能力的創造力，得以再行啟動的推動力量。

● 社會運動不需要局限在相關的既定倫理與法條規範之中，因為，那些價值與法律就是社會運動要改造的對象。

● 小心資本主義及國族主義帶給社會運動的局限，也請留意資本主義是由國家政治所規範出來的事實。

● 參與社會運動的過程中，有兩種極端，令我不知所措：企圖超越既有體制的局限，卻落入虛無的深淵；執著於意識型態的理念，卻實踐出幽靈附體的「小法西斯」。

● （相對而言）理念的論述過多，將之放置於社會場域進行個人生活方式或其他文化行動實驗的嘗試卻又過少。

● 社運的動員、組織、宣傳……等進行，居然也經常流於威權及父權的統治特色 —— 企圖將所有可能的動力，壓抑在一條鞭的階層管理與控制之下。

● 祈請注意、注意、再注意：社會運動進行中，不要（不能）一方面急於掠奪或收編他人的勞動成果，一方面卻又拒斥與人分享那些從來都不屬於個人的勞動果實。

● 被自己或他人稱呼為「社運人士」或「社運工作者」（我自己就經常犯著

這個忌諱），有些諷刺、荒謬、又有點悲哀。為了什麼樣的「社會」？「運動」什麼？……從專業分工的角度來看，「社運」既不是一種職業，也不具備控制職業的「工具」條件。這種應該承擔社會變遷白血球的功能，絕不應該歸類於國家政治「專業」類屬的「工作」之列。但是，社會運動又必須承擔行政設計與執行的重任，在沒有到達現實政治的「翻新」之前，除了將社會運動團體或工作視為「非政府組織」類屬之外，還有其他的踐行路徑嗎？

● 不只是媒體才有的誤判：並不是「學者」、「專家」（尤其是律師），就有資格針對社會運動的主題發言；不是念「大學」（尤其是「台大」）的「學生」，到公開場合宣布靜坐、絕食，然後坐下讓媒體拍攝，就是「學生運動」……。

● 撰寫宣言、公開連署、召開記者會……，這些都是社會運動可能展開的前奏而已。

● 「網路」，是一種助長小蝦米從暗處發聲、促進人們在網際「說話」（有「溝」不見得「通」），從而可能彼此聯結以「對抗」大鯨魚的工具。網路是一種不見得能夠真正抗衡有權力者的非人媒介。在推動社會（變革）運動的目標上，人際的溝通、協調與合作，依然占首要的地位。

● 許多達成階段性目標的社會運動，其經費與人力條件，絕大多數是捉襟見肘，甚至處於匱乏狀態；其組織功能的發揮，也大多在實踐過程中，摸索調整而前進的。依恃「金錢」才能夠進行的工作，通常不叫作社會運動（文化行動）。

結語

年歲增長，愈能夠見證「原因」與「結果」不見得相似——力量的匯集，促成了現象，但是，力量本身，卻不可能分辨清楚自己的面貌；而看來相似的現象，也因為促使它們浮現的力量各異，而出現完全不同的意義。

用「間奏」呈現自己曾參與的台灣社會改造運動的反思，為的是凸顯運動過程中，不分年代或場域都可能出現的各式現象。謹以本文，記錄自己曾經在 1970 年代倘佯在「保衛釣魚台運動」「老左」的精神長河之中，同時，也呈交自己在過去三十幾年來參與社會運動的簡短備忘。

註　釋

1. ＊根據論壇發表之〈回見未來的希望 ——「保衛釣魚台運動」之後的社運經驗反思〉一文改寫。

2. ＊時為中國文化大學大眾傳播學系副教授。

3. 帶著近乎「朝聖」卻非信仰與膜拜的期待，我在 5 月 2 日一大早從台北開車前往新竹的清華大學。車上坐著參與社會運動的夥伴 ——「世新大學」社會發展研究所所長黃德北教授，及他研究所的學生蘇美雅。黃及我在車上聊到彼此深受保釣精神感召，學生突然問：「老師，社運圈裡除了你們，還有誰受到『保釣』的影響？」黃德北：「妳應該問：那個時候還有誰沒有受到『保釣』的影響！」

4. 「匪諜就在你身邊」的台灣文化。

5. ＊1971 年，成功大學學生蔡俊軍、吳榮元等人，由於在校內圖書館閱讀《資本論》等社會主義書籍、並成立「成大共產黨」組織因而遭到警備總部逮捕。同年 10 月 3 日，蔡俊軍、吳榮元被判處死刑，其餘參與學生則被判無期徒刑或三至十五年等有期徒刑。由於涉及此案的學生均為十九至二十四歲的大學生，引發各方關切。1973 年 2 月，蔡俊軍等人之死刑改判無期徒刑、無期徒刑改判十五年，其餘人維持原判。

6. 「會殺頭的」這句話，在戰後成長的日常生活中，並不是一句開玩笑的形容詞，而且是包含了中國國民黨黨員在內的不分黨籍、省籍及種族的通用語言。

7. 從 1973 年開始的每年 10 月，原本為了迎接新生的晚會，由於該屆學會會長與當時在台灣流行彈吉他或「搞樂團」的年輕人熟識，從該年開始舉辦演唱英文歌曲的「民歌演唱會」，竟發展成全台灣南北各大專院校學生的流行文化盛事，外校學生入場還需要花費新台幣十元一張的票價，對當時大學生是一筆奢侈的開銷。我在 1973 年考進了淡江法文系，在女生宿舍中練習著剛學了一個月吉他技術而唱歌的我，從應該迎新的那一年，就被宿舍中的學姐「勸」上了演唱台。又由於我在此每年的演唱會中都會邀請我。

8. 我還記得在李雙澤之後上台演唱 Simon and Garfunkel 二重唱歌曲的 "You & Me" 中的邵孔川，當時氣急敗壞回到後台，他對著等待上台的我及賴聲川、陳家隆、陳明敏、陳立恆四人樂團大聲喊叫：「全毀了，把氣氛全毀掉了！」當晚演唱會，負責壓軸的這群人，全都在台北市忠孝東路陳立恆等人開設的「艾迪亞餐廳」駐唱，我也記得，主持人陶曉清站在一旁不知所措地忿忿。李雙澤提出來的是 1960 年代以來，全世界左派知識分子所反省的根本問題。然而，對於資訊封閉、思想被閹割又從未有機會出國「見識」的我們，實在很難在第一時間反應。《淡江週刊》上的報導與回應，就是王津平等人將他們在留學時接受到「保釣」「左派」的議題而設計的。這些，都是我日後想通的。

9. 　那時，廣播電台的美國流行音樂及中華商場的盜版唱片，是台灣青年得見世界的重要窗口，因為，英文能力不太靈光的台灣警備總部，只知道用「共匪搞學運、工運」來管理「思想有問題」的人，卻沒想到唱英文歌曲也能搞革命。

10. 　王津平婚禮慶典結束後的黃昏，李雙澤前往我演唱的餐廳，在我結束五十分鐘的歌唱時，發現他留下「給祖珺」的〈少年中國〉歌詞的雛形。

11. 　就在 1977 年大學畢業前的春天，我一方面申請美國留學，一方面尋找外商秘書的工作，然而，我卻也答應了日商在台總經銷 YAMAHA 樂器的「功學社」，前往台視主持電視歌唱節目的邀請。僅僅是這些記錄，就看出當時面臨大學畢業何去何從的無知又矛盾心態！

12. 　直到今日，許多有關「唱自己的歌」運動的內容，都是根據三十年後想當然爾的臆測在流傳；甚至，為了商業或政治的利益與目的，編造了故事在台灣社會及華人地區流傳。由於該運動並非本文重點，在此暫且不談。

13. 　*詳見艾思奇，《大眾哲學》（上海：上海書店，1989）。1930 年代，中國哲學家艾思奇以通俗簡要的文筆闡釋馬克思主義哲學與唯物辯證論，遂成為當時學習馬克思主義的暢銷書籍。

14. 　*尉天驄 (1935-)，作家、文學評論家，曾任政治大學中文系教授、《筆匯月刊》與《中國論壇》等刊物的主編。1970 年代曾主張寫實文學的重要性，1977 年參與鄉土文學論戰。著有《民族與鄉土》等書。

15. 　*任卓宣(1896-1990)，四川南充人。國民黨政要，政論家。早年曾赴法國勤工儉學，並加入中國共產黨，曾任旅歐中國共產黨負責人。回國後參與廣州起義，後任中共湖南省委書記等職，1928 年被國民黨逮捕之後叛變。曾任中國國民黨中央宣傳部副部長，開始進行反共之宣傳活動。1949 年赴台灣，曾任中國國民黨中央評議委員、政治大學教授、政治作戰學校教授。

16. 　二次戰後台灣的音樂教育，除了毫無主體意識地移植「西樂」，也禁了所有與抗戰、左派意識及左派文人創作的歌曲。當時台灣，除了〈沙里洪巴〉、〈掀起了你的蓋頭〉、〈鳳陽花鼓〉等十數首「中國民謠」，在中國國民黨的教育中，「中國」（含台灣）是沒有歌的。在我三年多「唱自己的歌」過程中，第一階段的「大陸民歌」部分會安排包含〈我的祖國〉、〈黃河組曲〉、抗戰時期的畢業歌、〈黃河怨〉、〈茶山情歌〉，甚至許多 50 年代中共在大陸蒐集的民歌在內的歌曲。然而，聽說，1980 年台灣各大專院校校刊編輯在調查局「青邨」（台灣軍方有許多單位都有「青邨」，青年的青字，顧名思義）接受訓練時，訓話者以「楊祖珺」作為共匪、叛亂分子及台獨分子的「三合一敵人」的樣本，指責我「受到叛亂分子的利用」，「搞學運」、「搞工運」，其中卻沒有包括我演唱「匪歌」的指證。在 1979 年以後警總及調查局固定約談我的過程中，這條「罪狀」也從未出現。「反共」卻不「知共」，這是大多數 70 年代台灣學生「一出國就左轉」的最主要原因。

17. 在 1977 年即將大學畢業的這段時日，我答應了 YAMAHA「功學社」的邀約，在台視主持第一個以大學生為主的年輕人彈唱自己創作歌曲的《跳躍的音符》節目。主持了七個月，在收視率跨入晚間最熱門的時段之際，我因為行政院新聞局根據「廣播電視法」規定三分之一的歌曲必須演唱一千多首政府指定曲目的「淨化愛國歌曲」，同時送審李雙澤及梁景峰的創作歌曲未獲准通過（〈少年中國〉被禁理由為「響應中共統一號召」，而兩年後被「盜用」為黨外雜誌名稱的〈美麗島〉，其被禁理由是我從來沒有聽說過的「主張台灣獨立」），我在主持了七個月後，決定辭去主持人一職。在當時電視只能播放到晚間十二點又只有三台的影劇新聞裡，獨漏這則消息。

18. ＊原為台北市立救濟院，1964 年創立。1974 年改名為台北市立廣慈博愛院。院區分為「老人所」、「兒童復健所」、「育幼所」、「婦女習藝所」，分別收容及安置不同的服務對象。

19. 1978 年 8 月 16 日在台北市榮星花園舉辦的「青草地歌謠慈善演唱會」，是台灣第一場戶外的（募款）演唱會，當時的海報上是淡江建築系學生林洲民跟著我到廣慈博愛院拍攝紀錄片時所拍攝的一位十三歲原住民女生的相片。我邀請民間藝術家姚孟嘉設計海報，他是我私下學習早期台語流行歌曲的老師。海報上則寫著「請穿著可以坐在地上的衣服 請帶著願意大聲歌唱的喉嚨 並請帶著您的愛心和熱情 來唱中國人自己的歌！」台灣當時只有八版兩張報紙的兩大報社的事前報導，使得榮星花園的大門外，擠滿了無法入場的觀眾。所幸在我們到全省演出的「唱自己的歌」的歌手中，有任職於《中國時報》「匪情中心」的主任毛鑄倫，藉由他的引介，我得以親自向兩大報紙的記者周天瑞、王杏慶、王健壯、林聖芬、江春男、卜大中、黃年、毛鑄倫等十幾位當初 70 年代第一批大學知識分子進入新聞界改變了台灣新聞品質的年輕菁英，解釋我舉辦演唱會的緣由及後續工作，這些優秀記者中，有不少人是直接或間接受到「保釣」影響的年輕人。要不是這些 1970 年代中期大量投入台灣新聞工作知識分子在輿論上的支持，這類行為在以往通常可能被扣上「揭發社會黑暗面」的政治罪名。然而，那時初生之犢的我，既不了解也不會顧忌這種禁忌。

20. 那時，無論學校或社會、公開或私下，幾乎沒有人可能聽過或看過「台獨」這個名詞。1978 年 4 月的《綜合月刊》，黃年、金惟純等年輕記者駁斥「台灣基督長老教會」在 1977 年《台灣教會公報》主張〈台灣是一個新而獨立的國家〉論述之不當。我也是從那時開始閱讀不同於中國統一的政治主張，以及開始質疑基督教（宗教）、「台灣獨立」的主張與發展以及「帝國主義」之間的相關性。

21. 從當時我支持王拓選舉的理由，就可以看出我雖然熱情卻很無知：「國大代表」六年只有一樁選舉總統、副總統的任務，這個職位與「服務漁民」或改變漁民命運的關係實在太遠了。

22. ＊「未完成的選舉」，係指本應於 1978 年 12 月舉行的「中央民意代表增額選舉」。由於選舉期間適逢中美正式斷交，總統蔣經國因而於 12 月 16 日宣布停止競選活動。在此次選舉中，以黃信介為首的黨外人士成立了「台灣黨外人士助選團」，為黨外活動提供了競選力量及組織性的團隊。這對日後黨外政治活動的發展，有關鍵的影響力。

23. 由於年代久遠,「美國那邊說的……」故事,在日期上並不精確。

24. 靠經驗「猜測」,還是因為許多事情尚未「解密」。

25. 依我理解,施明德在《美麗島》時期,挾著「台灣基督長老教會」及其在美力量的支持,也挾著他擔任《美麗島》總經理職位之便,沒有經過任何溝通就在「台灣基督長老教會」決定下用當晚的方式舉辦 1979 年 12 月 10 日的「人權日」大遊行,許多黨外人士在之前就相當不滿這個決策,更何況,這造成中國國民黨有機可趁的政治大逮捕的「美麗島事件」。

26. 在「保釣」相關的論文中感謝自己的家人,不知是否適當?驀然想起,我的家人(父母親、哥哥嫂嫂及姊姊姊夫)在過去以往,從未因為我個人扮演的不同角色而得到任何的方便與利益。倒是,在我個人遭遇困頓,甚至帶給他們「麻煩」之時,他們除了叮嚀我「小心」、「照顧自己」,從未責罵或埋怨我所帶給他們的麻煩。日軍占領上海時在浦東經營銀行的上海浦東人父親,在 1948 年底,帶著母親及哥哥,從上海搭乘空軍通訊員姨父的軍機到台灣。江蘇武進人的母親,是專職的家庭主婦。比我年長十二歲祖籍北平的嫂嫂,來自低階公務員家庭。比我年長十一歲祖籍福建的姊夫,來自基督教的牧師家庭。這些在台灣的「外省人」,從未參與也從未有過現實政治的職位與經驗;然而,他們始終在聽完我經歷過的故事後,支持我選擇站在黨外的立場。

27. 在中泰賓館創刊酒會上,近千人的創刊酒會,居然因為「反共義士」的《疾風》雜誌帶了十幾個人在入口處叫罵,卻在中泰賓館一樓的落地窗外,站滿了數百位類似今日霹靂小組服裝的大批警察,將當時中泰賓館中的來賓包圍得密不通風。在最後只剩下三十幾人留下來響應施明德提出組織「敢死隊」突破重圍的號召中,個性豪爽大方,但只要遇到「外省人」或「統派」就激動罵人不已的田秋堇母親田媽媽,喊著要我唱歌帶這三十幾位黨外「衝出去」。當天的我前往雜誌社,一方面還在不好意思當初沒有答應他們擔任「社務委員」的角色,另方面因為「中泰賓館事件」後,我關心前往。

28. 我還記得姚嘉文在那個階段向我講述「台獨是什麼」的時候,也曾提及「不一樣的外省人」分析。篇幅所限不再贅述其他相關事情;我在 1992 年時報出版的《玫瑰盛開——楊祖珺十五年來時路》中曾述及當時脈絡。

29. 一直到了 2004 年在台北的蘇慶黎紀念會上,自願上台的勞工運動工作者鄭村棋提及「(在 1987 年組織「工黨」之前)那時候,我們都必須單線作業……」。倏忽想通,「單線作業」在 1970 年代黨外不論統、獨、左、右的發展上,雖說是不得不的必要,但也造就了多少真假難辨的誤會與錯誤。在那個極少數人就可以決策的「猜的年代」,只有「上道」或有理想的人,才會在「不知道又不能問」的情況下願意付出(黨外流傳,「只有特務」才會問東問西……)。雖說如此,卻也造就黨外不分統、獨、左、右的台灣反對政治文化—— 不負責反而容易走下去,不需要交代轉變因素就可以見風轉舵的政治立場變色龍,又或者「敢的拿去吃」(閩南語)的黨外生活文化。2000 年民主進步黨執政以後,人們就可以看到,墮落的反對文化,受害的絕非只有「反對派人士」而已。

民主化之後的台灣社會[1]

王惠珀[2]

前言

2009 年 5 月 2 日我與外子洪永泰教授（台大政治系）有幸受邀參與國立清華大學「一九七〇年代保釣運動文獻之編印與解讀」國際論壇，擔任與談人。我雖然在 1975 年才到密西根大學，未有機會恭逢 Ann Arbor（安娜堡）的國是會議，但卻領會了釣運前輩留下來的政治文化層面的多元面貌。我們在 Ann Arbor 期間參與台灣民主運動支援會出版《民主台灣》數年，成為白色恐怖記錄有案的分子，導致回台大任教前的一番波折，為個人平凡的生涯譜出一段精彩的插曲，暫且按下不表。三十年後台灣民主化了，《民主台灣》等文獻成為清華大學館藏，反映台灣的多元進步，我與有榮焉。

「台灣民主運動支援會」這個統獨之外的非主流派所強調的普世價值是我一生的啟蒙，領袖人物林孝信先生身體力行的風格更是我們的標竿，在外子與我回國的二十五年來一直引導著我們的思維及作風。

台灣自由民主化的軌跡[3]

記得在 Ann Arbor 期間，好友陳文成力勸外子從政治系轉念統計系。這樣的轉折讓外子回台後隨著台灣的民主化，在社會科學統計上有了極可發揮的空間，從開啟民意調查、政治版圖研究、社會自由民主化的變遷研究，到國民健康調查。外子與中研院研究團隊從 1983 到 2004 年，以台灣人對平等權、自主權、自由權、多元權及制衡權之取向為軸，進行台灣民眾「民主價值觀」之變遷調查，顯示台灣人民主價值觀最強的是自由，變化最大的是制衡，最矛盾心態的是多元（多黨參政）；最穩定的民主內涵是自由和容忍，最近幾年的政治亂象使得民眾對自由的看法開始有所保留（圖一）。

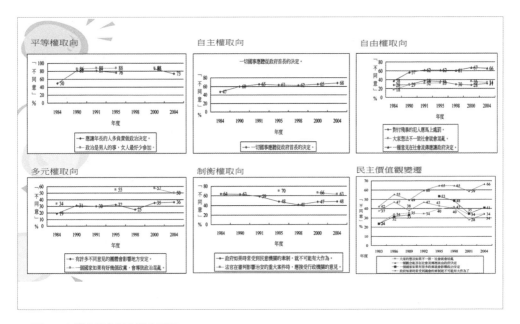

■ 圖一、台灣人民主價值觀的變遷。

政治不是民主自由唯一的構面 —— 以醫療體系為例

　　我的醫藥背景及科學訓練，回台灣只要不食人間煙火，躲在學術界努力做研究，拼 SCI，就有絕佳的發展空間，維持永續不墜的社會菁英地位。可是保釣運動及台灣民主運動支援會的洗禮像幽靈一般，時時提醒我從普世的尺度衡量台灣社會的進步性。

　　我一直很困惑，政治是民主價值唯一的構面？男女平權、老少平權、全民直選，台灣就自由民主了？透過民代、媒體，民意得以伸張，台灣人就有自主權了？行政、立法分權，台灣就是制衡的社會？民主自由創造社會的多元發展，提升生活品質，健保制度國際知名，台灣就是一個進步的社會？如果換一個構面，以我內行的醫療與生技產業來看，我們以醫病關係的平等權、人民選擇醫療照護的自主權、選擇醫療用藥的自由權、選擇醫療執業場域的多元權，以及為保障病人的安全，專業間應有的制衡權，來檢視台灣是否為一個進步的社會，在我粗淺的認知裡，答案是否定的。

醫病關係

　　我國的醫療政策長久以來只在為數約二十三萬人的醫藥界打轉。健保雖照顧著 99% 的人民，但每年四千億的健保大餅由這些佔人口總數 1% 的醫藥界民粹所掌控，2,300 萬烏合之眾似無置喙餘地，成為名副其實的最大多數的弱勢族群(the majority minority，圖二)。健保大金庫創造出以門診為主業的醫療體系，吸引我們大病小病都往大醫院跑，走得動的搭捷運、公車、客運、計程車。客運不跑了，看病就成問題。走不動的，以犧牲兒女的就業上班及考驗孝道為代價，換取長途奔波去追求名醫，製造多少的家庭問題就不得而知了。

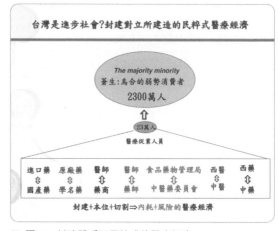

■ 圖二、封建體系下民粹式的醫療經濟。

　　雖然台灣有里長的地方就有診所，有超商的地方就有可近身服務病人的藥局。然而慢性病人雖佔所有病人的 18%，診所卻無病人可看而萎縮匿跡。儘管慢性病人所用的藥數年如一日，在厝邊拿藥的比例也不到 1%。藥局拿不到處方箋，沒有機會服務病人，只好改賣雜貨或健康食品。[4] 造成台灣的雜貨店 7-Eleven 化、藥局雜貨店化的特殊景觀。

　　我們每年的健保總額中有 1,200 億(25%)用於支付藥品，遠高於先進國家(~15%)，隱含著資源浪費及以藥養醫的倫理缺陷。以藥養醫造就醫院大者恆大，藥師都在醫院配藥，沒有機會服務病人，讓醫藥分業停留在法律名詞的階段，也隱含著病人未知的用藥風險。這些與用藥有關的經濟現況，與健保藥品給付的不合理有直接的關係（表一）。[5]

　　其實，老人與病共存卻沒有親人照護，是現代社會的顯學，很快會成為每一個人的痛，讓每個家庭陷入困境。因此提供人民日常性、可近性、科學性以及對突發狀況有應變性的社區小眾醫療照護，勢必成為人民訴求的主要選項。但健保實施十二年後，我們很難再看到厝邊醫生視病猶親的文化，醫

師藥師已經沒有選擇場域行使專業的多元權。而規範藥師合理調劑量是催化醫院釋出處方、落實長照、分散風險、減少健保藥費的根本之道，日本韓國早就做了，而我們的政策卻只要藥師在醫院配藥，不要參與社區長期照護，為人民分散風險。台灣人民連選擇醫療照護的自主權都付之闕如。[6]

	台灣 2003 年	台灣 2006 年	美國 2004
藥費佔總健保支出% (佔 GDP%)	25% (1.6%)	25% (1.7%)	15% (1.9%)
就醫人次 (a)	462,751,883	501,768,367	1,746,000,000
人口 (b)	22,562,663	22,823,455	298,754,819
每人看病次數(次/人年) (c=a/b)	20.5	21.9	5.8
看病次數比較：台灣人／美國人(d)	3.5 倍	3.7 倍	1 倍
每一處方品項數 (e)	3.6	3.5	1.6
處方箋品項數比較 (台灣/美國)(f)	2.2 倍	1.9 倍	1 倍
每人健保取(用)藥量比較 (g=d×f)	7.7 倍	6.6 倍	1 倍
藥物不良反應通報率	0.00054%	0.0074%	0.024%
不良反應通報率比較 (台灣／美國)人)	1/25	1/18	1

■ 表一、藥事經濟及藥業服務現況。

　　醫療賣場化，讓阿公阿嬤們長期奔波於大醫院，即使只為了領取數年如一日的藥品。這樣的賣場式醫療嘲諷著台灣人一點都不高尚的生命，這不只是個醫療的議題，還是人民生存權的議題，但我們看不到政府有聞聲救苦的打算或作為。醫療照護體系集中醫師也集中病人，集中處方也集中藥師，集中人流也集中風險。想到 H1N1 可能降臨，看不到政府有要及早分散風險的準備，不得不為這些跑大醫院的老人家們捏把冷汗。而面對 SARS、H1N1 的威脅，不敢進醫院的病人在社區看不到醫生，在藥局拿不到藥，更是公共衛生的隱憂。是台灣的病人沒有腦筋，隨波逐流往醫院跑？還是沒有權利選擇過符合人性的普通生活？如果經濟學大師克魯曼看到這些，想到這些，不知道還會不會說我們的健保是世界上最好的制度？[7]

民主是台灣人的核心價值及驕傲，但民主社會不必然是個進步社會，因為消費者保護、公平交易與低風險環境是進步社會的基本元素。在醫療的封建思維尚未解放之前，民粹式民主仍是主流，甚至是風險的根源。從永續經營及風險管理的角度觀之，我們的健保無疑是不及格的。追根究底，風險的源頭在於制度以拼經濟為唯一目標，鼓勵產品競逐，造成醫病之間的不公平交易，將風險考量棄如敝屣。

生技產業與公平交易

人民要的不多，安全健康而已矣。產品是產業的事，風險可是全民的事。然而在台灣科技獨大，加上拼經濟是主流，談人本是唱衰經濟。而且科學家唯我獨尊，一言九鼎，透過傳媒在社會的影響力無遠弗屆。光從食品與用藥文化的社會面觀之，社會菁英在自由民主的氛圍下，輕而易舉的把「人吃東西」的概念弱化成以「東西」為主角，「人」不重要，「吃」沒有風險。消費者也跟著把「人」的風險拋諸腦後。體制內，健保以藥養醫，體制外，知識淺碟化的生技產品是阿公阿嬤的萬靈丹、吹捧得當也可以成為貴婦人的養生聖品。[8]

其實，生技醫藥是知識經濟。知識看不見，而看不見的危險最危險。藥物食品屬知識經濟，具有下列特性：1.知識的標竿為品質+安全+療效；2.知識產業的基礎為品牌及自律；3.知識淺碟化的產品（地下電台賣中藥、食品）隱藏著看不見的危險；4.用人民身體拼經濟（例如臨床試驗產業化）違背道德。生技隱藏的風險非專業者不知，所以在知識不對等的交易中，要靠施政的程序正義來建構資訊透明、消費者保護及預防風險的環境建構，才能落實保障人權的公平交易。[9]

舉例言之，政治的自由讓產業的利益團體各擁山頭，主導政策。典型的例子就是藥品的管理及藥價。台灣人普遍相信我們的身體很厲害，不只會區分原廠藥、學名藥，還會區分進口藥、國產藥。不僅會區分中藥、西藥，還會區分中藥、食品。知識切割讓人活在看不見的危險中，比藍綠切割更危險，現代人的知識切割也比老祖宗藥食同源的思維不科學及不人本。在此就以藥價黑洞與中西藥健康食品的使用及流行病學來探討台灣人生活環境與生存權的問題。

一、健保藥價黑洞 [10]

理論上説，有智財保護的藥叫作原廠藥，失去智財保護後就成為學名藥，原廠藥總有變成學名藥的一天。美國政府保護智財之外，為了減少人民買藥的負擔，於 1984 年以智財及藥價政策規範用藥市場的遊戲規則(Hatch-Waxman Amendment: Patent Restoration and Drug Pricing Act)，讓人民早日可買到學名藥，創造買方市場以降低藥價。美國原廠藥在智財過期後會上市廠牌藥與學名藥，病人如指定廠牌藥，需自付差價。個人曾參訪美國最大醫院，專利過期後醫生都開學名藥，因可為民眾省錢。日本曾以藥養醫，由於財務負擔對健保的永續經營造成威脅，1988-2006 年間在政策上做了四件事：1.專利過期藥價降至 40%；2.藥價差調降到 2%；3.藥師每日申報之調劑處方數不得超過四十張；以及 4.藥局來自同一醫院之處方箋不得超過 70%。醫院因無利潤，乾脆釋出處方，到 2006 年健保處方在藥局調劑的總數達到 97%。日本以健保藥價及給付方式驅動醫藥分業，病人開始享受藥師貼身的服務，保障合理用藥及用藥安全。

然而我們的健保藥品給付有一類藥稱為「逾專利保護藥」，行政保障專利過期藥有高於其他學名藥藥價的優勢，創造了藥界的「永遠的長子」。保障逾專利原廠藥的結果，也提高原廠藥的市佔率，創造「高單價×高市佔率」的浪費健保的加乘效果。筆者以 92 年度健保資料計算十大「逾專利保護藥」，如以第一高價之他廠學名藥之藥價給付，健保可省 7.7 億。如以他廠平均學名藥價給付，可節省之金額更高。藥界「永遠的長子」制，鞭策著廠商在臨床試驗的競逐賽中卯盡全力爭取成為得標者(first runner)。於是利益團體以政治手段介入，讓臨床試驗產業化成為國家政策，受試者成為臨床試驗濫觴的祭旗。諷刺的是這樣的以人民身體拼經濟政策，是出自於以愛台灣為神主牌的政黨。健保「逾專利保護藥」的反科學、反智財、以及違反公平交易，讓台灣人當冤大頭，貽笑國際。醫藥界以原廠/學名藥或進口/國產藥區分藥品，認為台灣人的身體厲害到會區別原廠/學名藥或進口/國產藥，大概也可以舉反科學及反智財的生技大旗了。[11]

另外，台灣人早就有公平交易的素養，以統一發票讓交易透明為典型。然而健保制度行政保護醫院藥商的藥品交易不必報價，付錢的健保局不問交易成本，依藥價基準全額給付。看來在公平交易的認知上，醫藥界比小老百姓的文明程度上低了一大截。我曾以一個醫院申報買藥成本，而健保依申報

買藥成本給予合理利潤的數學模式，計算 2005 年健保的給付藥品，在醫院
有 10%利潤的基礎下，前十大藥品的總支出還可以比現狀少 44 億，前一百
大藥品則比現行支付額少 173 億。健保資源以現狀運用下去，能否永續經
營？人民賴以生存的自主權又在哪裡？

二、中藥、西藥一國兩制[12]

中藥、西藥的產品管理是另一個涉及人民生存權的問題。喧騰一時的藥
事法 103 條修法弊案，就是立法委員立法，讓人民吃西藥由藥師負責，吃中藥
由中藥師負責，以政治民主為手段，立法委員收賄立法製造人民用藥的風險。

隨著藥事法 103 條的通過，
體制內衛生署開始一國兩制，將
中藥、西藥切割，由兩個單位來
管理。廠商請不到西藥許可證就
改走中藥核證的管道上市。一國
兩制十二年下來，中藥及西藥許
可證數目的消長，顯示台灣已是
一個中藥王國（表二）。君不見，
以 8%酒精蔘茸藥酒炮製的保力
達、維士比歸西藥管理，只能在
藥局販售，而含 28%酒精之蔘茸
藥酒卻因為走中藥核證之路，而
在超商通路隨處可賣。體制外，
知識淺碟化的產品如中藥許可證
核不下來，就找印刷廠印上療
效，以食品上市。聰明的廠商懂
得與政治結盟，在地下電台先以
政治污染阿公、阿嬤的靈魂，再
以中藥、健康食品的療效為訴
求，污染阿公、阿嬤的身體。吃
壞身體，還有健保照顧，百利而
無一害。電台疑似違規廣告的查
緝顯示中藥佔了 53%，食品佔了

year	西藥許可證	中藥許可證
1969~1995	18,953	7,057
1996~2006	5,620	11,107
中醫藥委員會 1996 成立，主事核發中藥許可證		

▲ 表二、中藥、西藥一國兩制下，西藥及中藥許可證
證照數的消長。

年度	血液腹膜透析	人口比例
1997	20,697	1/1,051
1998	23,758	1/923
1999	26,920	1/821
2000	29,937	1/761
2001	33,317	1/672
2002	35,965	1/626
2003	39,574	1/571
2004	42,550	1/533
2005	45,718	1/498
2025	84,323	1/300

▲ 表三、台灣血液腹膜透析（洗腎）人口比例。

31%（2004 年）。如此知識淺碟化的生技產品在傳媒推波助瀾下，成就流行的養生文化。

　　中藥、西藥的思維切割加上不合理的產品管理，早已違背中醫以風險為考量的「藥食同源」醫理。民眾中、西藥合併使用，也讓身體成為製造風險的溫床。可見的事實是我國洗腎盛行率世界最高，是美國的 1.3 倍，日本的 1.1 倍，澳洲的 4 倍，而且以每年 7.4%的速率成長，2005 年每 498 人有 1 人洗腎，估計到 2025 年每 300 人就有 1 人要洗腎（表三），是目前無解的社會問題。看著用藥環境的無政府狀態，要定調台灣人民有健康生活的自主權，個人是持保留態度的。[13] [14]

　　我認為當消費者保護的權重小於科技發展時，當低風險環境的建構尚未成為政府的治世理念及方向時，當企業缺乏社會責任時，當人民仍然缺乏公民意識時，消費者的身體就成為政府提振產業與科技業用來拼經濟的最佳平台。這樣的不對等交易會在我們的公平交易法之下永續經營下去。我多次提出 1.藥價黑洞隱藏著用藥風險；2.中西藥切割管理是以制度製造 1+1>2 之用藥風險；3.醫藥分業的程序正義才能預防風險；4.小眾照護才能分散風險。這些訴求不過是人本及專業的 ABC，文官秉持專業施政，在民進黨政府裡卻成了拼經濟的擋路石頭，政治不正確之外，逆水行舟做不下去，只有求去一途。當拼經濟的大旗大於消費者保護的聲音時，社會創造的是民粹式缺乏公義的生技產業。在我看來，民進黨政府的敗象是它集價值扭曲之大成，大到顯而易見，逼人民選擇新政府，拾回失去的價值。諷刺的是，以人民的身體拼經濟原來是愛台灣的民進黨無可承受之祭旗。[15]

　　新政府上來，終於明白生技醫藥是知識經濟。那麼政策是蕭規曹隨，傾向拼經濟的產品產業，還是傾向風險管理的知識產業？地下電台賣藥依舊，剛立法通過成立的「藥物食品管理局」組織法開宗明義第一章要管理食品、藥物，第二章卻擺明了不管中藥，叫人民隨人顧性命，台灣人真的有安全生活及安心生存的自主權？

專業的多元權：歐、美與台灣社會醫療照護體系風貌之差異

　　醫療照護面對活生生的生命，應該是科技與人文不斷對話、生活化以及社區化的行業。西方文明社會，人民生活閒適而且有序，其中牧師、醫師及

藥師是三種主要的社區行業,牧師作為精神的引領者,醫師及藥師則是將科技落實於人文關懷的實踐者,是人民生活中依存共生而極其自然的一部分。這種社會形態下,人民要求的不多,但卻譜出具有歸屬感與內聚力的優質生活。這種生活也不新鮮,早在四百年前就已經被法國的智者蒙田概括為:「最好的生活就是普通的、符合人性的、模範的生活。」之所以形成這樣的文化,是西方人文主義的傳承以及醫學教育中堅持倫理與人本的經典價值。CNN News/USA Today/Gallup Poll 的調查,美國藥師在二十幾種行業中,連續十年膺選為最具親和力的行業,受信任之程度甚至凌駕牧師(64% vs. 59%,1989-1998)。

民主創造了台灣社會的多元發展及台灣人博雅的生活內涵。有里長的地方就有超商,網購宅配服務到家,以客為尊的宅經濟社會亦隱然成型。另外,台灣在推動的社區總體營造大工程,亦充滿了文化、福利、互助、環保等意涵,唯一看不到的是人民最需要的宅經濟:脣齒相依的社區醫療照護,因為我們的醫生都在醫院,花三分鐘看一個病,我們的藥師都在醫院服務藥品。從人民的需求面觀之,台灣人沒有家庭醫師,即使他服藥數十年,也沒有家庭藥師。從專業人員的就業面觀之,醫師、藥師選擇就業場域的多元權在台灣是看不到的。

台灣藥師的社會參與 —— 落實醫療照護的普世價值[16][17][18]

保釣運動中,我受到社會主義普世價值的思想啟蒙(啟蒙者林孝信先生是台灣《科學月刊》及社區大學的催生者),曾大量閱讀社會主義的文獻(例如《赤腳醫生》)。回到右派醫療體系的台灣,始終無法落實我們藥學專業的核心價值:醫療倫理與用藥安全。用藥安全首需分散風險,而醫藥分業是落實專業制衡分散風險的第一步,也是實現小眾藥事服務普世價值的第一步。然而努力了數十年,醫藥分業「硬著陸」仍然困難重重,除了醫療體系牢不可破的封建思想之外,健保制度的迂腐、消費者保護的意識未開,還有人民經營「帝力於我何有哉」的小眾醫療照護需求的聲音尚未出現,都是原因。我們認為以「軟著陸」方式傳授全民正確用藥態度的教育,從教育改變人民的用藥文化,應是落實醫藥分業的根本之道。

2002 至 2005 年服務公職,讓我有機會為藥事服務的普世價值發聲。於是我搭橋讓藥師與消費者接軌。在全國二十五縣市藥師公會及藥界同儕的支

持下，我們以「病人為中心，醫藥合作分工分業」詮釋醫藥分業。當時社大創始人林孝信先生及社大促進會提供了七十七所社區大學的教育平台，讓我們帶領五百多位藥師進入社大做銀髮族的用藥教育（景康藥學基金會/陳瓊雪教授主持）。95%的銀髮族表達了需要藥師貼身照護的需求，藥師則給了銀髮族「我的肩膀給你靠」的承諾，這個計畫驗證了藥事服務的普世價值。

另外，基於台灣青少年藥物濫用的日益嚴重，我們又與教育界結盟，在全台375個小學開啟「無藥的青少年教育計畫」（台灣藥學會鄭慧文教授主持），由全國七個大學的藥學系學生製作教案，進入小學進行晨間教學，攔截小六生做思想教育，為青少年的藥物濫用先打預防針。這個計畫在全國各小學引起極大的迴響，表達了極大的需求。

我們更與二十五縣市的藥師公會合作，由散居台灣各角落的藥局藥師側錄違規廣告（鄭慧文教授主持/藥害救濟基金會）。對應於廠商在各地購物台、電台花錢登廣告推銷藥品，我們則用公權力免費反廣告，以開記者會方式公布違規商品。個人向來不喜上媒體，這個計畫卻讓我當了幾年的生技藍波，相當過癮。

藥師透過普世的服務操練，建立起面對消費者的信心及落實公共衛生的服務平台，已開啟醫院釋出慢性處方箋的趨勢，對正要開啟長期照護的政策，更是個不可多得的專業能量。這些計畫在執行三年，個人離開民進黨政府的公職之後，人民用藥行為的風險管理教育不再被重視，就此銷聲匿跡，人離政息，令我不勝唏噓。不過藥師的角色開始從調劑檯後的服務藥品，走到檯前服務病人，而我有機會實踐啟蒙者林孝信先生的普世價值，是一生最大的安慰。

結語

自由民主、公平交易、消費者保護、對低風險環境的營造，是一個進步社會的表徵，而維繫這些社會價值的公民意識則應深植人心。醫療照護的本質是入世，是拋開學術及專業的優越感，從事科技與人文對話，落實面對面、小而美的服務行業。缺了人本的關懷，醫療科技充其量是看病不看人。台灣人要追求科技？還是追求人文與科技共鳴的生活？我們可以兩個都要。

　　台灣的政治侵襲我們小老百姓的生活，已到了揮之不去的地步。在忍受了這麼多年的混亂之後，逆來順受的我們只是瀟灑的、寧靜平和的用選票表達我們的喜惡及思變的心情。政治人物虧欠我們太多，不知道他們是否想過令人驕傲的台灣小老百姓，再也不應背負政治的十字架。是否想過他們欠小老百姓的，是一個安居樂活的環境。自由民主不應只限於政治的構面，在可預見的將來，醫療照護的社區化、小眾化，應是我們對政治領導人投下贊成票的尚方寶劍。

註　釋

1.　＊專文。

2.　＊時為台北醫學大學藥學院院長。

3.　參見吳重禮、湯晏甄，台灣社會變遷基本調查(1984-2004)，中研院社會所；洪永泰，國立政治大學選舉研究中心歷年面訪資料。

4.　王惠珀，〈俗擱大碗的醫療〉，《新新聞》511 期，1997。

5.　同上；以及參見林振順，〈在知識不對等的醫療制度中消費者如何自處〉，《雙河灣》24 期（2009.3）。

6.　參見王惠珀，〈建構低風險的用藥安全社會〉，《社大月刊》25：3(2005)，頁 39-39。

7.　參見王惠珀，〈後煞時代風險治理與社會重建〉，《當代》195(2003)，頁 80-85。

8.　參見王惠珀，〈摩登原始人──談台灣人的養生〉，《雙河灣》(2009)。

9.　參見王惠珀，〈生命科學的不科學性〉，《中國時報》（台北），2008 年 7 月 28 日。

10.　參見王惠珀，〈落實尊重智財與合理用藥的藥物知識經濟政策研究〉。「全民健康保險研究資料庫之開發與應用」研討會（台北），2006 年 9 月 8 日。

11.　參見王惠珀，〈生命科學的不科學性〉，《中國時報》（台北），2008 年 7 月 28 日。

12.　參見王惠珀，〈用藥一國兩制後患無窮〉，《中國時報》（台北），2009 年 1 月 9 日。

13.　參見 Data of National Kidney Foundation ROC. http://www.kidney.org.tw/.

14.　參見 Incidence of End-Stage Renal Disease, US Renal Data System, Annual Data Report,http://www.usrds.org/default.htm, 2006.

15.　參見王惠珀，〈讓專業的人做專業的事〉，《自由時報》（台北），2002 年 12 月 16 日。

16. 參見陳瓊雪編,《社區教育推展藥學知識計畫成果紀實》(台北:中華景康藥學基金會,2008)。

17. 參見王惠珀,〈醫藥分業軟著陸 —— 落實藥事服務的普世價值〉,《藥師週刊》1621 期(2009)。

18. 參見王惠珀,〈安居樂活〉,《雙河灣》16 期(2008.6)。

愛盟故事 II：曲未終、人不散[1]

陳義揚[2]

我非常高興能夠受邀來介紹愛盟。當然我聽了前兩位的報告之後，我必須要表達的是，也許我是前兩位所謂的「乖乖牌」之一。我們所參與的愛盟的活動，可能跟剛剛兩位的報告也有一些差距，但是並不代表我們是沒有理想的、沒有浪漫的。我們也許不怎麼反叛，但是我們也是有反骨的。我願意藉這個機會談談昨天我們的大統領、召集人劉志同先生也提到的反共愛國聯盟在美國的這一段故事。我們愛盟的成員慢慢的回國之後，到現在轉眼也已經有三十幾年的時間了。我自己是民國 63 年回國的，現在是民國 98 年。不過在這段時間當中，我們在台灣並沒有停止我們的熱情，雖然現在愛盟的成員大部分都比我年長。我們也曾經談到過：是不是應該熄燈了？是不是曲終應該人散了？但是我覺得從保釣這件事情而言，曲並沒有終。我們很高興在去年成立了「中華保釣協會」，讓各方的保釣人士再度的集結，我們也很高興有類似今天這樣的論壇，是繼劉源俊兄在東吳校長任內辦過兩次國際會議[3]之後的一次重要的聚會。所以我覺得我們從保釣來看，曲並沒有終，人也並沒有散。

我在準備 power-point 的時候，想著背景要用什麼樣的畫面，我拿起愛盟的盟員證翻開來一看，背面就是一面國旗，這也就是愛盟奮力捍衛的表徵。我們需要這樣爭論這是黨旗還是國旗嗎？我跟各位報告，我是用我愛盟證上的國旗來做的背景，甚至於如果大家仔細看的話，上面的這幾句話都是當初愛盟成立的時候所號召的口號。右邊是「拼我生命、流我鮮血、還我河山、還我自由」。左邊是「只要有我在，中國一定強！」這是我們當時所喊出來的。當然我要特別強調一下，我不是要強調我是什麼院長不院長的，我強調我是工學院的，我是學電機的，雖然電機學的也很差，但是我絕對不是文史領域的，我不是文化人，雖然我現在文化大學服務。所以我如果在歷史、

政治、經濟各方面有很多各位聽起來比較離譜的地方，請各位見諒。我要介紹愛盟 II，當然要從愛盟 I 談起。我們接下來會談愛盟在台灣經過了三段時期：第一是成立了聯誼會；第二是成立了政治團體；第三是愛盟聯誼會跟政治團體二合為一，然後我們希望當我們的年紀都已經六、七十甚至於更老的時候，我們愛盟的活動及愛盟的故事能夠有續曲。

我們已經談了兩天了，大概可以很清楚的知道，在 1970 年中日之間對於釣魚台主權的爭議，引發了海內外風起雲湧的保釣運動。在那段熱血激盪的歲月中，一群由台灣留學海外的青年，為了維護中華民國的尊嚴，在 1971 年耶誕節在美國華府召開全美中國同學反共愛國會議，組成了「全美中國同學反共愛國聯盟」。當然在整個過程當中，對於是不是要用中國同學、是不是要用反共愛國，其實也有很大的爭議。不過我們因為當時主導的國府或者說國民黨他們堅持，所以才用了這個名稱。這麼長的名字，簡稱「愛盟」。在海外的愛盟現在當然走入歷史了。我不知道左派、右派是不是很好的名詞，但愛盟的成立顯示在當時的一片所謂的左派氣焰高張當中，還能夠有同學或者是有人出來站在支持中華民國政府的立場，所以當時的執政黨國民黨感到士氣大振。

「愛盟聯誼會」時期

愛盟在各地成立分會，服務留學生跟華僑。我還是強調，左派、右派不能說是一個很恰當的分野，不過在當時卻是以支持中國大陸政府叫作左派、支持台灣政府叫作右派，採取了文攻武鬥正面的抗衡。武鬥就是有時候會打架。如果當時參加左派活動、支持中國大陸是一種主流的話，那麼愛盟可能是逆勢操作。在當時的情況之下，當然就得到在台灣的國民黨政府的重視。但是因為整個大環境的變遷，所以愛盟慢慢的失掉了他的舞台，從絢爛歸於平淡。介紹完前面這一段，進入了愛盟聯誼會的時期。

從 1972 年起，愛盟的成員就陸續的回國。部分的成員創辦了《人與社會》雙月刊雜誌，當時還得到過新聞局的獎勵。愛盟成員回來以後自然地聚會、在聚會中討論國事、參與校園活動，因此也很自然的大家就推動成立組織。不過當時的國民黨其實是不贊成的。她覺得大家回國了，不需要再有組織。不過我們還是腦有反骨，所以在 1978 年，也就是 1972 年陸續回國之後的六年成立了「台北市反共愛國聯盟回國盟員聯誼會」。這麼長的名字大家可以知

道她是一個回國盟員聯誼會，所以是不能夠招收盟員的，只有愛盟的人回國以後才能夠參加的聯誼會。同時我們也募集了一部分的基金組成了「松竹梅基金會」，所以大家現在看到松竹梅基金會有什麼活動的話，她其實是愛盟所成立的基金會。

　　聯誼會在 9 月 28 號成立，成立以後基本上是推動一些座談會之類的活動。不過就在當年 12 月 16 號，美國總統卡特宣布與中共建交，聯誼會的成員就到各地去舉辦活動，穩定人心。大家都記得 12 月 27 號美國特使、助理國務卿克利斯多福到台灣，全國各大學學生發起了示威的活動。當時的救國團當然是要避免這個情勢的惡化，所以要求聯誼會的成員來維持秩序、安撫情緒。聯誼會的成員除了面對克利斯多福特使之外，我們也參與了籌畫「迎接自強年」的元旦升旗活動，所以到現在每一年的元旦都還有升旗活動，1979年的元旦有十幾萬人參加了升旗典禮，穩定了當時動搖的民心。1980 年「迎接自強年協會」又發起了「愛鄉更愛國」的運動。1981 年「迎接自強年協會」又改組成為「團結自強協會」，「團結自強協會」現在還存在。

　　1980 年開始，聯誼會又出面主辦「大鵬營」，大鵬營當然有留學展翅高飛的意思，不過大鵬鳥的英文就是 ROC。我們當時出國留學都要參加教育部主辦一天的留學生講習會。不過如果參加六天五夜的大鵬營，就不用參加講習會。在這六天五夜當中，愛盟的老師跟即將出國的同學溝通交流，大鵬營也造福了留學生。這些大鵬營的學生出國以後也自然成為海外同學會幹部的一流人選。我們也認為這是我們對國家的一項貢獻，「漂紅且莫隨流水，化作春泥護舊枝」。聯誼會成員回來以後就形成口的隊伍、筆的隊伍。我們基本的中心思想就是反共愛國。凡是反共反獨愛國的活動，愛盟人無不積極的參與。不過因此愛盟就形成了非常獨特的、鮮明的形象跟地位，就是堅定的國家觀念、堅持維護中華民國的立場。這是聯誼會的時期。

「愛盟」登記政團

　　接下來，政治團體是 1990 年成立的，不過在這之前國內的政治環境就有很大的變化。最早的是 1986 年 9 月 28 日黨外人士成立了民進黨。同年愛盟聯誼會發表了「國事諍言」。接著四年之後通過人民團體法，所以可以正式的成立政治團體、政治性的團體叫作政團。台灣政黨上百個，但是政團只有很少數的二、三十個，我們叫作「中華民國反共愛國聯盟」。愛盟成立了政團以

後，在內部也有不同的聲音，當然國民黨對此也是非常的不滿意。我們當時把我們的政團定位是以我們的學術專業背景來為政府提供建言，作一個制衡國民黨的壓力團體，監督國家的大方向。在這段時間當中最鮮明的一件事情就是 1992 年 3 月，國民黨的政策急轉彎，從原來支持的總統委任直選改為直選。這個時候愛盟政團刊登了半版的廣告：國民黨是放羊的孩子嗎？指責國民黨改採總統直選案，是歷史的笑話，時代的謊言。這個時候對國民黨而言，已經扮演一個壓力團體的角色。

這個時候滿特別的事情就是「新國民黨連線」成立。在這之前其實李總統還先後的召見、宴請了愛盟的核心成員，不過因為新國民黨連線出走已是箭在弦上，所以在愛盟政團裡面有在政府擔任職務的「在朝盟員」與沒有擔任職務的「在野盟員」，兩者之間的關係開始有一點「微妙」，盟員在座談會當中發言，有人說新國民黨連線要出走，希望能夠把這些迷失的羊找回來。但是其他盟員就說，新連線是反咬牧羊人的狼，因此關係就更加的緊張。不過後來我們有個機會，大家杯酒釋心結，起碼在公開的場合當中不會彼此對立。

「愛盟」的政治考驗

新國民黨連線成立之後就變成「新黨」。這個黨派之分為愛盟政團裡面帶來一些的變化。到了 1987 年政府開放大陸探親，兩岸的交流加溫，我們長久的反共意識也面臨考驗。新黨跟民進黨又喝了和解咖啡，所以統獨的界線也開始模糊。因此愛盟一貫的反共、反台獨、維護中華民國的理念在大和解時代是有窒礙難行之苦的，而且政治立場也面臨來自內外的挑戰。我們的名稱叫作反共愛國，可是這兩個都面臨挑戰。1989 年共產主義崩潰，共產國家解體，反共成了歷史，國內的團體先後改名。包括救國團[4]和世亞盟[5]。愛盟政團曾經為了是不是要把反共兩字拿掉，數度集會討論。愛盟人愛的是中華民國，包括國旗、包括國歌。可是現在中華人民共和國、中華民國、台灣，甚至台灣共和國，已經變成大家心目當中不同的定義。每個人心中都各有一把尺。要不要繼續反共？要愛什麼國？對於愛盟來講確實是一個挑戰。

其實在政團成立以後，聯誼會仍然是繼續的運作，而且我們每年都改選，過去愛盟政團也招收過新的盟員，不過效果並不彰。兩個團體因為重疊性高，資源也有限，因此 2004 年這兩個團體決定合併運作，就叫作「愛盟」。活動以聯誼為主，不過組織維持愛盟的政治特性。

　　我們非常高興的是 2008 年兩岸四地的人士，組成了「中華保釣協會」，在內政部正式立案以及各地人士的參與下召開了成立大會，中華保釣協會的創會理事長是劉源俊校長。我們愛盟也鼓勵成員踴躍入會，樂見保釣人士的大集結。我們希望用包容、和諧、團結、奮鬥，期盼會務繼續昌隆。保釣風雲雖然是幾度變色，這幾天還有什麼台灣未定論又冒了出來，但是釣魚台的主權似乎一無所獲，國際關係經緯萬端，利益糾葛錯綜複雜。我們要思考怎麼能夠激發下一代、永續傳承保釣的經驗，而不只是擁有我們自己的往日情懷而已。最後我們願意以「保釣尚未成功，同志仍需努力」，來跟各位共勉。

註　釋

1.　＊根據發言稿整理。

2.　＊時為中國文化大學工學院教授。

3.　＊東吳大學曾於 1997 年與 2003 年舉辦過兩屆「釣魚台列嶼問題學術研討會」，會後均出版論文集。程家瑞編，《釣魚台列嶼之法律地位》（台北：東吳大學，1998）；黃兆強編，《釣魚台列嶼之歷史發展與法律地位》（台北：東吳大學，2004）。

4.　＊救國團全名「中國青年反共救國團」，創立於 1952 年。在戒嚴時期反共復國的思想口號下，救國團主要的工作方針為加強青年反共之思想宣導，為一帶有官方色彩的政治性組織。隨著時代的改變，救國團現今的主要工作為辦理青年活動之組織，並在 2000 年改名為「中國青年救國團」。

5.　＊全名為「世界自由民主聯盟暨亞洲太平洋自由民主聯盟」，其前身為「世界反共聯盟總會」，創立於 1967 年。世亞盟為一國際性民間組織，以聯合全球愛好自由民主人士，共同爭取人類自由民主。世亞盟官方網站：http://wlfd.alians.com.tw/index.php。

中國大陸的台灣同學會[1]

林盛中[2]

前奏

1970 年美國宣布要把原來由美軍管轄的釣魚台列嶼連同琉球群島的管轄權移交給日本，台灣媒體報導說，釣魚台列嶼在日據時代屬於台灣總督府管轄。第二次世界大戰日本無條件投降，台灣、澎湖回到中國懷抱，所以釣魚台列嶼的主權也應回歸中國。台灣留美學生為了愛國保土，在各大校園掀起了轟轟烈烈的保釣運動。

當年國民黨小組在美國各大校園公開活動，各地的校園都籠罩著白色恐怖。台灣留學生如果有反對蔣介石或國民黨當局的言行，回台灣可能就被抓起來；如果不回台灣，他們的弟弟、妹妹可能就無法出國留學，他們的父母可能就無法到美國探親。因此，即使有人對蔣介石或國民黨當局不滿，也只有在小範圍，在幾個知心朋友間進行批評。當時台獨派敢於出來舉行示威遊行，但頭部都罩上牛皮紙食品袋，只露出兩眼，怕露出真面目。

七十年代，正值美國學生反越戰的高潮。美國學生敢於造反，各個學校反越戰風起雲湧。1971 年春，紐約哥倫比亞大學的學生占領了該校的行政大樓，本來應該上課四個月的一個學期，只上了一個月就結束了。美國學生若衝破示威遊行的被核准界線，被員警抓到就坐牢一個星期，而美國學生都以上過監獄大學為榮。有了美國學生反越戰示威遊行的榜樣，台灣留學生也敢於為「保衛釣魚台」而示威遊行了。《科學月刊》有個聯絡網用以約稿，保釣運動初期，各校就靠這個聯絡網，互通消息，互相支援，隊伍迅速壯大，白色恐怖終於被衝破了。

　　1971 年 4 月 10 日美國和加拿大各地的保釣組織在美國首都華盛頓會師，舉行盛大的示威遊行。遊行隊伍到美國國務院抗議，他們派人出來接抗議書；到日本駐美大使館抗議，他們也派人出來接抗議書；但到我們自己的駐美大使館想遞交請願書時，竟然大門緊閉，沒派人出來接請願書，引起大家極大的不滿，一時群情激憤。可以說這次遊行是保釣運動發生分裂的分水嶺。

　　由於過去在台灣長期受反共教育，視中共為毒蛇猛獸。在美國，新聞媒體對中共的報導也幾乎都是負面的，所以廣大旅美台胞對中共都有不同程度的反共、恐共心理。後來保釣運動的一些積極分子開始了解社會主義，了解社會主義新中國，特別是在海峽兩岸隔絕二十二年之後，李我焱、陳恒次、陳治利、王正方和王春生等五位保釣運動的代表架起了溝通兩岸的橋梁，到中國大陸訪問，還受到周恩來總理的接見，從晚上十點談到次日凌晨四點。他們還沒回到美國，《中央日報》海外版就登了他們到大陸訪問並被吊銷護照的消息。這等於替他們做宣傳效果最好的廣告，他們回到美國之後，到各地作報告，介紹大陸之行，吸引了無數的旅美台胞。美國國務卿基辛格祕密到大陸訪問的消息被披露，接著在 1971 年 10 月 25 日，大陸取代台灣成為聯合國的常任理事國，使得大陸的國際地位空前提高。1972 年 2 月美國總統尼克森到大陸訪問，美國三大電視公司都進行實況轉播，最後簽訂《上海公報》，中國熱達到了最高潮。

　　社會主義新中國變成對一部分台灣留學生、學者專家有吸引力的地方。周總理見過幾個保釣運動的代表團，團員之中有的當面要求到大陸定居工作。周總理說要做兩、三年的準備，才讓海外台灣學者專家到大陸工作。但由於大陸政局接連動盪不安，周總理生前未能實現這個願望。

中國大陸「台灣同學會」的誕生

　　保釣運動期間到 1976 年文化大革命結束，大陸只批准十幾位海外台灣學者專家到大陸定居工作。

　　鄧小平 1977 年復出後，就說要當科技工作者的後勤部長，這是大陸要搞「改革開放，以經濟建設為中心」的信號。搞現代化建設需要人才，因此國務院科技幹部局著手引進海外台灣學者專家，1978 至 1980 年到大陸定居工作的台灣學者專家人數最多，有一百多人。保釣運動高潮時期想到大陸定居工作的台灣學者專家估計有一、兩千人，但事隔多年，他們在海外已成家立

業，多數人就不想動了。

這三年到北京定居工作的台灣學者專家在被安排到合適的單位之前，就暫住北京友誼賓館，所以我們就不定期在友誼賓館聚會，一聊起來，大都參加過保釣運動。有一次聚餐，夏平生提議說，我們應當組織起來，成立同學會，才能發揮更大的作用。1980 年 10 月 4 日約三十五人聚餐，餐後座談討論，大家對成立同學會這件事進行了認真的討論，推選林盛中、夏平生、楊思澤、鄧子久和廖秋忠組成籌備小組，由林盛中擔任召集人。因為我們畢業於台灣不同的大學，並且回大陸工作的也有當年一起參加保釣運動的港澳同學，所以最初暫定以「台港同學會」為組織的名字。1980 年 10 月 25 日籌備小組到國務院科技幹部局商談成立「台港同學會」事宜。1980 年 11 月 3 日國務院科技幹部局打報告向中共中央對台領導小組請示，1981 年 1 月 28 日中共中央對台領導小組辦公室發通知給國務院科技幹部局，內容為：關於回國長期工作的科技專家要求組織「台港同學會」問題，經中央對台工作領導小組研究並報耀邦、穎超同志批示同意，考慮到台灣和香港情況不同，可成立「台灣同學聯誼會」。

為了取得共識，1981 年 5 月 1 日至 3 日，台灣和港澳的回國專家齊聚在承德，討論群組織的名稱問題和會章的內容，最後組織名稱定為「台灣同學會」，而沒採用「台灣同學聯誼會」。台灣同學會的英文名稱為 Taiwan Scholar Association。

1981 年 11 月 3 日，台灣同學會在北京正式成立，推選林盛中為第一任會長。

台灣同學會的宗旨

1. 加強聯繫，增進友誼。舉辦郊遊、聚餐和夏令營等活動，使到大陸定居工作的台灣同學有比較多的機會聚在一起，增進彼此之間的友誼。
2. 協助會員熟悉環境，克服到大陸定居工作後在工作上和生活上遇到的困難。
3. 集思廣益，為大陸的科技體制改革、教育體制改革和經濟體制改革提出意見和建議。利用會員與海外、台灣有廣泛聯繫的優勢，促進大陸和海外以及兩岸之間的各項交流。
4. 利用會員對兩岸情況都比較了解的優勢，積極開展兩岸交流活動，促進兩岸和平發展，為最終實現兩岸的和平統一貢獻力量。

1981 到 1987 年的活動

剛開始規定台灣同學會一屆為兩年。第一屆主要工作為安內。台灣同學會成立之初，大陸的工作條件和生活條件比歐美國家落後很多，如何幫助會員克服困難是台灣同學會的首要任務。我們在北京召集會員座談，直接了解大家在工作上和生活上遇到的問題。通過國務院科技幹部局提供的名單，我們向北京以外地區的台灣學者專家發調查表，了解他們到大陸後在工作上和生活上所遇到的問題，並問他們願不願意參加台灣同學會。願意的我們就寄「入會申請表」給他們，吸收他們入會。經過多次調查，我們和國務院科技幹部局的有關負責幹部進行討論，對於帶有共性的問題，制訂政策加以解決。台灣同學會成立後第二年夏天在北戴河舉行休假活動，會員可以帶家屬參加，使得會員之間增進了了解，加深了友誼。1983 年在青島舉行休假，並舉行換屆選舉，吳國禎擔任第二任會長。這兩次休假，都召集會員進行座談，對大陸的建設和兩岸關係提出意見和建議。

1984 年台灣同學會開始舉辦討論會。第一次討論會的名稱叫「《我們的台灣》學術討論會」，由於準備的時間不夠，來不及邀請海外的朋友參加。由會員就多年來對台灣問題的關注，各抒己見，會後把一些重要的意見和建議向有關部門反應。1985 年再度召開「《我們的台灣》學術討論會」，邀請海外的朋友參加，大家針對台灣問題進行認真的討論。這次討論會受到中央的重視，方毅和谷牧兩位副總理一起接見海外來的朋友，並與他們直接進行對話，這是空前的。

1985 年廖秋忠擔任第三任會長。1986 年開始，我們的討論會既有兩岸關係的議題，討論「和平統一，一國兩制」、爭取台灣民心和對台工作的改進意見；又有建設方面的議題，著重討論培養人才和引進人才方面的議題。

1987 年的討論會，應邀參加的海外朋友人數很多，為了能深入討論，分成三組進行。有關台灣問題部分，有的與會者強調要團結台灣民間力量，才能實現民主統一，有的與會者對「一國兩制」進行了探討，有的與會者就民進黨的出現，論述台灣政局的變化。有關環保問題，在台灣擔任過「立法委員」、當時在大陸擔任全國人大常委的黃順興[3]先生對大陸的環境問題進行了比較全面的論述，大陸環保署的負責人也介紹水污染防治工作的發展方向，在美國工作的環保專家介紹美國的環保經驗。總之，大家呼籲在大陸經濟發展的初期，就要高度重視環境問題。有關現代化企業管理的討論，有的與會

者分析歐美各國企業管理方法和體制，有的與會者介紹當時大陸正在進行的
企業改革，也有學者將資本主義和社會主義的企業管理進行比較。

　　會議結束，全國政協鄧穎超主席在會見台灣同學會 1987 年學術討論會全
體成員時說：「你們第四次學術討論會在北京召開，開得好，我非常高興。向
你們祝賀，向你們問好，向你們致謝！這次你們討論會開會的內容和你們討
論關心的事情，說明了你們不是為科學而科學，而主要是為了我們的國家，
為我們共同的『一國兩制』的偉大任務在努力，說明你們這種政治的覺悟和愛
國主義，說明了你們不是為學術而學術，你們是把學術問題，把一個原來很
狹窄的問題提高到跟國家統一的問題結合在一起。這件事情我們特別讚賞。
我們希望大家，特別在你們學者中間去提倡發揚，把過去學術界、科學界存
在那個單一狹隘的思想拋棄掉，而是跟政治結合。同時，政治不跟科學結
合，政治也必然會落空的。因此我們現在搞改革大大提倡要搞科學。馬克思
主義學說的闡述都是根據社會科學為基礎的，所以他的思想是革命真理。而
你們今天把你們的思想、風格提高到這樣一個高度水準，發揚你們的愛國主
義，發揚你們的學者專長，這件事情我非常高興。祝你們以後更在這方面大
大地發展，祝你們健康長壽，祝你們在為社會、人類的進步事業中，為祖國
當前偉大的改革工作中和『一國兩制』統一國家的偉大任務中，做出你們出色
的貢獻。」她的這番講話使大家深受鼓舞。

1988 到 1990 年的活動

　　1987 年謝瑩瑩（女，從德國到北京定居工作）擔任第四任會長。那年接近
年底，台灣開放老兵回大陸探親。我們在 1988 年 2 月就召開「海峽兩岸學術
討論會」，邀請台灣的王曉波和王拓先生以及大陸的作家諶容、劉心武、何西
來、古方、查瑞傳等參加討論會，談知識分子、文學方面的問題，這是兩岸
第一次公開的學術交流。

　　1988 年海南島設省，為了對海南省的發展貢獻一點力量，台灣同學會特
地組團到海南進行考察。1988 年的討論會，有幾位來自美國的學者專家特別
談海南開發建設問題，會後台灣同學會還派人帶他們到海南島進行考察。針
對兩岸已經可以來往，關於兩岸議題，主要談兩岸經貿往來和科技交流問
題。針對大陸當時電腦方面比較落後，特別邀請幾位電腦專家談大陸電腦產
業發展的問題。王曉波教授帶領台灣史研究會成員特地到會場進行交流，探

討海峽兩岸的交流與合作。

1989 年台灣同學會會員和家屬到大連休假，台灣的高准、王志文、曾祥鐸等人一起參加休假，只進行小範圍的交流。高准談兩岸文化交流問題，王志文談海峽兩岸間的法律問題。

1989 年李椿萱擔任第五任會長，楊思澤擔任副會長。1990 年的討論會由楊思澤主持，台灣來的學者專家比較多，有柴松林、柴柏林兄弟，有張曉春、謝小芩、曾祥鐸等，從香港來的有陳玉璽。這次是謝小芩館長第一次參加台灣同學會的活動。我們特地請中國科學院院長介紹中國科學院的情況。有關教育、科技與經貿的議題比較分散，關於台灣問題的議題重點談統獨之爭和台灣民主化的代價和過程。

1991 到 2003 年的活動

台灣同學會以往都是在北京香山飯店召開討論會，會後派理事或會員共兩人陪同海外和島內來的客人到一些地點參觀遊覽。1991 年開始在北京以外的地點召開討論會，會後台灣同學會的理事或會員陪同海外和台灣來的客人一起參觀遊覽。這種方式使得有更多的私下交流，主客雙方有更實質的收穫。

1991 年在雲南昆明召開研討會，雲南是少數民族最多的一個省分，我們特委託台灣的朋友邀請多位原住民朋友，包括胡德夫、孫大川等參加。我們邀請雲南當地對少數民族歷史、文化和語言文字比較精通的學者專家與會，雙方交流得非常好。我們還特地邀請到原西雙版納傣族王子刀世勳（第六至第八屆全國政協委員）參加會議，以表示對原住民朋友的尊敬。李華夏在會上作了〈台海兩岸經濟合作之階段做法〉的報告，確有專業水準。聶有溪對台灣「國統綱領」的評析也令人印象深刻。

1991 年楊思澤擔任第六任會長。1995 年范樂年擔任第七任會長，同時對會章進行修改，由原來兩年一屆改為三年一屆。1995 至 1997 這三年，台灣同學會組織會員分別到新疆、貴州和三峽進行考察，增進會員對大陸的西北、西南和正在建設中的三峽大壩的了解。

1998 年林安中擔任第八任會長。1998 年在江蘇蘇州召開「海峽兩岸經濟、科技互補討論會」，會後到江蘇的無錫、周莊以及上海市參觀遊覽。1999 年在內蒙古呼和浩特召開「21 世紀兩岸共同發展學術研討會」，會後到包頭和

呼倫貝爾草原參觀。海峽兩岸關係的議題，與會者強調兩岸要加強交流，要擴大民意的參與。經貿問題的議題，與會者分析亞洲金融風暴下的台灣經濟以及加入 WTO 對台灣勞動力的衝擊。教育問題的議題談得比較多，有兩岸基礎教育的改革、台灣教育的改革、台灣原住民教育改革、台灣的資訊管理教育和台灣的技術職業教育。

2000 年為紀念保釣運動三十週年，邀請一些海外和島內的老保釣朋友參加，在甘肅蘭州舉行紀念會，然後與會者一起沿著絲綢之路，經武威、張掖、酒泉、嘉峪關到敦煌參觀遊覽。

2001 年在廣西南寧舉行討論會，重點討論如何更好地發展兩岸關係。然後到北海、憑祥友誼關、桂林等地參觀遊覽。

2001 年 11 月選舉創會會長林盛中擔任第九任會長，並舉行慶祝台灣同學會成立二十週年的大會。

2002 年在四川成都舉行討論會，然後到黃龍、九寨溝、樂山和峨眉山等地參觀遊覽。2003 年在新疆烏魯木齊舉行討論會，然後北上到喀納斯湖遊覽，然後南下沿準噶爾盆地西緣和天山北路參觀遊覽。這兩次討論會重點在於發展兩岸關係，開展兩岸教育、科技、文化交流，同時就西部大開發提出一些建議和方案。

2004 年以後的活動

在時隔十三年之後，2003 年台灣同學會再度組團訪美，會長林盛中和副會長吳國禎一起到美國看望老保釣朋友，並且和老保釣朋友商量，編輯出版保釣運動文獻。

2004 年我們邀請參加過保釣運動的朋友到北京開討論會，重點在於討論發展兩岸關係，重新調動老保釣朋友的積極性。台灣的陳映真先生是唯一沒參加保釣運動的與會者。他之前在北京得到這個消息，主動要求參加，他說保釣運動時期，他正在坐牢，但他知道保釣運動在台灣影響很大，他很想結識各地的老保釣朋友，我們欣然答應。會後到黑龍江省參觀遊覽，回到北京後，全國政協賈慶林主席接見與會者，直接聽取意見。

2005 年在西藏林芝召開討論會，然後到拉薩、日喀則和納木錯參觀遊覽。2005 年中國國民黨主席連戰和親民黨主席宋楚瑜先後到大陸訪問，兩岸

關係有所好轉，所以與會者很多談到兩岸關係和兩岸文教交流議題。2005年開始，我們邀請年輕人參加。與會的台灣學生發表他們的觀點，使老保釣朋友了解台灣年輕人的想法；年輕人則從老保釣朋友那裡學到他們對國家民族的責任感。老中青結合在一起活動，互相取長補短，效果很好。以後的活動我們繼續採用這個模式。

2006年在新疆烏魯木齊召開討論會，圍繞發展兩岸關係各抒己見。在喀什召開老保釣座談會，謝小芩館長提議，台灣的清華大學圖書館願負起收藏保釣運動文獻、資料的責任，受到與會者的支持。會後到喀什、帕米爾高原、和田等地參觀遊覽，然後沿沙漠公路從南穿過塔克拉瑪干沙漠到達庫車，而後經博斯騰湖到吐魯番。

2007年在山西太原召開討論會。因為2008年台灣大選在即，所以兩岸關係的議題涉及台灣政局的發展、國民黨和民進黨的選舉策略。有關兩岸文教的議題，與會者談台客文化、台灣當局「去中國化問題」以及台灣的高中教育。會後到平遙、洪洞、臨汾、運城、五台山、應縣、恆山懸空寺和大同雲岡石窟參觀遊覽。

本會會員周本初近年在吉林省長春市工作，他從美國休斯頓運回他珍藏幾十年的保釣運動文獻、資料到長春，通過台灣同學會的幫忙聯繫，這批文獻、資料於2007年捐獻給北京清華大學圖書館。

2008年在雲南昆明召開座談會。為了在2008北京奧運開幕式之前結束我們的活動，我們的討論會比往年提早約半個月舉行。謝芷生和胡祖庶對歐洲的保釣運動進行了詳細的介紹，令人印象深刻。有關兩岸關係的議題談到台灣的歷史定位，大陸、台灣與美國的關係問題的探討，台海兩岸建立軍事互信問題。有關兩岸交流方面，著重談到科技和文化交流。會後到石林、大理、麗江、虎跳峽、瀘沽湖和香格里拉參觀遊覽。

推動保釣運動文獻《春雷聲聲》和《春雷之後》的出版

九十年代末陳映真先生對台灣同學會的幾位理事說，保釣運動的影響很大，但已經有幾位老保釣朋友去世了，應當趕緊搶救保釣文獻、資料，他希望台灣同學會承擔這項任務。我們告訴他，我們來大陸時只帶少數幾本保釣刊物，不足以承擔這項任務。大量的保釣文獻、資料在美國，我們建議他到美國找老保釣朋友商量編輯出版保釣運動的文獻。他到紐約找老保釣朋友商

量，得到他們的支持，最終編輯出版《春雷聲聲》一書，由台灣人間出版社出版。然而該書只涉及保釣運動初期到高潮階段，而保釣運動後來有進一步的發展，持續時間很長，還有大量的文獻需要編輯出版。

前面提到，2003 年林盛中和吳國禎訪美，有一項重要任務就是推動把《春雷聲聲》以後的保釣文獻編輯出版。以龔忠武為主，編輯文字部分；以葉先揚為主，編輯照片部分；陳映真認真閱讀全部文稿，並寫了序。最後編輯成《春雷之後》共三冊，由台灣人間出版社出版。

因為《春雷聲聲》被指出有較大的錯誤，並漏了一些重要文獻，以及缺乏照片，所以台灣同學會又在推動編輯出版《春雷聲聲新編》，請龔忠武承擔主要編輯任務。

台灣同學會的刊物《前行》

台灣同學會於 1987 年開始出版不定期的刊物《前行》，主要用以發表我們所舉行的討論會的發言稿。到目前為止共出版十四期。

有幾次討論會，有比較多的與會者只發來論文摘要，發言時用 Power-Point 放映，催不到稿子，成文的稿子太少而無法出版。當時整個討論會的情況記得很清楚，如今寫這篇文章，主要靠查閱《前行》來回憶，就記不清那幾次討論會的情況了。我們今後要加強對與會者提交論文的要求，把《前行》辦得更好。

台灣同學會在政界學界的知名人士發揮各自的作用

前面談的是台灣同學會發揮集體作用。台灣同學會在政界、學界有很多知名人士，他們在相關領域發揮各自的作用。

台灣同學會在政界、學界的知名人士名單如下：

中共中央候補委員一名：林明月（女）。全國政協常委三名：林盛中、蘇紀蘭、吳國禎。全國人大代表九名：劉彩品（女）、吳國禎（重複）、范增勝、陸毅中、范樂年、楊慧珠（女）、林毅夫、陳雲英（女）、李家明。全國政協委員十六名：林盛中（重複）、吳英輔、陳澤深（歿）、廖秋忠（歿）、陳水（歿）、楊希枚（歿）、蔡詩東（歿）、趙玉芬（女）、謝瑩瑩（女）、楊思澤、李椿萱、范樂年（重複）、林毅夫（重複）、李家明（重複）、林明月（女，重複）、謝正

觀。福建省人大常委會副主任一名：康北笙（女）。浙江省政協副主席一名：蘇紀蘭（重複）。中國科學院院士四名：蘇紀蘭、李家明、趙玉芬（女）、蔡詩東（歿）。中國工程院院士一名：李椿萱。

修改會章，增添新生力量，為兩岸的和平發展做出更大的貢獻

台灣同學會成立之初，會員大都同保釣運動有關。後來有些會員又到國外工作，使得會員人數下降。隨著兩岸關係的發展，到大陸長期工作的台灣學者專家越來越多。但他們想把證件換成大陸的身分證非常難，為了使這部分人能參加台灣同學會，所以在 2006 年的換屆大會，台灣同學會修改了會章，規定長住大陸的台灣學者專家也能入會。2006 年林盛中連任會長，這屆理事會有三位是拿台胞證的。

我們增添了新生力量，會員人數有所增加。我們會員大多數拿到博士學位，素質很高。我們在台灣讀完大學，有的還在台灣工作過，因此對台灣情況很了解。我們在大陸工作多年，對大陸情況也很了解，並且在大陸政界、學界有很多知名人士，可以為兩岸的和平發展發揮獨特的作用。我們要積極努力，為兩岸的和平發展做出更大的貢獻！

註　釋

1.　＊專文。

2.　＊時為台灣同學會會長。

3.　＊黃順興 (1923-2002)，台灣彰化人。曾任台東縣議員、台東縣縣長、立法委員。早年投身黨外運動。1985 年於訪美之時，為中共延攬而成為全國人大常委。任人大代表期間，曾因投下反對票與阻止三峽大壩興建等言行名噪一時。著有《歷史的證言》等書。

從抗衡變合作 [1]

楊儒賓 [2]

　　首先非常感謝謝小芩教授安排我當與談人。接到這樣的任務時，我非常懷疑，也非常惶恐，我不曉得我是以什麼樣的身分可以當與談人，每個人上來都要報告他們的履歷、經驗，都是對運動有貢獻的歷史人物，我有什麼資格？我知道保釣時已是非常後來的事情。我在 1974 年進入台大，進入台大的時候，校園基本上風平浪靜，當時唯一知道近期的運動事件，大概就是台大哲學系事件。那時候事情已經結束，我當時也不覺得台大哲學系事件有多偉大。我只是對校園的氛圍有些怨恨，這牽涉到一個事情：記得大一、大二時，我們要辦讀書會，需要場地，因此跑去跟教官申請。

> 教官：「不可以。」
> 學生：「讀書也不可以嗎？」
> 教官：「讀書可以，但是不能辦讀書會。」
> 學生：「我們在開會的時候讀書，可不可以？」
> 教官：「開會的時候讀書是好事情，可是還是不能辦讀書會。」

　　結果怎麼樣，忘掉了，但這種事情給人的印象肯定不會好。我倒不敢怪台大哲學的那些朋友或師長害我們辦不了讀書會，因為即使沒有哲學系事件，國民黨一定還會找到花樣的。這就是我跟台灣社會運動稍微牽扯上的一點關係。

　　從昨天到現在，我一直聽到很多保釣運動的個人經驗，可以感覺到背後有很強烈的民族主義情緒。這樣的民族情感當然有其歷史因素，也是很值得尊重的。也有人提到，保釣運動到底還有沒有可能再發展？它到底只是一樁

歷史的事件，還是可以從歷史事件再往下延伸，變成結構性的，或者擴展到更大的範圍。我也想到這個問題，我有時不免遐想：它有沒有可能發展出一種超越國族論述的可能性？我剛開始已經講了，我完全沒有資格來談話，所以如果講錯的話，希望可以不負責任，因為我不夠格。但拋磚引玉，總希望這磚頭還是有一點存在的價值吧。

保釣的歷史意義

保釣運動發生在那年代有它特定的歷史因素，但距離還是近，面貌不見得看得清楚。假如發生在台灣三百年前，歷史縱深夠了，可能就可以有較清晰的一種脈絡。「保釣」是複雜的文化現象，各種解讀都有，基本上我是把它放在「反帝」的系統底下來看，我想這樣的論述應該是可以自圓其說的。

因為我認為在台灣三百年歷史中，有幾個很重要的斷代事件。第一個當然是1661年鄭成功進入台灣，趕走了荷蘭人。鄭成功趕走荷蘭人這件事情當然有國內的意義，它被視為彰顯民族大義，趕走荷蘭與對抗滿清的作用是類似的。但是如果從另外一種角度來看，趕走荷蘭人這件事情也相當重要。因為在1600年，英國成立東印度公司，後來荷蘭也成立。歐洲的擴張是世界的不幸，東印度公司在整個東方的進展非常迅速，勢力非常大。1661年鄭成功把荷蘭人趕走，這種反歐成功的案例當時絕不多見，它在世界的「反帝」歷史中應該佔有重要的地位。因為鄭成功把荷蘭趕走後，歐洲在東亞的勢力為之重挫，整個台灣的歷史就變成由漢人來主導，這個歷史主軸再也不可能改變，這是發生在大航海時代一齣反對強權的史實劇。如果從這樣的觀點來看的話，從1661年開始，台灣歷史就有「反帝」這樣的一個脈絡。

到了1895的「乙未抗日運動」，也有相當重要的意義。大家都知道「乙未抗日」乃是知其不可而為之，義軍事實上是不能與日本打的。滿清大規模的正規軍在滿州、朝鮮已被擊潰，台灣的官軍也不能打，台灣所有反日最主要的力量都是來自民間的武裝力量，在新竹跟彰化地區抗爭得非常厲害。雖然抗爭失敗，但抗爭本身就有意義。抗日當然是民族主義的舉動，但也有反帝的意義，像這樣的反抗運動有很重要的作用。

保釣之所以會發生，最重要的因素就是美國它千不該、萬不該，不該把釣魚台交給日本。美國只是託管國，它沒有資格處理有爭議的島嶼，它不應

該這樣做。當時美國為什麼會把釣魚台交給日本？最主要就是因為美日在當時已經形成一個反共的聯盟，所以它可以完全不考慮中共的反應，也不考慮台灣的反應。美國政府為反共而犧牲原則這樣的例子也不只一次。同樣在二次大戰後，它對紐倫堡大審，清算德國納粹很徹底。可是一到東京大審，美國就非常草率，所有戰爭期間的官僚紛紛復辟掌權。當時在冷戰的體制思維下，很多重要的原則都可以犧牲掉，美國在第三世界的記錄是有名的惡劣。我覺得保釣也許可以從這樣的脈絡來看：我們不能容忍美日坐地分贓，老大不可以這樣當。從 1661 年趕走荷蘭人，到乙未反日，到後來的反冷戰體制，台灣史有這樣的脈絡。保釣運動在中國史脈絡中有它的意義，但如果把它放在世界性的反帝思維中，或許也可以占一席之地。這是我的想法。

以合作取代抗衡的新思維

　　第二，我讀到保釣運動的史料時也很感動，和與會諸君沒有兩樣。可是有時候不免好奇：保釣主要是牽涉國家主權的競爭，但釣魚台在 60、70 年代之前幾乎沒有人重視，在清代，誰知道釣魚台？在二十世紀上半葉之前，誰知道有釣魚台？到了二十世紀下半葉以後，釣魚台忽然變成「固有的領土」，保釣成了重要的事件，主要是和石油的想像有關，資源一向跟主權有相當大的關係。但是我們現在如果從另外一種角度來看，到底是日本或者是台灣、或者是中國大陸，哪一方面對釣魚台有過多大的貢獻？我有時候不免懷疑。事實上，在半世紀以前，最熟悉釣魚台的人應該是琉球跟台灣漁民。其他地方的人對釣魚台可能都是非常陌生的，包括盛宣懷。

　　假如釣魚台以後還有比較重要的意義，除了順著現在大家在談的民族主義或國家主權的脈絡，我們要把釣魚台的精神繼續延續下去以外，有沒有另外一種可能的思考：既然圍繞著釣魚台的多個周邊國家對這塊島嶼其實都沒有那麼大的貢獻，大家何不謙虛一點。有沒有可能大家把釣魚台的論述從一個「四方抗衡」這樣的觀點，變成「四方共同合作」的領域，甚至於跟最具理想性的綠色生態或環球倫理的論述結合。現在的癥結主要是日本在當代東亞的形象實在太差，大家很難跟日本合作。假如現在釣魚台不是跟日本有關係，而是跟琉球，這問題就很好解決。因為琉球跟台灣民間有很密切的來往，琉球跟周邊的國家也一向維持友好的關係，合作是有可能的。我覺得還是可以想一下有沒有這樣的可能？

最後我想到謝小芩找我來有一個很重要的目的：一方面人社中心是主辦的單位之一，總要有代表出席。很傷心，因為出錢才能到這邊來講話，不像各位都是有實質的貢獻，才應邀來的。另一方面，更重要的是大家對清大都有期許，希望清大以後會繼續發展，並且應該介入台灣社會的發展。昨天我聽到最感動的一句話是楊國樞院士講的：「清華理工學院，完全沒有一個大學的樣子。」他說的是價值判斷，但此價值判斷好像很符合事實。個中癥結千絲萬縷，但我覺得有一個很重要的原因是，我們在資料的累積工作上沒有做好。一個好的大學怎麼能夠沒有歷史資料、沒有手稿、沒有善本書？這還算是個大學嗎？我覺得清大在這點上很糟糕。

捐獻文物共襄盛舉

因此，我想在這邊呼籲大家捐獻點文物。其實我很怕大會有意無意間賦予我這樣的任務，因為每次說要捐獻東西，有些朋友就會想到我或許會有些武林祕笈。昨天林孝信先生提到，保釣成員在海外繼續做了一些支援的工作，其中一個是支援陳明忠，另外一個提到余登發。我覺得非常高興，因為我手頭剛好有陳明忠審判的照片檔案，這些照片不曉得為什麼會流出來？不過這也不意外，國民黨辦事情就這樣。另外一件文物與余登發有關。余案發生後，當時海外有人連署抗議，並登報宣揚其事。後來哥大有一位歷史系教授寫了一封信給我們「中國人權協會」的杭立武先生，表示抗議。杭立武寫了封英文信回應他，本份文物含剪報、資料草稿，杭立武說：「那就是叛亂，跟什麼人權沒有關係。」我有這兩個檔案。

一下子找不到檔案，但是話講出去，不捐一點東西不行。後來想到，跟日本有點關係的是白川義則的檔案。白川義則是什麼人呢？民國 21 年 1 月 28 日「上海事變」乃是日本在九一八事變之後，在上海發動的一場更大的侵略戰爭。白川義則就是那時候的侵略頭頭。停戰以後，日本在虹口公園舉行「祝捷閱兵大會」。當時他們正在慶祝日本天皇的生日（天長節），結果白川義則被韓國的尹奉吉用炸彈炸死，同場也炸傷了很多人，包括後來代表日本簽訂降書的外相重光葵，當時也被炸傷一條腿，變成跛腳。白川義則是當時的大將，就是總司令。事件發生在 4 月 29 日，白川義則是到 5 月 20 日左右才死掉，剛好是我們開會這段期間。外相緊急宣布這個消息，這張是當時靈柩從中國運到東京的照片。旁邊註記：「白川大將淚的凱旋」，其實就是棺木的凱旋。這幾張照片說的就是這個故事。

同一個時間,上海當然有很多的反日運動。這邊是我拿到的標語:「反對帝國主義」、「保護中國」,運動由「上海民眾反日救國聯合會」發起,這是當時標語的原件。另外還有一件,這是白川義則的墨跡,品相非常的漂亮,一清如水,可是書法內容事實上與行為不相吻合。這三件東西,其中的照片檔案與白川義則墨跡是在日本收的。上海的反日標語顯示當時上海民眾抗日的情緒,此件是在上海收的。既然占據了大家寶貴的時間,總要做一點貢獻,我就把這三樣文物捐給清華大學。

註　釋

1.　　＊根據發言稿整理。
2.　　＊時為清華大學中文系教授。

做一滴水的工作[1]

黃樹民[2]

　　非常高興有這樣的一個機會來跟老朋友見面。我還記得大概 1976 年左右，陳明忠事件發生之後，林孝信就帶著黃賢去各地串聯，呼籲大家一起寫聯名信，向台灣政府呼籲：希望能夠再採取一些更開明的措施來處理這些問題。當時林孝信頭髮還很多，而且還沒白，黃賢那時候是港仔，非常努力在學國語，字正腔圓地講國語，一晃三十幾年過去了。我們現在也都是「白頭宮女話天寶」。

　　保釣運動一開始有很強烈的民族主義色彩。在這個運動過程中，左右的分裂是必然的。我們現在回頭看看，當初華盛頓遊行有四千多人參加，真正那些最熱情、最奉獻的，右派就回台灣，反共愛國同盟回台灣獻身；左派就到大陸去，像林盛中先生，還有吳國禎先生他們。實際上差不多只有一成左右是真正最熱情、最獻身，願意走到底的人。其他 90% 的人都還要過生活。

　　怎麼過？像我自己，那時候也考慮回台灣來過，1977 年快畢業時，趕緊找一些朋友，請他們幫我在台灣找份工作。那時候台灣的老師、同學告訴我說：「你最好不要回來了，如果回來，問題可能會很多。」實際上在這個之前，我也知道會有問題。

　　1973 年 2 月陳鼓應、王曉波被警備總部請進去了。請進去的原因是因為他們有一些我寄給他們的東西，所以他們出了問題。本來我以為這件事情過去了，1973 年要回台灣時忽然發現《新聞天地》登了一篇文章炒作這個事情，而且上面點名黃樹民寄通匪東西給王曉波、陳鼓應。那時候我嚇了一跳，想他們是不是要開始秋後算帳？原來只不過是《新聞天地》卜少夫[3]不知

道在哪裡看到了些文件，把舊案翻了出來。在這個狀況之下，大家慢慢冷靜
下來，開始思考：除了民族主義之外，我們還能做什麼？我們今天幾位講者
都是很明顯的例子。在一些我們能夠做的小範圍裡，做一滴水的工作，一點
點的參與，盡一點力量。這個差不多是我們後來大部分、90% 留在美國的一
些同仁做的事。

　　就像我們繼續支持林孝信辦「民主運動支援會」。那時候每年聚會。基本
上，還是希望盡量能夠出一點力、出一點時間，推動一些東西，讓我們社會
變得更好。我想這個大概也是我們現在比較容易做的，做一些草根運動，提
升我們基本的生活。

註　釋

1.　＊根據發言稿整理。

2.　＊時為中研院民族所所長。

3.　＊卜少夫 (1909-2000)，江蘇江都人，為作家、香港著名報人。早年曾任職多家報社，曾
　　任《中央日報》、《申報》總編。1945 年創辦《新聞天地》雜誌，1949 年後將《新聞天地》遷
　　往香港。《新聞天地》於 2000 年停刊，可說是華文世界最長壽的新聞刊物。

從《異鄉人》談起¹

尉天驄²

　　各位朋友，這兩天討論保釣運動，大部分都是海外的朋友。我是一直在台灣的。談保釣，我是沒有資格的，保釣對我個人心中的地位是非常高的，正如李黎小姐說的，今天不談別的，看到這麼多朋友，太高興了。很多人我久聞大名，雖然經過這麼多年，終於見到你們了，雖然老相畢露，但豪氣仍在，所以我覺得非常高興。

真誠與浪漫的年代

　　非常遺憾，這些人裡面有些已經看不到了，比如郭松棻、唐文標這些老朋友，還有沒有來的，譬如劉大任。總而言之，不管在海外，還是在台灣，從精神上來說，那個時代是我們最美好的一代。那個時候我們很浪漫，也許我們很幼稚，也許我們很粗糙，但是我們很真誠。那時代的知識分子很令人懷念。在座的朋友、還有台灣的朋友，像王曉波，我們那個時期的朋友，雖然這麼老了，雖然經常吵架，到現在吵了也沒有完。我經常拿來制服曉波的兩句話，就是曉波這個人不要跟他談話，更不要跟他喝酒，他是得理不饒人，不得理也不饒人，堅持到底，死不悔改。比如說王津平，他當年沒辦法生活，跑去開書店，看到年輕人喜歡看書，就免費送給人家、也常請人家吃飯。所以津平開的書店後面有個廚房，每天中午一大鍋，大家都跑那裡去吃飯，做他們老婆是很辛苦的啊。但是這些人都很真誠。

　　再來是浪漫。我們的好朋友唐文標，跟他做朋友會氣死你，還好邱守榕³願意嫁給他，他沒有章法、也不知道老少，他隨時都會到你家來，還帶著一包衣服，跟我老婆說「大嫂啊，幫我洗。」很沒有禮貌。但是有時候你不得不感動，有天晚上半夜一點多鐘，我都睡了他還來敲我家門，背個帆布包、穿

著舊衣服，從背包裡拿出四個大柿子說「老兄啊，我在香港託朋友從你老家帶來的」。諸位想想那什麼時代啊，戒嚴時代啊！唐文標就是這種人，我們叫他唐大俠。幾十年過去了，很多人會變，但是這一段時間是我們美好的回憶，那個時代很可愛，很多人有熱血、有理想。

我們今天談保釣，我告訴謝館長，保釣是 1960 年代末期的事了，當時台灣的狀況大家可以看一看我印給大家的一篇文章，是寫我當時辦的一個雜誌，我大三就辦這個雜誌，那個時代到底有什麼特別呢？我們那時候很喜歡讀海明威，海明威有一句名言，叫作「失落的一代」。不是多愁善感的失落、當時是真的失落了。那時候《聯合報》在連載卡繆的《異鄉人》，我覺得我就是異鄉人，沒有根、是漂泊的，國家往哪裡去？我不知道。

那個時候的教育把你關在一個框框裡，做文章只能這樣做，大家快要畢業的時候不知道為什麼，就開始湊了幾個錢、不拿稿費，就辦了一個雜誌。原來台灣的刊物是有的，但都是千篇一律的，人家反共是從理論、從歷史去了解，我們反共就只是說共匪是壞人、共匪就是鼻子歪的、眼睛斜的、頭髮長不對的。大陸開放以後我帶兒子去大陸，我兒子不敢靠近人家，「共匪伯伯！共匪伯伯！」地叫，過了幾天跟人處得好了才說「你這共匪好像也不太可怕」。所以我說當時那些刊物都是拍馬屁的文學，當時有一本最有名的書，叫作《常住峯的青春》，歌頌蔣中正的。這本書出了以後跟大陸一樣，搞個人崇拜、神話個人，那邊是東方紅、這邊就來個常住峯。這種情況之下，年輕人都得作乖寶寶，但人總是壓不住的，那個時候我們年輕人像追女孩子一樣，都不用教的、奮不顧身，也不考慮自己的條件，有著浪漫的性格。

譬如我舉個例子，我們有位詩人叫管管，管管是十三歲抓兵抓來的，他個子小小的，出門放牛就被軍隊抓走了，他要把牛牽回家裡也不讓牽，就這麼帶走了。家裡找了三天，才在一個小學找到已經去當兵了。管管說那時候他們叫我立正我不敢稍息、叫我往左我不敢往右，棉被摺得方方正正的，但是他心裡就有股不平，所以你們讀他的詩，他要在山頂上拉屎，就是要我規矩、老子就給你荒謬！那個時代我們讀了卡繆的《異鄉人》，說荒謬、荒謬，我們多有感覺啊。這個時代就是如此，這個理想主義、這個浪漫主義要捍衛好的社會，有人就把這個想法稱為左派。如果這叫作左派，那我也是左派。

燃燒理想的熱血，綻放創作的花朵

我們今天不分這左右，當時一群人湊點小錢，辦了一個小詩刊叫作《創世紀》，今天已經辦了五十幾年了，別的不說，我要大家想想一個問題，當年師大美術系，雖然有溥心畬大畫家教他們，可是不能觸動他們的生命。有幾個小朋友自己辦了一個畫展，那時候叫作 UP 畫會，一進去整幅牆上沒有畫，就一幅血紅的布一直拖到地面上，那叫作血的抗議。可是很快就有人來查了，這個畫家就被打了記號、這個畫展沒幾天就關掉了。原來這個抽象畫給一個老畫家看了看覺得很像金門，就想說你是不是要赤化金門啊。那時候是這樣的風氣。

但是我們那時候不服輸，就辦了一個雜誌叫《筆匯》，一方面表達我們想要表達的，另一方面要呼吸一下新鮮空氣，不能老是封閉啊。譬如說那時候許常惠[4]從法國回來，許常惠的音樂成績在法國非常高，他做了很多作品，老師說「好！好！但是好像是法國人寫的」，沒有台灣的味道。史惟亮[5]到西班牙學作的曲子，也都是西班牙的味道。許常惠和史惟亮回到台灣來，帶著學生到中南部去旅遊、採訪本土音樂，當許常惠聽到一個老頭，老的牙齒都掉了，拿著月琴一唱「思想起啊……」，許常惠便告訴史惟亮說，這就是我們要找的。我們在外國學的音樂有技巧但沒有生命，當時的文學也是沒有生命的，當時文藝協會、青年寫作協會、婦女寫作協會……，他們的作品很多、也很有名，但阻擋不了我們。那時候，經濟稍微好一點，繪畫界就出現了新的路線，像東方畫會，音樂界也出現了反派音樂，像邱延亮。所以當時的文藝浪漫、反叛，沒有這些的話，人沒有人的味道。

但我們的重點是年輕一輩的文藝，當時老一輩的就覺得這些年輕人嘴上無毛、辦事不牢。他們說：「寫這東西有沒有稿費啊？」我們一生氣，就決定這雜誌絕不登老傢伙的東西，都是年輕人自己搞起來的，老實說這是自我教育、互相鞭策，現在看起來很粗糙，但是很真誠。那時候有一個很重要的作家就是陳映真，陳映真的作品〈我的弟弟康雄〉寫年輕人追求理想追求到自殺，他姊姊後來嫁給有錢人。好多人感動的要命，覺得這就是我自己的寫照啊，我們好多人讀大學的時候追求理想、很多人出社會以後屈服現實。三毛就說他讀陳映真的〈我的弟弟康雄〉讀了一百遍以上。前陣子我把這篇文章給學生看，我說映真寫的好壞你們不要管，只問你們看不看得懂、感想如何。

現在的學生很誠實，他們說：「老師啊，那個康雄是天下第一號笨蛋，理想能吃嗎？他姊姊才是聰明。」那個時代就是如此，大家很有理想，也許很虛無，但是很有理想。

　　大概五、六年後我們又辦了一個雜誌叫作《文學季刊》，那個時候台北市的年輕人聚集在三個地方：野人咖啡館、文藝沙龍和作家咖啡館。大家傳閱國外傳回來的嬉皮雜誌和音樂，這時候和保釣有關了，唐文標回來了！他這個人沒大沒小，對人又好，從基本的地方去影響別人，他總是會問你寫這詩為什麼這樣寫等等。這時候發生了唐文標事件，這事件下去發展，到後來就爆發了鄉土文學論戰，時間不夠了，但我說一下，鄉土文學這不光是國民黨要對我們不好，當時最反對我們的就是一批美國回來的孫正等等，那時候王拓寫了台灣是美國的殖民地經濟，張忠棟寫了文章說統一未必為憂、分裂未必為害，他們就說我們反美。所以這裡面是很複雜的。還有一段小故事，曉波這人嘻皮笑臉，當時陪著我走路一直擔心要抓人了，後來陳映真給抓去了，曉波在我家，我就說如果十點鐘還是沒放人，你回家去收拾行李，等等一定會來抓我們，要是放人的話，我們家有一支朋友送的黑牌 Johnny Walker 就開給你喝吧。到了十點半電話來了叫我們去保他們，我馬上就開了這支給他喝。時間不夠我只能講到這裡。

註　釋

1.　＊根據發言稿整理。

2.　＊政治大學中文系退休教授。

3.　＊唐文標之妻。曾任彰化師範大學數學系教授、理學院院長。

4.　＊許常惠 (1929-2001)，台灣彰化人，為知名音樂教育家、作曲家。早年曾赴日本留學，1946 年返台。1949 年進入省立師範學院就讀，後赴法國留學，專研音樂史、理論作曲與民族音樂學。回台後任教於台灣師範大學等學校，開始致力於採集、研究台灣民族音樂，並發掘許多民間藝人（如陳達等）。1967 年與音樂家史惟亮等人成立中國民族研究中心，並合作從事大規模的民歌採集活動。其作品有〈昨自海上來〉、〈葬花吟〉等。邱坤良，《昨自海上來：許常惠的生命之歌》（台北市：時報文化，1997）。

5.　＊史惟亮 (1925-1977)，遼寧省人。著名作曲家、音樂教育家。早年曾從事地下情報工作，十九歲進入北平藝專後始正式修習音樂。1949年赴台就讀台灣省立師範學院，畢業後前往歐洲深造，回台後在台灣藝專任教。有感於台灣音樂資料與文獻的缺乏，1965年籌措經費成立中國青年音樂圖書館。1966年起與許常惠等人合作採集台灣民歌，在三年時間內共收錄了一千多首歌曲。許常惠與史惟亮合作的民歌採集活動，開啟日後本土音樂研究之風氣。吳嘉瑜，《史惟亮：紅塵中的苦行僧》（台北市：時報文化，2002）。

往事[1]

夏鑄九[2]

　　先謝謝謝教授，與她用 e-mail、電話聯繫了幾次，本來沒答應參加的，因為 1977 年回台灣以後，我從未在公開場合討論海外的社會運動。即使像我弟弟回台灣教書，在台大教了半年，不但沒有薪水，現在查台大的記錄也沒有任用過這個人，這些都不是今天可以想像的。我的原則是盡量避免政治的角色，即使是今天的這種場合。過去在北美洲當老林（林孝信）的便車司機，在幾個城市與校園中來去。坦白說，我看到我自己的話變成文字，到現在還很不自在，這是一種根深蒂固的恐懼。總之，第一次就這麼給了老林。

　　作為主席開場，討論釣運對台灣的影響，我想早上錢永祥提出來的反思確實是有必要的，不然我們沒有辦法知道釣運的歷史意義何在。作為主席，話不多說，提幾個已經過去的朋友，以及一些小事，事情雖然小，但必須一提。

　　第一，在 Boston 的時候，一些能夠在同鄉會裡存活的有心人，多是農民與勞工的子弟。當年能考進台大又有機會出國的農民與勞工子弟，因為政治壓力，他們在同鄉會裡沒有機會，也不敢抬頭。那時 Boston 的一本刊物《草地人》，當年編輯《草地人》的朋友，有少數留在台灣。

　　許登源也必須被提出來，他堅持社會主義的思考。現在已經過去了。他，以及一些其他的朋友們，後來在台灣，直接與間接，催生了一個帶批判性的學術性刊物《台灣社會研究》，到了現在還繼續存在。

　　第二，已經過去的朋友的有些小事也必須一提，就是蘇慶黎。1977 年

我回來後，只與蘇慶黎有過聯繫。到現在我還記得：美麗島事件之後，蘇慶黎也被請進去，蘇慶黎與其他人不同，她冷靜、清楚，出來以後立刻告訴大家：警備總部開出一堆名單問她是否認識？在這種壓力下，蘇慶黎強記這些人名，出來以後就警告這些朋友。蘇慶黎真是值得信賴的朋友。

第三，昨天有人提到陳文成。我為什麼最後要提到他呢？陳文成案發生一個多禮拜之後，一個美國記者到台大訪問我，問了一大堆專業的事情。最後忽然問我：陳文成事件是在哪裡發生的？我就帶他去看，就在我辦公室二十公尺之外，台大研究圖書館後方的一個角落，在水溝旁邊。坦白說，懂一點物理的人都曉得，跳樓不會落在這種地方。那個美國記者看了以後，表情非常特殊，其實是心中有數。事情隔了很長的一段時間之後，學校把旁邊的一個教室分給我們所使用，後來不幸失火燒掉了。我有個年輕的學生非常敏感，他完全不知道台灣過去的歷史，但是他對我說：每到那個角落附近，就覺得非常不舒服。他不知道怎麼回事，只是跟我講這個感覺。我知道是什麼原因，陳文成陰魂未散。我覺得歷史還沒有還他公道。

P
050
8557-29
創刊號
003544
林孝信先生贈刊

■ 《草地人》創刊號。

註　釋

1.　　＊根據發言稿整理。

2.　　＊時為台灣大學建築與城鄉研究所教授。

回應與討論 (2)¹

羅美文（勞動黨榮譽主席）

　　我自認是台灣最幸福的工人，曾經走投無路、一再受騙，挫折中成長。保釣運動不管是左還是右，你們還有一個台灣民主支援會。我是台灣工人，第一次接觸到知識、理論的時候，就是在島外的民主支援會。從紐澤西、芝加哥到柏克萊。

　　我回台灣以後，台灣的工運夥伴，有一個兄弟公會，高雄有一個高雄市公會幹部聯誼會。在還沒有民進黨的時候，台灣工運就這樣相互依持。我們接觸到所謂的保釣、所謂的左派，讓我們開了竅，讓我們有使命感，讓我們的人生有目標，可以忍受那些威迫利誘，而不會動搖。我是最幸福的，所以我才會成為工黨的副主席、才成為勞動黨的創黨主席。這一路走來二十幾年，我好像沒有愧對保釣左派對我們的關懷。我們還活著，雖然還在地上爬。可是你們談這些的時候，忘了你們在台灣留下一棵幼苗，還在地上爬、還沒有死。

　　當時台灣只有台灣勞工法律支援會，當時稱為勞支會，我們跟它攪和在一起，邱義仁、吳乃仁、陳菊攪和在一起。最後，工黨籌組的時候，每個星期報紙上就刊登一則黨綱發表會，結果台灣工人看到了，我們搶著看。我們當時想，連我們都不加入工黨，那工黨怎麼叫作工黨呢？那些黨綱都是台灣民主支援會的人，在美國想好，弄回台灣。我們當時的想法是，這些黨綱至少要讓我們知道要種番茄還是蘋果，做起來才不會累啊，所以我們才會走入工黨。

　　我認為，台灣的一切是為了日本、美國的需要而生產的。台灣是加工、賺人工錢的，台灣經濟上根本無法自主，台灣的亂源就是要違法亂紀，才能夠降低成本；要不就是要官商勾結、要不就是擁有特權，才能讓違法手段順利運作。台灣安分守己、勤勞守法的人一定吃虧。我認為民主和階級的雙重解放，是勞動黨所有黨員一輩子努力的、至死不渝的目標。

邵子平（聯合國退休，上海德寬科技培訓中心）

　　今天很高興聽到好多故事，填補了我們過去所不知道的空缺。第一次聽見談《新希望》、《科學月刊》的一些細節。大家討論得非常熱烈，對歷史的文件、活躍分子的個人光榮歷史多一些，但是對於整個解讀就少一些。所以我想提出幾點關於解讀方面的意見。

　　昨天李雅明說：「我們左、右自己的檢討很少。」在這一點上，應該跟大家、

年輕的朋友也說一下，這裡面還有很多問題應該要知道。譬如說，參與釣運裡面有輝煌成就的人之外，也有很多在聯合國裡面工作的、頹廢的、精神病的、打架的人，大家應該要知道，這些人是什麼情況、是什麼心理、是什麼反應、是怎麼變成這樣的？

其次，對一些文件的解讀。如《歐洲雜誌》，我 1961 年到德國，在德國我就沒有感覺到《歐洲雜誌》的存在，也沒有感覺到它對我們朋友有什麼影響。固然他們滿早的，我相信他們寫了很多在法國的事情，基本上這是法國巴黎的雜誌，但是對整個歐洲的影響，我還不太清楚，至少對我們德國那批朋友的影響不多，這也是一種解讀吧。

另外，我看到龔忠武寫的報告，說從文獻當中可以解讀出大和解。我覺得這個解讀一定是很遙遠的，一定是繞好幾個圈的。龔忠武作為一個大的歷史家，他可能會研究到這個部分，這點是我個人不太同意的，因為文獻裡面看來都是對立的，都是吵架的。

另一方面，現在左派裡面，對於釣魚台問題擱置、對釣魚台將來怎樣開發，保釣的人今天沒有一個新的說法、沒有新的研究，或者很少。我覺得左派的人很少自我批評、批判，當然右派的人更少。

關於影響，昨天陳治利談到，還有一些其他的影響。比如大家對日本問題的激憤，所以做了很多日本方面的工作，比如說索賠、勞工、南京大屠殺，我覺得這些跟釣運一定也有些關係，但是在這個比較左派的氣氛裡，這些問題就沒有人談到。

關於保釣繼續的問題，剛剛胡卜凱有談到，金介壽、黃錫麟是非常重要的。關於教育方面做的非常好，我自己也做了一些，中國成立了一個教育的基金會，後來開展了很多這方面的工作，我自己做的卻不太成功。

邱立本

我們有很多的朋友是搞基金會的，來支持中國底層民間的活動，我覺得都很棒。不過這一、兩年我一直在思考一個問題：我們會不會是好心做壞事？我們捐了很多錢，去做一些本來應該由政府、公權力來做的事情，現在卻由民間來辦支援、基礎教育，到最後，我不是指滋根，而是其他很多的基金會，很多錢都被很多貪官污吏給污掉了。我們如何來保證錢都是用在刀口上？長期以來，這樣搞的

話，對整個中國大陸、對他們公權力，是把他們寵壞了。中國不是一個貧困的國家，它的外匯儲備是全世界第一的。為什麼外匯儲備這麼多的國家，要由我們這些海外的中產階級來去救治這些貧困地區呢？這是説不通的。所以我們是否應該有這個警惕，不要沉迷在這種不斷去救貧困地區，我們應該把我們的力量轉去監督中國大陸政府，我們應該要求他們交代怎麼去解決中國偏遠地區的問題，而不只是長期一年又一年，把我們這些小老百姓的這些小錢拿去救。這樣做，除了洗刷我們自己的良心之外，我們還能夠有些什麼東西。

第二，針對保釣問題，我們老保釣要走出鄧小平「擱置爭議」這種格局。保釣基本上、實質上已經淪亡了。今天中國海軍可以去索馬利亞護航、在青島大閱兵，卻不能保護我們的釣魚台水域、不能登島，我們訓練什麼中國海軍？什麼「中國站起來」，這是沒有道理的事情。所以我們今天一定要有一個決議，看要怎麼去敦促兩岸政府當局，解決釣魚島主權問題。

楊貴平

我非常贊成剛才邱立本説的，我覺得扶貧是解決不了問題的。但是，你要等到真正政府參與，很多孩子到現在還是文盲。在扶貧的過程中間，你可以了解到，為什麼這麼多孩子不上學，不是因為中國沒有錢，而是分配不均、沒有被重視的關係。作為一個非政府組織，你要去了解事情的真相、要去學習，要更知道，並且要做倡導。非政府組織起的最大的作用，是針對具體的議題倡導，然後使公眾了解，並使政府在政策上作改變。

姜國鎮（紀念南京大屠殺受難同胞聯合會顧問）

我姓姜，是和陳憲中、邵子平在紐約一起工作的。我從來沒做過保釣這個運動，我的時代不太一樣，小了十年左右。我高中時就到日本去，在日本住了二十幾年，所以對他們的態度還有一些了解。

我覺得整個保釣運動對日本的理解還不夠，而且研究也不夠。為什麼到現在為止，這些想法還影響不了日本輿論呢？還進入不了他們的社會？日本社會一般來講，對台灣的保釣、或是對中國大陸的保釣都是持負面印象，對這些言論也很不理解。

　　日本對領土的觀念是非常強烈、非常貪念的，從北方領土的諸島到釣魚台，一貫都是這樣。所以要從他們的思維邏輯、他們的思考方式來理解，我覺得是很重要的。這關係到怎麼打進他們的興論與媒體。而日本媒體從戰前到戰後都有一種特質，他們都是很偏激的，他們其實沒有什麼言論自由，媒體完全站在國家立場。因此對日本行動、思維的研究是一個打進他們社會的重要方向。

　　為什麼中國和台灣在歷史上對日本都畏首畏尾？尤其中國在對美國的問題上是很強硬的，為什麼對日本就這麼軟弱呢？台灣就更不用說了。而台灣跟日本之間，如果釣魚台是以民意為基礎，如果台灣是一個言論自由的國家（在釣魚台的問題上），卻沒有看到民意基礎發揮力量？中國大陸沒有言論自由，當然也就沒有民意基礎，不管哪一邊對日本都是很軟弱。因此對日本的研究應該是一個可以討論的方向。比方說日本對釣魚台的看法，羅列了一大堆，可是對這些的反論，我們都沒有做到。像是從清朝開始對釣魚台占有的問題完全是被忽略的，直到發現石油才把它搞大，他們的論點就是針對這些來發揮。還有他們會把李登輝的發言放在最前面，說一國元首都這樣講話，你們還有什麼話說。所以針對這些，我覺得我們的工作應該做好一點。謝謝。

註　釋

1.　　＊根據發言稿整理。

第四章·驀然回首
對保釣運動的反思

　　未來史家會如何評說保釣？不妨揣測一下。

　　首先，我想，他們會界定兩個範圍：從中國歷史的發展過程看來，保釣是發生在兩岸分治時代局限於台灣及其影響範圍的青年愛國運動；第二，這是一個「餘震」，引發餘震的震央主要有兩個：1919 年五四運動啟蒙的民族主義思潮；1960 年代開始逐漸遍及資本主義世界的青年反戰運動。如果這個揣測基本成立，我們這些曾經參與保釣運動的人，還能有什麼不同的想法嗎？

—— 劉大任

反思[1]

劉大任[2]

未來史家會如何評說保釣？不妨揣測一下。

首先，我想，他們會界定兩個範圍：從中國歷史的發展過程看來，保釣是發生在兩岸分治時代局限於台灣及其影響範圍的青年愛國運動。

第二，這是一個「餘震」，引發餘震的震央主要有兩個：1919年五四運動啟蒙的民族主義思潮；1960年代開始逐漸遍及資本主義世界的青年反戰運動。

如果這個揣測基本成立，我們這些曾經參與保釣運動的人，還能有什麼不同的想法嗎？

保釣運動的核心時期大概是1970到1972那兩、三年，曾經為此廢寢忘食、全身心投入的當年保釣戰友，應該有些體驗，是無法用客觀中立的歷史學分析的。所以，我相信，我的戰友和我心目中設想的未來史家之間，難免有些距離。我因此覺得，現在「立此存照」，未嘗沒有意義。這是我所以要寫這篇文章的基本動機。

前述「定義」其實四平八穩，完全符合事實。只不過，當事人還可以想得更細一點，更深一點。當事人很多，我只是拋磚引玉。

為了說清楚，我想先大略介紹一下保釣發生前後，海外留學生的思想狀態和活動情況。這當然是個大題材，只能提綱挈領。

那個時代的留學生，關心政治的不多。在這些「少數」裡面，按思想傾向和活動方式，大概可以分成三個互不通氣、互不尊重的小團體，簡單說，就是「國家統一派」、「獨立建國派」和「革新保台派」。

保釣運動由「國家統一派」首先發動,「革新保台派」後來跟進,「獨立建國派」立場比較尷尬,開始以個人身分參與,後來還多少存著破壞心理。

三個派別的基本思路,從一開始便南轅北轍,運動爆發之後,當然無法有效合作,分道揚鑣是必然的。「獨派」參與的唯一動機是運動表現出來的「反蔣」意味,對於運動中包含的「抗日反美」議題,因為釣魚台問題的特殊性質,和他們的立場,無法公開表態,所以只能「尷尬」。「革派」最初不但參與並能容忍面對政府的請願,等到「統派」主導的抗爭直接挑戰政府威權時,終於宣布分裂,退出戰鬥。1971 年夏的安娜堡國是大會是關鍵分水嶺。

三派各有其基於歷史義理形塑而成的感情基礎,針對台灣和中國前途的思考方向,原無任何合作空間,釣魚台事件提供了契機,保衛國家主權和子孫後代的利益,形成三派合作的交匯點。這個難得的交匯點,發展到基本立場分歧的地方,合作破滅。所以,歸根結底,三派之間,合作是因為各取所需,分裂則是無法各盡所能。「獨派」的基本邏輯規定,台灣的最終命運,取決於是否能夠有效切斷中國。「革派」的思路,對於「中國」這個觀念,很難跳脫國民政府的傳統框架,但海外年輕一代的菁英,究竟還是對他們上一代領導層懷抱不滿,這才有所謂的「革新」。「統派」的基本思想,建立在「內戰延續論」上面,台灣前途是整體中國前途不可分割的部分。保釣能否成功,最終決定於實力,而這個實力層次的體現,兩岸之「合」,必然勝過「分」。

三、四十年前,台灣的知識菁英,所以能夠發展出有關台灣和整個中國前途的比較深刻的思想,有一定的歷史因緣。國民黨的失敗,中共的激進和政策反覆,冷戰世界造成的人類困境,都刺激人的反省和想像,脫離台灣本土因而取得資訊和人身自由更廣大空間的海外台灣留學生,因此可以想得更深,做得更「絕」。沒有這種客觀環境,「革派」不可能「革新」,「獨派」不可能「求獨」,「統派」也不可能想像未來的「大藍圖」。

這裡必須指明,當前的台灣現實和兩岸關係,依然大致反映三十年前海外知識分子分別發展出來的代表三個派別的不同政治態度。不同的是,「獨派」一度掌握台灣政權,現在即使下台,依然擁有不可忽視的政經社會力量。「革派」目前已經登堂入室,不但掌握「黨權」,而且執政。「統派」呢?

四十年前發動保釣的「統派」，基本組織早已風流雲散。當然，個別還有些人，或者在海外繼續堅持比較窄小的「釣運」和零零星星的「抗日」活動。也有人發起和參與類似大陸「希望工程」的慈善事業，但是，「統派」在「林彪墜機」、「打倒四人幫」、「天安門事件」和「改革開放」等歷史大潮沖刷後，早已無法成「派」，連思想邏輯都陷於潰不成軍的地步。難道，這就是不成熟的政治運動的必然結局？

我不敢苟同。

台灣經過了三十年的脫胎換骨，同樣，大陸也一樣有三十年脫胎換骨的經驗，我相信，當年投身海外保釣的所謂「統派」，作為一個政治團體，確實已經風流雲散，然而，團體沒有了，還有活生生的個人。

我深刻相信，當年海外的「統派」，一定有不少人，面對海峽兩岸三十年的滄海桑田，經常不斷地觀察、思考，並無怨無悔地進行靈魂搜索。

最終未能與實際政治掛鈎，雖然也許失去動手改造世界的機會，並不一定是壞事，很有可能是好事。

歷史有大有小。

從宏觀的觀點看，1840 年鴉片戰爭發生以來的一百七十年時間裡，發生了大大小小無數歷史事件和政治運動，這所有的一切，包括保釣在內，都是「小歷史」。所有「小歷史」，都在問一個問題，都指向一個目標。

這個共同的問題是：曾經創造奇蹟並一度領先世界的中國文明，在人類繼續向前發展的新時代，有可能像恐龍一樣，被淘汰嗎？

共同的目標是：如果像鳳凰一樣，能夠在灰燼中重生，我們有什麼法寶，避免西方國家製造兩次世界大戰幾乎毀滅全人類文明的致命缺失？

恐龍還是鳳凰？這才是「大歷史」問題。「獨派」和「革派」都因為綁在「小歷史」的格局中，身不由己，眼光和胸懷，不免受到限制。

「統派」何其幸運！正因為不再成「派」，卻因此獲得思想無限馳騁的廣闊天地。

如今，唯一的問題是：我們有沒有真材實料？夠不夠努力？

註　釋

1. ＊專文。
2. ＊作家。

一個保釣左派的反思錄[1]

夏沛然

美國 1970 年代的保釣運動開始後不久就分裂為左、中、右三派：左派認同社會主義，號召承認新中國。右派擁護國民政府，主張革新保台。大多數人屬於中間派，只關心保衛釣魚台，不願意在政治上選邊站，在參加了幾次遊行示威之後，就很快退出。我願意在這裡根據個人的經驗討論一下保釣左派形成的原因和經過。

保釣左派形成的原因和經過

在保釣運動初期積極參加的學生大部分來自台灣，而且多半是在研究所攻讀學位的學生，因為那時的台灣，只有在大學畢業之後才能夠到美國留學。這些研究生在台灣接受了十年以上的威權統治下的愛國教育，都知道最安全的辦法是好好讀書，取得學位之後留在美國找一份收入不錯的工作。在台灣讀書的時候，如果對政治有興趣，只有參加國民黨，否則就只能潔身自好，保持沉默。因為大家都知道，如果有任何被政府認為左傾的言論或行為，譬如參加讀書會或與朋友組織社團，都可能被開除學籍和送去火燒島。從這樣一個嚴格管制的政治環境下出來的學生，到美國之後，為什麼突然風起雲湧地關心國事起來？這應該歸功於國民政府實施的民族主義和愛國主義的教育。

從小學到大學，台灣正統教育很重要的內容是向學生灌輸：中華五千年文化源遠流長，國父孫中山提出的三民主義和創立的國民黨傳承了中華文化的道統。另一方面，這種教育又不斷強調中華民族最近一百年如何受到列強的侵略欺凌，到了幾乎亡國滅種的地步。這種民族主義的政治教育對於台灣學生的影響平常似乎看不出來，因為學生的活動總是受到嚴格管制，而且日

常也很少發生涉及外國或外族的事件。但是，一旦遇到這種事件，就會引發強烈的民族情緒。1957 年的「劉自然事件」引起的學生和群眾抗議活動就是一個明顯的例子。留學生到了美國，每天接觸到的是外國事和外國人，日常生活中遇到的挫折或歧視在不知不覺中加強了對於本民族的認同感。而涉及釣魚台問題的又是日本政府。我們那一代的台灣學生，從自己家庭的經歷和書報雜誌的敘述中所知道的日本對中國的侵略和屠殺可以說記憶猶新，感同身受，因此爆發出來的民族情緒和反應也絕對是自動自發的。

國民政府的保釣立場令人失望

可是，台灣當局對留學生保釣運動的反應卻十分拙劣顢頇。台灣政府在聯合國的席位當時岌岌可危，必須依賴日本和美國政府的支持，因此基本態度就是不要觸犯或得罪美國和日本。這個立場自然無法說服激昂慷慨的學生。另一方面，官方的報紙和刊物則按照一貫的反共邏輯，不斷影射或暗示保釣運動受到共產黨的操縱利用。台灣政府在美國各地的使領館和國民黨黨工人員實際上對學生運動進行了許多打壓和破壞的活動。拿我所在的芝加哥大學來說，校園內出現了許多攻擊保釣運動學生的匿名信。國民黨小組負責人對組員直接威脅恐嚇。保釣積極分子的汽車油箱被人放了白糖，使得汽車報廢。不少同學的家長被動員寫信給子女，進行說服勸導。負責去警察局登記遊行的同學在遊行前幾天被芝加哥警察搜查住所，誣指他藏有毒品。還有參加保釣的同學的護照被吊銷，並且遭到美國聯邦調查局的調查訪問。台灣當局大概沒有想到，這些活動只增加了同學們對政府的不信任和失望，開始批評和反對政府。

從批評國民政府到宣布認同中華人民共和國其實還有很大一段距離，《釣魚台快訊》在這方面的態度往往落後於東西兩岸和其他地方的保釣運動。初期參加保釣運動的留學生中，從台灣來的在政治上多半比較謹慎小心，不敢也不願意公開地與政府對立。從香港來的同學一般比較激進，他們與台灣的政府沒有什麼關聯，也比較願意認同大陸的人民政府，因此往往促使運動向左傾斜。但是芝加哥地區的香港同學在這個問題上態度不是那麼激烈，比較能夠體諒台灣同學的處境和立場，因此相處十分融洽。影響《釣魚台快訊》採取比較溫和立場的另外一個主要原因是有許多台灣本省籍的同學參加，他們一直主張要團結大多數，不能過分偏激，不要攻擊台獨，要照顧到台灣人的感情。所以在保釣運動的光譜上，《釣魚台快訊》應該是中間偏左，往往被其他地區的左派視為具有同情台獨的傾向。

對人民政府的理想社會產生期待

　　《釣魚台快訊》登載的文章從批評國民政府發展到重新認識新中國和認同社會主義，不是有什麼人在幕後指揮操縱，而是在當時的環境和氣氛下自然演變的結果。由於不滿台灣當局軟弱無能的外交立場，開始進一步檢討政府的其他政策、措施和立場。於是，民意代表數十年不變、政府的法統、政治犯、白色恐怖、鄉土文學論戰、農民和工人的困境、原住民問題等等，統統遭到質疑。既然對國民政府不滿，在海峽對岸的人民政府就成為大家寄託希望的目標。中國大陸當時正處於文化大革命的動盪時期，由於多年的隔絕封鎖，海外對大陸普遍缺乏了解。美國大學校園當時正處於反越戰、爭民權和反叛中產階級文化和價值的學生運

■ 《釣魚台快訊》第 152 期。

動高潮。[2]許多左派的學者把文化大革命視為人類社會和政治發展的新希望。這自然使留學生覺得他們在政治上的選擇是正確的。正在這個時候，美國總統尼克森宣布訪華，國民政府在聯合國的席位不保，一些知名的華裔學者紛紛到中國訪問，其中像楊振寧和何炳棣回到美國之後，受到邀請，到美國各地報告。他們關於大陸政治、經濟、社會科技等各方面的十分正面的評價，對留學生產生的影響尤其巨大。

　　許多人都是在認同新中國之後才開始學習和認識社會主義。絕大多數人，除了閱讀關於中國大陸的書刊報導，頂多也就是讀過幾篇《毛澤東選集》中的文章。沒有幾個人是在讀懂了馬列主義和毛選之後成為左派的。左派的信仰基礎是感性的、情緒的，不是知性的、理智的。但是，不少人就此決定了此後人生的方向，有人決定回到社會主義祖國服務，有人決定放棄在美國

的學位，有人因此換了工作，有人因此與家人分道揚鑣。作出這樣的決定時其實只有一個模糊不清的想法，就是如何能為社會主義祖國貢獻一份力量。

現實與理想的落差

隨著文化大革命結束以及中美恢復交往，在美國的許多保釣左派開始有機會去大陸旅行訪問，直接接觸到大陸的社會和人民。他們自己的觀察和體會，加上與親戚朋友的談話交流，讓他們很快就看到中國大陸等級森嚴、控制嚴格的特質，與想像中的平等、積極、合作、互助的理想社會有很大的落差。隨著關於中共歷史和關於建立政權之後的政策措施的研究和分析越來越多，許多人對於中共的認識和評價也開始實事求是，不再是盲目的擁護或情緒的發洩。對中國大陸重新審視和檢驗的結果使得不少人感到幻滅沮喪，回到自己的專業本行，不再關心現實的政治。有的人繼續關心大陸（後來也關心台灣）偏遠地區的窮人和少數族裔，好幾個幫助兒童入學的項目和基金會都是在這種情況下建立起來的。有的人轉而關注美國本地的情況，支持當地社區的反戰運動、勞工組織、移民工人和其他弱勢群體。一個非常關鍵性的轉捩點是 1989 年 6 月 4 日發生的天安門事件。看到反對腐敗的學生和市民受到血腥的鎮壓，使得許多人對中共政府徹底失望。許多保釣左派參加了在美國和海外其他地方舉行的抗議譴責活動。

當然，也有人認為天安門事件是以美國為首的西方帝國主義在後面挑撥鼓動的結果，中國政府如果沒有採取堅決鎮壓措施就會讓紅色政權改變顏色。還有人甚至認為鄧小平推動的改革開放政策是修正主義，堅持毛澤東的文化大革命和繼續革命的理論才是正確路線。這是另外一類保釣左派，希望他們也會藉這個會議的機會發表他們的看法和意見。

批評檢驗兩岸政績

對國民黨和共產黨的政府進行批評檢驗涉及一個評價標準的問題。保釣運動開始時對國民政府的批評就是根據西方主流政治思想中的民主、自由、法治、人權等觀念。不論左右，大家對此都能接受。可是，對於這套價值觀是否適用於社會主義國家和政府，左派理論家提出了不少辯解和說辭。譬如說，資產階級的民主自由是虛偽的，具有階級性、歷史性，具有中國特色的社會主義體制下的民主自由才能使人民真正當家作主。不過，在中國大陸實行改革開放之後，不僅在經濟上參加了世界主流，在思想、文化上也開始與

西方接軌,這方面的爭論逐漸減少。這裡只舉兩個例子。2004 年 1 月 27 日,中共總書記胡錦濤在法國議會演講時鄭重昭告世界:「發展社會主義民主政治,是我們始終不渝的奮鬥目標。我們明確提出,沒有民主就沒有社會主義,就沒有社會主義現代化。我們積極推進政治體制改革,完善社會主義民主的具體制度,保證人民充分行使民主選舉、民主決策、民主監督的權利。」2007 年 3 月 16 日,中國總理溫家寶在答覆法國記者提問時明確指出:「民主、法制、自由、人權、平等、博愛,這不是資本主義所特有的,這是整個世界在漫長的歷史過程中共同形成的文明成果,也是人類共同追求的價值觀。」國共兩黨都自稱是革命黨,雖然革命的對象不同,使用的方法有別,所根據的理論和思想很不一樣,但它們希望實現的理想和目標卻是有許多相同之處,那就是:國家強大、民族獨立、經濟發展、法制健全、人民富裕、社會安定、文化昌盛。這樣一來,我們就有了相當一致的評價和比較標準。

我們用這個標準來檢驗八十年代以前的台灣當局,自然會發現國民黨獨裁專制的統治有許多不及格的地方。二二八事變的大肆鎮壓,白色恐怖時期的濫捕濫殺,言論出版的嚴格控制,礦工、漁民、原住民等生活的困境,地方選舉的操縱把持,中央民意機構的缺乏代表性,黨團和特務機關對社會的監視威脅,對政治反對力量的壓制破壞,都教人難以認同。可是,蔣經國在1987 年宣布結束戒嚴,開放黨禁和報禁,成為台灣政治和社會的歷史性轉捩點。從這裡開始,台灣政府首先嘗試彌補獨裁專制下造成的傷痛,為二二八事變和白色恐怖的受難者平反昭雪。成立基金會為他們提供補償,包括對真正的共產黨員給予補償。報刊、出版和電台徹底開放,輿論發揮了監督官僚和政府的有效作用。從中央到地方,行政首長和民意代表定期選舉。任何人、任何主張都可以登記組黨,並且在 2000 年實現了政黨輪替,使國民黨第一次通過選舉失去了總統的職位。台灣人民的生活本來在蔣經國執政期間就大有改善,現在更有了當家作主的感覺。全民健保,貧戶救濟和老年人補助,使台灣成為一個相當均富的社會。台灣還有許多問題沒有解決,但是,從獨裁專制成功地轉型過渡到民主體制的經驗,不僅在中國和亞洲史無前例,在全世界的歷史上也是罕見的。

用同樣的標準來檢驗八十年代以前的北京政府,共產黨領導的集權專制統治的成績單不免教人觸目驚心。1949 年建政之後,以階級鬥爭為綱,政治運動一個接著一個。一開始的土改、鎮反和三反五反也許還可以說是鞏固

政權和防止階級敵人復辟所必須，接下來的一連串折騰給國家和民族帶來的損失破壞就很難用常理來解釋了。1957 年反右運動，五十五萬人劃為右派分子。1959 年廬山會議後，又有三百多萬人被打成右傾機會主義分子。鬥爭的矛頭從階級敵人一步一步擴大到共產黨內部，到文化大革命時，把國家主席判定為叛徒、內奸、工賊。中共第八屆中央委員和候補中央委員中被定為叛徒、特務、私通外國等罪名的占總數的 71%。文革十年，據中共正式估計，整了一億人，死了兩千萬人，國民收入損失約五千億人民幣。由於政治掛帥，經濟政策也折騰不斷。大躍進三年，全國超過三千萬人活活餓死，經濟損失約 1,200 億人民幣。在世界上任何國家，任何執政黨造成如此巨大的災難都必須負責下台。但是在共產黨的一黨專政下，只能靠共產黨自己來糾正錯誤。幸虧文革結束之後，共產黨在鄧小平領導下撥亂反正，實行了改革開放政策，才把大陸從經濟崩潰的邊緣拉了回來。改革開放的三十年以來，大陸取得了傲人的經濟成就，國產總值每年以 10% 左右的速度增長，成為全世界的消費品工廠。由於擺脫了計畫經濟的桎梏，生產力得以發展。人民的物質生活，在食衣住行各個方面都有大幅度改善。但是在政治和社會體制方面，大陸仍然是一黨專政，嚴格限制言論、結社、信仰自由，法制有待建立，醫療、教育和社會保障等福利制度欠缺，異議分子受到箝制，弱勢群體的基本權利沒有保障。要按照普世價值標準，躋身現代國家之林，大陸還有很多課要補，有很長的路要走。

憶沈君山

　　回顧自己三十多年前出於激情而率意做出的政治選擇，常使我想到一個多年沒有見面的朋友 —— 新竹清華大學退休的沈君山教授。當年我們在如火如荼地抄寫《芝加哥快訊》的時候，沈君山執教的普度大學離芝加哥大約二小時車程，他有空會來找大家聊天。那時大陸的紅衛兵把一些從未正式發表過的毛澤東的講話、批示、信件和文章編輯成兩本書，叫作《毛澤東思想萬歲》。兩本書流傳到海外，大家爭睹為快，成為一時的話題。因為書中的毛澤東真正顯示了他桀驁不馴、藐視體制、打破傳統、橫掃一切的魅力和本色，非常適合要反抗、要革命的年輕人的胃口。沈君山有一次在聊天時無意中透露，他看到這些東西，也禁不住會產生想報效社會主義祖國的衝動，必須趕快讀一下家書或看一些《中央日報》上關於文革暴行的報導，才能恢復心理的平衡。後來，在一片左傾的浪潮中，他獨排眾議，提出革新保台的主張。我自然沒有被他說服，而且心裡面對他不免有些鄙視，認為他不能堅持理想，

跳不出小資產階級知識分子的名利框架。若干年之後，我才了解到，他回到
台灣後，並沒有追求升官發財，而是從事與黨外人士聯絡溝通、保障人權，
以及在海峽兩岸間折衝樽俎的工作。我顯然對沈君山的理想和抱負太缺乏了
解了。我希望還有機會當面向他表示我的敬意和歉疚。

註　釋

1.　　＊專文。

2.　　＊關於六〇年代美國的反戰風潮對保釣運動的影響，可參考劉大任，〈救報〉，收錄在《紐
約眼》（台北：印刻出版社，2002），頁 30-35；以及王智明，"Tracking Baodiao: Diaspora,
Sovereignty, and Chinese American Resistance," *Chinese America: History and Perspectives*,
Spec. Issue: Seizing the Moment: Twentieth-Century of Chinese American Activism (2009): 128-
136.

「保釣」的新解釋
—— 歷史沒有被浪費掉的熱情[1]

南方朔[2]

在這個垃圾式的訊息充斥、人們記憶容量超載，事情也顯得來也急去也快的時代，幾天一眨眼彷彿就已成了歷史，更長的四十年，儼然已像上古般的遙遠。

四十年，曾經挑動全球華人心弦的「保衛釣魚台運動」（簡稱「保釣」）都已四十年了。1970 年底，「保釣」揭開序幕，到了今天，那一代的年少者都已六十好幾，年長者更到了七十開外，這些人重談「保釣」，簡直成了「白頭宮女話天寶舊事」。

然而，人與歷史，人與記憶，從來就處於一種緊張的不確定狀態，一件事情發生了，該事件並不因此而永遠成為固定了的過去，而是會隨著情勢發展，而納入更大的架構中，被一代代的後人解釋與評價，因此歷史的事實只有一個，但對歷史意義的解釋則可能有無限多，而且總是後來的人根據他們當時的觀點來加以解釋，因此在歷史哲學裡，人們遂說「所有的歷史都是當代史」。

除了歷史的意義及其詮釋，有著這種詮釋的「循環圈」的本質外，人生存在世界上，人的「主體」由自我的認知和判斷所組成，因此，「主體」並非鐵板一塊，而是隨著環境的改變而不斷調整。這種「主體」的可變性，遂使得人們對自己所做過的事常有今昔不同的感受與評價。

因此，由於歷史意義隨時代而改變，參與和判斷歷史的「主體」也同樣易變，這遂使得我們在面對歷史時經常會有茫然情怯的酸楚之感。茫茫歷史，它那隻看不見的手，將人做為芻狗，難道沒有一些祕密的意義？歷史裡面有

太多仁人志士的血淚，難道都是浪費掉的熱情？當人們看多了歷史的起伏反覆，難道只能虛無的一杯濁酒還諸無限江山？或是從歷史的蒼茫裡去找到一些讓人不致卑微的理由？

面對歷史而情怯，對於近代中國知識分子尤然。近百年來中國積弱已久，外患內憂從未停止，這遂造成了中國知識分子和群眾對危機和威脅過度的敏感與憤怒，他們因此而有著自發或被動的極大動員潛能。時代催逼著他們不能等也不願等，而要獻身於各種政治與社會運動中，這是一種自我和集體的救贖意識。近百年來中國的知識分子及群眾運動始終以極高頻率前後相望，就是這種救贖情懷的顯露。

然而，後進國之所以後進，必然有其淪為後進的原因，它不是一個或一串知識分子或群眾運動即可改變的。愈是後進國的知識分子及群眾運動，愈可能掉進當代阿拉伯思想家，摩洛哥穆罕默德第五大學教授拉洛伊(Abdallah Laroui)所說的這種陷阱中：

> 一個社會愈是落後於其他社會，則它革命的目標就會更分歧更深入；知識分子愈是意識到這種落後，則他們的責任意識就會更鉅大，而經常被誘惑著逃進幻想與迷思中，一個革命愈是想涵蓋一切目標，則其目標就會更遙遠，而似乎變成不可能。

因此，後進國的政治與社會運動，就像馬奎茲《迷宮中的將軍》波利瓦爾一樣，總是會遭到讓人挫折無力的情境。人們在時代浪潮捲起千推雪時，會在浪花頂上亢奮昂揚，認為自己有著推動時代的無限能力；而一旦運動潮落，似乎一事無成，則又挫折抑鬱，無力至極，心理狀態的「萬能－無能症候群」(Omnipotence-impotence Syndrome)在群眾運動上最為常見，甚至可說它就是參加群眾運動後的必然。群眾運動之所以沉重，那是它將時代的不幸與矛盾全都濃縮了起來而加諸於運動的身上。

而今「保釣」四十年已過，如果我們回顧四十年前那個時代，當會知道那時的台灣仍然貧窮而落後，政治上則仍然是嚴厲的威權體制，白色恐怖的氣氛仍相當瀰漫，因此知識分子對大陸遂有著一份神祕的好奇感。而於此同時，則是美國正處於戰後擴張的階段，需要大量外國留學生來充實它知識生

產的基礎,這遂給了台灣學生赴美留學的機會。這意味著台灣學生的輸出,
另一面也是潛在的政治不滿分子的輸出。

　　而在美國,當時也是戰後新左翼形成的階段,民權運動、反戰運動,以
及校園左翼運動等的蓬勃發展,自然給了台灣留學生極大的啟發,此外,美
國的華僑社團在國共內戰後期即左翼當道,海外僑社的這種氣氛,對留學生
的改變當然也發生了催化的作用。[3]

　　也正是這樣的時代氛圍,當釣魚台列嶼的主權問題出現,而國民黨政府
表現得猶豫怯懦,一種寓有反國民黨政府之意的「保釣」愛國運動即告轟轟烈
烈的展開。「保釣」會分化為認同中國的「統運」及親國民黨政府的「愛盟」,
也就是必然的歸趨。在這樣的脈絡下,「保釣」未嘗不可說乃是 1940 年代國共
在美國華人社會鬥爭的延長。

時代結構改變,如何詮釋「保釣」?

　　也正因「保釣」有著國共左右鬥爭的內涵,因此 1970 至 90 年代將近卅
年裡,人們在談論「保釣」時遂難免像冷戰時代一樣的壁壘分明,就以文學
為例,以「保釣」為題材的,當以 1978 年張系國所著《昨日之怒》,1986 年
李雅明所寫的《惑》最可堪為代表。張系國和李雅明皆為「保釣」的參與者,
在思想譜系上可稱為「保釣自由派」或「保釣右派」。在他們的作品裡,都多
少以一種帶有犬儒色彩的筆法去敘述「保釣」的進程,主要的又以紀實的方
式來敘述「保釣」的內鬥特性。由於 1970 和 80 年代的台灣和大陸,本質上
並無太大的改變,因而他們從無惡意,但那種無所歸依的民族主義情緒,
卻使他們無法也不能從「保釣」裡抽離出正面的訊息。因而只能據實的去敘
述「保釣」的過程,甚至不無帶有懷疑與嘲諷的觀點,去強調「保釣」的亂
象,「保釣」在他們筆下儼然成了一種浪費掉的熱情。「保釣」就事實脈絡而
言,無論左翼或右翼,都有愛國民族主義這個公分母,但從「保釣」到 1990
年代,由於現實政治的限制,這個公分母其實並不能具體化,而只能在「保
釣」民族主義的幻滅等方面表達出一種「擬悲劇性」的同情與嘲諷。悲劇的
古典含意,最主要的是指個人或群體在外在環境的限制下,他的自由受到
壓抑或扭曲 —— 這被稱為「命運」,如《伊底帕斯王》裡的詛咒、《安蒂岡妮》
裡人造法對自然律的侵害;《羅密歐與茱麗葉》裡的家族血仇等,早期人們談
「保釣」,會把 1970 至 90 年代兩岸間的冷戰殘餘做為悲劇性的起源,的確

也顯示出兩岸間的對峙與差異持續，這樣的結構不但會使「保釣」成為被扭曲的悲劇，一切與民族主義情懷有關的事務也莫不會同樣沾上悲劇色彩。

但劉大任寫《遠方有風雷》時，已到了 2009 年，它距「保釣」已過了四十個年頭。這時以前的那個悲劇性的歷史結構已有了巨大改變，當結構改變，它所壓抑掉的歷史解釋空間遂得以釋放，文學的敍述觀點擺脫了悲劇情境，當時也就多出了同情與理解的空間。古人嘗說「人類的最大敵人是時間」，當時間太近，現實的糾葛尚存，人們心的眼睛不易被打開；只有時間久了，現實的喜怒愛憎淡了，許多複雜的周邊記憶被抽掉了，那更本質的部分才得以突顯。《遠方有風雷》之所以異於《昨日之怒》和《惑》，乃是劉大任已擁有比張系國和李雅明更好的敍述位置。

如果我們再追溯「保釣」後的形勢，即當可發現到「保釣」儘管以愛國民族主義為訴求，但當時所謂的愛國民族主義，其實只不過是個空洞而無法存在的概念，它很快就被諸如「四人幫」、「文革」、「林彪事件」等所沖垮。整個「保釣」的解釋空間也就被擠壓只剩下一小點，人們也很容易就會被「統戰」、「愚蠢」、「失落」等片面說詞將「保釣」的正當性去除，但隨著中國大陸的改革開放，兩岸在敵對上的逐漸消散，以及經貿文化互動的增加，以前擠壓「保釣」解釋空間的那個結構逐漸淡出，更寬廣的解釋可能即告出現。當代阿拉伯思想家薩伊德（E. Said）在《東方主義》裡曾經指出過，東方對自己歷史的論述，必須要「慷慨」，只有「慷慨」始能重建自己的合理性。但過去人們談「保釣」，由於結構的限制，最重要的「慷慨」這個要素其實並不存在，只有猜忌、指責、醜化，最多也只有一點貌似同情的嘲諷和自怨自艾。而這些到了 2009年皆已改變。正是因為這種改變，《遠方有風雷》多出了以前的人談「保釣」時最缺乏的「慷慨」！

《遠方有風雷》故事是在說一個美國西岸大學的保釣青年雷霆，他在南京時代已是少年，有過讀書會經驗。抵台後進了大學，受到白色恐怖的迫害，而後赴美留學，「保釣」時成了左翼的激進熱情成員。他在美娶妻，生了兒子雷立工和女兒雷立農。而後他與妻子離異，妻子偕同長子返台，雷立工成長後對父親的失敗人生展開了尋根的旅程，要探索出父親那一代人生的真相，也為他失敗的人生還一個公道，劉大任小說裡所謂的「公道」，其實是一個隱喻，它真正所指的，乃是還「保釣」一個公道！據個人所知，劉大任在「保

釣」時代乃是美西相當活躍的保釣左翼,因此小說裡多少都有一些個人心理的投射。左翼寫「保釣」,試圖為那個時代做出更大的理解,以跨出過去長期以來被人刻板的貼上「失敗」的人生標籤;在這部小說裡,劉大任展現出了那種文學家和歷史少有的「慷慨」,它同時也指出了一種歷史觀點 —— 在歷史裡,人的雪泥鴻爪,並沒有「浪費了的熱情」這樣的東西,儘管人們留下的爪痕歪歪斜斜,但百個爪痕在被歷史所制約的同時,也都有一些就個人而言,乃是某種自我實現的利他精神在焉。人生的失敗與否,除了世俗功利的標準之外,其實另有一個更自我但也更整體的標準。「保釣」時代的左翼浪漫主義裡,有著另一種更宏大的救贖元素!用存在主義的觀點來說,那就是人生而不能自由,但在爭取自由的過程裡,人還是能留下一些不讓人生變成荒誕一場的印證。

雷霆一生的確在世俗的眼光下可說相當失敗,他背負著許多人早期感情與社會的包袱,因此他的感情生活極其失敗,他參加「保釣」也使自己的學業為之中斷,而無法有個輝煌的人生。在「保釣」期間,他們那一群人也都在搞些後來人看起來會覺得奇怪的左派行徑,如集體開會、自我批判等。但在雷立工的尋根過程裡,他終於察覺出,這所有的一切都不是沒有意義的,那是另一種認真的人生!

「保釣」已過了四十年,由於時代結構的改變,如何詮釋「保釣」,的確已應超脫出以前那種框架,不能再以參加者被時代所限的經驗為主,而應將它拉高到更有歷史普遍性的角度來思考一些隱而未顯的課題。劉大任的這篇作品,即可說是一種境界上的新探索。不以犬儒的態度嘲笑他人的熱情和被扭曲,肯定每個人一步一腳印的痕跡,《遠方有風雷》真正想說的,或許就是這個道理吧!

註 釋

---

1. ＊專文,已於 2009 年《印刻文學生活誌》第六卷第二期上發表。

2. ＊作家。

3.　＊關於海外僑社左翼與留學生的關係，可參考麥禮謙，《從華僑到華人：二十世紀美國華人社會發展史》（香港：三聯書店，1992），頁 469-497。

釣運的歷史斷層[1]

錢永祥[2]

　　昨天我在這會場裡坐了一天、細聽大家發言。我一直有個心願、四十年的心願，想要見到當年的保釣前輩。今天在座的老保釣、尤其是美國的老保釣，除了胡卜凱先生，我都沒見過。這位當年玉樹臨風、風度翩翩的空軍預官少尉，是唯一我在台灣即結識的老保釣。到了我自己出國念書的時候去了英國、沒有去美國，所以這麼多年來，各位在我們的心目中，只是一些名字、一些事蹟、一些活動。昨天我聽到這麼多老哥們、老姐們說話，心裡有些激動。我也很高興今天這個場合還有一些我的同輩，像盧正邦、陳雪梨、郭譽孚、洪三雄。剛剛鼓應先生提到《台大法言》，台大從釣運變成學運的轉變，主持《台大法言》的洪三雄是一個關鍵人物。

　　回到我們今天的主題，剛才曉波先生說釣運改變了我們這一代人。不過我也注意到一個現象，就是今天在會場的人的世代構成。看到這個世代的構成，我們不禁要多問一句：釣運為什麼沒有改變下一代人、或者再下面一代人呢？不難看出，今天在場的人多是六十歲上下、包括我自己，或是四十歲以下像今天在座的一些年輕人，這中間好像有個斷層。當然，每一代人都會有他們自己的「釣運」，幫助他們成長與立志，在歷史中間尋找自己的定位與方向。不過，釣運所遭遇的歷史斷層，比起此前此後的知識分子運動，似乎更難以跨越。釣運曾經是近代華人知識分子最廣闊的一次集結，卻又絕難建立歷史的延續與發展。中間的緣由何在？

　　昨天已經有很多前輩們提到釣運的意義這個問題。我認為，在討論釣運的正面意義的時候，可能需要做一些檢討、做一些回顧。釣運裡面眾多個人

的心意與努力，都值得追憶肯定，但是也有一些值得反省與檢討的部分。我個人想簡單地提出三點，來與各位一起思考。

釣運沒有根據地

第一是昨天孝信兄和好幾位都提到過的：釣運沒有根據地。釣運在海外風起雲湧之後，基本上就以北美洲為基礎在那邊發展，對於港澳、台灣，對於中國大陸的衝擊和影響，特別是對於台灣的影響是曇花一現。為什麼會這樣子，必須要看一下當時的大形勢。記得當年，我們在台灣聽說北美洲的留學生開始展開釣運，思想上的準備主要並不是民族主義，而是當時整個世界的反抗氣氛（但是要到僑生們展開行動，我們本地生才敢跟上。真的，我們都說，香港的表哥打破了一塊玻璃而沒有挨打，那我們就跟著打破第二塊玻璃吧。僑生不動、我們本地生不敢動，所以僑生對我們的幫助是很大的[3]）。釣運的歷史大背景有二，一個是西方的學生運動與反越戰、一個是中國的文革。在北美洲也好、在台灣也好，釣運很重要的背景是當時陷在文革邏輯之中的中華人民共和國。可是到了 1975 年之後，尤其是 1976 年之後，形勢如何變化呢？大家想想看，1970 年底釣運起來之後，1971 年 9 月發生了林彪事件，可是海外對其意義似乎無所知覺。到了 1976 年 10 月四人幫被捕。到了 1979 年，中共作出歷史決議，開始改革開放。整個文革邏輯，到了那個階段已經與現實完全脫節相悖，失去了歷史進步意義，那麼當初以文革論述作為部分背景的釣運，在北美洲深刻反思猶不及，又豈有可能簡單地移回中國大陸？當然，釣運在本質上、人事上與文革無關。相反，保釣運動極可能更多地認同於新民主主義、認同五四以降的愛國主義與民族主義。可是至少在那個「撥亂反正」的時刻，保釣運動必須重新界定與詮釋中國革命的意義時，大家是捉襟見肘的。

另一方面，在台灣，1975 年是一個很重要的轉捩點。釣運在台灣作為學生運動，向左其實沒有什麼發展餘地。幸虧經過洪三雄這些朋友的努力，把釣運變成校園民主運動，開始進行社會服務等等，逐漸有些方向感，也啟發了一些沒趕上釣運的年輕學生，構成後來「黨外」的部分骨幹。可是 1975 年，《台灣政論》創刊，台灣的民主訴求進入了一個新的時期。在台灣歷史上，《台灣政論》代表國民黨來台之後第一次由本土人士、而不是外省人，由地方政治人物、而不是知識分子所發動的反對運動。在這之前，從《自由中國》、《文星》、《大學雜誌》等等一路下來，基本上異議者中外省人佔了很高

的比例,而且幾乎全都是知識分子。在這個意義上,《台灣政論》是開啟台灣本土化反抗政治的第一步。這本土運動發展下去,自有其內部的邏輯。當然中間有一個過渡期,就是從 1970 年代中期到 1980 年代中期,不管是獨派、統派、左派、右派,基本上還能夠合作,對國民黨形成某種統一戰線。但是考驗會來,終究統獨議題會扼殺台灣一切有進步意義的運動。在島內這個形勢之下,不要說左派導向、中國導向的釣運,即便右派革新保台的釣運、親國民黨的釣運,在台灣也找不到扎根之地的。有一個小故事,非常有意義,我願意講給各位聽。1979 年美麗島大審,《中國時報》上報導姚嘉文在庭上說,他們某月某日大家在一起討論事情,但因為陳鼓應在場,他們要避開他,所以到戶外去坐在一輛吉普車上繼續討論。對我而言,這是一個惡兆!我知道那表示,台灣本土運動和統運一定要化友為敵的。陳先生不見得認為自己是統派,可是那時候的猜忌已經成為事實。果然,80 年代以後的發展大家也都知道了。

在觀念、理念上沒有建樹

第二個我想就教於各位的議題,孝信兄昨天發言也提到了:釣運與五四的比較。[4] 釣運有意識地直追五四運動,可是為什麼釣運沒有辦法發展成一個新五四運動?讓我們想想看,當年的五四運動內容上並不僅是外抗強權、內除國賊而已;它還有一個新文化運動、開啟了日後發展自由主義與社會主義的契機。換言之,它不只是一場學生的抗議,而是背後有一個更深一層的文化與社會的動力與方向。可是釣運為什麼沒有?我覺得,這也不是釣運裡面的人有什麼缺陷,而是要看大形勢。大形勢是 1970 年代之後,西方的學運和中國的文革都在退潮潰散,台灣的形勢在變、大陸的形勢在變,可是釣運始終找不到一套合適的語言來發展自己的觀點,無論自由主義、社會主義、甚至於其他,釣運向左向右借用過一些思路,可是自己始終沒有產生一套對於台灣與中國形勢的分析,好像對此也缺乏關心。這是我眼裡第二個歷史的限制。釣運作為知識分子的集結,結果卻沒有在觀念、理念的層面上有所建樹、有所開拓,對華人世界有所貢獻,值得我們慚愧。

值得爭議的愛國主義

第三個限制可能更引起爭議,但也確實值得爭議。從昨天到今天,大家都很強調,釣運的特色是愛國主義。我個人完全同意這一點,但是我們要注意到,愛國主義需要分辨,需要考慮它的內容與進步意義。特別是在第三世

界，愛國主義本是弱者反抗強者、被壓迫者反抗壓迫者的運動，這樣的愛國主義才是健康的、有號召力的、可望發展出進步內容的愛國主義。可是在台灣、在中國大陸，情況很複雜。在台灣，台獨也主張愛國。讓我再說個故事。當年《美麗島》雜誌發表過一篇田朝明醫生的文章，文前引用十八世紀英國柏克「愛國是惡棍的最後藉口」的名言。後來的台獨人士喊愛台灣，似乎沒有想到「愛國是惡棍的最後藉口」一語。如果愛國主義沒有一個反抗強者、反抗壓迫者的內容的話，自然不是一種健康的愛國主義。話說回來，後來我們有沒有分析過，台灣內部誰是弱者、誰是強者？兩岸關係上誰是弱者、誰是強者？中國跟世界周邊的關係誰是弱者、誰是強者？今天有人提到中國的崛起。從美日的關係、從美中的關係、從韓國、從台灣、從中南半島來看，那個強弱形勢又是怎麼一回事呢？釣運有一個非常感人的愛國主義傳統，可是之後的三、四十年，我們好像並沒有根據世界大形勢、每個地區的小形勢來作一些分析，讓這個愛國主義能夠取得更新、更進步的內容？如果有的話，釣運作為五四以後中文知識分子最大的一次集結，不會變成一個歷史上只是記一筆的事情。

今天在座年輕人比較少，正反映了我們沒有把那些感動人的東西留下來、沒有把話說清楚。我認為，以上提到的三方面的反省，不管是老一輩的包括我、年輕些的四十來歲的，以及更年輕的二、三十歲的，大家應該一起來關心這些問題。

註　釋

1.　＊根據發言稿整理。

2.　＊時為中研院人文社科研究中心副研究員。

3.　＊關於僑生的影響，請參見本書邱立本與李華夏的文章。

4.　＊見本書林孝信專文，〈保釣歷史的淵源跟對海峽兩岸的社會的意義〉。

撿貝殼的老傢伙們[1]

王正方[2]

　　保釣運動十週年，在紐約地區有一場討論會。會上有位老保釣說：

　　「保釣運動因台灣政府的顢頇無能而起，運動自美國東西兩岸延燒到香港、台灣、歐洲，後來因為中共統戰，轉化為統一運動，不久保釣運動終結。『保釣』其實已經『保掉』了」。

事隔經年回想起來，這句話不無道理。

　　1970年代的國府，落後於時局，輕視、漠視這場海外自發性的保土愛國運動，開始的判斷錯誤，接下來一連串的愚蠢措施，為保釣運動火上加油，遂有星火燎原之勢。此時中共已經在加拿大建立大使館，他們對釣魚台領土歸屬問題還一無所知，卻見到了民氣可用，從這個角度切入搞統戰，乃天賜良機也。正逢上全球反越戰的勢頭極旺，保釣運動最後向左轉，有其必然性。

　　一直到今天，兩岸政府對保衛釣魚台的態度和看法，都頗為相近；這是一樁棘手、無解、又揮之不去、甚至於討厭煩人的事。最初，兩方都對此十分無知，處理輕率。國府派到美國安撫留學生的官員，對釣魚台領土的爭議、附近蘊藏的天然資源所知有限，被同學們逼問到左支右絀，當場出醜。新華社首次發有關釣魚台的新聞稿，竟稱之為尖閣群島，向日本遞了投降書。之後又一直用「釣魚島」這個名字，令人費解。「釣魚台列嶼」一辭見諸許多中國古代文籍，是釣魚台自古就是中國領土的佐證之一[3]，棄而不用豈不等於自動繳械？有一種說法，北京有釣魚台賓館，早年用來招待首長或外賓，為了避免混淆，此後就叫那八個無人小島「釣魚島」吧！賓館比國家領土重要。

公平一點來説，海峽兩岸的政府都對保衛釣魚台領土不熱衷、缺乏興趣、或無能為力。大陸方面數十年如一日，該海域發生事件，就動動嘴皮子聲明一下：「釣魚島」是中國領土。再不然就明裡暗裡限制香港、大陸民間團體派船去釣魚台海域宣示主權。早期他們刻意拉攏保釣人士，是為了促進統一，階段性任務完成了。保釣運動就用作制衡中日關係的棋子，需要提升反日情緒的時候，不妨放任民間派船去釣魚台轉轉，中日關係和睦，誰敢出海攪局？

台灣礙於輿論壓力，有過一次軍事行動。出其不意派了五艘巡邏艦，繞行釣魚台一圈，打了日本一個措手不及。但台灣的國力僅止於此，之後日本不敢掉以輕心，換上大型艦隻，任意衝撞拘捕台灣漁民。海巡署的救援艦艇遠不是對手，眼睜睜讓人家登船逮人，還將台灣軍士按在甲板上動彈不得。跋扈到了張牙舞爪的地步，釣魚台的領土主權究竟在誰手中？

保釣十週年時，就有人説它保不住了，於今太陽旗在釣魚台上空飄揚了近四十年。

保釣運動起自樸素的民族主義，一時間號召了成千上萬海內外華人的認同和支持。海峽兩岸的政治集團積極介入運動，互相角力，保衛疆土成為次要議題。不少運動中的積極分子，各為其主扮演了搖旗吶喊的角色。事後不少老保釣為之憤慨、懊惱，引以為恥，往事不堪回首，不願意再提它。但是其中甘之如飴，得到可喜回報，加官晉爵的人也有不少。

百無一用的書生，終究無法畢竟其功。保疆衛土是政府的事，崛起的大國奉賺錢為無上指導原則，無暇他顧，講幾句場面話敷衍便罷，因為講話便宜(Talk is cheap)，也不影響 GDP 的增長。

然而保釣運動確實是個異數，1971 年捲起的大風暴，數年後運動失去動力，卻時時任人津津樂道，保釣運動還存在著，雖然規模不比當年。

2009 年台灣清華大學舉辦保釣運動論壇，老保釣冠蓋雲集，在會上發言不減當年之勇，慷慨陳詞，意氣風發。後生們為之驚訝讚歎，什麼原因促使這些老傢伙，數十年鬥志不衰？

這恐怕是找不出準確答案的問題。也許那個時代的海內外中國青年，還深深地抱著純樸的願望，要一雪受百餘年列強凌辱之恥，只苦報效無門。保衛疆土的機會終於來了！成千上萬的華人知識分子，就無私的長年投入了努力和心血，從不計利害，報酬。運動隨著時光淡出舞台，昔年的參與者各自走入不同的生活領域。大多數還繼續探索、反省、自我批判、追求理想。從保釣運動中體驗學習到的種種，也未忘懷。一直體現著當年的無私、關懷、鑽研、抗爭、呼籲、勇於面對權力、擇善固執，要做真理的維護者。保疆衛土徹底失敗，保釣運動對參與者產生的影響，何其深遠。

許多老保釣在不同的專業領域中成就不凡，受到高度肯定。這也不足為奇，當年大家都知道，運動中的同志，多是一時之選，知識分子的精英。回想昔日種種：推心置腹、晝夜忙碌、辦活動、演講、寫文章、寫鋼板、油印刊物、組織遊行、討論會，不怕累、不言退，每每撫掌稱快，人生之樂，莫過於此。當然也經歷過挫敗、絕望、價值觀徹底幻滅、發掘真相後的失落、沮喪。如同被大石磨碾過一般，身心碎成片片。大多數的我們都緩過來了，或許是又找到了目標，生龍活虎般的不平則鳴、口誅筆伐、氣勢如虹。

有人冷言冷語，說清華的保釣論壇，像老保釣在自我取暖，這批人閑到發慌，找個講台大聲發洩罷了。即便如是也不是十惡不赦的事。和利用職權貪污上億、視領土主權如糞土、陰謀詭計禁止民間租船赴釣魚台宣誓主權等惡劣行徑相比較，老傢伙們直來直往光明磊落，多麼可愛。

早年有某學者寫文章攻擊胡適之，說胡博士沒什麼了不起，他在海邊和大家一樣尋找貝殼，比別人幸運，找到了一枚彩色傲人的貝殼，很多人找了幾十年，兩手空空。老保釣在海灘上也尋索幾十年，一度興奮以為找到了有價值的貝殼，只失望的發覺它是一塊彩色耀目的碎玻璃。怎麼辦？太陽還沒有落入海平線，老傢伙們繼續在海灘上尋尋覓覓。

再過數十年，釣魚台列嶼的歸屬問題已輪不到我們置喙，世間還記得這個運動嗎？

海灘上曾有批老傢伙尋找心目中的貝殼，找的團團轉。

註　釋

1.　＊專文。

2.　＊導演、資深政論家。

3.　＊關於釣魚台在中日兩國史籍中的記載，詳見以下論文。張啟雄，〈釣魚台列嶼的主權歸屬問題 —— 日本領有主張的國際法驗證〉，《近代史研究所集刊》第 22 期 (1993)，頁 107-135；丘宏達，〈釣魚台列嶼問題大事記〉，《大學雜誌》，40 (1971.04)，頁 18-24；楊仲揆，〈琉球日本史籍上所見之釣魚台列嶼〉，《文藝復興》，18 (1971.06)，頁 19-21；方豪，〈「釣魚台屬於台灣」最早的文獻〉，《台灣風物》，21:4 (1971.12)，頁 72；王成聖，〈盛宣懷與釣魚台〉，《台灣風物》，21:4 (1971.12)，頁 88-92；吳志道，〈釣魚台的歷史與主權——評介井上清著，《釣魚台列嶼歷史與主權問題的剖析》〉，《中華雜誌》，11:10 (1972.10)，頁 54；盛承楠，〈由日本海圖證明釣魚台是中國領土〉，《中華雜誌》，10:5 (1972.05)，頁 13-16；陳盛南，〈釣魚台群島的歷史及其歸屬問題〉，《新聞天地》，1265 期 (1972.05)，頁 7-12；呂士朋，〈釣魚台是中國領土的歷史證據〉，《中國文化月刊》，201 期 (1996.12)，頁 2-7；黃正文，〈釣魚台列嶼主權與歷史文獻〉，《文大日研學報》，第 2 期 (1997.12)，頁 151-160；何思慎，〈釣魚台主權屬於我國之歷史根據〉，《歷史月刊》第 180 期 (2003.01)，頁 101-106。

釣魚台運動在中國現代史的意義[1]

邵玉銘[2]

我平生很少做類似今天這樣最後的「告解」，在釣魚台運動三十八年之後，我能站在清華大學來談這個運動，這在我人生是一件非常有意義的事。

「江湖催人老」。我 1965 年到美國留學，1966 年發生文化大革命，我當時就讀由塔夫茲 (Tufts) 大學與哈佛大學合辦的「Fletcher 法律外交學院」。 有的美國人問我什麼是文化大革命？ 我講不出來；問我中國共產黨歷史，我不清楚；問我為何大陸淪陷（或解放），我無言以對。 我作為一個中國人，不知道中國的前途在哪？也不知道中國現代史的來龍去脈，因為台灣當年的反共教育，教到五四運動以後就不再教了，因為五四以後多是國民黨倒楣的事。受到這些刺激，在我決定念博士學位的時候，除了必須是所名校以外，也必須有知名的中國教授（我對美國人的中國通信心不大）來指導我對中國現代史的研究，所以我就選擇了芝加哥大學。那裡有兩位中國教授很有名，一位是何炳棣先生，一位是鄒讜先生。到芝加哥大學念書後，我主修美國歷史，然後特別選了兩門課，一門為中國現代史、一門為中國左翼文學。我要念遍所有魯迅、巴金、曹禺這些人的書，念遍《毛澤東選集》每一篇文章，看看最後我是左還是右，我是以這樣的心情進入芝加哥大學的。結果念完後，我卻比以前更右了。我與在座的林孝信兄是芝加哥大學的同學。1971 年，我們在芝加哥大學的校園，中國同學們常常辯論中國現代史有關問題。我為了要辯論，真的把《毛澤東選集》的每一篇文章都念了。我也上溯研究列寧的革命運動（後來我也教過俄國現代史）。我越研究，越發現文化大革命是一個重大的民族悲劇，所以我比以前更右。

保釣 —— 四個重要的青年運動之一

　　我今天的題目是「保釣在中國現代史的意義」。在我看來，中國現代史重要的青年運動分四個：第一個當然是 1919 年的「五四運動」。第二個是 1935 年 12 月 9 日的「一二九運動」，由燕京大學發起，在北京乃至全國各地的學生要求政府抗日，這也促成了一年後的西安事變，再隔一年就是第二次國共合作，這促成後來八年的抗戰。第三個學生運動，是 1946 至 1948 年「反內戰、反迫害、反饑餓運動」，全國各地的學生波濤洶湧地反政府，加速我們政府在內戰的失敗，而撤退台灣。每個學生運動都有它的後果，而且是民族嚴重的後果。第四次就是「釣魚台運動」，我親自參與 1971 年在密西根大學安娜堡舉行的「國是會議」，但我是少數派。我講一、二個插曲。一去就要唱〈東方紅〉，我覺得「東方出了個紅太陽」肉麻了點，我也不會唱，所以我就沒有唱。第二，有人希望我「扭秧歌」，我也不會「扭秧歌」。結果因為不會唱〈東方紅〉、不願意「扭秧歌」，就被包圍了起來。誰被包圍？一個是沈君山先生（前清華大學校長）、一個是我，另一個叫作齊錫生，為北卡大學(University of North Carolina)教授，是芝加哥大學政治系畢業的。包圍後，有人說：「你們三個是漢奸。」我覺得奇怪，我怎麼會變成漢奸？我說我是堂堂正正的中國人。他說：「你不唱〈東方紅〉，就是反毛；反毛就是反華；反華就是漢奸！」一個中國知識分子居然有這樣簡單的邏輯，我覺得很悲哀。美國政壇常講一句話：「我不是不愛國，我只是愛國的方法跟你不一樣、想法不一樣。」可是那時候，左傾人士常講人民的階級背景，必須「根正苗紅」，我是根不正、苗也不紅。當時釣魚台運動，在海外幾萬個中國知識分子，第一次在壓力之下，要作一個內心的省思，對自己從何而來、今後往何而去，都必須作一個決定，而且還要選邊站。

　　1970 年代在美國的中國知識分子，可大致分為四派：第一派就是「美國派」。什麼叫「美國派」？就是拿 3P： Ph.D.、P.R.（永久居留證）、Property，作美國人，此派人數最多，留在美國生活。第二派就是「回歸派」（回歸中國大陸），這一派在美國當時喊的人很多、真正回去的很少，在 1970 年代，回去的只有十人左右，其中有人又出來了，像陳若曦夫婦就是例子，可去看看她最近出版的回憶錄。[3] 第三派是「革新保台派」，這一派人數，最後證明次多，僅次於美國派，在 1970 年代之後都陸續回台服務。第四派是「台獨派」，人數應不算少，但大多數人一直定居在美國。這四派，經緯分明。人各有志，都應尊重。我的朋友中也有台獨人士，我尊重他們的選擇，他們也

尊重我的選擇。另外，假如把港澳留美學生也算為一派的話，他們人數不多，其中左傾的較多。他們最後有的留在美國，有的回到港澳。

有一天晚上，我與芝大物理系的張子賢同學辯論 1950 年代末期中國大陸推行人民公社等三面紅旗的事情，辯論到凌晨三點半。我看了很多的資料，內中指出中國人口在短短幾年失去了三千萬。他說：「這都是美國人汙衊我們中國人。」當晚我們在芝加哥大學的 Rockefeller Chapel（石油大王捐的教堂）前面草地發誓。我說：「子賢兄，我們都是中國人，你說你愛中華人民共和國，所以，你將來不可以留在美國，你回大陸；我支持中華民國，所以將來我一定回台灣，咱們兩個人今天以人格發誓，絕對實踐我們的諾言！」後來他回去了大陸，又離開大陸回到美國。我 1982 年回到台灣，一直到今天。我 1975 年拿到博士學位後回不了台灣，因為當時大學裡沒有缺。到 1980 年代初，教育經費增加了，我才能回到政治大學教書。

我對「革新保台派」，必須要講幾句話。我從 1973 年到 1982 年，在印第安那州的聖母大學(University of Notre Dame)教書，因為回不了台灣，一教就是十年，也拿到 tenure（終身職）。在這段期間，我曾兩次回到台灣，只能到中央研究院美國研究所作客座研究員二次，一次三個月、一次六個月，然後就得走路。台灣 1980 年代的科學園區，帶來的第二次經濟起飛，然後台灣展開政治民主化、經濟自由化、社會開放化。在這些國家現代化的運動中，其中有一部分推動的力量，來自一大群回國的知識分子。因為經過釣魚台，大家都作了選擇，我們這一派決定回台灣，為國家服務。我們認為台灣有許多缺點，但我們應盡量努力，使其更民主、更自由、更開放，我們不能留在美國置身事外。

知識分子不能逃避歷史的責任

保釣的意義，是讓中國的知識分子不能逃避歷史的責任。1968 年，我到芝加哥大學念書時，反越戰、男女平權運動、大社會(Great Society)、種族平等、反主流文化(counter-culture)等都在考驗每個美國知識分子。但作為一個中國人，我有更大的壓力，就是在中國的政治紛爭中，我站在哪邊？我只有一個答案：因為我來自於台灣，我的一切是台灣的父母、土地、人民、甚至於政府所給我的，我心甘情願為她服務，所以我回國了。

因為時間的關係，我作以下幾點結論。

第一、假如各位有興趣，我推薦各位去看幾本書。第一本是張戎寫的《鴻——三代中國女人的故事》。這本書可以看到一般教科書看不到的中國現代史，書中是他們張家三代在中國現代史中走過的路，我看了非常感動。第二本是劉再復、李澤厚寫的《告別革命》，現代中國一直在革命，總算到鄧小平起來後不再革命。

第二、三年前，連戰先生到北大演講，大陸中央電視台請我去評論。連先生談到 1919 年胡適之與李大釗的辯論。胡適之先生主張：「多研究問題，少談些主義。」李大釗正好相反，就是主張共產主義與階級鬥爭，後來毛澤東更講「不斷革命論」，這開啟了二十世紀中國裡自由主義與共產主義的分野。

第三、大陸有些知識分子，對台灣越來越有興趣。例如上海大學歷史系教授朱學勤。他們與龍應台女士互相激勵，他們是繼承了自由主義的路線。九年前，朱先生在台灣《聯合文學》寫了一篇文章。他的大意是：他到了台灣，走進大街小巷，聽到各種不同語音的普通話，覺得非常親切，他說他突然看到一個傳統的中國，將中國文化保護得那麼好。他又說：我在飛機上看到台灣這片島，那麼翠綠、那麼讓人心疼、讓人心憂……。台灣代表過去的中國，也代表未來的中國。我讀後很震撼。最近，我與一位北京語言大學的教授一起吃飯。席間，他發表意見。他說：「我看到台灣的政治民主，很了不起。在大陸政府常說：中國人的傳統與民族性不適合民主；但是台灣做到了，台灣在很多方面代表未來的中國。」這些話帶給我很大的鼓勵。我個人認為，台灣在中國長遠未來的發展上，政治民主化將是讓大陸參考的重要資產。香港在經濟與教育的發展也值得大陸參考。香港從一塊寸草不生的岩石，在跟英國合作一百五十多年後，從小漁村變成東方明珠。在教育發展上，香港大學、科技大學、中文大學相當出色，但別忘記，香港科技大學校長朱經武，是土生土長的台灣人。大陸在 1978 年改革開放後有今天的成就，作為一個中國人，我非常驕傲，也非常敬佩十幾億老百姓的努力。

第四、我們這些知識分子都是所謂的 privileged class，我們在國外拿到高級學位，現在各行各業都有立足之地，可是我們有沒有想過：從 1957 年反右派鬥爭到 1976 年文化大革命結束，這二十年中國老百姓是怎麼過的？ 1998

年我到上海，陪我參訪的一位黃女士告訴我：「邵先生，我曾到你的家鄉北大荒。」我嚇一跳說：「妳怎麼會到我的家鄉去？」她說：「文革的時候，被命令下鄉。」她那時在上海華東師範大學念書，到北大荒一晃十年，她又回到上海。她說：「我這十年的青春就這樣沒了，不像你，還可以到美國念書、教書，回台灣做事。」我說：「那妳對這十年逝去的青春有怎樣的看法？」她苦笑無奈地說：「我又能有什麼看法？」三年前我到新疆去旅遊，遇到很多從上海去的「建設兵團」人士，他們當年二十多歲到新疆，一晃眼他們已是六、七十歲了。他們剛去時，在那裡非常辛苦，蓋自己的房子、耕自己的地，為的是衛守著中國西邊的一片疆土，但是，他們的辛苦我們知道嗎？我們又做了些什麼？

當 1957 到 1976 這二十年，中國人最痛苦的時候，有許多在美國的中國知識分子，在 1970 年代對大陸政權歌功頌德、唱〈東方紅〉。請問對那些千千萬萬的中國老百姓，他們的痛苦向誰去算？記得 1978、79 年大陸恢復考大學，成千上萬的學生重新拾起書本，他們欣喜若狂，請問，他們失去的青春又向誰去追討？所以我覺得二十世紀的中國知識分子很悲哀。馬克思主義先傳到日本，我們到日本留學，把馬克思主義傳到中國。二十世紀有哪些國家接受共產主義？只有蘇聯、北韓、北越、古巴，還有東歐的一些附庸國家被迫接受。我們自命為有五千年文化、智慧的民族，我們讓我們的民族在那二十年受到那麼大的傷害，我們對得起那些善良的老百姓嗎？

我必須說，為了中華民族的未來，台灣在民主上、香港與新加坡在經濟上，還有北美等地高級知識分子在專業上，都應該化作春泥更護花，來灌溉祖國的土地與人民。另外，我們還要向他們深深的一鞠躬道歉，為我們的無知和我們的置身事外道歉！我覺得作為中國人，我們對中國要有感情、但不能衝動，要有理智，我們對人民要有純潔的愛。所以我讀章詒和女士的《往事並不如煙》，非常感動，因為在 1950 年代這些自由主義分子受到了很大的傷害。我在芝加哥大學時，鄒讜教授跟我說了一句話讓我非常震撼。我問他：「您覺得二十世紀中國知識分子最大的特點是什麼？」他問我：「你說呢？」我說：「憂時、傷國」。他笑笑，說：「你還太年輕，太純潔。二十世紀中國知識分子最大的特點是『投機』。」他又說：「你回去研究兩個人，一位是吳晗，他是一個原本支持中共的自由主義者；另一位是鄧拓，《人民日報》總編輯，是共產主義分子。這兩人在 1960 年代合寫了《三家村札記》來批評毛澤東。一個

是共產主義覺醒者，另一個是自由主義覺醒者，他們走過的路很值得我們玩味。」

我覺得在美國念書參加過釣魚台運動的知識分子，無論今日你身在何處，今天都有反省的空間。我也反省過，我也一直在為彌補我對國家民族的失責而努力，謝謝各位。

註　釋

1.　＊根據發言稿整理。

2.　＊時為中國文化大學美國研究所所長。

3.　＊陳若曦，《堅持・無悔：陳若曦七十自述》（台北：九歌出版社，2008 年）。

「保釣」與「六四」[1]

項武忠[2]

今年五四的前一個週末，新竹清華大學舉辦了一個保釣三十八年回顧；今天又是「六四」二十週年了。我為這兩個華人政治運動都付出了幾年時間。這使得我一輩子象牙塔生涯中加入一些「生命的意義」，我想藉此機會談談「個人的感想」。

飽受阻撓的愛國運動

1971 年，我剛從耶魯大學轉入普林斯敦任教。早些時，由普大留學生發起的「保釣」傳到耶魯大學，同學們非常氣憤。我雖然是教授但與同學比較接近，並無十年代溝，聽了以後非常奇怪也非常氣憤。釣魚台是無人小島，離台灣很近，但距離琉球有幾百海哩，美國為什麼要給日本？這當然是為了海底資源問題。我們上書蔣總統，請他維護主權（當時中共在鬧文革，我們又都是台灣、香港來的，與中共聯絡的門都沒有）。台北政府為了聯合國席位及美、日保護傘，更想到當年大陸學運的苦頭，不但不對留學生解釋，也不衛護主權。卻組成「反共愛國聯盟」，在美用盡各手段阻撓，包括註銷護照。大部分學生被激怒了，布朗大學的「國是會議」[3]、華盛頓的遊行，讓我真為「中國人」驕傲，在美國留學生有幾千人去華盛頓，向美、日及台北大使館抗議。比起當年「五四」幾千人在北京遊行毫不遜色。國府的白色恐怖變本加厲，氣得我大罵蔣經國是「石敬塘」；在我心裡，台北外交部與北洋的陸徵祥是沒有兩樣的，是叛國的！

這氣氛也演變下去，左右分裂，密西根「安娜堡國是大會」的結論是必然的。那時，我對台北徹底失望。

同時，美國人因對越戰的痛恨，學界左傾，又不知中共「文革」在攪什麼，以為毛澤東在造「烏托邦」。（我為自己羞恥！）我被「民族主義」沖昏了頭，在我做主席的會議（安娜堡會議）上通過了決議，以中共取代台北的聯合國席位。1987年我在《中時》寫了一篇懺悔文章，認為沈君山的「革新保台」，比我們在安娜堡左派的主張更合理、更有作用。

這次清華會議，讓我感到中共與台北都擱置了保釣，一般人更認為我們一些「老保釣」在自我取暖。

當權者應對釣魚台主權有所作為

老實說，只有北京與台北的當權者才能對釣魚台主權有所作為。目前，南海的小島有菲律賓、大馬、越南在爭。這些地方很亂，爭論還有些道理。但是，日本有美國人的支持，釣魚台已經淪陷了，日本派了一批軍艦巡邏，久而久之，國際官司將無法打。中共如需要利用「民族主義」，大可對日本人吼一下，「保釣」一下。北京政府反而為了與日本談判生意，一味壓制老百姓，「保釣」就抓起來。中國自命是「海洋大國」，為什麼不登陸釣魚台？日本人又能怎麼樣？將來如果真有海底油源，非得打大仗不可。任何事情在發生時不處理，將來只有更複雜。馬英九現在是中華民國總統了。他有今天，釣魚台是他的踏腳石。1971年「保釣」在美如火如荼時，他大約在台北，1974年才到波士頓，並未馬上入哈佛大學，而在辦《波士頓通訊》。他的利辯絕不輸今日的陳水扁，我身受其害，他攻擊人時絕不手軟。回台之後，憑了這些功勞，三十三歲就進入了蔣經國核心。幾年前，他任台北市長時，還請日本最反動的東京市長石原慎太郎為台北市顧問，後來被輿論批評才停止了。這與陳水扁的無原則，又有何二致？

且不管他的過去，今天他是中華民國總統，應該有些骨氣。

日本駐台北代表齋藤正樹說「台灣地位未定」，直指宗主國是不合法的，馬英九竟然不驅逐出境。這是哪門子的保釣英雄？

老實說，胡錦濤也好，馬英九也好，硬起來才能贏得國人尊敬。日本人能怎麼樣？不知這些政客打的是什麼算盤？

民主與改革仍須努力

「六四」已經過去二十年了，教人如何不思緒萬千？1989 年 4 月胡耀邦忌日，中國學生不滿極權、貪腐，開始在天安門示威。由於一直有外國媒體在北京，同時中共內鬥不已，怕西方反感，整個 5 月一直忍著，情況十分詭譎。在美華人一直以為中共一下子變成「民主大國」（從最近《趙紫陽回憶錄》看來，中共是有人如是想的）。到了 5 月底，在美華人一面向鄧小平上書，另一面在《紐約時報》登了一頁廣告，希望中國一步走入「民主」社會。不幸，鄧小平、李鵬斷然用坦克大砲血染天安門。

往後二十年，鄧小平與他徒眾所謂的開放改革，是讓一些人富了。從今天的西方金融風暴中看來，中國人經濟上是站起來了。十個在美華人有九個是感到「與有榮焉」。

但是，我基本上不去北京。我有一些不去的理由。

一、當年如果民運分子分到一些「政治利益」，從我後來接觸到的民運分子看來，大約也是很快被腐化的。但是，即使如民進黨八年當政的腐化，有各種無理的爭議，我仍願見到平和的「政黨輪替」，更重要的是，坦克大砲殺人是絕不可原諒的，這是基本人權問題。

我不懂胡、溫為什麼不平反、道歉，一等政客是不怕認錯的。

馬英九如無肩膀，他不必在未當選總統前，年年紀念「六四」；但現在，避王丹有如蛇蠍猛獸，他與陳水扁有何不同？

二、中共所謂二十年的「中國特色的社會主義」，是讓中國在經濟上站了起來，可與美國平起平坐了。這有兩個原因，一是美國華爾街與華府黑心商人、政客騙了人民，顯出西方資本主義的基本問題。二是中國底部四分之三人民付出極大犧牲代價，廉工讓中國積下的外匯，大部分財富是被貪了。這是什麼社會主義？我不為此沾沾自喜。

我已是七十四歲的老人了，我為有機會參加這兩次運動而高興，更因無法看到合理結局而悲傷！

註　釋

1.　＊本文另發表於《世界日報》2009 年 6 月 4 日「金山論壇」。

2.　＊中央研究院院士，時為史丹佛大學數學系教授。

3.　＊係指 1971 年在布朗大學召開的「國是討論會」，辯論中國在聯合國的代表權問題。

從釣運到統運：我們的希望沒有落空[1]

張東才[2]

在過去這三十多年，我發覺不少當年參加釣運的朋友都頗有些失落感，主要原因是：

1.釣魚台群島到今仍一直控制在日本人手裡，而國共雙方政府並未採取有效的行動來抗爭。「保釣」已經成為一句空話，徹底失敗。

2.當年參加保釣的朋友，大部分對社會主義的理想都是認同的，但自從改革開放以後，中國大陸似乎成了一個唯利是圖的社會，官員腐敗的新聞更是不斷湧現。我們當年的理想好像已經完全破滅了。

3.兩岸和平統一遙遙無期。

樂觀看待未來發展

對於歷史演變或者社會發展，從不同的角度去觀察可能會得到很不一樣的看法。我認為上述的觀察只是表面的，若轉換一個角度來看，我們可以感到非常樂觀。以下是我的看法：

1. 目前是中華民族復興的最好時機。經過三十年的改革開放，中國取得了突飛猛進的發展，不論在經濟上、硬體建設上、行政效率上或者國防力量上，中國都取得了長足的進步。中國的經濟實力，在經過最近一年的國際金融風暴以後，尤其顯得出眾。所以在近期很多關於金融或經濟報導中，許多國家都把目光注視著中國。中國的綜合國力，在目前已經完全具備了一個大國應有的地位。

2. 在中國與日本的競爭中，形勢對中國越來越有利。在 1970 年代初保釣運動剛發生的時候，中國是遠遠落後於日本，但在最近這幾年中國的國力已經明顯地超越日本了。有人可能說，如果從 GDP 計算的話，日本還是全球第二大經濟實體，而中國還是第三。但這個並不準確，因為這裡沒有考慮到物價的因素。我的一位朋友（李雅明）最近做了一些有關中國與其他國家比較的統計，有些具體的數字可以供我們參考。根據目前的匯率，在 2008 年 GDP 最高的國家是美國(14.33 萬億美元)，第二是日本（4.844 萬億美元），第三是中國（4.22 萬億美元）。但是如果把 Purchasing Power（購買力）估計在內的話，2008 年的 GDP 排名是美國第一（14.58 萬億美元），中國第二（7.80 萬億美元），日本第三（4.49 萬億美元）。由此可見，中國目前整體的經濟實力已經大大的超越了日本。[3]

    如果我們再參考一些其他的經濟數據，這個結論可以更加明顯。例如，2008 年中國的進出口總額是 2.62 萬億美元，而日本僅是 1.47 萬億美元。另外從 2007 年的鋼產量來看，中國是 4.89 億噸，而日本僅是 1.20 億噸。發電量是另外一個可以比較不同國家經濟實力的指標。2007 年中國的發電量是 3.256 萬億千瓦小時，而日本是 1.08 萬億千瓦小時。所以這些經濟數據都很清楚地表明今天中國的國力已經老早超越了日本。

3. 中國沒有在釣魚台群島跟日本兵戎相見並不代表中國要放棄那個區域的海洋資源，在中國目前的發展階段非常需要一個和平的周邊環境，所以對於一些有爭議的地區，我們只能通過外交與國際法來嚴正交涉，而不適於出兵來挑起一場戰爭。事實上，今天中國跟日本有很多合作的需要，有很多共同的經濟利益，釣魚台的主權爭議不是中、日在目前最主要的矛盾，擱置這個爭議而爭取兩個國家在其他方面的合作是一個聰明的做法。而且，對於中國來說，由於我們的國力正在迅速發展，而日本已經到了一個基本停滯的狀態，時間是對中方有利的。把這個爭議擱置到更晚的時間來解決，中國會有一個更有利的談判地位。

4. 事實上在最近幾年，中國對大陸架的主權一直有積極的保護。中國近年一直大力調查東海的大陸架，並在 2009 年 5 月 13 日截止日期以前，向聯合國申請了外大陸架經濟海域。日本雖然占領釣魚台，但不能阻止中國的調查。在東海問題上，中國只建議在有爭議的地區才共同開發。

5.   在過去三十年，中國社會的發展在正面的部分是遠大於負面的部分。在
      以前，許多海外朋友對改革開放前的中國社會的了解往往會受到宣傳的
      矇騙。事實上，文革的時候中國社會是有許多黑暗面的。所謂社會主義
      的理想往往是一些空話。在今天，中國已經成為一個相當自由和開放的
      地區，施政也非常有效和務實，教育也得到大大的普及；現在中國是在
      學本科生和研究生最多的國家。中國的基礎建設更是突飛猛進。而在人
      民心裡的民族自信也大大提高。

6.   在兩岸和平統一方面，現在也是前所未有的大好形勢。從去年開始，
      當國民黨在台灣重新執政，兩岸有非常頻繁的良性互動，建立了很好
      的勢頭。根據現在這個方向繼續發展下去，兩岸的和平統一是完全可
      以預期的。

      所以我認為中國過去三十年的發展是非常值得鼓舞的，當年參與保釣的
      朋友完全不必要有失落感。事實上，我們應該利用目前民族復興的良機，投
      身其中，去為和平統一的工作作更多的貢獻。當年參與保釣的朋友，都有受
      過良好的教育，許多並在國外有長期學習和工作的經驗，他們在文明建設方
      面可能具備特別的優勢。所以我希望保釣的朋友們能夠繼續發揮他們當年的
      愛國熱情，一起為中華民族的文明建設而努力。

註　釋

---

1.   ＊專文。

2.   ＊時為香港科技大學教授。

3.   ＊李雅明，〈由金融海嘯談各國經濟〉，《千橡雜誌》第 47 期（美國：南加州康谷中華文化
      協會出版，2009 年），頁 80-83。

第五章·保釣論壇綜合座談[1]

主持人：劉容生、劉源俊

引言人：林孝信

■ 綜合座談由左起：東吳大學物理系教授劉源俊、國立清華大學光電所所長劉容生、弘光科技大學特聘教授林孝信共同主持，劉容生教授致詞開場。

劉容生

各位來賓大家好，歡迎大家。平常會議在第二天人會走掉一半，到下午又走一半，然後到綜合座談時半個多鐘頭就結束了。今天這個情況完全不是這樣。

剛剛楊教授（楊儒賓）說：「不曉得為什麼找我做與談人。」他後來捐了很多東西，其實他應該了解為什麼邀請他來。這個會議的目的就是要來談文獻，希望把釣運資料的脈絡整理出來。如果我們每一個人都捐一些東西，就是這個大會很重要的一個目的。

雖然這樣說，我想今天大家都有積了四十年的感受，很難得有機會讓我們又聚了一次，一個鐘頭實在太短，我就不再多講。但是我有建議，釣運六十多年以後，也就是二十多年後我們很多人可能都不在了，歷史會怎麼看這個釣魚台運動？或者四、五十年以後，歷史怎麼樣評價這個運動？我希望大家能從這個立場來看問題。我們除了希望能夠收集到更多釣魚台的文獻外，釣運的意義以及它對整個社會和文化的衝擊和延續性，都值得大家作進一步的討論。

就如同剛剛楊祖珺說的：「在這種大的歷史架構下，個人對政治的看法、立場是非常、非常 trivial。」這也是我的建議。

另外一點，我們時間真的是非常緊湊。所以我們要求每個發言人以發言三分鐘為限，兩分鐘就會響鈴，請大家言簡意賅地表達你們的意見。如果還意猶未盡，我們就會後移師別的地方，換一個地方繼續討論。

林孝信

各位朋友，兩天的聚會非常難得，我們馬上要進行最後的討論。從這兩天來看，我預感這場討論將是最大的高潮。在這高潮之前，我請所有與會的人，再一次感謝謝小芩以及兩岸清華大學圖書館，特別是這次籌備會議、勞苦功高的圖書館的館員們，大家給他們鼓掌好嗎？一件事情要做出來，真的需要很多方面的配合。

保釣運動絕對是在座所有人生命中一件最重要的組成部分。我們當然要將最重要的東西堅持到底。可是我們了解到，堅持到底是一個漫長的過程，因此更需要各方面的配合。

清華大學是為了「文獻編印跟解讀」這樣的目的，而召開這兩天的會議，這個目的本身就含有清華大學圖書館自己的意義及任務。可是我相信大家也會同意，由於這些事情，使我們隔了三、四十年以後還能夠碰面。如果沒有這些，也許我們就很難再共聚一堂。

　　各位也了解，在 1970 年代後，陸陸續續還有很多次的保釣活動。我個人也經歷了 2002 年的活動。那年李登輝提出：「釣魚台是日本的。」我跟在座一些人，共同連署譴責李登輝的言論。可是我必須承認，那時候我們激起的火花就沒有這兩天來的深刻、來的多。因為一件事要做得好，真的要有很多方面的配合。因此，這兩天僅僅是把「文獻的編印解讀」這個工作做好，不只是為了圖書館業務需要，這個工作本身對整個保釣運動的發展就有了歷史性的貢獻。為了這點，我們再一次感謝清華大學圖書館。

　　當然我們也了解，如果永遠只停留在「文獻收集與解讀」上，將變成是一個書呆子的做法，我相信這也不是我們來這裡的目的。所有人都覺得這次的聚會非常難得，我們要把握這個機會。不管大家立場如何，過去有什麼恩怨，我們共同的想法就是保衛釣魚台，這件事情就值得我們堅持到底，我們絕對不要散，大家同不同意啊？在會議結束時，希望今天與會的人能用適當的方式維繫下去，讓保釣工作藉由這次機會能夠繼續推動。我相信這是大家共同的心願。

　　這次辦理文獻的收集，看起來好像只是圖書館業務，但是卻跟保釣有一個非常密切的辯證關係，我們希望藉由這次討論來達到這個目的。這兩天的討論非常豐富，限於時間，我就不再多花時間來作提綱挈領的工作。

　　我簡單地提兩點：第一，保釣一定要深化發展。除了保釣本身的目的以外，很多人提到要把它根植於華人社會土地上，成為一個真正的啟蒙運動，這點一定要堅持下去。另外，也有很多人談到：為了達到這個目的，一些具有宏觀歷史意義的看法，也值得我們大家再進一步思考。

　　第二，這兩天也有很多人談到，以往的活動(包括 2002 年我參加的那次)，年輕新血實在太少。剛才楊祖珺所談到的一些東西，很多地方我們可以再作進一步的發揮。楊祖珺談到的東西，使我覺得要真正深化保釣運動，就一定要跟這個土地結合在一起，也就是要跟這塊土地人們的痛苦及需要，要有更緊密地結合。如果沒有這一點，保釣運動就可能只停留在一些知識分子的吶喊。知識分子的吶喊當然有它的功效，但是單單停留在知識分子裡頭恐怕是不夠的。所以楊祖珺的談話，除了引領我們朝向保釣運動中一個更寬廣的視野、更高遠的思想，也鼓勵我們要往社會扎根，要往年輕人扎根，這點我覺得非常重要。因此，我希望等一下大家討論的時候，能夠鼓勵年輕朋友多發言。我的講話就到這裡，謝謝大家。

邱士杰（台大歷史所博士生）

　　我很想研究釣運這個主題。如果有辦法克服版權的問題，讓大家直接在網路

上網查閱，我覺得這對研究的拓展會有很大的幫助。

　　再來，今天這個研討會叫作「編印與解讀」，我想解讀是個很重要的事情。我的學力有限，我是 80 年代出生的人，我讀了許登源[2]先生《台灣人民》這個雜誌，覺得那時候這個東西受到文化大革命很深的影響，包括裡面的用字遣詞、形式、內容、辯證法等等，這類事情談很多，可是實際上，這絕對不會只是在談辯證法，而是談它背後內部可能有的一些矛盾或什麼。在解讀的時候，我們是不是有可能把這東西拿進來談？或是說，這只是一個政治上比較敏感的東西，我們現在還不能談？如果可以用這個方法來談，我們是不是有可能回過頭來反思文化大革命之類的影響？我只是一個後生，這是我自己在看這些材料時，直接面對的一個問題。

　　很多前輩在三十八年前，為了保釣作了很大的貢獻。但也像各位前輩講的，中間有個斷層，各位不會覺得你們靠著三十八年前那個成就就可以吃三十八年。希望大家能夠培養後面這一代，對中國、對台灣、對這個世界，對世界進步、對世界的發展有一些貢獻。年輕人有這個期待，當然我們很希望也能夠有所貢獻，我還沒有摸出這個路線是什麼，希望大家給一些指教，謝謝。

陳慈立（台灣公共衛生促進協會）

　　這兩天我感覺：越是艱苦的年代，保釣醞釀出來的奶汁好像特別營養、特別豐富。但是我總感覺，我的年代好像不怎麼艱困，直到我遇見了陳美霞老師跟林孝信老師。然後我才發現，天啊！原來我的環境並沒有因為四十年過去了而變得更好。

　　或許在過去、在各位激情的年代，大家都非常努力地去爭取社會公益的表現，但是我本身是學醫藥衛生，是跟王惠珀老師一樣，是從公共衛生的領域出發。我在「台灣公共衛生促進協會」工作，看到台灣這片土地上，許多社會的公平、社會的民主正義，並沒有落實在生活中的每一個角落。從公共衛生的領域出發，我們很關切，想要從更多的角度去探討這個問題。第一個，我們希望能夠跟政府對話，將我們在民間草根裡看到的東西，提到政策面來作討論與實施，並做一個監督的行動。第二個，我們希望可以從草根中重新發掘出一些力量。這完全是承襲自保釣的精神。

　　終於發現自己的時代也不輕鬆，但是我要去哪裡找養分？今天我來這邊找到了很多乳頭，我希望各位一定要為我們留下一些養分。謝謝大家。

張鈞凱（台大政治系學生）

經過這兩天的洗禮，我的思緒很奔騰，請大家容許我用唸的。我在去年 11 月推甄進入台大政治學研究所，我的主題就是保釣運動及其後續發展。我關心的範圍是在台大校園內的學生運動。

上個月，我在《海峽評論》[3] 中，看到郭譽孚先生一篇抨擊主流台灣史研究的文章，我覺得寫的非常有道理。主流的台灣史把保釣這一段發展完全給淹沒了，因為保釣有一個統一的色彩。

這兩天我聽到很多人的發表，我們這一代（我是 1985 年出生的）對於過去的歷史，我們不應該假定我們太小、我們不懂、我們不能判斷。對於我們年輕人來說，如何放眼未來，首要的前提就是回顧過去。我有很多同學在釣魚台的問題上，非常認同李登輝的說法。我的很多同學跟朋友，也對象徵中國的一切東西，感到非常的反感。

我的看法跟他們不太一樣。最近一本火紅的書《中國不高興》[4]，作者提出：「年輕人不應該再文藝腔了。」我滿認同這點。我覺得對國家民族概念的結構不一定是必要的，作為年輕人，不只應該繼續在社會面發展，也應該要在政治面繼續發展。老保釣是一個典範，但不應該只是個典範。我們要繼續的，不只是保釣的精神，更要繼續的是保釣的行動力，這樣才是一個完整新一代的保釣。

很多朋友一直在爭論：釣魚台到底是中共的，還是中華民國的？我覺得不用再爭了，因為釣魚台是屬於中國人民的。難道釣魚台不用再繼續爭了嗎？社會力當然要繼續走，但是釣魚台也要繼續爭。我希望有一天，如果有機會的話，我也登上保釣船，捍衛中國人民的釣魚台。謝謝大家。

張釧維（陽光衛視）

早上有一些話本來就想說，但是因為陳鼓應老師他有很多話想說，我想應該讓他先說。我這次來的主要目的是要記錄這個活動。作為一個記錄者不應該講話，但是我還是有一些想法。這幾年來，透過林孝信老師的介紹認識很多老保釣，然後也做了保釣紀錄片，現在還繼續在關心。

我簡單講三點：第一，希望呼應邱立本早上的說法，保釣還在繼續，這個事情還沒完成，我們必須要以一個更嚴肅、更迫切的態度，來面對這個正在發展中的狀態。第二，我覺得保釣這件事情，透過老保釣們一些過去的資料，以及我自己的摸索，有很多不同的歷史軸線可以來看目前的這個問題。

我想提出兩個歷史軸線，第一個，剛剛有一位朋友提到我們對日本的認識太少。日本對於整個太平洋地區的侵略，或是日本跟美國聯手侵略太平洋這件事情，至少要從 1871 年的「琉球事件」，或是 1874 年「牡丹社事件」[5] 開始談起，這是實際上占領釣魚台周邊海域，或是侵略主權的開始。然而在我成長過程中、或是在歷史課本中，我們並不會談這樣的事情。

這延續到我要講的第二個歷史軸線：中國近代史或台灣近代史上的留學生，以及留學生所帶來或帶來社會的影響。今天在場的，很多人是七〇年代留美、或留歐的留學生。中國最早官派的留學生是從清末開始。[6]而去年 2008 年，現代中國有最大批的留學生正在美國、歐洲留學，他們都是所謂 80 年代後的這一世代，當他們在看待奧運火炬事件，或是西藏事件時，因為國外的媒體報導，把他們當成一件枝節小事？或是看作是一個啟蒙運動？老保釣們作為一個留學生的先行者，如何來看待這個問題。

李淑珍（台北市立教育大學）

我是台北市立教育大學李淑珍，有幾點感想。第一個，我發現在台灣歷史上面，每一代其實都有其風起雲湧的運動，從日據時代的文化協會[7]、農民組合[8]，到後來二二八，到後來白色恐怖時期的老左派，到保釣、到野百合學運[9]、到樂生青年運動[10]。每一代其實都有他自己的關懷，但是每一代之間是沒有聯繫的，每一代都是孤立的，每一代都是從橫的面向去取得他的養分，而沒有縱的繼承關係。

第二點，保釣的遺產有兩個，第一個是民族主義，第二個是左翼理想。民族主義後來其實是用轉型的方式傳承到台獨，所以台獨也是一種民族主義，只是效忠的對象不一樣。左翼理想傳承給現代的樂生青年，以及青年去支持都市原住民，像三鶯部落[11]這樣的活動，所以左翼影響其實也在傳承中。

至於保釣當初的目的：保護釣魚台，或是說背後的民族主義，老實說我覺得那個應該放下了。不只是說不可能，而且我覺得也不可遇，因為我覺得民族主義這個目的應該要重新再思考。

我們維持釣魚台現狀不是很好嗎？它的生態不受打擾，不會有人在那邊吵吵嚷嚷，不會有人在那邊挖掘石油，我們不知道如果真的要去挖掘的石油的話，對當地的海域會造成多大的破壞。

最後，我來這邊是希望能夠會一會當年的英雄好漢們，但是我也必須說：大多數沒有參與社會運動的人，也就是一般的芸芸眾生，他們有他們的正義、有他們的尊嚴。當年的熱血青年，我覺得你們不用感嘆，其他人可能沒有你們那麼積

極，沒有你們那麼有志氣，但是你們當年投入的目標，不正是希望要讓天下的芸芸眾生各自遂其所生？各自為他自己小我生存爭取到更大的空間嗎？所以我覺得老保釣的努力就有它自己存在的意義，過程比結果還重要，因此保釣本身的目的是可以放棄的。

鄭德力（中國銀行法蘭克福分行）

1970 年我去德國留學，算是僑生，從來沒有在大陸生活過，也沒有在台灣生活過。這是第一次來台灣，也是第一次參加台灣知識分子和大學的會議，非常的高興。因為工作的關係，我在德國留學之後，就到歐洲的中國銀行工作到現在已經二十幾年，和知識界和大學的接觸比較少。來到這裡，看到了很多台灣的老知識分子侃侃而談，翩翩的風度，印象非常深刻。還有年輕的一輩也是思潮非常活躍。

德國的學生，還是給台灣的同學打了一些邊鼓，我也參加了一些刊物的編寫工作。我個人對保釣運動、對釣魚台前途的看法，我認為這是大國政治的一部分。就像剛才那位女同學說的，保衛釣魚台是不是有那麼重要，我倒是深有同感。看得出來，整個保釣運動的發展，是中美關係解凍之後的一個產物。接下來，我也感覺到現在提出的觀念，恐怕也是對台灣問題的驅動力，我要說的就是這麼點感想。

曹宏威（香港中文大學退休教授）

我七六年離開美國，卅多年了，這次匆匆由香港趕辦手續來聚舊，得到謝館長和主辦單位幫了很多忙，使我如期參加會議，非常感謝。

今天的座談挑起我不少回憶，真的感到餘興未盡，討論得還不夠。聽說我們現在正在收集當日的印刷品文獻、並進行口述歷史的撰寫工作，我覺得這工作既珍貴、又意義重大。

我們沒誰不希望讓這段保釣的歷史，全面地、完整地保留下去，給後來人一個紀實、一面借鏡。但是四十年畢竟是很長的時間，事過情遷，有的當事人更已作古，因此，要拿到全面的史實，幾乎是不可能的。然而，任何參與保釣的過來人都不會質疑，保釣運動，在美加，它的主要活動點（單元）是校園，而且每個校園都各具特色。不必談政治了，單說學生的來源就有台灣生、香港生和土生更兼移民。如果加上政治就更「精彩」了；以當時我所在的威斯康辛大學為例，雖然台港同學（我是中國同學會長，副會長是台灣的王元珈，還有後來走入華埠為社區請

命的華僑林榮崧）合作愉快，但是番薯仔的組織「望春風」也極活躍，怎樣團結一眾，參與保釣是一段艱辛的路程！保釣運動就是把這些活動點激活，連點成線、織線成面，那才有我們當日轟轟烈烈的保釣大遊行！今日，我們要把四十年前這些點線面編織起來，重覓那一塊完整的史實，是一項偉大的工作！

在今次會議中，我非常高興聽到《科學月刊》、《大風》這兩條主線穿針引線的工作，我肯定他們報告的歷史性很強，很感謝他們補上這一筆。我到史丹佛作博士後時，雖然已是釣運的後期，活動還是撐開，也可能由於灣區生源多來自香港，所以又有了灣區的校點、灣區的網絡線，以香港同學為主。後來我轉到紐約 Public Health 去，唐人街的網絡就更綿密了；我記得 4 月 10 日華盛頓大示威中，華僑出了不少力；因此，我們倘若抓穩這些點、線、面的採料工作，一份接近滿意的史實還是可期的。

金介壽（台北縣議會議員）

我們希望以後不單單從點、線、面來談，也不要再談保釣，我們要請俄國的教授懂中文的，來談談日俄的四個島嶼[12]的爭執，也可以請韓國人懂中文的，來談談日韓的獨島[13]的爭執。包括我們兩岸的來談談保釣。讓全世界知道，為什麼都有日本人？日本的侵略心，日本的野心，讓大家知道，我們要擴大這個層面。最後我有帶兩份保釣系列郵票，兩岸很多的領導人都有，包括馬英九、吳伯雄都有，我送給兩岸清華大學圖書館，謝謝。

李丁讚（清大社會所教授）

我是清華大學社會所李丁讚，首先先向各位長輩致敬。我覺得保釣它的最大功效，不見得是政治上訴求的成功，而是對後面 1970 年代乃至 1980 年代整個教育，對很多人的啟發，一種熱情的感染，帶動很多相關的運動，帶動熱情跟參與，這是我首先要向各位長輩先致敬的。

這兩天一個很重要的議題就是「保釣要不要繼續下去」，或是「要如何走下去」的問題。關於這個問題我要先呼應一下錢永祥早上所講的，保釣當然是一個愛國運動。但是錢永祥強調：「每個愛國運動應該要有個進步的內涵。」不只是要單純的愛國，到底為什麼要愛國，你要把國家帶到什麼方向？有了進步的內涵後，這個愛國運動才有它的基礎。楊儒賓剛才也談到：「也許我們可以把保衛釣魚台運動超越主權化。」好像李淑珍也談到：「從一個簡單的維護主權的概念、想法，來超越這個東西（主權）。」

　　我從這些講法裡面提出一些東西供大家參考：保釣當然要走下去，但是每個時代有每個時代的訴求、每個時代有每個時代的需要。這個時代裡到底需要什麼東西？這個東西是主權國家能夠回應的嗎？我覺得目前也許我會建議保釣，讓釣魚台變成民間化，由台灣、大陸、琉球乃至於日本等地的民間組織起來，由民間團體來共同管理，然後一起來規畫、一起來思考東亞地區應該怎麼來走下去？超越主權國家格局來思考整個東亞問題，透過這個問題來解決台灣跟中國的問題、中國跟日本的問題，日本跟琉球的問題等等。這些很複雜的歷史問題，由民間成立一個民間協會來主持這些問題，來思考這些問題，我覺得這才是這個時代新的問題，未來的問題。甚至未來生態的問題，我想這些問題都不再是簡單的主權國家這些東西可以來處理的。我希望大家用一個超越主權的方式，用更進步的方式來思考保釣的繼續性。

邱立本

　　我把「2009 保釣的共識」跟大家講一下。我們不能做懷舊巨人，當下與未來的侏儒。保釣不是形容詞，而是一個動詞。所以我們強烈要求在保釣三十九年之後，我們 1970 年開始，兩岸政府當局必須立刻行動起來，確保釣魚台水域不被日本軍事控制，確保中國人有權利登上釣魚島。保釣不能只靠老百姓，而是要靠兩岸的公權力。

胡祖庶

　　今天對保釣這兩個字，有很多不同的理解。我個人原來嘗試對保釣做解讀，因為我參加了保釣運動，所以到了 1973 年我們已經發覺到，單靠我們這麼宣布，要求兩岸政府來宣布對釣魚台擁有主權，解決不了問題。我們當時已經知道，這個運動必須跟統一運動一起，中國必須統一，才能解決這個問題。所以我們，尤其在整個會議的過程中，我們對保釣的理解並不僅僅是要保衛一個島，而是我們要繼承五四精神，使保釣變成一個啟蒙運動，變成一個草根運動，對每一個社會問題都要去關心、去了解，這才是我們保釣精神。我覺得現在我們不能對每一個問題都覺得要去採取具體的行動，馬上宣布我們有主權，或者表示我們占領這個地方。我覺得現在我們對兩岸政府可以給他們施加壓力，對保釣要關注，不能夠擱置不理。但是我們也要理性的處理這個問題。

林深靖（作家）

　　各位前輩大家好，我是林深靖。保釣後來發展出左、右、統、獨各種不同的

解讀。我想回到最原始的保釣那種情感，也就是看到這塊領土被美國跟日本兩個國家講好了，然後就決定給誰就給誰，這樣一種不滿的感覺。所以保釣後來有左的、有右的，各種勢力，各種不同脈絡系統，而有各種不同的行動，這些枝微末節我先不說。

今天我所聽到最感動的是，楊儒賓提出來的，一個反帝的脈絡。如果說要回到保釣最樸素、最起初的，感受到美國跟日本這兩個帝國對一塊領土的私下決定。所以我覺得如果真的要延續保釣精神，對於美日帝國不斷擴延他們影響力的反感，是我覺得最該延續的東西。

如果要延續保釣精神就要注意，日本對於亞洲的野心是不是完全消除了？對於美國不斷的擴延的野心是不是該進一步去注意、去反對？包括美國對伊拉克、阿富汗，以及對他們經濟的、政治的、軍事的在世界上的各種影響力。我覺得這種反帝的精神才真的是保釣最原始的精神，這些可能是連參與保釣的人都不是很清楚的那種精神。

卓淑惠（台灣公共衛生促進協會）

我一定要站起來講，這兩天以來我非常的感動，我覺得我釐清了一件事情。我以前會跟別人說，我現在在做的事情是從 2003 年的時候開始，因為台灣經歷了 SARS 事件，所以我們開始關心台灣的健康體制。但是這兩天下來，我應該更精準的說：我現在在做的不是從 2003 年開始，而應該是說從保釣事件開始，一直延續下來，以至於我們 2003 年有機會在和尚（林孝信）結了婚，在有保釣運動發生之後，我們才能推出台灣公共衛生的運動。

我很感動的一件事情就是，在四十年前各位前輩們所做的努力，你們都非常有力量，對於不公不義、以及言論被壓迫的體制，你們起身反抗，你們的衝撞讓我們覺得很鼓舞、很熱血。對一個年輕人來說，如果還有一個四十年，四十年以後，我們從台下坐到台上，在這個中間過程裡，我們需要準備什麼？

我想要建議，就是在心態、在精神上面。我們都是非常有理想性的人，但是我覺得我們也需要行動。在行動之前，我們需要有一個思想準備。如果承續剛剛陳慈立說的，就是希望奶頭能給奶水。我覺得這個奶水裡頭需要一些思想上的啟蒙，這個啟蒙要以比較精準的角度去看。這兩天大家的討論裡面，一直在講思想上的轉變，那個思想轉變的內容是什麼，我很想要知道。我覺得這會讓我對未來行動走的更穩健。謝謝。

丘延亮（中研院民族所副研究員）

我是六十以上。我是前保釣、也是後保釣。我不覺得我們那時候做的，有東西可以滋養年輕一代。我更不覺得年輕一代比我們那一代有任何缺失。我們那時候也是無知、也是亂幹，也是因為我們那時候不知道天高地厚，才能幹到今天。我們幹的時候，老一輩就來對付我們，說你們無知！他是我們的對立面。假如今天我們說年輕人無知，我們就也就成為歷史的對立面。

我流亡回到台灣是被年輕人動員的，是被樂生的年輕人動員的，是被原住民住屋問題動員的。今天我們談到一個沒有人住的島嶼，我們那麼熱情、那麼激烈。可是我們身邊就有樂生老人每天被趕、房子被拆，原住民部落被拆的事情發生。是我們每天要面對的公權力。台灣的年輕人為了他們的基本的住居權，抗爭了五年。為了原住民的生存權抗爭到今天。

李丁讚老師講：「保釣怎麼走下去？」保釣要往下面走，不是要往上面走。今天我們抵抗的是帝國主義的暴力，我們身邊卻有更多的國家暴力。香港百萬人上街抗議二十三條[14]的時候，新華社告訴我們「沒有國、哪裡有家」。香港老百姓回應它說：「沒有人民，哪來國家？」我們不往下層去走，不支持我們身邊的人，不受我們年輕人的感召，不被他們感動，不參加運動我們如何往下走？保釣是不是一個運動？歷史會知道。今天要走下去，就真的是要往下面走。謝謝。

郭譽孚（退休教師）

剛剛有一位老師，談到台灣最近這麼多年來，所有的社會和政治的事件都是橫的移植。這點讓我深刻地思考了一個問題：「為什麼會有這樣的斷裂？」如果我們老保釣要反省的話，我覺得老保釣沒有把自己的東西整理出來。

相同的，我個人認為：歷史的延續是十分重要的。剛剛丘延亮提到：「向年輕人看齊。」但是我會擔心，擔心什麼呢？這批年輕人走完了以後，下一批年輕人也得不到任何經驗。為什麼？歷史不是假的，歷史是前人花了多少精力走出來的。

所以我個人感覺，即使有人反對保釣運動，但是如果他希望讓台灣好好的走下去，他不願意接受保釣的經驗也不要緊，但是我誠懇地希望：他能夠找到更好的經驗。也就是在反省的時候，他會感覺到自己跟自己的血脈相連。將來他的子女、他的下一代迷惘的時候，他們留下來的資料要經過整理總結，否則永遠不可能成為滋養的養分。

剛剛講到乳頭，我不會覺得是一個髒字眼，只是我覺得很遺憾，如果我們沒

有充分整理的話，真的會找不到乳頭。看到了、咬上去，也是個乾癟的乳頭。母親覺得好痛喔！小孩子還是沒有吸到任何的奶水。悲劇，那是真正的悲劇。難道過去人所有的奮鬥、所有的努力，不值得後人去體貼、去思考？

話說回來，我有個小小的建議：保釣運動應該自我反省、自我檢討，同時整理出自己的總結。目前所看到的、所聽到的都是個人的資料，我們需要有更多的東西。我舉個最簡單的例子：某一個人自稱打遍天下無敵手。你問他：「你跟誰打過？」「沒有，我沒有跟人打過。」原來他是這樣的天下無敵手。你會相信他嗎？

我建議我們保釣的老前輩們，我們常常提到白色恐怖，但是白色恐怖並不是一個真正具體的東西。我建議大家能夠試著去了解一下：「兩蔣」到底真正幹了些什麼？他們在想什麼？如果能夠把各方面的資訊充分湊起來，這會比我們現在所聽到的會更有意義。

舉個例子，我剛剛提到老蔣，兩蔣過去究竟是怎麼樣處理這些問題的？我們不要用一個籠統的概念，說這就是白色恐怖，或說這就是私心。他們的行為一定有脈絡可循。相同的，在這樣一個觀念之下，我想建議反共愛國聯盟的朋友，他們可能有更多的條件，能夠得到那方面的反應。是不是能請這方面的前輩，把那方面資料收集一下。如果還有人能有更多的資源，把當時所有的資料湊齊，我相信那樣的總結絕對是很有很有營養的。

劉源俊

簡單作一個結語。過去的保釣運動分成四個階段：1971 年、1996 年、2002 年、2008 年。過去這個運動一向是以民間為主。保釣必須要在「學術」和「運動」並重。學者的研究跟制度的衝鋒兩者相輔相成，缺一不可。所有的行動必須深思熟慮，不可操之過急。保釣是一個長期的視野，這是我們的經驗，也必須和全球華人合作，存異求同。

保釣的基地必須在台灣，所以 2008 年「中華保釣協會」在台灣成立。它的宗旨是：「發揚保釣精神、持續保釣運動、傳承保釣經驗、傳承保釣運動。」保釣在文化與社會發展的意義必須要深化。保釣及相關運動的研究必須加強。大家都要保持理想，在各自崗位上努力，俯瞰未來，一邊行動一邊反思，謝謝。

林孝信

我想大家都講了很多，我感覺到這次的會議儘管有非常多的爭吵，但是非常高興看到大家的熱情經過了四十年還是存在。一方面，我們也看到問題其實還沒

有解決，所以我相信在座的、差不多所有人都覺得運動一定要堅持下去，而且要用各式各樣的方式堅持下去。

第二，過去我們彼此有激烈的對立，甚至不能一起坐下來談話。經過近四十年，已經有了一層轉變。我相信大家看到，如同劉源俊剛才講的，大家漸漸懂得「求同存異」。我們知道，最主要的敵人是日本，就是剛才提到的美日帝國主義。這樣一個巨大的力量，我們任何一個小小的團體，甚至把台灣所有的力量、所有保釣的人士匯集起來，能夠發揮的可能還是非常有限。因此我們必須能夠學會「求同存異」。在「求同存異」的過程中，並不表示大家是「貌合神離」。

在這個過程中，大家要不斷的自我反省，自我求進步，在很多方面要能提高思想的高度。

最後提到在這思想提高過程、在對過去保釣的反思中，早期保釣欠缺了一個可靠的基地。這次會議我覺得是個象徵，過去這個缺陷應該可以得到克服。當然不是完全克服，是開始克服。希望所有參與保釣運動的朋友，能夠繼續共同努力、共同合作，謝謝大家。

註　釋

1. ＊根據會場發言整理。

2. ＊許登源 (1937-2009)，台灣台南人、筆名何青。為馬克思主義理論家，海外左派運動的先驅。早年師承殷海光先生，畢業於台大哲學系。曾在 1962 年與李敖等人參與「中西文化論戰」，力抗國民黨對思想文化的箝制。1963 年赴美留學，赴加州柏克萊大學哲學所就讀。在留美期間，許登源開始接觸馬克思理論等書籍，並對其產生興趣。由於學術興趣不合等緣故，許登源於 1966 年離開柏克萊前往麻州大學修習電腦碩士，其後任職於花旗銀行直到退休。在保釣運動期間，許登源與左派人士籌組讀書會，並透過讀書會的運作參與保釣運動，以及台灣民主運動、社會運動。為了深化馬克思主義理論的深度，許登源於 1970 與 1980 年代創立《台灣人民》、《台灣思潮》等刊物發展台灣左派的理論與分析。其著作有《現代辯證法：資本論新說》。關於許登源生平之介紹，詳見《登源（何青）老師追思會：紀念台灣左派運動先驅》（台北：台灣資本論研究會，2009）。

3. ＊《海峽評論》創刊於 1991 年，由王曉波擔任總編輯。雜誌主要刊載討論海峽兩岸政經現況，以及和平統一等問題之政論性文章。

4. ＊《中國不高興》為中國 2009 年出版的一本時政類暢銷書，此書的全名是《中國不高興：
   大時代、大目標及我們的內憂外患》，主編為鳳凰衛視軍事評論員宋曉軍。書中強調西方
   民間與媒體對中國的敵意無法消除，中國應該擺脫西方的影響，去領導世界，並用軍隊來
   維護國家利益。

5. ＊1871 年，琉球宮古島民的兩艘進貢船，離開那霸港駛往中國。不幸中途遇暴風，漂流
   到台灣恆春地區。登陸的上岸船員中，有五十四名被排灣族原住民殺死。由於日本認為琉
   球屬於日本領土（在廢藩置縣後，隸屬於鹿兒島縣），遂出面干涉此事。1874 年，日本正
   式對此事採取軍事行動。關於日本帝國主義在牡丹社事件的展演，詳見 Robert Eskildsen,
   "The Mimetic Imperialism of Japan's 1874 Expedition to Taiwan", in *American Historical Review,*
   vol.107, no. 2, (2002) pp. 388-418.

6. ＊留美幼童指清末的官派留學生。1872 年到 1875 年間，在曾國藩、李鴻章的支持下與容
   閎的倡議之下，清政府先後選派學生赴美國留學，這批學生出洋時的平均年齡只有十二
   歲。第一批幼童於 1872 年 8 月 11 日由上海出發，跨越太平洋，在美國舊金山登陸，從此
   展開長達十五年的留學生涯。回國後的留美學生參與了中國電報、礦山、鐵路的建設。直
   到二十世紀初，這些當年的留美幼童紛紛成為朝廷重臣，活躍在鐵路、電報、礦冶等新興
   產業。如清末著名的工程師詹天佑、外交家唐紹儀等人，均在留美幼童之列。詳見錢鋼，
   《大清留美幼童記》（香港：中華書店，2004）。

7. ＊台灣文化協會創立於 1921 年，由林獻堂、蔡培火、蔣渭水等人籌辦成立，進行文化演
   講、成立書局、講習會等活動。受到當時民族自決等思想潮流的影響，文化協會邀請了許
   多知識分子演講，扮演了當時的台灣社會的啟蒙角色。其後由於文化協會內部的路線之
   爭，導致協會分裂為左右派。

8. ＊為日治時期台灣農民運動之組織。台灣農民組合成立於 1927 年，由黃信國出任中央委
   員長，鼎盛時期有兩萬名會員。主要有簡吉、黃石順、黃信國等人，並設有鳳山、大甲、
   曾文、嘉義、虎尾五個支部，並且與日本農民組合、日本勞動農民黨結合。1927 年與
   1928 年年間，台灣農民組合曾發起多次農民集體抗爭。1929 年，台灣總督府開始對農民
   組合成員進行搜捕。同年 4 月，黃信國被控違反《治安維持法》及《台灣出版規則》，遭日
   本警察逮捕。其後台灣農民組合也與台灣文化協會一樣因路線之爭遭台灣共產黨把持，最
   後終告消失。

9. ＊野百合學運為 1990 年台灣學生發起的學運。在該次運動中，來自台灣各地的大學生，
   集結在中正紀念堂廣場上靜坐抗議，提出「解散國民大會」、「廢除臨時條款」、「召開國是
   會議」、以及「政經改革時間表」等四大訴求。這是中華民國政府遷台以來規模最大的一次
   學生抗議行動，同時也對台灣的民主政治有著相當程度的影響。在該次學生運動後，總統
   李登輝一方面依照其對學生的承諾，在不久後召開國是會議，另一方面也在 1991 年廢除
   《動員戡亂時期臨時條款》並結束所謂「萬年國會」的運作。

10.　＊成立於 1929 年台灣日治時期的樂生療養院，早在成立當初即為癩病（漢生病、痲瘋病)
　　病患被強制且終生隔離的病院，因此形成樂生病友視樂生療養院為住所的情形。由於樂生
　　療養院的院區位於台北捷運新莊線的規畫範圍上，故而面臨拆遷的危機。主張尊重樂生院
　　民人權的學生成立青年樂生聯盟，長期為保留樂生療養院努力。

11.　＊三鶯部落是台北都會區都市邊緣的原住民部落之一，位於橫跨大漢溪的三鶯大橋下，處
　　於三峽鎮與鶯歌鎮交界處，居民多為阿美族人。1984 年海山礦坑爆炸，許多族人輾轉遷
　　徙至大漢溪河灘高地，自力造屋維生，遂形成一個都市邊緣的原住民部落。由於部落位於
　　大漢溪行水區內，台北縣政府歷年來多次拆除房舍迫使族人遷移，但政府的迫遷政策無法
　　解決族人的居住、營生問題，導致三鶯部落屢遭拆除，居民又多次原地重建的情形。

12.　＊「四島」指的是千島群島南端的島嶼，日本將其稱之為「北方四島」(包括擇捉、色丹、
　　齒舞、國後)，俄國則稱其為「南千島群島」。在十九世紀初期，日本簽訂了不平等條約將
　　四島讓與俄國；但在日俄戰爭之後，日本擊敗了俄國取得南千島群島的主權。至二次大
　　戰日本戰敗之後，日本簽訂《舊金山合約》，放棄千島群島之主權。雖然日本承認放棄千
　　島群島，但卻認為「北方四島」為北海道的一部分，因此要求蘇俄歸還北方四島。在多次
　　的談判之下，蘇俄不願完全歸還四島，因此至今日俄兩國仍因四島問題衝突不斷。

13.　＊獨島（韓稱）或竹島（日稱）是位於日本海的兩個島嶼和礁岩群。韓國主張獨島位於東
　　海（地理上等同於日本稱的「日本海」），屬於慶尚北道鬱陵郡；日本主張竹島位於日本
　　海，屬於島根縣隱岐郡隱岐之島町。雖然韓國與日本均聲稱擁有該島群的主權，但自二
　　戰結束以來，實際上獨島由韓國管轄。

14.　＊二十三條指的是《中華人民共和國香港特別行政區基本法》第二十三條。內容包括：香港
　　境內有關國家安全，即叛國罪、分裂國家行為、煽動叛亂罪、顛覆國家罪及竊取國家機密
　　等多項條文。2002 年至 2004 年期間，這項條文的立法過程引起香港各界反彈，引發 2003
　　年香港的七一遊行；加上表決前夕有行政會議成員辭職，特區政府最終暫時收回條文終止
　　立法程序，至今未再提交。

第六章・兩岸清華圖書館釣運資料典藏

當時是由我們清華大學物理系的吳國禎教授，由他牽線，原美國休士頓大學教授周本初先生，打算把他自己珍藏了三十多年的十二箱保釣資料無償地捐贈給了清華大學圖書館。……我們覺得這是一批非常珍貴的歷史資料，對保存當年的歷史，以教育後人、教育我們的學子，具有非常重要的史料價值。

—— 薛芳渝

在台北與當年自覺運動旗手們座談，在新疆喀什與老保釣們相遇，在清大圖書館摩挲著泛黃褪色的文獻與手稿，我深深感受到典藏釣運文獻，是一份很深的託付與責任。……清華大學圖書館學習處理特藏文物、典籍……建立特藏標準處理流程……從中學習相關歷史知識，建置資料庫，促進文獻的活化、賦予歷史文物、文獻更鮮活的新生命。

—— 謝小芩

北京清華圖書館釣運資料典藏[1]

薛芳渝[2]

今天非常高興，首先要感謝謝小芩館長給我這樣一個機會，能夠參加這樣一個盛會。我已經是第七次來到台灣了，第三次來到清華大學，但是每一次來都感到非常的親切。我想因為今天時間有限，我就把北京的清華大學在保釣資料的收集整理和數字化方面的工作，跟大家作一個簡要的彙報。

庋藏保釣文獻的啟始

我們對保釣資料的收集，是緣起在 2007 年的 9 月份。當時是由我們清華大學物理系的吳國禎教授（他也是當年參加保釣的人士），由他牽線，原美國休士頓大學教授周本初先生，打算把他自己珍藏了三十多年的十二箱保釣資料無償地捐贈給了清華大學圖書館。當我們得到這個消息以後非常的高興，我們覺得這是一批非常珍貴的歷史資料，對保存當年的歷史，以教育後人、教育我們的學子，具有非常重要的史料價值，因此我們決定予以收藏。在 9 月 27 日我們舉行了隆重的捐贈儀式。這些是當時在儀式上所拍攝的照片。在此之後，我們決定把保釣資料作為我們清華大學圖書館一批珍貴的特藏來收集。此後，我們又陸續地收到了龔忠武先生、楊思澤先生、林潮等等海內外各界人士，共計二十六批次、三十五箱的保釣資料捐贈，資料的內容包括紙本資料、影像資料和一些實物資料。

為了更好地保存這批資料，我們專門成立了保釣資料的整理小組，這個小組由我們的圖書館員、我們的博士生，還有北京的清華大學學生海峽兩岸交流協會的一些學生組成，他們都參與了這批保釣資料整理的工作。從圖書館業務工作的角度出發，我們制定了清華大學圖書館保釣資料的管理辦法，制定了元數據的著錄方案、資料編纂規則和保釣資料的整理工作流程。這是

我們小組在和楊先生一起討論保釣資料，因為有些保釣資料我們不清楚當時的歷史、來源，所以請一些捐贈資料的先生幫我們一起來整理。這是我們專門為保存這批資料所做的檔夾。整理以後我們就緊接著按照圖書館的流程，對這批資料進行匯總和著錄。這是我們保釣資料小組的工作室。

到目前為止，我們一共錄入了 11,735 條數據，也就是說這些資料已經完成了編目錄入，但是這還不完全，因為我們最近還在不斷地、陸續地收到（保釣資料），有一些還沒有完全把它整理和錄入。另外，我們已經開始著手進行這批資料的數字化工作。我們已經完成了楊思澤先生的幻燈片和兩本相冊的掃描工作，並且製成了六個光盤。其他的數字化工作正在陸續地進行當中。這是我們進行數字化工作的工作室，這是已經錄製並且做成的光盤。另外，我們還完成了一些保釣資料的編纂工作，包括《春雷新編》、《釣運刊物一覽表》和《保釣大事記》等等。同時，我們為了更好地使這批保釣資料發揮作用，我們還大力地開展了宣傳工作。比如說，我們和清華大學的台灣研究所和學生的海峽兩岸交流協會，組織了多場的報告會，邀請我們保釣人士來參加。這是我們報告會的會場現狀。另外，我們還利用清華大學的校慶日舉辦保釣資料的展覽，並且在圖書館的主頁上，開展網上展廳欄目來設立長期的宣傳欄目。這是我們展覽的圖片。

另外，剛才劉院長提到，好像是，要開展口述史研究 ——我們從去年開始已經開展了保釣運動口述史的工作。我們的目的是希望不光是保存這些文字和影像資料，而且我們希望通過這種口述史的著錄和保存，能夠讓人們更完整地了解這段保釣歷史。因此我們利用了個人的訪談、報告會和各種機會，將保釣的個人口述史記錄下來，而且把它整理，將來做成文集出版。目前我們已經採訪了二十多人，已經錄製了總長大約六十小時左右的影像資料。這是已經參與了我們口述史著錄的一些保釣前輩們，這是一些在做口述史時候的圖片，我想我就不一一（說明了），大家都認識，一看都很熟悉。這是他們報告的情況。在去年的 7 月份在雲南台灣同學會的研討會期間，我們又採訪了一些保釣的前輩們。另外在香港，我們也採訪了一些當年參加保釣的人士。一會兒再給大家放一下視頻。

後續的工作計畫

下面我們談一下我們後續的工作計畫。

　　第一，我們想繼續擴大保釣資料收藏的範圍，豐富資料的內容，因此我們也希望，我們的前輩們、學長們能夠把更多的資料捐贈給我們。因為我們已經和謝館長達成了協議，應該說我們兩家的資料是共有的，就是說，我們將來這些資料都會分享的。而且我們也了解到，在美國也有一些學校也保存了一些保釣資料，我們還準備從他們那裡再去想辦法爭取到一些保釣資料。

　　第二，我們將完成全部保釣資料的數字化工作。

　　第三，我們準備要建立一個保釣資料的數據庫和網站，把得到授權的一些資料將來在網上公布，能夠讓更多的人共用。我們希望在明年四十週年，我們保釣四十週年之際，能夠完成這項計畫。另外，我們要準備建立一個保釣資料特藏室，對收藏的資料進行展示和提供學者研究。這是我們將在今年暑假開始動工修建的文科圖書館，將來我們新的文科圖書館將專門建立保釣資料的收藏和展室。

　　我想歷史是不能、也不應該被忘卻的。我們的責任就是真實完整地保存歷史，以警示教育後人，讓我們的青年永遠來記住保釣精神、來學習保釣精神。謝謝大家。

註　釋

1.　　＊根據發言稿整理。

2.　　＊時為北京清華大學圖書館館長。

台灣海外留學生刊物暨 保釣運動文獻計畫[1]

謝小芩[2]

　　國立清華大學前身為清代留美預備學校；領導清華從北京到抗戰時期的西南聯大，到戰後台灣建校的梅貽琦校長，即為第一屆清華留美學生。因此保存海外留學生的思想文獻與生活記錄，不啻為本校校史延伸，也是不可旁貸之歷史責任。1970年代初保衛釣魚台運動引發留美學生與台灣本地大學生的民族及民主運動風潮。因時值戒嚴時期，許多人才被迫無法返台，釣運對台灣的社會、學術及民主發展的影響及相關文獻至今仍未獲重視，台灣社會對之了解甚少，相關研究亦付之闕如。

保釣文獻典藏因緣

　　2003年葉光南與葉芸芸兄妹將其尊翁葉榮鐘先生的收藏與手稿等珍貴文獻捐贈國立清華大學，開啟本校圖書館特藏資料的收集、典藏與數位化工作。2005年葉芸芸女士不但提供其所收藏的1970年代留美學生保釣運動文獻，亦促成李黎女士、陳治利先生等陸續捐贈。2006年，林孝信先生亦慨然將其保存三十餘年，由美國運回台灣的二十幾箱釣運及後續活動的刊物、手稿等文獻捐贈給清華大學。不但如此，為了使數量龐大但卻散佚各處的釣運資料能夠更完整集中一處，林孝信積極奔走遊說捐贈。由回中國大陸的保釣學生組成的「台灣同學會」便在林孝信的遊說中，邀請我參加其在新疆的2006年會。會中特於8月8日闢一時段，討論釣運文獻的收集與捐贈事宜。台灣同學會會長林盛中，理事吳國禎、楊思澤，釣運大將袁旂、葉先揚、周本初及龔忠武等與會者並共同簽訂〈台灣同學會釣統運文獻資料保管座談會備忘錄〉。這次討論間接促成周本初與龔忠武將其收藏之文獻資料捐贈給北京清華大學圖書館。

　　另一方面，面對龐大的釣運文獻資料，經圖書館採編組與人社分館的同仁進行初步的整理後，仍需要有專人專款才能做系統且深入的處理。承蒙澳門中西創新學院蘇樹輝博士與霍啟昌副院長慷慨捐贈經費，我們得以於2007年3月聘請清大人類所碩士鍾瀚慧擔任專任助理，啟動釣運文獻整理工作。瀚慧具有扎實的學術研究訓練與處理釣運文獻所需的知識基礎，但畢竟對釣運本身仍不熟悉。因此，她從建立資料清單、大量閱讀釣運相關書籍，透過建置「釣運大事記」，來理解釣運重要事件與發展過程；一年之內累積超過五十頁的釣運大事記。

前釣運刊物與口述歷史的徵集

　　同時，我們持續向各方徵求資料。清大光電所的劉容生所長與林孝信是台灣大學物理系同班同學。他們大學一年級(1963)曾發起轟動一時的「自覺運動」，出版《新希望》刊物，雖然只發行了八期（外加特刊、增刊各一期），卻是台灣戒嚴時期最早的大學生自覺活動，影響深遠（如，其最後一任主編後來創辦了《大學雜誌》），許多參與者後來也加入保釣運動。2007年5月在劉容生與林孝信協助下，我們舉辦「從新希望到釣運」小型座談會，邀約胡卜凱、劉源俊、王曉波、郭譽孚等當事人，共話這一段來龍去脈。劉容生，劉源俊與郭譽孚將所收藏的《新希望》與釣運文獻捐給清大。

　　1960年代留法學生金恆杰、馬森、李明明等，於1965年創辦《歐洲雜誌》介紹歐洲政治與藝文思潮，巴黎寫稿編輯，台灣印刷，台、美發行，並加入紐約的「華人刊物協進會」，並參與發起美國釣運。金恆杰與曾負責在台業務的余少萼將《歐洲雜誌》與原始稿件、相關文書等資料捐贈給清華大學。《新希望》與《歐洲雜誌》等前釣運學生刊物，展現了不絕如縷的學生自覺行動與釣運發生的歷史社會脈絡。

　　此外，我們陸續舉辦了多次焦點團體座談與口述歷史訪談，林孝信更是定期來到清大圖書館，詳細說明所捐贈文獻的背景、社會政治脈絡與文獻的內涵與價值。2008年3月瀚慧離職後，由社會學研究所碩士生蔡虹音與歷史研究所博士生李雅雯協助釣運文獻計畫，持續徵集、整理、編目、修訂並充實「大事記」（目前已累積七十餘頁，並提供北京清華圖書館參考）、規畫網站，2008年9月更開始籌備「釣運文獻展」與「釣運文獻論壇」的各種工作。2009年2月籌備工作緊鑼密鼓，梁秀賢加入陣營，清大圖書館同仁更是全員投入。

解讀保釣──留學菁英的啟蒙運動

　　在台北與當年自覺運動旗手們座談，在新疆喀什與老保釣們相遇，在清大圖書館摩挲著泛黃褪色的文獻與手稿，我深深感受到典藏釣運文獻，是一份很深的託付與責任。當年上大學者已屬菁英，出國留學更是難得。1970年代的保釣運動，可說是一群留學菁英的啟蒙運動。現今六十歲左右的留美學生，大概沒有人不曾參與過保衛釣魚台的遊行示威等各類活動。聽說當時的留學生，如果他不參加運動、遊行，就必須找一個理由跟別人解釋，如明天有資格考等等，才交代得過去，可見釣運幾乎已成為當時台港留美學生的全民運動。

　　因著當時的國際冷戰局勢與心態，釣運後來出現路線問題而分裂；保衛釣魚台的愛國運動轉變成對國家發展、國族認同、資本主義 vs.社會主義等價值問題的探索，以及對中國現代史發展的多元討論。這樣一個引起當時菁英之間重大思想變化的事件，我認為，不僅僅是一個政治或國際法的或關於主權領土爭議的運動。當年老保釣們從愛國心出發，不只是上街抗議遊行，並在此後不斷探索、閱讀、思考，重新追尋對於國家的、文化的、還有未來生涯發展的認同及價值。

　　於是，當年成千在美國、歐洲參與保釣的留學生走上不同的人生道路，有的人持續活躍於社會運動；有些人回歸到自己原先的專業領域，並仍保有服務社會的熱忱；有些人去從政；有些人從事基礎教育；有的人到中國大陸偏遠地區作扶貧與教育工作。透過活動參與的啟蒙、摸索、求知、思考、討論、辯論及人生歷練，發展出不同的方式去實踐各自的理想。

　　從 1970 年代到現在近四十年了，釣運及其後續有著非常豐富、多元的內涵，對於台灣 1970-1980 年代的民主化運動，乃至於香港與中國大陸都有著深刻的影響。而釣運風起雲湧時，不但全美各地，歐洲、台灣、香港都有自發的學生運動，後來並以各種形式持續發展。釣運的版圖究竟有多廣闊，參與人數、相關刊物、後續組織有多少，至今沒有人說得準；釣運期間多少精彩故事，對留學生及台港大學生們有著怎樣的影響，也缺乏記錄，零星散佚在人們的印象中。

為歷史留下清晰身影

　　為了不讓歷史成灰，我們決定舉辦文獻展與論壇，邀集當事人來敍說當年、記錄史料、詮釋文獻，為四十年前的學生運動拼圖。更積極的目的是，希望從教育的、學術的、文化的多重角度，讓年輕學子來認識這場由四十年前許多熱血的前輩們走過的這段路，也希望社會大眾可以從不同的角度來了解保釣運動的愛國精神，對民族、社會的關懷，以及勇於探索、追求理想的精神，並且讓這樣的精神得以延續。

　　由「『葉榮鐘全集、文書及文庫數位資料館』之建置」計畫開始，清華大學圖書館學習處理特藏文物、典籍，並累積數位典藏工作經驗、建立特藏標準處理流程，為「一九七〇年代釣運文獻特藏計畫」工作奠定良好基礎，館員並從中學習相關歷史知識，建置資料庫，促進文獻的活化，賦予歷史文物、文獻更鮮活的新生命。已完成和持續中的工作包括下列幾項。

一、文獻保存與數位化：

　　到目前為止，清華大學圖書館應該是台灣保釣刊物文獻最豐富且集中的典藏機構。國內其他大學這方面的資料很少。就我所知，美國哈佛燕京圖書館，舊金山州立大學圖書館等當年皆有部分收藏。特別感謝龔忠武先生提供了哈佛燕京大學圖書館的典藏清單，讓我們得以比對兩館收藏。年輕館員和在座的學生對 1970 年代海外與島內的保釣運動都不甚了解。因此獲贈保釣運動文獻後，我們進行了背景資料的研究，配合文獻展為館員講習相關議題，是館員們又一次的學習機會。

　　至 2009 年 4 月，本館館藏共有釣運相關海外中文期刊 263 種、約兩千餘冊；島內期刊 104 種、約 670 冊。座談會錄音檔約 1650 MB，逐字稿 151,385 字；影像紀錄約 17 GB。口述歷史錄音檔約 973 MB、整理稿 76,988 字、影像紀錄約 3 GB。已完成數位化共 437 頁[3]。

　　由於保釣相關資料已有三、四十年歷史，早期紙張、印製與保存條件皆不盡理想，因此對於獲贈資料皆先冷凍維護再予典藏，基本處理流程如下。

　　1、資料到館後，立刻分類、列冊、製作清單。

　　2、進行除塵處理、冷凍除蟲（一個月）。

3、所收藏刊物皆已編目上網供讀者查詢，讀者可申請入館調閱。

4、脆弱文件數位化。

5、運用無酸脂文件袋收納文獻，防酸保存典藏。

6、建立目次清單、建置數位化資料庫，迄 2009 年 12 月底止，館藏二百多種期刊，至少每種期刊挑選一頁，核心期刊至少二頁，總計完成超過二萬頁的期刊數位化。

7、建構「釣運文獻館」網站。

二、釣運、學運座談會

　　為保存歷史、活化文獻意義、促進相關研究，我們舉辦系列座談會或焦點團體訪談。皆存有影音紀錄，並已整理出逐字稿。

1、2007.5.12 舉辦「從新希望到釣運」小型座談。

　　與談人：劉容生、林孝信、胡卜凱、劉源俊、王曉波、郭譽孚、李淑珍、謝小芩。《新希望》是 1960 年代台灣極重要的學生刊物，起自 1963 年外籍留學生狄仁華（筆名）在《中央日報》投書〈人情味與公德心〉，激起由台大開始的青年學生自覺運動，是釣運前學生覺醒的重要刊物，可說是後來保釣運動的精神開端。

2、2007.8.03 舉辦「七〇年代台灣的大學校院保釣運動」小型座談。

　　與談人：陳玲玉、鄭鴻生、王曉波、吳瓊恩、錢永祥。海外釣運如火如荼時，島內學生也掀起保釣運動，對抗國民黨打壓進行遊行、投書等各種活動。

3、2007.8.24「1970 年代香港大學生保釣運動」。

　　與談人：崔綺雲、馮可強、謝炳堅、吳兆華。1960 年代後期，香港工潮不斷，亦有反貪腐、中文法定等運動。大學教育仍屬菁英教育，但已有大學生走入社會之聲音。1970 年尾，美國保釣運動消息傳回香港，威斯康辛大學留學生曹宏威提供資料，「香港專上學生聯合會」、《盤古》、《七十年代》雙週刊等組織團體積極動員，搭配尋根、反帝等主張，依日本侵華重大事件日期發動抗議示威。

4、2007.10.14 舉辦「七〇年代台灣的僑生保釣運動」。

與談人：陳世強、李華夏、洪清流（洪濤）、姚文鎮（姚道鑄）。島內釣運開始由僑生發起，僑生對國家、民族的認同強烈，許多人在僑居地有組織抗議活動的經驗。當釣魚台事件發生，激起僑生愛國意識，成功大學與台灣大學學生率先發起遊行抗議，而後有本地生的抗議活動。

5、2007.11.06 舉辦「用左眼看台灣史 —— 陳明忠口述歷史紀錄片放映暨座談會」。

與談人：陳明忠、藍博洲、林孝信。1976 年陳明忠因三省堂案被捕，成為台灣最後一個死刑政治犯、也是唯一沒有被處刑的死刑政治犯。陳明忠被捕、判死刑時，海外一批老保釣人積極救援，在《紐約時報》刊登包括兩位諾貝爾獎得主簽名的全版廣告，要求國民政府不得祕密處決；陳明忠、陳金火等改判十五年。陳明忠致贈鳳凰衛視製作之紀錄片，述說他兩次坐牢的緣由、經歷與出獄後體驗台灣社會的急遽變化。

6、2008.12.18 舉辦「追尋三代學運足跡：新希望、野百合、野草莓」座談會。邀請當年《新希望》主編、現任清華大學光電所所長劉容生教授、野百合世代的清華大學社會所吳介民教授和同為野百合世代、之後投身工運的邱奕彬先生，與正在發生的野草莓運動學生林名哲、林冠婷，發表學生運動的實踐與觀察，並請清華大學李丁讚教授與談，對相隔數十年的三代學運深入討論。

三、口述歷史

1、林孝信口述歷史（2007～2009，持續中）。林孝信先生持續來館二十餘次，針對文獻資料作口述說明，已整理約十萬餘字。

2、李雅明口述歷史 (2008.7.03)

3、劉源俊口述歷史 (2008.10.24)

4、林盛中口述歷史 (2009.2.9)

5、項武忠口述歷史 (2009.5.3)

6、花俊雄口述歷史 (2009.5.5)

7、陳鼓應口述歷史 (2009.11.22)

四、未來工作

　　未來將持續徵集釣運刊物文獻，整理編目，進行數位化工作；持續進行口述歷史，保存生動的影音資料，並建置釣運資料網站並持續充實之。並將與北京清華大學圖書館合作，共享釣運資源。

　　國立清華大學圖書館與人文社會研究中心共同舉辦「一九七〇年代保釣運動文獻之編印與解讀國際論壇暨文獻展覽」的目的，是以捐贈本校的刊物文獻為基礎，回顧這段重要的歷史，提供一個平台，呈現釣運及其衍生的豐富多元面貌；同時希望經由文獻的編印與解讀，為釣運拼圖，討論當年留學生們在愛國運動的洗禮下，探索、思考、尋求認同與價值的歷程，以及他們在日後三十年間實踐理想的多種道路、多元方式與多元典範。而短短兩、三年間，美國保釣大將李我焱、袁旃、許登源，以及歐洲的陸明銓相繼辭世，使得這樣的工作更形急迫。

　　活動籌辦期間，林孝信、曾志朗、劉容生、劉源俊、徐中時、李雅明等釣運文獻計畫顧問大力支持、隨時指導；林盛中、龔忠武、吳國禎、葉先揚、陳義揚、李天行、李華夏諸位先生多方協助；保釣前輩們爽快應允擔任主持、發表與談等工作，令我們深刻體會熱情、關懷、實踐的釣運精神。

　　老保釣夏沛然不能夠來，但為這次活動寫了一篇〈一個保釣左派的反思錄〉。文章結尾提到當年他不太認同清華大學前任校長沈君山的「革新保台」的想法，但是「若干年之後，我才了解到，他（沈君山）回到台灣後，並沒有追求升官發財，而是從事與黨外人士聯絡溝通、保障人權，以及在海峽兩岸間折衝樽俎的工作。……我希望還有機會當面向他表示我的敬意和歉疚。」我們在國立清華大學舉辦這樣一個活動，沈君山校長如果可以，一定會高興地熱烈歡迎老朋友們。很遺憾他臥病在床，無法與會，在此要特別的向沈校長致意與致敬。

　　最後非常感謝大家不遠千里而來，熱情支持這個活動。向各位致謝與致敬，也希望大家為保存釣運文獻共襄盛舉，謝謝大家。

註　釋

1.　＊專文。

2.　＊國立清華大學通識教育中心教授，時為清華大學圖書館館長。

3.　＊至 2010 年 7 月底為止，相關館藏累計至：(1)影像 21 卷(2)圖像 37 張(包含幻燈片)(3)數位資料 2 份(4)中文期刊 546 種 2,879 冊(5)西文期刊 62 種 366 冊(6)刊物、圖書共 208 冊(7)英文卷宗 68 種 228 頁(8)中文卷宗 709 種 20,982 頁。自 2009 年 10 月至 2010 年 6 月底，將館藏二百多種期刊，每種至少挑選一期，核心期刊至少兩期，分批委外數位化，共 679 件 28,976 頁。卷宗則由館內自行掃描，共 212 件 1,932 頁。

編後語

不求一笑泯恩仇，惟願保釣心長留[1]

謝小芩[2]

老保釣同學會

2009 年 5 月 2 日星期六，天氣晴朗。上午七點，國立清華大學圖書館工作人員已在工程一館忙碌著「保釣運動文獻與解讀」國際論壇報到與開幕的準備工作。工作人員穿著紫色背心，胸前掛著紫色名牌；一般報名與會者在入門右側報到，名牌咖啡底色、藍色吊帶；負有任務的發表人、主持人及與談人在入門左側報到，配的是黃色名牌與黃色吊帶。簽名簿、資料袋、一一擺好。

議程安排八點半報到，九點開幕。前一天入住清華會館的老保釣陳治利、龔忠武、花俊雄等人，完全不受長途飛行時差影響，八點鐘就來到會場。清大陳文村校長等校內長官與中研院劉兆漢副院長、曾志朗院士等貴賓陸續進場。高齡八十好幾的陸珍年夫婦也準時抵達；四十年前，陸先生任職《中國時報》社會小組召集人，向創辦人余紀忠先生獻策，於是四位記者登上釣魚台島並大幅報導，引起國人重視釣魚台領土爭議。

與會者陸陸續續來到，三、四十年不見的好友重新聚首，驚呼聲、歡笑聲此起彼落，一群群人寒暄起來，甚至熱情擁抱，場面溫馨感人。夏鑄九[3]事後說，那天開車前往清華，就彷彿回到四十年前在美國開車去參加保釣會議那般情景。

釣運文獻論壇的緣起

國立清華大學圖書館從 2005 年開始陸續獲得 1960-1970 年代學生刊物及大批保釣文獻[4]，便開始思考如何對外公布這樣一批資料，並且希望引起

教師、研究人員與學生們的興趣，作相關的研究。圖書館開始徵集特藏資料後，逐漸建立起舉辦捐贈儀式、文獻展與座談會的活動模式。因為保釣文獻不僅僅是個人收藏，它牽涉到規模龐大、發展複雜的社會運動，當年參與的人以及後來持續關心的人非常多。因此釣運文獻對外公布的活動規畫便與一般個人收藏所推的活動不太一樣。

釣運風起雲湧之際，幾乎是留美學生的全民運動，在全美各地、歐洲、香港究竟有多少學生刊物？後來路線分裂，又還有多少衍生的組織與活動？幾乎沒有人能掌握全貌。事隔近四十年，資料散佚，釣運的面貌更為模糊。舉辦論壇的另一個目的，就是做「釣運拼圖」，邀請當事人來回顧當年，大家從各自的角度描述自己所參與、所理解的運動，賦予釣運生動豐富的圖像，這本身就是一種徵集資料的方式。當然，讓更多人透過這個活動知道清華大學正努力做這項工作，願意共襄盛舉，進一步捐贈，那就更好了。

2008 年，大陸的「台灣同學會」在雲南開會，我把在 2009 年舉辦釣運論壇的初步構想提出來，與會的老保釣們很關心此事，後來更討論了保釣四十週年的紀念活動。事後我才知道包括林盛中與吳國禎等老保釣們，雖然表示樂觀其成，但其實都覺得這個活動困難度高，並不容易，只是沒有當面表達疑慮。這或許意味著，圖書館作為純粹典藏文獻的局外者，可能因著不充分了解、也不涉及保釣運動內部的利害糾葛，反而更有機會促成這樣的活動。

字斟句酌揉搓議程

釣運文獻的整個系列活動包括：為期一個月的釣運文獻展覽、兩天的釣運文獻論壇與紀錄片欣賞等。論壇時間原本訂在 5 月中，後來為了避開母親節而移至 5 月初。2009 適逢五四運動九十周年，而保釣運動亦曾被喻為 1970 年代的海外五四運動[5]。5 月初舉辦釣運論壇，正好與五四精神相呼應。

保釣運動千頭萬緒，後續發展分歧複雜，但整個運動畢竟並非從真空中蹦出，而是有其淵源與發展脈絡的。因此，2008 年 7 月開始籌備議程時，便以時間為主軸，從台灣 1960 年代末期學運、釣運、釣運分裂後發展，及保釣運動的影響作為主題來安排議程。最早以「一九七○年代前後台灣及海外留學生啟蒙刊物」為主題，邀請發表人士以學者居多，這時候主要是「學術研討會」的構想。

　　9 月邀請李丁讚、李貞德、陳建忠、柳書琴、陳珏[6]等教授們一起討論議程，大家認為保釣運動過去在台灣受到的注意實在太少，建議題目聚焦在「保釣運動」；且研究釣運的學者非常稀有，當事人的經驗也極少受到討論。這個活動其實是開疆拓土，匯集眾多當事人的經驗，為釣運的研究創造一個起頭的機會；既然如此，就不能以報告研究成果的學術會議形式來辦了。幾經轉折，我們決定改以邀集參與運動且具有代表性的當事人，分享與回顧當年所參與的活動，為當年的盛事留下更多紀錄為目標，因此將名稱改為「一九七〇年代保釣運動：社群網絡與刊物文獻」，並以「論壇」的形式舉辦。

　　釣運距今近四十年，對每一位參與者都留下不同的人生刻痕，如何尋找並請到具代表性人物，實在是項艱鉅的工程。作為圖書館的活動，從具有影響力與代表性刊物的負責人著手邀請，不失為可行的方向。於是草擬議程初稿後，寄給各方老保釣們，廣徵建議。龔忠武特別熱心提供了許多建議，我們參考他的意見，再次把題目修改為「一九七〇年代保釣運動及其後續：文獻刊物的編印、典藏與解讀」。保釣前輩劉源俊、葉先揚、徐中時、倪慧如、陳義揚等都提供了寶貴的意見，林孝信更是積極提供名單、幫忙邀請，吳國禎、林盛中也協助進行許多聯繫。在邀請與討論的過程中，為了使議程更具啟發性也更能落實，內容一改再改，到 2009 年 4 月已修改超過五十版。主持人、發表人及與談人對這晚違四十年的盛會都非常熱情，願意排除萬難，自費遠道前來參與，令我們非常感動。

　　約莫 2009 年春初的時候，部分當年參與者認為議程「偏頗」而表達強烈意見。我們一直了解保釣運動在 1971 年 4 月之後分裂，各種路線有不同的發展，故在不同參與者心目中有不同的運動圖像，對於該怎麼討論與定位當年的釣運也有不同的認知。但短短兩天議程所能涵蓋的極為有限，必然無法面面俱到。陸續有不少專程自費從歐洲、美國、香港來參加論壇的釣運參與者也希望安排發言，我們都以扣緊捐贈本校的刊物文獻討論為原則，而未邀約。

　　另一方面，我們也相信，儘管曾有諸多爭執，歷經歷史重大轉折的四十年後，老保釣們多進入「從心所欲不逾矩」之年，應該能夠平心靜氣回顧這段青春歲月。但顯然我們低估了其中的複雜性。所幸經過數度溝通協商，並經由劉容生[7]大力斡旋，而取得各方諒解。為了減少不必要的干擾，在葉銘泉、張石麟兩位副校長建議下，論壇名稱再次修正為「一九七〇年代保釣運

動文獻之編印與解讀」後定案。這個小插曲對我們毋寧是一次震撼教育，更加謹慎地安排論壇事務。

　　文獻展覽部分較為單純，要製作一個大事記、挑選有代表性的刊物文獻以及佈置展場。自釣運文獻計畫第一任助理鍾瀚慧開始即不斷收集、整理、彙整與編製釣運大事記，一年半來已累積了近七十頁的資料。為了文獻展覽，現任助理蔡虹音與李雅雯把大事記，濃縮提煉出涵蓋 1960 到 2008 年與保釣運動約十頁的重要事件，再由林孝信與我反覆修改增刪。釣運的政治性很強，如何界定「具代表性」的大事，如何遣詞用句，都要十分小心，陳華[8]以其歷史專業提供了寶貴的意見。

全館動員搭戲台

　　起先釣運論壇與文獻展覽的籌備，主要由蔡虹音，李雅雯與梁秀賢[9]三位負責。隨著論壇籌備進入緊鑼密鼓階段，有越來越多的細節要處理，更多預期之外的狀況要應付。於是從 2009 年 3 月初圖書館同仁開始全館動員。

　　清華大學圖書館的行政效率與服務品質，素為全校所稱道。七位組長/主任與秘書合作無間，本來就是規畫與執行能力都極高的團隊。3 月 3 日第一次的保釣工作會議就做了任務編組，有展場組、宣傳組、議事組和總務組；組長分配工作後，搭配秀賢、雅雯、虹音，再回去動員組內的同仁，一起進行。

　　例如展場組，前面提到，先由純惠與明慧規畫整理空間，再由雅暖、淑嫻負責展場佈置。宣傳組包含了網頁、海報，透過清大公共事務組林宜敏組長與記者聯繫，由瑞娟與淑嫻負責。議事組由秘書王珮玲與採編組林彥君組長負責，包括議事準備與論壇兩天活動的安排。總務組負責論壇當天的飲食餐點、清潔衛生、安全及雜項事務，由純惠統一籌畫。

　　如此，每週一次工作會議，查核進度，討論待辦事項，加上實地推演，到 5 月初已開了十幾次會議。開始，因為經費與會議規模等因素未確定，規畫工作比較困難；4 月份校內研發處、人文社會研究中心，以及教育部的補助陸續確定，工作進行就順利多了。因為議程不斷的調整，會議手冊也不斷改版，議事組的工作挑戰最大。5 月 2 日就要開會，議程在 4 月 30 日才敲

定。報名人數在最後幾天快速增加,需要加印與分裝資料,工作繁重。另外,論壇採網路報名,所有資訊與文件也都放在論壇網站上,以求公開透明。隨議程修改,網站資訊必須隨時更新;許多熱心的與會者或關心者也提出不少意見,都需一一回應,宣傳組的工作亦頗為吃重、緊張。

申辦入境,懸疑跌宕的卅五天

中國大陸的「台灣同學會」[10]1981 年成立,由當年釣運之後選擇「回歸祖國」的台灣留學生所組成,辦有《台聲》雜誌,其會員直到 1990 年代初才獲准回台探親。但「台灣同學會」不折不扣是釣運產物,論壇自然應該邀請他們與會。北京清華大學圖書館積極收藏釣運資料,兩館已協議合作,自然也是邀請對象。3 月初,我們開始著手辦理大陸人士出入境手續事宜。根據辦法,只要申請表件沒有問題,21 天便可以拿到入境許可,再轉交給大陸人士,辦理當地的赴台許可,同樣也需要 21 天。3 月 18 日,我們送出「北京清華大學圖書館館長與館員」及「大陸台灣同學會」來台申請案。

表件交出後的第 19 天,雅雯打電話給移民署大陸人士來台部門詢問進度,回覆是「陸委會要求補件」。補件?所有表件當初都檢查再三,一式三份繳交移民署,為何還要補件?不過,為求申請順利,所有表件都再次傳真給移民署和陸委會文教處。兩天後再次詢問,答覆是「陸委會仍未發給許可」。

眼看就要錯過交付入境許可的時間,只好找經常處理相關業務人士,協助了解內部情況,對方表示:「沒問題,一、二天證件一定可以下來。」為了趕時效,送件後第 22 天,虹音就親自到移民署等候、雅雯則坐鎮辦公室接應,打算證件一下來,立刻掃描、傳真傳回辦公室,將證件的數位檔案 e-mail 給大陸受邀人士,再將正本最速件寄到對岸。苦候一天,證件竟然仍沒下來。

第 23 天,幫忙的人突然語帶保留說:「這事情有點複雜,下午他們要開會,結果就能揭曉了。」原來申請案已上升到某個層級;這個「他們」不只有陸委會,還有國安會、教育部等數個單位要共同審議,據了解「他們」對本案的意見並不一致。

第 26 天,雅雯在移民署等候領取文件又撲了空。聯絡相關單位,才知

道某些單位仍存有疑慮、堅持不蓋章，所以證件仍下不來。第 27 天由我在台北等候證件，下午換李華夏[11]接班，仍未果。在此同時，調查局、海巡署分別與校方聯繫，希望取得活動更詳盡的訊息。

第 28 天調查人員到圖書館，上至館長、秘書，下到相關助理人員，一一詢問辦會目的、議程、旅遊行程、邀請人士等細節鉅細靡遺。「你們論壇召開的時間，是否配合 5 月 8、9 日中華保釣協會前往釣魚台宣示主權一事？」原來國安單位擔心「論壇」從宣稱的學術活動變調為「政治行動」。經過說明，移民署要求邀請單位簽發切結書，保證大陸來台與會人士不參加任何政治活動。圖書館立刻照辦。

第 29 天，終於從移民署拿到入出境證，但原申請七天的在台時間卻被印為三天。發現錯誤後，我們緊急追回已寄出的證件，並要求移民署改正。這一改，又花了近一週時間。第 35 天（4 月 22 日），更正後的入出境證終於發下。所幸北京清大圖書館及台灣同學會代表皆能順利辦理赴台申請，於 5月 1 日即時抵台。

沙盤演練、應變措施

由於有人對議程表達強烈關心，讓我們了解釣魚台議題的政治性無從迴避，必須積極應對。首先，建立校內共識。3 月 31 日由張石麟副校長召開會議，將活動明確定位為以館藏文獻為基礎的文獻論壇，圖書館全權安排議程。隨著海巡署、調查局等單位開始關切論壇活動，4 月 27 日由葉銘泉副校長召開應變協調會，專程自美返台協助論壇籌備的李雅明教授[12]也參加討論，會中確立緊急應變措施，包括簡單救護、議事干擾、肢體衝突、場外拉布條等處理方針，並決定論壇期間安排了護理人員，以及駐警隊人員以防突發狀況。

為了降低活動的政治性，圖書館還做了許多準備，例如來賓名牌鍊條顏色的選擇，也避免選用紅、藍、綠三種具有政治意涵的顏色。能想到的預防措施都盡量準備。誠如秀賢所說：「四十年前，人家火力四射；四十年後，我們仍感到猶存的餘溫。」

我們的議程安排極為緊湊。林孝信考慮到與會者必定都是高度關心的熱

情人士，三、四十年來一定有千言萬語要抒之而後快，因此再三叮嚀大會務必詳訂議事規則，也要多拜託主持人控制時間與秩序。他並以個人的名義寫信給部分與會者，解釋論壇的意義，希望避免節外生枝。

5月1日來自歐、美、香港、大陸的與會者大都已抵達新竹。當晚，劉容生教授和我訂了校園內蘇格貓底咖啡的包廂，歡迎遠道朋友們與會。隨著來賓陸續來到，不斷加桌子，晚到的人只好坐到包廂外。老朋友們見面分外熱誠，有聊不完的話題。有些人知道我們有些擔心會場狀況，寒暄之餘，也彼此互相協調說要節制會場的發言、情緒，如果有事情，大家要幫忙協調、處理。

好戲開鑼

5月2日論壇終於開始。工作同仁都緊繃神經注意會場內外的狀況。開幕式後，由北京清華的薛館長與我先後說明兩岸清華圖書館收藏緣起、目前館藏數量與未來計畫等。接著林孝信做主題講演，談起當初將保存了三、四十年的大批釣運資料捐贈給清大圖書館，「好像是嫁女兒一樣」、「結果女兒嫁對了」，幽默的描述還有許多回憶當年在美國創辦《科學月刊》的點滴往事，讓場內陣陣笑聲不斷。

笑聲化解了會場內短暫的緊張氣氛，工作人員緊繃的神經也稍為緩解。每一場的主持人都盡責地控制時間，發表人充分準備，精采表演，與談人誠意討論，聽眾們全神貫注。發言人大都遵守議事規則訂定的發言時間，偶有少數人發言逾時，來賓們還會主動幫忙主持人控制時間，使得議程進展比事先預期來得更加順利。大會用心準備餐點，香甜多汁的寶島水果，也讓首度來台的北京清華大學圖書館人員難忘。第一天晚上放映紀錄片時，至少還留下了一百多人。

論壇第二天一早，圖書館典閱組館員陳玉芬在工程一館大門裡面的海報附近，笑容可掬的請陸續進場的來賓在海報上簽名，看到她的笑臉，沒有人能夠拒絕。中場休息時間她繼續努力，於是三張大海報填滿了一百多人的簽名，這麼多不同身分、立場的人都來參與這場活動。陳鼓應、金介壽、楊儒賓、劉虛心、余致力、胡鵬飛、黃賢等多位與會人士於會中致贈文獻資料。會議愈接近尾聲，場內人愈多，後面與兩旁走道都站滿了人。運動激情之後

有何沉澱，如何反思？釣魚台主權爭議如何推進？釣魚台運動的歷史如何記載，精神如何傳承？討論更加熱烈，欲罷不能。

迴響

　　這真是一次獨特的經驗。從來沒有在會議籌備過程中遇到如此多插曲，充滿懸疑與不確定性，直到翻開最後一頁，喔！原來是這樣。從來沒有在一次會議中，看到所有人以如此的真誠、善意與節制，呵護著活動，熱情地回報，使得會議在飽滿的知性與感性交織氛圍中，畫下圓滿動人的句號。

　　會後，胡祖庶在《海峽評論》發表了〈保釣運動的解讀〉[13]、曹宏威在《大公報》上連續寫了〈世界村，誰主浮沉？〉[14]、〈保釣不落幕〉[15]……等三篇報導與感言、未及與會的劉大任在《壹週刊》發表〈老保釣會師〉[16]，邱立本更以〈保釣不是行動的侏儒〉[17]為專題在5月17日出刊的《亞洲週刊》深入報導，項武忠也在《世界日報》投書〈「保釣」與「六四」〉[18]。會後徐中時致贈整套的《群報》、《水牛》；張雙輝與邵錦昌、邵錦帆兄弟熱情來信並捐贈《石溪通訊》；胡采禾也捐贈大批文獻。在論壇籌備之初，李雅明便主張把會議論文集結出版，當時忙著辦會，不及回應。會後的許多回饋，加上錢永祥來信鼓勵，希望會議記錄能夠成為往後更多對話與反省的基礎，終於讓我們下定決心出版。

　　於是，我們決定保留會議內容的「原汁原味」，除了匯集發表人的文稿外，與談人及主持人的發言亦以逐字稿的方式呈現，以不同文體中體現論壇議程的精神。感謝與會者認真回應，慷慨同意無償授權國立清華大學圖書館使用稿件，劉大任、王正方、南方朔與李華夏惠賜專文，曾志朗、錢致榕賜序，李雅明持續關心專書進度，孫小英提供編輯專業協助，劉容生與王智明更全程投入繁瑣的編輯工作。圖書館特藏組王珮玲組長、計畫工作人員梁秀賢、李雅雯、張筱梅細心處理編務、充實註釋。編輯工作小組經過近一年的思索與辯論，終於敲定以《啟蒙‧狂飆‧反思 —— 保釣運動四十年》為此書名。期待釣運史詩被繼續傳頌，釣運研究進一步開展，釣運精神得以代代傳承。

　　（本文由釣運文獻計畫小組王珮玲、李雅雯、蔡虹音、梁秀賢共同討論）

註 釋

1. ＊本文由謝小芩館長及釣運文獻計畫小組王珮玲、李雅雯、蔡虹音、梁秀賢共同討論撰寫。

2. ＊時為國立清華大學圖書館館長。

3. ＊時為台灣大學建築與城鄉研究所教授。

4. ＊參見本書專文。謝小芩，〈台灣海外留學生刊物暨保釣運動文獻計畫〉。

5. ＊「五四運動」提出了民主與科學，即「德先生」與「賽先生」的文化價值論述。部分老保釣認為，保釣運動雖有愛國、民族主義，但並沒有開展出文化價值的論述，而不足以與「五四運動」相比擬。

6. ＊李丁讚時為清大社會研究所教授，李貞德時為清大歷史所所長，陳建忠、柳書琴為清大台灣文學研究所副教授，陳珏為清大中文系教授。

7. ＊時為清大光電所所長。

8. ＊清大歷史所退休教授。

9. ＊為籌備論壇活動於 2009 年 1 月間加入計畫工作小組，擔任論壇與文獻展對外聯絡窗口。

10. ＊關於中國台灣同學會成立的緣起與經過，請參考本書林盛中專文，〈中國大陸的台灣同學會〉。

11. ＊時為清大通識教育中心兼任教授。

12. ＊清大電機系榮譽退休教授。

13. ＊胡祖庶，〈保釣運動的解讀〉，《海峽評論》第 222 期，頁 17-19。

14. ＊曹宏威，〈世界村，誰主浮沉？〉，《大公報》（香港），2009 年 5 月 18 日。

15. ＊曹宏威，〈保釣不落幕〉，《大公報》（香港），2009 年 5 月 25 日。

16. ＊劉大任，〈老保釣會師〉，《壹週刊》第 415 期，頁 130-131。

17. ＊邱立本，〈保釣不是行動的侏儒〉，《亞洲週刊》23:19，頁 4。

18. ＊項武忠，〈「保釣」與「六四」〉，《世界日報》（北美），2009 年 6 月 4 日。

附錄

「一九七〇年代保釣運動文獻之編印與解讀」國際論壇議程表

時間：2009 年 5 月 2 日(星期六)　地點：國立清華大學工程一館			
時　　間	主　題　　　發　表　人		主持人及與談人
08:30～09:10	報　到		
開幕式			
09:10～09:40	陳文村　國立清華大學校長 劉兆漢　中央研究院副院長 曾志朗　前台灣聯合大學系統校長		
典藏緣起			
09:40～10:10	**兩岸清華圖書館釣運資料典藏** 薛芳渝　北京清華圖書館館長		**主持：劉兆漢** 中央研究院副院長
	兩岸清華圖書館釣運資料典藏 謝小芩　新竹清華圖書館館長		
10:10～10:40	**保釣歷史淵源與對海峽兩岸社會的意義** 林孝信　弘光科技大學特聘教授		
10:40～11:00	茶　敘		
1960 年代末期學運			
11:00～12:30	**《新希望》與自覺運動** 劉容生　國立清華大學光電所所長		**主持：楊國樞** 中原大學心理系講座教授 **與談：李雅明** 國立清華大學電機系榮譽 退休教授
	《科學月刊》與保釣運動 劉源俊　東吳大學物理系教授		
	《歐洲雜誌》：兩代留法知識分子的交集 金恆杰、李明明　中央大學退休教授		
12:30～13:30	午　餐		
海外釣運的興起與轉變			
13:30～15:20	**釣魚台簡報** 花俊雄　美東華人社團聯合總會常務副主席		**主持：陳治利** Multek Associates CEO **與談：胡卜凱** 　　　項武忠 Prof, Stanford U
	告洋狀 黃賢　律師		
	釣魚台運動在中國現代史的意義 邵玉銘　文化大學美國研究所所長		
15:20～15:40	茶　敘		
15:40～17:30	**釣運春雷傳達的時代信息 —— 兩岸大和解** 龔忠武　哈佛大學歷史學博士		**主持：陳憲中** 紐約保釣會長 **與談：張東才** 香港科技大學教授 **王惠珀** 台北醫學大學藥學院院長
	愛盟故事 I：從頭說起 劉志同　世界自由民主聯盟顧問		
	民主運動支援會 李義仁		
17:30～18:30	晚　餐		
18:30～20:00	**釣運影展**		

時間：2009 年 5 月 3 日(星期日)　地點：國立清華大學工程一館		
時　間	主　題　　　發 表 人	主持人及與談人
08:30～09:00	報　到	
台港歐學生保釣運動		
09:00～10:40	**不要讓歷史批判我們是頹廢自私的一代** 王曉波　文化大學哲學系教授	主持：**陳鼓應** 文化大學哲學系教授 與談：**錢永祥** 中央研究院社會科學研究 中心副研究員
	香港僑生保釣運動 邱立本　香港《亞洲週刊》總編輯	
	七十年代歐洲的保釣運動回顧 胡祖庶 德國法蘭克福胡氏翻譯所	
10:40～11:00	茶　敘	
釣運影響		
11:00～12:50	**回顧就是前瞻：談從保釣運動到中國農村教育** 喬龍慶　美國科技教育協會理事	主持：**楊寧蓀** 中央研究院特聘研究員 與談：**黃樹民** 中央研究院民族學研究所 所長
	台灣同學會 林盛中　台灣同學會會長	
	滋潤根本，民間互助 —— **滋根參與中國貧困鄉村發展經驗介紹** 楊貴平　滋根基金會理事長	
	樹華教育基金會與華美文會 李黎　作家	
12:50～14:00	午　餐	
14:00～15:50	**文學** 尉天聰　政大中文系退休教授	主持：**夏鑄九** 國立台灣大學建築與城鄉 所教授 與談：**楊儒賓** 國立清華大學中文系教授
	七〇年代保釣運動與《夏潮》的思想啟蒙運動 王津平　中國統一聯盟主席	
	愛盟故事 II：曲未終 人不散 陳義揚　文化大學工學院教授	
	回見未來的希望 —— **「保衛釣魚台運動」之後的社運經驗反思** 楊祖珺 文化大學大眾傳播系副教授	
15:50～16:10	茶　敘	
16:10～17:00	**綜合座談：釣運展望與相關研究**	主持：**劉源俊、劉容生** 引言：**林孝信**

延伸閱讀

1.　九龍工業學校國史學會編，《釣魚臺事件資料彙編》香港：九龍工業學校國史學會 1990。

2.　井上清著，賈俊琪、于偉譯，《钓鱼岛：历史与主权＝尖閣列島：釣魚諸島の史的解明》北京：中國社會科學，1997。

3.　中國民間保釣聯合會，《钓鱼台列屿：中国固有主权领土大展》北京：中國民間保釣聯合會，2004。

4.　王曉波，《尚未完成的歷史：保釣二十五年》台北：海峽學術，1996。

5.　丘為君編著，《台灣學生運動（1949-1979）》台北：稻鄉，2003。

6.　任孝琦，《有愛無悔：保釣風雲與愛盟故事》台北：風雲時代出版，1997。

7.　江炳倫編，《挑戰與回應 —— 民國七〇年代台灣的鉅變》台北：自由基金會，1993。

8.　何炳棣等，《留美華裔學者重訪中國觀感集》香港：七十年代雜誌社，1977。

9.　吳天穎，《鱼》北京：社會科學文獻出版社，1994。

10.　吳國禎，《在歷史面前》台北：海峽學術，2002。

11.　吳慧卿，《社會記憶與新聞詮釋：以第二次保釣新聞媒體事件為例》新竹：國立清華大學碩士論文，1992。

12.　李雅明，《惑》台北：中央日報，1986。

13.　沈君山，《尋津集：革新保台到一國兩治》台北：遠流，1989。

14.　旻子，《百年風雲釣魚島》香港：當代文化，2007。

15.　林田富，《再論釣魚台列嶼主權爭議》台北：五南，2002。

16.　林田富，《釣魚台列嶼主權歸屬之研究》台北：五南，1999。

17.　林國炯等編，《春雷聲聲：保釣運動三十週年文獻選輯》台北：人間出版社，2001。

18.　明報出版社編輯部編輯，《釣魚台：中國的領土！》香港：明報，1996。

19.　金介壽、吳行健，《日本滾出釣魚台》台北：日臻，1997。

20.　邵玉銘，《風雲的年代：保釣運動及留學生涯之回憶》台北：聯經，1991。

21.　俞寬賜，《南海諸島領土爭端之經緯與法理：兼論東海釣魚臺列嶼之主權問題》台北：國立編譯館，2000。

22.　春雷系列編輯委員會，《崢嶸歲月・壯志未酬：保釣運動四十周年紀念專輯》台北：海峽學術出版社，2010。

23.　洪三雄，《烽火杜鵑城：七〇年代臺大學生運動》台北：自立，1993。

24.　香港保釣行動委員會，《民族的尊嚴：向日索償，血的控訴（保釣另一章）》香港：保釣行動委員會，1997。

25. 浦野起央、劉甦朝、植榮邊吉共編，《釣魚臺群島(尖閣諸島)問題：研究資料匯編》東京都：刀水書房、香港：勵志 2001。

26. 馬英九，《從新海洋法論釣魚臺列嶼與東海劃界問題》台北：正中，1986。

27. 國立編譯館主編，《釣魚臺簡介》台北：國立編譯館，1992。

28. 張平，《钓鱼岛风云》北京：國際文化出版公司，2000。

29. 張系國，《昨日之怒》台北：洪範，1978。

30. 郭紀舟，《70 年代台灣左翼運動》台北：海峽學術，1999。

31. 程家瑞主編，《釣魚台列嶼問題學術研討會：釣魚台列嶼之法律地位》台北：東吳大學，1998。

32. 黃兆強主編，《釣魚台列嶼之歷史發展與法律地位》台北：東吳大學，2004。

33. 溫紳編著，《保釣風雲實錄》台南：閃亮文化，1997。

24. 劉大任，《紐約眼》，台北：印刻，2002。

35. 劉錫江，《釣魚台列嶼附近海洋環境與資源之研究》台北：行政院研究發展考核委員會，2008。

36. 鄭海麟，《中日釣魚台之爭與東海劃界問題：海外保釣十年紀錄》台北：海峽學術，2007。

37. 鄭海麟，《釣魚台列嶼之歷史與法理研究》香港：明報，1998。

38. 鄭鴻生，《青春之歌：追憶 1970 年代台灣左翼青年的一段如火年華》台北：聯經，2001。

39. 魯言，《史海釣沉：保釣、宵禁、古沉船》深圳：海天，1996。

40. 樹軍編著，《钓鱼台史档案》北京：中共中央黨校，1999。

41. 樹軍編著，《钓鱼台备忘录》北京：西苑，2005。

42. 蕭阿勤，《回歸現實：台灣一九七〇年代的戰後世代與文化政治變遷》台北：中研院社研所，2008。

43. 鞠德源，《日本国窃土源流 钓鱼列屿主权辨》北京：首都師範大學，2001。

44. 鞠德源，《钓鱼岛正名：钓鱼岛列屿的历史主权及国际法渊源》北京：昆侖，2006。

45. 龔忠武，《春雷之後：保釣運動三十五週年文獻選輯》台北：人間出版社，2006。

索引

國家圖書館出版品預行編目資料

《啟蒙‧狂飆‧反思—保釣運動四十年》
謝小芩‧劉容生‧王智明　主編
國立清華大學圖書館特藏組策畫整理

新竹市清華大學出版社，民99(2010).11
面；360　17＊23公分
ISBN 978-986-85667-4-3　　（平裝）

1.保釣運動　2.文集

578.19307　　　　　　　　99020524

啟蒙‧狂飆‧反思 —— 保釣運動四十年

作　者：謝小芩‧劉容生‧王智明主編
　　　　國立清華大學圖書館特藏組策畫整理

發行人：陳力俊

出版者：國立清華大學出版社

社　長：陳信文

地　址：新竹市光復路二段101號

電　話：03-5714337　03-5715131轉35050

傳　真：03-5744691

http://thup.et.nthu.edu.tw/

E-mail:thup@my.nthu.edu.tw

行政編輯：王珮玲、梁秀賢

文字編輯：貢舒瑜、張筱梅

美術設計：陳思辰

出版日期：民國99年11月(2010.11)初版

定　價：平裝本新台幣400元

ISBN 978-986-85667-4-3

GPN 1009903454

海外

十二日，日本政府片面主張釣魚台主權 ▼
美國決定將釣魚台由琉球移交還日本

《科學月刊》創刊 ▼
林孝信在美創辦《科學月刊》，向台灣學生介紹科學新知，並因此建立在美留學生聯絡網。

釣魚台海域發現油田 ▼

《歐洲雜誌》創刊 ▼
首批留歐學生在歐洲創辦學生刊物，向台灣介紹多項重要歐洲文化作品。

《歐洲雜誌》

| 08 | 1970 | 04 | 1970 | 02 | 1970 | 01 | 1968 | 10 | 1968 | 01 | 1965 | 06 | 1965 | 05 | 1963 | 06 | 1962 | 01 |

台灣、香港

二十一日，中華民國政府主張釣魚台主權 ▲

台灣地區實施嚴格出版管制 ▲

《七十年代》創刊 ▲
香港《七十年代》雜誌創刊，是香港地區重要進步刊物，在釣運期間並多有相關報導。

中文法定運動 ▲
香港發動「中文法定運動」，提出「中國人用中文」口號，力促粵語、中文成為法定語言。

《大學雜誌》創刊 ▲
鄧維楨等人大學畢業，創辦《大學雜誌》，延續《新希望》的科學與民主訴求。

美國停止經濟援助台灣 ▲

台大青年自覺運動 ▲
青年自覺運動由台大展開，是戒嚴時期極少數的青年學生自發性串連運動，並創立學生刊物《新希望》。

中西文化論戰 ▲
李敖在《文星》雜誌上連續發表〈給談中西文化的人看病〉等文章，猛烈抨擊中國傳統文化，鼓吹「全盤西化」、挑戰言論尺度，引起數年的文化論戰。

《七十年代》

《新希望》

01. 02. 03. 04

1971年4月10日來自台灣的大批留學生在美國首府華盛頓特區舉行大遊行，抗議美國準備將釣魚台列嶼交給日本，掀起保釣運動高潮，此次遊行簡稱「四一〇大遊行」。

＊圖片來源：程大順先生提供，經蘇紀蘭先生轉交吳國禎教授交由國立清華大學圖書館典藏。

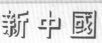

美國大使館發言人稱：「台灣附近的尖閣群島，被認為是琉球的一部分，決定於一九七二年歸還日本。」

海外保釣運動萌芽 ▼
波士頓（李超驥、廖約克等）、紐約與普林斯頓（胡卜凱、沈平等）、威斯康辛麥迪遜（程明怡等與一些香港同學）與柏克萊（劉大任、郭松棻、唐文標等）各地留學生組成讀書會，開始關心釣魚台問題。

美、「中」關係破冰 ▼
尼克森表達到中國大陸訪問的意願。

在美留學生發起保釣運動 ▼
胡卜凱、沈平、李德怡等七人在普林斯頓大學開會決定發起保釣運動。各地留學生紛紛響應，成立「保衛釣魚台行動委員會」並發行保釣刊物。

釣魚台爭議在留學生間引起普遍關注 ▼
《科學月刊工作通報》連續出版三份「討論號」，討論釣魚台問題。

「一二九、一三○」大遊行 ▼
二十九日、三十日，美國六大城市：紐約、華盛頓、芝加哥、西雅圖、舊金山、洛杉磯留學生與當地華人同時舉行保釣示威遊行。

代表刊物之一《戰報》發行 ▼
加州柏克萊發行《戰報》示威專號，為釣運早期著名左傾刊物之一，共發行兩期，但影響深遠。

芝加哥《釣魚台快訊》創刊 ▼
發行至一九七七年十一月，是最早開始、發行最久，且從釣運關心台灣的保釣刊物。

中華民國政府的「疏導」 ▼
中華民國政府派國際文教處姚舜到美國五大城疏導，遭學生質詢，成效不彰。

保釣氣氛持續加溫 ▼
西雅圖保釣會訪問駐美大使館經濟參事王蓬，訪問過程實錄〈嘔血記〉廣泛流傳。

五百學人上書蔣總統 ▼
八日，執教於加州柏克萊大學的陳省身、趙元任等人發起簽名致電蔣中正提出四項具體主張，總統府秘書長張群於十九日回覆，被多數海外保釣人士認為只是官樣文章。

| 1971 03 | 1971 02 | 1971 01 | 1970 12～1971 02 | 1970 11 | 1970 10 | 1970 09 | 197 |

「旅美各大學執教同人籲政府重視釣魚台之公開信」

香港成立保釣組織 ▼
十四日，愛國青年及其他團體成立「香港保衛釣魚台行動委員會」。

「成功大學學生給總統的信」

王曉波等人開始在台關切釣魚台 ▼
王曉波在《中華雜誌》發表〈保衛釣魚台〉一文，促成海外留學生的保釣運動。

國內媒體報導釣魚台消息 ▼
日本軍艦開始進駐釣魚台海域，驅離長年在此海域活動的台灣漁民，漁民向台灣媒體與民意代表投訴。《中國時報》前身《徵信新聞報》記者登上釣魚台，製作釣魚台專題報導，引起海內外關注。

四月十日，在美國華盛頓舉行「保衛中國領土釣魚台」大遊行，有數千人從北美各地趕來，這是留美學生前所未有的政治運動。當日大使館的回應令多數參與者失望，種下日後許多釣運分子左傾的種子。

十三日，台大校園論壇社貼出大幅標語：「中國的土地可以征服，不可以斷送。中國的人民可以殺戮，不可以低頭。」成為台大學生保釣運動的歷史性標誌。

台灣各大學響應保釣活動
十五日，全台各大學學生近千人，向美國駐華大使館示威抗議。台大發起「支持政府及抗議美國荒謬舉止」的簽名活動。

香港反日保釣運動
四日，香港五個刊物及團體在九龍明愛中心球場舉行「呼籲抵制日貨大會」。

在美多位華裔教授、學人登報聲明 ▽
二十三日，台港留美華裔教授、專業人士與留學生，在《紐約時報》刊登致尼克森總統及國會議員公開信，要求尊重中國對釣魚台列嶼的主權。

美國宣布不插手釣魚台主權爭議 ▽
十八日，國務院指出：「美國只是把對琉球的行政權交還給日本，因此，有關釣魚台的主權問題乃是有待中華民國和日本來謀求解決的事。」

釣運傳承五四精神 ▽
各地保釣會於五月四日前後紛紛舉辦五四運動紀念活動，掀起一陣認識中國近代史的風潮。

由釣運開始的香港學潮
七日，由香港各大專、學院組成「香港專上學生聯會」舉行「保衛釣魚台」的大示威。引發當局暴力鎮壓，揭開香港七〇年代學潮序幕。

日本停止設置氣象台計畫 ▽
二十三日，日本宣布終止在釣魚台上興建無人氣象台的計畫。日本後於一九七八年在島上建立燈塔。

美國各地組織國是會議 ▽
從各地五四運動座談會逐漸發展成區域型保釣會議，如在麥迪遜校區舉辦中西部會議，布朗大學的美東會議等。

尼克森宣布訪問中國 ▽
九日，美國尼克森總統宣布將訪問中國，舉世震驚。

美國對華關係轉變 ▽
■ 楊振寧首次訪問中國大陸並與周恩來會面。
■ 美國開始釋放與中國大陸友好訊息。

從釣運到學運
九月以降，保釣活動逐步轉型。台灣大學校內改以《台大法言》、法代會為主，校外則是有《大學雜誌》發表革新思潮。

釣運的正式分裂 ▽
三至五日，在密西根安娜保舉行「國是會議」，留美學生正式分裂，此後釣運成為高度政治性的派別之爭。

保釣第零團出發 ▽
五位台灣留美學生祕密進入中國大陸面見周恩來，是兩岸分裂以來首批訪問中國大陸的台灣學生。

中華民國退出聯合國 ▽
二十五日，聯合國第二十六屆大會通過第二七五八號決議，以中華人民共和國取代中華民國在聯合國的席位。

■ 國立清華大學校長致贈
感謝狀，由林孝信代表
所有捐贈者接受。

■ 文獻展大幅輸出的
「保釣大事年
表」相當具有吸
引力，讓許多參
觀者在此徘徊、
相互討論。

「一九七〇年代保釣運動文獻之編印與解讀」
國際論壇暨文獻展覽

■ 鄭海麟先生（右）專程自香港來參觀文獻展，並向謝小芩館長解說。

■ 四十年前促成記者登陸釣魚台的《中國時報》社會組召集人陸珍年夫婦參加論壇簽到。

■ 陳鼓應解說所捐贈之台灣釣運文獻《台大法言》。

■ 眾多來賓在海報上留下親筆簽名。

釣運分裂後的路線之爭 ▼

■ 二十四至二十五日，在紐約舉辦「中國統一討論會」，成立「中國統一行動委員會」。

■ 二十五至二十八日，於華府召開「全美中國同學反共愛國大會」，二十八日成立「全美中國同學反共愛國同盟」。

■ 以《芝加哥釣魚台快訊》為主的部分保釣團體則強調釣運要支持台灣的各種社會運動與黨外運動，包括人權保障與鄉土文學。

尼克森訪問中國大陸 ▼

抗議美國將釣魚台正式移交日本 ▼

美國於一九七一年五月正式把戰後占領的琉球交給日本，並將釣魚台的管轄權一併移交日本。分裂後的左右派分別舉行示威遊行抗議。

《台灣人民》創刊 ▼

保釣運動期間出版的社會主義理論性刊物，對保釣運動的左傾影響很大。主要編輯許登源先生已於二〇〇九年三月去世。

《台灣人民》

保沙運動 ▼

十八日，芝加哥舉行保衛南沙運動遊行，並出版《保衛南沙特刊》。

沙事件快報》

| 75 12 | 1974 05 | 1974 04 | 1973 04 | 1972 12 | 1972 10 | 1972 07 | 1972 04 | 1972 02 | 1971 12 |

民歌運動 ▲

「淡江事件」中李雙澤疾呼「請問我們自己的歌在哪裡？」，點燃「中國

百萬小時奉獻 ▲

台大代聯會發起「百萬小時奉獻運動」，分交通服務隊、自覺工作隊、社會服務隊。利用每週末協助整理環境衛生、交通等，呼籲大學生服務社會。

雲門舞集成立 ▲

台大哲學系事件 ▲

台大大學論壇社舉辦「民族主義座談會」，哲學系講師陳鼓應反駁〈一個小市民的心聲〉的論調，致陳鼓應、王曉波等八名教師陸續因「為匪宣傳」不獲續聘，至一九九七年才獲得平反。

釣魚台正式列入版圖 ▲

中華民國政府將釣魚台列入宜蘭縣管轄。因為領土爭議，釣魚台海域之探勘計畫擱置。

中華民國政府對學生運動態度轉變 ▲

四日，《中央日報》連載〈一個小市民的心聲〉，反對學生運動，鼓吹給予政府更大的權力，以保障全國小老百姓能「吃一碗太平飯」。

《台大法言》

陳明忠事件 ▼
部分保釣人士發起拯救陳明忠以及其他台灣政治犯運動，於《紐約時報》刊登廣告，在芝加哥、紐約等地舉行示威遊行。

鄉土文學論戰 ▼
部分海外保釣運動人士關心並支持台灣鄉土文學，在芝加哥出版《鄉土文學專刊》，廣泛發行到全美各地留學生。

「台灣民主運動支援會」成立 ▼
以老保釣為主成立「台灣民主運動支援會」，公開聲援余登發、許信良，舉行示威遊行，並發行《台灣民主運動通訊》與《民主台灣》共三十四期。

美國「科技教育協會」成立 ▼
謝定裕、聶華桐等許多參加保釣的科教學人在美發起「科技教育協會」並登記註冊，作為中美交流的橋樑。

中國大陸「台灣同學會」成立 ▼
當時成員主要是由台灣赴美國求學的留學生，大部分都受一九七〇年代保釣運動的影響，而選擇赴中國大陸。

滋根基金會的成立 ▼
董叙霖和楊貴平邀集十多位老保釣，成立「滋根基金會」。以促進改善中國貧困地區的基礎教育、醫療衛生及環境保護為宗旨。

「中華民國保釣協會成立」

2008	11	1996	09	1988		1987	07	1981	11	1980		1979	01-02	1977	08	1976	07	1976	02

《夏潮》雜誌發行
《夏潮》「現代民歌」論戰，開始一九七〇年代台灣民歌運動。

陳明忠事件
陳明忠被控與中共接觸以及閱讀禁書被判死刑。經由旅美老保釣聲援救助，引起國際關注，才免於一死。

鄉土文學論戰
鄉土文學逐漸在尉天驄主編的《文學季刊》上集結，接著王拓等人在《仙人掌》雜誌上的一系列討論鄉土文學路線的文章，為鄉土文學論戰拉開序幕。彭歌發表〈不談人性，何有文學？〉，又有余光中〈狼來了〉，與王拓、尉天驄等掀開鄉土文學論戰。

橋頭事件
余登發父子被政府指控為「匪諜」，並求處重刑，黨外人士於高雄橋頭遊行抗議。

《華盛頓郵報》聲援余登發父子廣告。

解嚴
台灣地區正式解嚴，開放黨禁、報禁。

陳毓祥事件
二十六日，香港陳毓祥於保釣登島行動中不幸溺斃，成為第一位在釣魚台海域殉難的保釣人士。

中華保釣協會成立
九日，「中華保釣協會」在台成立，是為第一個台灣正式成立的保釣民間團體。

■ （左起）楊小定、楊貴平、謝小芩、葉芸芸、
李黎合影。

■ 聽眾聚精會神聆聽發言。

■ 台上時而精采幽默的發言讓與會者不禁莞爾，
（前左）余範英與（前右）黃賢。

■ 會場一隅（左起）胡祖庶先生、龔忠武先生。

■ 與會者合照留念，左起：劉容生、林孝信、
謝小芩、劉源俊、胡卜凱、邱立本。

■ 論壇結束後，與會人士仍依依不捨聚在
一起聊天。